格致
人文

陈恒 主编

13

[匈]

彼得·F.休格
Peter F. Sugar

著

张萍

译

奥斯曼帝国统治下的东南欧（1354—1804年）

Southeastern Europe under Ottoman Rule, 1354-1804

格致出版社　上海人民出版社

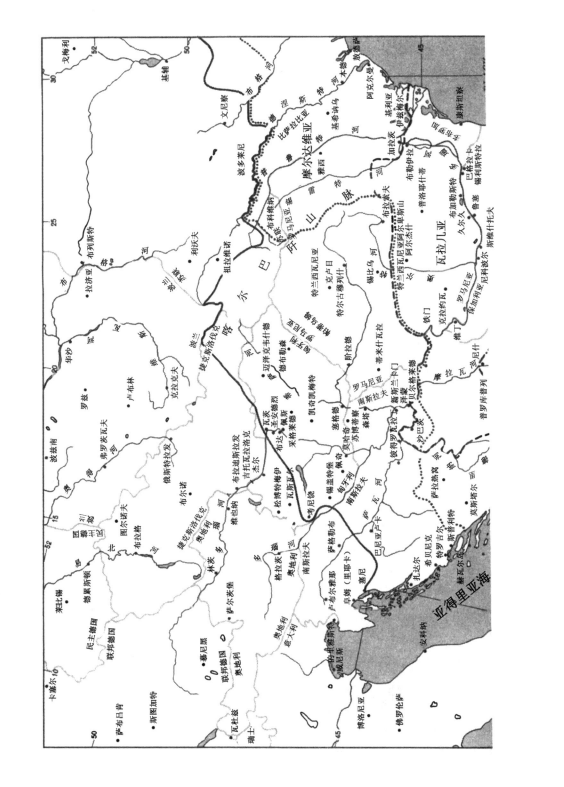

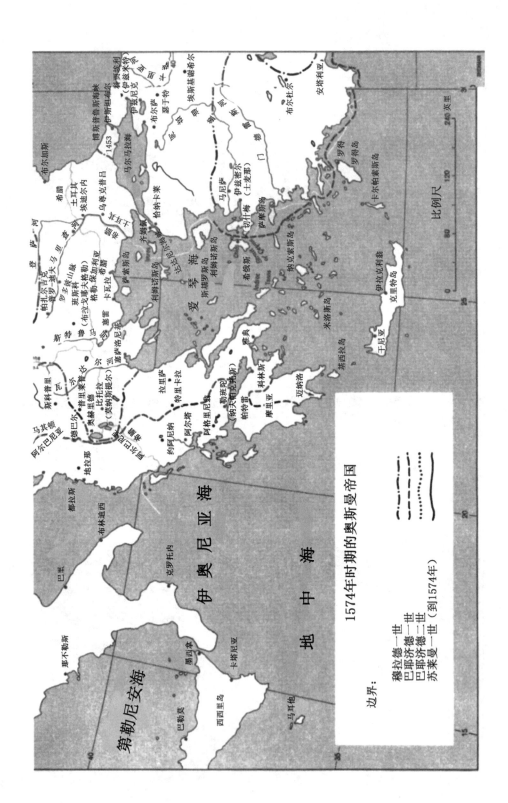

1574年时期的奥斯曼帝国

边界:

穆拉德一世
巴耶济德一世
巴耶济德二世
苏莱曼一世（到1574年）

比例尺

总　序

人类精神经验越是丰富,越是熟练地掌握精神表达模式,人类的创造力就越强大,思想就越深邃,受惠的群体也会越来越大,因此,学习人文既是个体发展所必需,也是人类整体发展的重要组成部分。人文教导我们如何理解传统,如何在当下有效地言说。

古老且智慧的中国曾经创造了辉煌绚烂的文化,先秦诸子百家异彩纷呈的思想学说,基本奠定了此后中国文化发展的脉络,并且衍生为内在的精神价值,在漫长的历史时期规约着这片土地上亿万斯民的心灵世界。

自明清之际以来,中国就注意到域外文化的丰富与多彩。徐光启、利玛窦翻译欧几里得《几何原本》,对那个时代的中国而言,是开启对世界认知的里程碑式事件,徐光启可谓真正意义上睁眼看世界的第一人。晚清的落后,更使得先进知识分子苦苦思索、探求“如何救中国”的问题。从魏源、林则徐、徐继畲以降,开明士大夫以各种方式了解天下万国的历史,做出中国正经历“数千年未有之大变局”的判断,这种大变局使传统的中国天下观念发生了变化,从此理解中国离不开世界,看待世界更要有中国的视角。

时至今日,中国致力于经济现代化的努力和全球趋于一体化并肩而行。尽管历史的情境迥异于往昔,但中国寻求精神补益和国家富强的基调鸣响依旧。在此种情形下,一方面是世界各国思想文化彼此交织,相互影响;另一方面是中国仍然渴盼汲取外来文化之精华,以图将之融入我们深邃的传统,为我们的文化智慧添加新的因子,进而萌发生长为深蕴人文气息、批判却宽容、自由与创造的思维方式。唯如此,中国的学术文化才会不断提升,中国的精神品格才会历久弥新,中国的现代化才有最为坚实长久的支撑。

此等情形,实际上是中国知识界百余年来一以贯之的超越梦想的潜在表达——"不忘本来、吸收外来、面向未来",即吸纳外来文化之精粹,实现自我之超越,进而达至民强而国富的梦想。在构建自身文化时,我们需要保持清醒的态度,了解西方文化和文明的逻辑,以积极心态汲取域外优秀文化,以期"激活"中国自身文化发展,既不要妄自菲薄,也不要目空一切。每个民族、每个国家、每种文明都有自己理解历史、解释世界的方法,都有其内在的目标追求,都有其内在的合理性,我们需要的是学会鉴赏、识别,剔除其不合理的部分,吸收其精华。一如《礼记·大学》所言:"欲诚其意者,先致其知;致知在格物。物格而后知至,知至而后意诚。"格致出版社倾力推出"格致人文",其宗旨亦在于此。

我们期待能以"格致人文"作为一个小小的平台,加入到当下中国方兴未艾的学术体系、学科体系、话语体系建设潮流中,为我们时代的知识积累和文化精神建设添砖加瓦。热切地期盼能够得到学术界同仁的关注和支持,让我们联手组构为共同体,以一种从容的心态,不图急切的事功,不事抽象的宏论,更不奢望一夜之间即能塑造出什么全新的美好物事。我们只需埋首做自己应做的事,尽自己应尽的责,相信必有和风化雨之日。

陈　恒

中文版推荐序　奥斯曼帝国在东南欧统治的历史启示

刘德斌

　　百年变局之中,国际关系风云变幻,历史与现实交织在一起,推动着世界走向一个未知的未来。已知的人文社会科学的理论和方法,似乎都难以解释和判定当下正在发生的巨变,人们只好再次求助于历史,希望在对历史的反思中认清这个世界的来龙去脉,于是有关世界史的著作近年来逐渐受到关注。其中,帝国史的研究著作尤其明显,而在帝国史研究的著作中,奥斯曼帝国史更是引人注目,因为当今世界的许多矛盾和冲突,特别是中东和东南欧地区看似无解的矛盾和冲突,都与奥斯曼帝国的兴衰有直接关系。

　　但是,这方面的研究大多立足于当代的立场和理念,偏重于奥斯曼帝国负面遗产的挖掘和评价,往往把奥斯曼帝国"正面"的经验都忽略掉了。当今世界虽然已经按照民族国家的原则组织或重新组织起来了,却依然要面对众多族群、宗教、社会和文明之间的冲突和融合问题。这就要求我们以一种新的眼光重新审视奥斯曼帝国史。由皮特·F.休格撰写、张萍女士翻译的《奥斯曼帝国统治下的东南欧(1354—1804年)》就是这样一部给人以深刻启发的历史著作。休格教授出生于匈牙利的布达佩斯,曾任美国华盛顿大学教授,是西方学术界东欧,特别是东南欧研究领域的领军学者,《奥斯曼帝国统治下的东南欧(1354—1804年)》是他的重要著作之一。

　　与其他世界历史著作不同,这本书专注于帝国视角下的东南欧即巴尔干地区的治理,而不是像以往的相关著作那样,多从巴尔干诸国的角度切入,从而揭示了一幅不一样的历史画面。奥斯曼帝国崛起于东西方文明"分野"之地，经历了世界历史从传统向现代的转换时期，从安纳托利亚一个突厥封地起家，以最先征服的巴尔干半岛为根基拓展开来。虽为伊斯兰帝国，但却兼收并蓄东正教世界的资源和优势，从而构建起一个横跨欧亚非的世界帝国，让当时四分五裂、战乱不已的基督教欧洲相形见绌，创造了古人和今人都难以置信的奇迹![1] 与罗马人的做法类似，奥斯曼帝国在东南欧不仅给予穆斯林，同时还给予居住在这个潜在的普世帝国的基督徒和犹太人"一个相对和平、安全和宽容的避风港"[2]。无疑，奥斯曼帝国的历史经验和教训值得今人进一步反思和探索。

一、"闯入"欧洲的游牧帝国

与那些以一个文明体系为依托，经过千百年岁月洗礼才实现的"崛起"帝国不同，奥斯曼帝国最初只是众多中亚西迁突厥人中的一支，从塞尔柱帝国崩溃之后安纳托利亚的一个突厥部落演变而来，在不到 200 年的时间里实现了从小到大、从弱到强的转变，在基督教世界与伊斯兰世界对垒的夹缝之中脱颖而出，建成了地跨欧亚非三大洲的超大帝国，威震东西方两个世界。在这个过程中，他们从游牧民族演变为定居者，从伊斯兰教的皈依者跃升为伊斯兰世界的主导者，从世界舞台的边缘走进了世界舞台的中央，改变了许多族群和国家的历史命运，也改变了中东、欧洲乃至整个世界的历史进程。

如阿诺德·汤因比所言，在东南欧，奥斯曼帝国为东正教世界提供了一个后者自己无法建立的统一国家。[3] 与历史上势力抵达过东南欧的其他游牧帝国相比，奥斯曼帝国不仅以其军事上超强的作战能力让欧洲各国闻风丧胆，而且还以其治理效率和对异教徒的包容对欧洲社会产生了一定的吸引力。与之相比，匈奴人和蒙古人在欧洲的声势虽更加浩大，铁骑所踏之处皆都俯首称臣，但在历史长河中却只是来去匆匆的过客，除了融合于其他民族之外，几乎没有留下任何历史遗迹。而奥斯曼帝国虽然衰败、解体了，但时至今日，帝国所至之处，依然不得不继续咀嚼和消化它的遗产。

奥斯曼帝国一直被视为伊斯兰帝国，是伊斯兰哈里发体系中最后的传承者，[4] 但奥斯曼帝国是以征服巴尔干半岛起家的，并以东罗马帝国首都君士坦丁堡作为其首都，它所征服的基督教世界领土在其征服伊斯兰世界的过程中起到了重要基地的作用。在奥斯曼帝国崛起的过程中,穆斯林人口在帝国总人口中并不居多数。尤为重要的是,在攻陷君士坦丁堡之后,奥斯曼帝国开始以罗马帝国的继承者自居,而那时的欧洲,除了奥斯曼帝国之下的东南欧,其他多处于政教纷争、战乱不已的状态,对正在崛起的奥斯曼帝国,抱有一种恐惧和羡慕的复杂心理。"当时,欧洲人不仅没有'欧洲中心论'的意识,相反,大多数欧洲人认为他们位于世界的边缘。"[5]奥斯曼帝国在苏莱曼大帝(1520—1566 年)统治时期达到顶峰状态,版图达至今天的匈牙利、塞尔维亚、阿尔巴尼亚、希腊、乌克兰、罗马尼亚、保加利亚、土耳其、克里米亚、伊朗、伊拉克、叙利亚、黎巴嫩、约旦、以色列、沙特阿拉伯、也门、利比亚、突尼斯和阿尔及利亚等。奥斯曼帝国的首都伊斯坦布尔,它"是世界的中心,使伦敦、巴黎和马德里等都相形失色,因为它富甲一方,人口众多,古老而先进"[6]。在 15 世纪和 16 世纪的欧洲,人口从西方迁往东方,而不是像我们今天这样,从东方流往西方。1492 年犹太人被逐出西班牙,迁往奥斯曼帝国即是一个例证。其他受到当权教会迫害的基督教异议分子也纷纷托庇在奥斯曼帝国境内。直到晚近的 19 世纪,到访过巴尔干半岛的欧洲人还在称许巴尔干农民的安守本分、怡然自足,他们把这个现象与基督教欧洲部分地区的情况相比,赞誉有加。[7]

二、多制融合的帝国"欧洲"治理

奥斯曼帝国之所以能够在"短时间"内从安纳托利亚突厥人的邦国中崛起,建立起地跨欧亚非三大洲的"世界帝国",并对东南欧进行近 500 年的统治,有其"天时""地利""人和"之缘由。

从"天时"上讲,奥斯曼立国之时,拜占庭帝国已经日落西山,曾经是肥沃富饶之乡的巴尔干半岛陷入混乱。如休格在书中所描述的:"塞尔维亚第二帝国正处于分裂之中,而在过去几个世纪中总是能够在类似的地区崩溃中填补空白的拜占庭帝国,此时却因自身的衰落而无力再次扮演这一角色"[8],政治骚乱伴随着社会和宗教对抗,代表不同社会阶级的、数量庞大的底层民众亦试图摆脱传统贵族统治,斯拉夫人统治集团内部争权夺利,拜占庭帝国亦因王位陷入类似的争斗。此时,俄罗斯正在摆脱金帐汗国的统治,还没有能够独霸一方;原来地跨欧亚非三洲的阿拉伯帝国早已经被成吉思汗的后代所灭,也已四分五裂,哈里发的头衔被掌控在埃及马穆鲁克王朝手中;新兴的帖木儿帝国曾经"横行"一时,试图重构蒙古人的一统天下，并一度重创正在崛起的奥斯曼国，但随着帖木儿的离世，帖木儿帝国很快就四分五裂了，其后裔跑到印度建立了莫卧儿帝国。整个中东和东欧世界，一时处于没有主导势力支配的形势之下，这为奥斯曼帝国的崛起创造了非常有利的历史机遇。从"地利"上讲，奥斯曼帝国地处小亚细亚半岛西北部，与拜占庭帝国隔海相望。小亚细亚曾经是拜占庭帝国的领地，与希腊和巴尔干等欧洲地区有密切联系，虽然地处伊斯兰世界对垒基督教世界的前沿，但没有强国为邻，这就为奥斯曼帝国一步步地崛起，并充分利用欧洲地区的知识、技术和人才准备了非常有利的条件。

作为安纳托利亚半岛众多突厥小国中的一个，奥斯曼国当然没有"登高一呼，众山响应"的威望和资本，帝国崛起的"人和"是建立在其逐步累积的军事、政治、经济优势和几代"英主"谋略的基础之上的。关于奥斯曼帝国"成功"崛起的历史经验已有许多论述，如能屈能伸的外交手腕，步步为营的征服战略，等等，但最根本的还是其对拜占庭帝国的制度和非穆斯林族群与人员"兼收并蓄"的包容精神和"一国多制"的治国方略。这在帝国对东南欧的征服和治理方面表现尤为明显，使其能够在当时的环境中以小博大，脱颖而出。

首先，奥斯曼帝国是靠战争崛起的，先是征服君士坦丁堡周边和巴尔干地区，后来又相继征服埃及、中东和北非的伊斯兰世界。奥斯曼帝国几乎一直处于征战之中，即使在攻陷君士坦丁堡、构建起庞大帝国之后，也与相继崛起的哈布斯堡王朝、波斯萨菲帝国和沙皇俄国，还有当时最强大的海上霸权威尼斯征战几百年。但是，奥斯曼帝国的战争不仅广泛吸纳突厥人，还把伊朗、伊拉克和中亚河中地区的贵族和穆斯林，以及伊尔汗国崩溃之后在帖木儿铁骑之下四处逃难的族群也都吸纳进来；奥斯曼帝国不仅依靠穆斯林，而且依靠非穆斯林的力量。在针对东南欧的扩张中，帝国广泛吸纳非穆斯林专业技术人才，其中包括匈牙利籍火炮设计师乌尔班。乌尔班带领众人制造的"乌尔班大炮"在 1453 年攻克君士坦丁堡的战役中发挥了重要作用。实际上，乌尔班曾经投靠拜占庭帝国，未得到重用，后被奥斯曼帝国招募。此外，为了与西班牙等争夺地中海霸权，奥斯曼帝国甚至起用了远近闻名的海盗巴巴罗萨，建立起强大的海军力量。伯纳德·刘易斯将奥斯曼帝国称为"弹药帝国"，认为它在攻陷君士坦丁堡之后能够先后击败马穆鲁克王朝和萨菲王朝，"一个关键的新法宝是火器、手枪和大炮，奥斯曼人即学即用，全面采行，功效卓著"[9]。总之，奥斯曼帝国以伊斯兰教为国教，最高领导人被称为"苏丹"，后来又从埃及马穆鲁克王朝那里夺来了"哈里发"桂冠，成为伊斯兰世界的最高精神领袖。但在构建帝国的过程中，尤其是对东南欧的征服中，奥斯曼帝国很大程度上依靠的是非穆斯林力量。可以说,以君士坦丁堡为中心,奥斯曼帝国从一开始就是一个多元和包容的帝国,除了穆斯林以外,还有犹太人、东正教徒、基督教徒,这是它得以在"世界文明的十字路口"立足的根本原因所在。

　　其次,在帝国治理方面,奥斯曼帝国并不是"一刀切",而是根据所征服地区的历史传统、宗教信仰和族群构成采取不同的治理手段。如帝国在东南欧的治理中,对"核心"行省和附庸国与朝贡国采取的就是不同治理方式。就帝国治理的制度化而言,奥斯曼帝国广为人知的是蒂玛尔制、米勒特制和德米舍梅制。休格在《奥斯曼帝国统治下的东南欧(1354—1804年)》中即详细介绍了这三项制度。蒂玛尔制即与兵役有关的土地占有制度,是奥斯曼帝国植入东南欧的军事采邑制度,皇帝论功行赏,将土地分封给有战功的军人蒂玛尔利,蒂玛尔利有权对封地所得收税,战时则要自行武装,带领随从,奔赴战场。[10]但蒂玛尔利对土地只有用益权,没有所有权,这样一种做法既防止了世袭地产势力的形成,又改变了当地原来农民与领主的人身依附关系,同时也激励了人们为获取更多、更大封地的征战精神,为帝国持续不断的对外战争注入新的活力。米勒特制是帝国为非穆斯林人口设定的自治制度。通过米勒特制度的设立,奥斯曼帝国给予非穆斯林人口以广泛和实质的自治权,使治下的东正教徒、犹太人、亚美尼亚人等能够在帝国范围内"安居乐业",并吸引了大量逃离基督教世界的犹太人。[11]德米舍梅制度则主要是针对非穆斯林家庭的征兵制度。通过德米舍梅制度的设立,奥斯曼帝国从巴尔干半岛等地的基督教家庭征召男童,改宗伊斯兰教,经过长期的教育和训练,充入帝国"禁卫军",同时还有表现优异者被选拔到中央和地方治理机构,成为帝国中央或地方治理机构的"要员"。这三种制度都不是一成不变的,后人也都有不同评价,德米舍梅制度更是广受诟病,被称为"儿童税"或"血税"。[12]可以想象,少不懂事的孩童被带离父母,远走家乡,成年之后成为走上战场的职业军人,甚至有去无回,战死疆场,确实有其残忍的一面。但德米舍梅制度也为巴尔干基督教家庭开辟了阶级流动的上升空间,以至于有些家庭,甚至新近改宗的穆斯林家庭,通过各种努力,主动争取自家男童被遴选的机会,期待他们在帝国体制内赢得出人头地的机会,结果就是非穆斯林家庭出身的精英分子执掌了帝国的重要部门。[13]另有统计,在1453—1600年在位的34位大维齐尔(grand vizier)中,有30位都是德米舍梅制度的应征者;在奥斯曼帝国历史上所有的215位大维齐尔中,超过三分之二都有基督教背景。[14]

　　最后,尤为重要的是,作为帝国的最高领导人,奥斯曼帝国的苏丹自诩"凯撒",甚至"凯撒中的凯撒",并且拒绝承认其他国家领导人使用这样的称谓,包括神圣罗马帝国皇帝。塞利姆一世自称"世界征服者",他的儿子苏莱曼一世(苏莱曼大帝)在一处铭文中自诩"上帝的仆人,世界的苏丹"。有学者认为,尽管看起来恰好相反,但奥斯曼帝国至少在初期并未站在罗马的反面,而是延续了罗马培育、保护和传播基督教的使命。无论是在西方还是在东方,基督教在中世纪都面临威胁。在西方,基督教直到神圣罗马帝国出现才被拯救;在东方,奥斯曼帝国缔造者的历史意义就是终结东正教的"困难时期"。奥斯曼帝国的创建,既终结了拜占庭帝国,又重构了拜占庭帝国。在广袤的东正教世界,奥斯曼帝国带来了久违的和平稳定。东正教徒和奥斯曼人达成了和解,奥斯曼人不再是基督教徒心目中的蛮族敌人,而是基督教的守护者。[15]因此,奥斯曼帝国并不仅仅是一个伊斯兰帝国,或者说不是一般意义上的伊斯兰帝国,而是具有超越传统伊斯兰帝国的意义,尤其是在其创建初期。关于奥斯曼帝国的性质,简•伯班克和弗雷德里克•库珀的概括或许更为准确和形象:"土耳其人出现在帝国的十字路口之间,他们不是一支与'西方'冲突的'东方'势力,而是一种将自己改成自先前帝国和位于相连的欧亚非大陆上的挑战者们的策略结合在一起的政治结构。"[16]

但是,这种对以往伊斯兰帝国的"超越"既是奥斯曼帝国"成功"的标志,也为其"失败"埋下了伏笔。在政教纷争不已、战争连绵不断的欧洲孕育出民族国家体系之后,奥斯曼帝国的"帝国认同"开始遭遇挑战,并最终由东南欧迈出了帝国崩溃的第一步。

三、终未形成的帝国"身份"认同

尽管奥斯曼帝国以罗马帝国的继承者自居,但基督教世界从来没有接受和承认其"罗马苏丹"的地位,无论新教势力与天主教国家之间矛盾何等尖锐,依然对基督教共同体抱有共识。[17]尽管奥斯曼帝国曾经盛极一时,让四分五裂的欧洲相形见绌,但经过文艺复兴和宗教改革洗礼的欧洲国家很快就表现出更强的凝聚力和战斗力,一种新的现代民族国家体制逐渐成型,并在中欧、北非、地中海沿岸和亚洲与伊斯兰势力展开争夺。尽管奥斯曼苏丹获得了哈里发的头衔,成为伊斯兰世界理论上的最高领袖,但以新兴的萨菲帝国为代表的什叶派对其哈里发的权威地位及奥斯曼帝国的统治及其势力范围,构成了严重的挑战和威胁。尽管奥斯曼帝国的有识之士早就认识到欧洲已经发生的巨变,并且开启了向西方学习的改革历程,甚至改变自身的立国原则,在法律上承认穆斯林与非穆斯林的平等地位,但在欧洲新兴的民族国家体系的冲击之下,奥斯曼帝国愈益显得千疮百孔、僵化落后、不堪一击,最终沦为"亚洲病夫"与新兴的欧洲列强宰割的对象,逐步失去其欧洲行省。在第一次世界大战的冲击之下,奥斯曼帝国从帝国"萎缩"成一个"民族国家",不得不彻底地按照欧洲的模式改变自己。曾几何时,这个雄踞世界文明"十字路口"的庞大帝国,再也招架不住欧洲民族主义的内外冲击,消失并解体了!

导致奥斯曼帝国走向衰落和解体的原因有许多,学界已有诸多探讨,见仁见智,其中最重要的在于尽管帝国延续几百年之久,但一直没有一个"主体"民族作为支撑,当然也没有一种持续不变的身份认同,最后不得不接受"众叛亲离"的结局。同所有多民族帝国一样,奥斯曼帝国也曾致力于构建一种帝国的共同体认同,但这种"认同"一直处于变化之中。奥斯曼家族最早声称自己是突厥部落的后裔,但在安纳托利亚其他突厥国家被其征服之后,特别是在攻陷君士坦丁堡之后,奥斯曼家族开始自称为罗马-拜占庭帝国的继任者。如休格所言:在奥斯曼帝国的"黄金时代",国家建构的理念刚刚以模糊的面目出现在西欧,而这对奥斯曼帝国的统治精英来说还是完全陌生的概念,他们甚至还不认为自己属于一个民族,"土耳其人"更多的是一个用来贬损安纳托利亚农民的词汇,而"奥斯曼人"则专指被上帝选中的注定要统治世界的人。[18]"奥斯曼人"最初代表的是创立王朝期间"奥斯曼大帝的追随者",他们构成了奥斯曼帝国的统治阶层,是"苏丹的仆从",并不具有族群的意涵,而是一个政治词汇。实际上,"奥斯曼帝国不是一个民族意义上的帝国,也不是靠地域和市民界定其身份的。首都从瑟于特到布尔萨,再到埃迪内尔,最后到伊斯坦布尔,帝国既没有公民,也没有像拉丁语、希腊语、英语、法语或荷兰语这样的官方语言。奥斯曼语(Osmanlica)只是大多数土耳其人都无法理解的行政用语"。[19]而从这个意义上说,奥斯曼帝国只是一个建立在某种宗教想象基础上的王朝,其"身份"认同始终没有建立起来,"它缺乏任何一个国家被拯救都需要的一个基本要素,即有国家认同的人口"。[20]曾经给予非穆斯林以充分自治的米勒特制度,在欧洲民族主义潮流的冲击之下,成了帝国境内非穆斯林族群民族意识觉醒和发展的依托,成了"国中之国",在帝国的东南欧部分尤其如此。作为奥斯曼帝国崛起年代的重要基地,"民族解放"运动最早也是从希腊和巴尔干半岛兴起,并开启了帝国的"解体之旅"。

无疑,伊斯兰教是奥斯曼帝国最重要的"意识形态"依托,但帝国精英对待伊斯兰教的态度也有变化。奥斯曼帝国创立初期,为了凸显帝国的"罗马"色彩,帝国的伊斯兰教色彩被有意无意地淡化了，尽管帝国的治理结构是建立在穆斯林与非穆斯林基本差异的基础之上的。进入 17 世纪，帝国被认为经历了一个根本性的转型，走向一条完全不同的发展路径。原因在于征服阿拉伯世界之后，帝国进一步"伊斯兰化"了。有着数个世纪传统的伊斯兰官僚体系附加在一个之前生机勃勃、高度统一的多民族、多文化的政治实体之上。与此同时，伊朗萨菲王朝的崛起对帝国境内的什叶派穆斯林产生离间效应，特别是对安纳托利亚半岛东部土库曼游牧部落产生重要影响，从而对帝国构成了比基督教世界更大的威胁，迫使帝国强化自身的伊斯兰正当性，强调作为伊斯兰教正统逊尼派守护者的资格，在理解和实施伊斯兰教义时愈加狭隘，在界定穆斯林和非穆斯林身份的时候更为严格，无法再以轻松宽容的态度看待自己的宗教身份。但是，进入 18 世纪之后，伴随着帝国愈加根本性的"西化"性质的改革和开放，世俗化的浪潮持续高涨，对于精英而言，宗教是"土耳其人"或巴尔干的农民才关心的事情，不属于受过教育的奥斯曼精英；而到了 19 世纪，在失去大量欧洲行省之后，帝国统治者才再一次认识到强化穆斯林身份是明智的。[21]

实际上，直到今天，被视为奥斯曼帝国继承人的土耳其"自我"身份的确定依然处于"游移"之中。[22]一方面，土耳其领导人念念不忘奥斯曼帝国的辉煌，在对外政策中表现出某种程度上的"帝国回归"倾向；另一方面，他们又一直努力加入欧盟，强调自己是欧洲国家，力图与它纠缠了几百年的欧洲国家融为一体。一方面，凯末尔世俗革命的传统正在褪去，伊斯兰教在土耳其内外政策中影响力越来越大，土耳其力图在伊斯兰世界发挥"核心"国家的作用；另一方面，土耳其又在竭力推进突厥语国家之间的合作，甚至编制类似《突厥通史：从远古到 15 世纪》的历史教材，力图在当下急剧分化组合的国际关系中构建一种新的共同体认同。总之，虽然奥斯曼帝国已经解体百年，但土耳其依然不甘于它的历史命运，依然在挖掘历史资源，重构大国地位。2022 年，土耳其总统埃尔多安专门签署法令，将土耳其官方外文名称从 Turkey 更改为 Türkiye，理由是"更能体现土耳其民族的文化、文明和价值观"。

概言之，奥斯曼帝国自认为是罗马帝国的传人，想要构建一个跨越宗教信仰、族群差异和前期帝国遗产的命运共同体。这既使它赢得了东正教教徒、犹太教教徒等非穆斯林族群的拥戴，并把希腊人、斯拉夫人、阿拉伯人等非突厥族群纳入帝国的精英队伍，突破了拜占庭帝国、阿拉伯帝国、波斯帝国的框架，也给自己的身份认同制造了模糊不清、游移不定和不断构建与再构建的麻烦。它想与欧洲融为一体，成为欧洲的"我者"，但最终还是被排斥在外，依然是西方文明的"他者"和欧洲

"文明标准"规制的对象。

　　大国的兴衰一直是历史和国际关系研究的热门话题,但相关研究大都集中于英、法、德、俄、日、美等国家,奥斯曼帝国似乎已被遗忘,尽管它的崛起几乎与欧洲列强的崛起同步,甚至早于俄国、美国、日本和德国等;尽管它曾经"终结"了延续千年的东罗马帝国,统治东南欧、中东和北非几百年,是当时世界上最强大的国家,也是包容性最强的世界帝国。历史就是这样的诡异。当奥斯曼帝国东征西讨、开疆拓土,构建横跨欧亚非的庞大帝国之时,欧洲正处于中世纪末期,现代意义上的民族国家正在孕育和成长之中,并且相继经历了文艺复兴、宗教改革和启蒙运动,形成了威斯特伐利亚体系,为通过政治、经济和社会革命而崛起为世界强国准备了条件。换言之,貌似四分五裂、纷争不断的西欧,正在孕育一个新的时代。尽管这种历史的脉动与奥斯曼帝国的扩张在时间上是同步的,但是奥斯曼帝国的故事却似乎属于遥远的过去,而欧洲和西方发生的事情似乎属于现代和未来。可以说,奥斯曼帝国不仅兴衰于世界文明的十字路口,也兴衰于世界历史的十字路口。西方的崛起既"分流"了这个世界,也"分裂"了这个世界,这种"分裂"所造成的阻隔依然在折磨着这个世界,但超越这种阻隔的历史动力已经在形成之中,这就是非西方国家的崛起与人类命运共同体意识的形成。这种共同体意识不仅要超越世界历史上的帝国,也要超越族群、宗教和文明之间的沟沟壑壑,超越西方与非西方"非此即彼"的二元对立,从而引导人类走出当前世界所面临的困境和误区,避免重蹈世界历史的覆辙,开辟一片新的天地。这也是我们重读这段历史的意义。

【注释】

[1]［法］费尔南·布罗代尔:《地中海与菲利普二世时代的地中海世界》(第二卷),唐家龙、曾培歌、吴模信译,商务印书馆 2013 年版,第 8 页。

[2] Karen Barkey, *Empire of Difference*: *The Ottomans in Comparative Perspective*, New York: Columbia University Press, 2008, p.7.

[3]［英］阿诺德·汤因比著,D. C. 萨默维尔编:《历史研究》(上卷),郭小凌等译,上海人民出版社 2010 年版,第 169—175 页。

[4] 参见 Erik Ringmar, *History of International Relations*: *An Non-European Perspective*, UK: Open Book Publisher, 2019。

[5]［英］布伦丹·西姆斯:《欧洲:1453 年以来的争霸之途》,中信出版社 2016 年版,第 XII 页。

[6]［美］帕特里克·怀曼:《欧洲之变:震撼西方并塑造现代世界的四十年:1490—1530》,朱敬文译,中信出版集团 2023 年版,第 245 页。

［7］［英］伯纳德·刘易斯:《中东:自基督教的兴起至二十世纪末》,郑之书译,中国友谊出版公司 2004 年版,第 129—130 页。

［8］参见 Peter F. Sugar, *Southeastern Europe under Ottoman Rule*:*1354—1804*, Seattle and London:University of Washington Press, 1997, p.3。

［9］［英］伯纳德·刘易斯:《中东:自基督教兴起至二十世纪末》,第 144 页。

［10］Peter F. Sugar, *Southeastern Europe under Ottoman Rule*:*1354—1804*, pp.36—38.

［11］Peter F. Sugar, *Southeastern Europe under Ottoman Rule*:*1354—1804*, pp.272—276.

［12］Peter F. Sugar, *Southeastern Europe under Ottoman Rule*:*1354—1804*, pp.55—59.

［13］Peter F. Sugar, *Southeastern Europe under Ottoman Rule*:*1354—1804*, pp.55—57.

［14］［美］克里尚·库马尔:《千年帝国史》,石炜译,中信出版集团 2019 年版,第 87 页。

［15］同上,第 90 页。

［16］［美］简·伯班克和弗雷德里克·库珀:《世界帝国史:权力与差异政治》,柴彬译,商务印书馆 2017 年版,第 129 页。

［17］［英］布伦丹·西姆斯:《欧洲:1453 年以来的争霸之途》,第 XII 页。

［18］Peter F. Sugar, *Southeastern Europe under Ottoman Rule*:*1354—1804*, p.109.

［19］Peter F. Sugar, *Southeastern Europe under Ottoman Rule*:*1354—1804*, p.271

［20］Peter F. Sugar, *Southeastern Europe under Ottoman Rule*:*1354—1804*, p.110.

［21］同上,第 110 页。

［22］塞缪尔·亨廷顿认为土耳其在文明意义上是一个"无所适从"的国家。参见［美］塞缪尔·亨廷顿:《文明的冲突与世界秩序的重建》(修订版),周琪等译,新华出版社 2010 年版,第 124—129 页。

译者序　奥斯曼帝国对东南欧的统治及其遗产

　　本书是东欧史专家彼得·F.休格教授主持的"中东欧历史"（A History of East Central Europe）丛书中非常精彩的一本。在 500 年的时间轴上，作者将奥斯曼帝国统治下的东南欧作为一个整体的政治单元进行考察，在地域上涵盖了巴尔干半岛，并涉及匈牙利、摩尔多瓦、波兰、乌克兰以及位于欧亚交界处的塞浦路斯、亚美尼亚等。这本书为我们理解后帝国时代的东南欧乃至中东欧提供了丰富且系统的历史素材。

一、奥斯曼帝国的欧洲疆域

　　奥斯曼帝国的领土扩张是很多相关历史著作的主线，但休格教授打破了这一传统，将叙述的重点放在奥斯曼帝国对欧洲疆域的组织管理上。伴随着奥斯曼帝国对欧洲统治的政治图景的展开，帝国的扩张与帝国的疆域穿插其间，也逐渐清晰起来。

　　奥斯曼是 13 世纪末出现在安纳托利亚的一个突厥公国。奥斯曼一世（Osman I）的父亲埃尔图鲁尔（Ertuğrul）原本是塞尔柱帝国的一名加齐战士（gazi），在瑟于特（Söğüt）附近有一小块封地。1277 年，罗姆塞尔柱帝国被蒙古人打败，安纳托利亚四分五裂为若干小国。1281 年，奥斯曼继承了父亲的封地，开始建立自己的功业。由于瑟于特靠近拜占庭的属地,并覆盖了一些君士坦丁堡附近的重要城市,想要重建塞尔柱帝国的奥斯曼遂选择向北扩张,攻打拜占庭的南部。1301 年,奥斯曼的儿子奥尔汗(Orhan)攻占布尔萨(Bursa),并在此建都。从此,奥斯曼变成一个与其他国家平起平坐的突厥公国。

1352 年,奥斯曼获得欧洲海岸的第一个据点——达达尼尔海峡的齐姆佩(Çimpe)。奥斯曼征服欧洲的帷幕由此拉开。1354 年,奥斯曼攻占加里波利(Gallipoli),获得进军欧洲的桥头堡。本书即是以此为起点。1356 年,奥斯曼攻占埃迪尔内(Edirne),并迁都至此。1413 年,穆罕穆德一世继承王位时,大部分巴尔干半岛都处于奥斯曼统治之下,并被划为奥斯曼的欧洲行省。

1453 年,奥斯曼帝国拿下君士坦丁堡,并将它变成新首都伊斯坦布尔。自此,奥斯曼帝国的重心正式移至欧洲。其后,奥斯曼帝国在欧洲进行了一系列扩张,疆域拓展至匈牙利,甚至一度在波兰建立两个行省并占领乌克兰西部。由于各行省不断分裂或统一,边界不断变动,很难在 500 年的时间跨度内给出一个奥斯曼帝国在欧洲的具体行省数量。但可以肯定的是,随着 1540 年布达(Buda)变成奥斯曼帝国的一个行省,奥斯曼帝国在欧洲的疆域基本确定。1574 年穆拉德三世上台后,奥斯曼帝国开始进入漫长的衰落期。就疆域而言,虽然奥斯曼帝国在 17—18 世纪经历了多次帝国战争,但是如果不考虑数次易手的克里米亚的话,与 1574 年的东南欧领土相比,主要是匈牙利和特兰西瓦尼亚不再属于帝国管辖的范围。而随着 1804 年塞尔维亚起义取得胜利,东南欧地区的民族独立运动风起云涌,奥斯曼帝国在解体前夕不得不首先面对的就是其欧洲疆域的一点点丧失。这也是本书选择 1804 年作为其时间节点的原因。

从本书探讨的奥斯曼帝国的欧洲疆域来看,基本覆盖了当下中国学者所聚焦的中东欧地区。从这个意义上说,本书的研究亦为我们理解 14 世纪以来的中东欧提供了新的视角。

二、奥斯曼帝国对东南欧的统治

作为一个横跨欧亚非的庞大帝国,奥斯曼帝国是如何对其欧洲疆域进行统治的?作为一本严肃的学术著作,休格教授从社会结构和国家管理等多个层面对奥斯曼帝国在东南欧的统治进行了梳理,其中有两条线索至关重要,即空间和个人。

　　就空间而言,奥斯曼帝国采用了起源于波斯的古老的行省制度,将其领土划分为欧亚非三个大的行政区域,每个区域都有一个总行政长官及一位财政长官,在欧洲和亚洲还各有一名大法官。但是,在管理等级上,欧洲优先于亚洲,亚洲优先于非洲。就奥斯曼帝国本身的认识而言,这意味着帝国的政治重心在欧洲。在欧洲这个大行政区划下,其疆域被划分为多个行省。

　　行省多基于军事封地建立,如鲁梅利亚(Rumelia)、波斯尼亚(Bosnia)、爱琴海群岛、布达、特梅斯瓦尔(Temesvár)。但也有世袭省份,即在承认原有国王或领主的前提下建立起来的行省。大部分世袭省份或者相对较小,如克里特(Crete)、塞浦路斯(Cyprus)、摩里亚(Morea),或者仅存在了较短的时间,如纳吉瓦拉德(Nagyvârad)以及波兰的雅诺(Janów)和卡姆尼斯(Kamnice)。但摩尔达维亚(Moldavia)、瓦拉几亚(Wallachian)、特兰西瓦尼亚(Transylvania)、杜布罗夫尼克[Dubrovnik,拉古萨(Ragusa)]比较特殊,除了忠诚和进贡之外,享有较高的自治权,在各帝国的争夺中也扮演了非常重要的角色。

　　奥斯曼帝国是一个绝对君权专制的传统帝国,君主从世袭的奥斯曼家族中产生。苏丹作为至高无上的君主,集宗教领袖、政治领袖和军事领袖于一身。在苏丹之下,地位最高的是大维齐尔,可以代表苏丹处理帝国事务,而各欧洲行省的最高指挥官则是总督。总督集军政大权于一身,在其管辖地拥有一个小型中央政府。除了总督,比较重要的行省官员还有负责财产登记、档案管理的长官及执行官和法官。行省内部基于城市与乡村的差异,又形成两种不同的管理模式。对帝国而言,各行省官员最主要的任务是为苏丹管理行省内的各种财产、收税和组织军队。

　　就帝国疆域内的个体而言,奥斯曼帝国按照宗教和职业对其进行等级化网格管理。首先是按照宗教划分为穆斯林和非穆斯林,即济米(zimmi)。生活在东南欧的穆斯林主要包括两个部分,即突厥移民和皈依者。奥斯曼帝国开始对欧洲的征服后,将一部分突厥人移民至欧洲,主要定居在现今土耳其的欧洲部分。之后,随着奥斯曼帝国在欧洲的统治逐步稳定,更多的穆斯林从小亚细亚迁移至巴尔干,主要分布在军事主干道、要塞和重要的城市,定居乡村的穆斯林主要是有封地的军官和政府官员。加上皈依群体,穆斯林的确在巴尔干地区占有优势,甚至还出现了萨拉热窝这种全部为穆斯林的城市。但也有像雅典这种几乎没有穆斯林的地方。信仰东正教、天主教、犹太教及其他宗教的人,可以在相应的米勒特(millet)中,按照原来的宗教信仰生活。

　　这种区分穆斯林与非穆斯林的米勒特制度最早出现在中世纪。查士丁尼也曾将类似的制度专门用于犹太人。奥斯曼帝国的米勒特制度专门针对非穆斯林。以东正教为例,苏丹亲自任命的牧首除了完全的教会权力和管辖权外,在某些案件的审理中还拥有合法的司法权和治安权。教会从牧首到低级教区的牧师,形成一个与官僚体制平行的管理体系。

其次是按照是否有公职划分为职业奥斯曼人(professional Ottomans)和雷亚(the reaya)。职业奥斯曼人是担任公职的人,他们一出生即为穆斯林,或者皈依伊斯兰教。但也有一部分非穆斯林米勒特中的领导者也被视为公职人员。职业奥斯曼人包括三类群体:一是在宫廷及各级机构中服务的官员、文员及工匠等服务人员;二是军人,有封地的、自由民出身的蒂玛尔利(timarlı)和拿俸禄的奴隶军马斯雷(maaslı)。蒂玛尔利和担任骑兵的马斯雷也被称为"西帕希"(sipahi),即骑兵。在奴隶军中,最有名的是奥斯曼帝国的常备部队——禁卫军(janissary),他们代表着帝国乃至欧洲最好的战斗力量;三是学者,又被称为"乌里玛"(ulema),即在各种培养职业奥斯曼人的学校、军校任职的教师、法学家。以伊斯兰教法(shāri'a)和习惯法坎努斯(Kanuns)为基础,行政、军事和法律构成了奥斯曼帝国统治的三大支柱。

雷亚即占人口90%的手工业者和农民,他们分别生活在城市和农村,为帝国的存续提供物质基础。书中第二、第四部分有关奥斯曼帝国欧洲"核心"行省的生活,即着重介绍了对雷亚的管理。以城市为例,根据不同的信仰,不同行业的雷亚分属穆斯林、东正教和犹太教等不同的米勒特,并分别居住在相应的行政区马哈勒(mahalle)中。原则上,同行都归行会管理,在市场中的同一个区域工作,不因宗教信仰而被差别对待。但是,在城市的布局中,中心总是以重要的清真寺为标志,而行会则掌握在以穆斯林为主的兄弟会手中。穆斯林地位的重要性还是可见一斑。农民的地位是雷亚中最低的,他们靠租种土地为生,主要职责就是缴纳各种农业税。值得庆幸的是,奥斯曼帝国针对农民的各种税是相对统一和固定的。

宗教信仰和职业划分将每一个人固定在一个网格之中。每一个生活在奥斯曼帝国的人至少承担着一种直接有益于国家的职责,甚至那些处于社会边缘的人也能在相应的网格中成为有用的人,参与到服务国家的整体机制中去。而一旦某个特定个体被固定在一个网格中,那么他和他的子孙将永远属于这个网格所界定的阶层。

但也有一些例外。奥斯曼帝国未能将这种网格化的社会管理机制引入匈牙利-克罗地亚地区。这一地区的草原城镇和边疆社会发展出一套没有穆斯林定居者,也没有帝国官员的自治规则,这一地区的主要职责即交税。希腊本土也有一些类似的自治地区。此外,如前所述,在作为朝贡国和附庸国的世袭省份中,奥斯曼帝国对行省的管理机制和网格化制度亦不能被引入公国,但帝国通过纳贡及相关商业活动培植了一个富裕阶层,而他们作为帝国的代理人,在地方管理中发挥着作用。

三、奥斯曼帝国的两个根基及其在东南欧的遗产

从某种意义上说,奥斯曼帝国肯定是一个实现了"大一统"的帝国。它在跨欧亚非的辽阔疆域上形成了以苏丹为中心的高度集权的统治;从中央到地方有着固定的官僚体系;依靠明确的法律体系进行治理;基于宗教信仰和职业,帝国中的每一个人都有自己的位置。但真实情况要复杂得多。如休格教授所言,奥斯曼帝国的体制涉及生活的方方面面,忽略任何一个单独的方面都会扭曲整幅画面。[1]而奥斯曼帝国的两个根基,能为我们提供有关奥斯曼帝国在东南欧统治的更多线索。

书中开篇就强调穆斯林和突厥人是奥斯曼帝国的根基。如果说奥斯曼帝国对空间和个体的管理犹如一幅精美的波斯挂毯,那么,这两个根基则为其增添了两个独具奥斯曼特色的主题,即基于宗教的族群自治制度和基于军功的土地所有制度。

回到米勒特制度,这是奥斯曼帝国植入东南欧的最重要的穆斯林因素。根据《古兰经》的要义,任何一神教的信仰者只要愿意接受伊斯兰教的最高统治并自愿按规定的条件生活在一个伊斯兰国家,都将受到保护,变成济米。奥斯曼帝国将这个原则制度化,并变成了一种基于宗教信仰的族群自治制度。与同时期天主教在西欧的强制皈依以及宗教战争相比,奥斯曼帝国在东南欧采取的则是一种宗教宽容和文化多元的政策。罗杰·克劳利(Roger Crowley)认为,君士坦丁堡陷落之后的难民流动总的来讲是单方向地从基督教国家逃往奥斯曼帝国;与让全世界都皈依伊斯兰教相比,奥斯曼帝国的苏丹更热衷于建设一个世界帝国。[2]但随着宗教改革在西欧的完成,奥斯曼帝国在宗教宽容方面的吸引力就下降了。而米勒特制度的实施最终让奥斯曼帝国变成了林佳世子所说的"不属于任何人"的帝国。[3]

奥斯曼帝国没有自己的政治民族,不是一个民族意义上的帝国。奥斯曼帝国的欧洲疆域内民族众多,但理论上所有人都是苏丹的奴隶。尽管源于突厥部族的土地所有制度和习惯法已经融入奥斯曼帝国在东南欧的制度和法律之中,但作为种族的"突厥"并未给奥斯曼帝国带来根本性的影响。奥斯曼帝国600年的统治并

5

未形成一个"突厥"族群,而突厥语也未成为在帝国范围内普遍使用的语言。相反,以苏丹为首的统治家族更倾向于自称"奥斯曼人",并在统治集团中使用一种以突厥语为基础,融合了波斯语和阿拉伯语的行政语言——"奥斯曼语"。与此同时,在帝国疆域内的东南欧各原初民族则都保留着自己的语言,并不同程度地受到希腊语和拉丁语文化的影响。作为突厥人本地化称呼的"土耳其人",在很长时间里都是对农民和牧民的蔑称。至于职业奥斯曼人,虽表面上看类似欧洲的贵族,犹如一个"政治民族",但他们也是苏丹的奴隶,其实并不享有法律权利。

不仅如此,随着时间的推移,米勒特变成了国中"国",济米不仅缺乏帝国所期待的忠诚,而且依然保持着原有的民族认同,一旦时机成熟,他们就会举起民族复兴的旗帜,就像塞尔维亚人、保加利亚人和希腊人所做的那样。

除此之外,奥斯曼帝国在确定米勒特过程中某些一厢情愿的做法,也成为地区不稳定的重要诱因。例如至今仍未得到解决的塞浦路斯问题。塞浦路斯在东西罗马帝国分裂后就一直追随拜占庭,信仰希腊东正教;威尼斯统治时期,改信天主教。被奥斯曼帝国征服后,罗马天主教的各级神职人员和他们的一部分信徒离开了这个岛,剩下的居民被划为东正教米勒特的成员,因而也被称为"希腊人"。但作为占领军的突厥人在此定居,带来了穆斯林。因他们被视为"土耳其人",所以该岛形成了"希、土"两族分立南北的局面。奥斯曼帝国衰落后,将塞浦路斯租给英国。1925年,塞浦路斯成为英国的殖民地,并日益形成英国支持下的希腊人与土耳其支持下的土耳其人的对抗。这就构成了20世纪独立后的塞浦路斯"希、土"两族冲突的历史根源。

类似的还有亚美尼亚米勒特。亚美尼亚米勒特是奥斯曼帝国时期的三大主要米勒特之一。生活在这个米勒特中的成员是既非东正教又非犹太教的异教徒。其中占绝对多数的亚美尼亚人多是基督教一性论派。虽然奥斯曼帝国为亚美尼亚米勒特任命了主教,但由于其成员是一群教派各异的人,因此主要还是通过亚美尼亚人认可的宗教首领来实现统治。当奥斯曼帝国衰落,东正教米勒特纷纷获得自治的时候,亚美尼亚也开始在俄国及西方基督教国家的支持下谋求自治,但受到奥斯曼帝国的镇压。最终,在19世纪末20世纪初,发生了一系列针对亚美尼亚人的种族灭绝事件。至今土耳其仍未就此事件与俄罗斯及西方国家达成和解。

说到米勒特,还不得不提及穆斯林的皈依问题。奥斯曼帝国虽将伊斯兰教奉为国教,但并未在东南欧推行强制皈依,也未在东南欧形成类似于拜占庭帝国的东正教那样的文化影响。奥斯曼帝国的确在特定历史时期和特定区域施行过强制将儿童带离父母,改变其宗教信仰的德米舍梅(devrşirme)制度,但其目的主要是为奥斯曼帝国的职业奥斯曼人补充和培养力量,因此也被称为"儿童税"。而且,德米舍梅制度主要针对的是巴尔干地区信仰东正教的斯拉夫人,对东南欧地区的宗教信仰影响非常有限。实际上,它是奥斯曼帝国延续的阿拉伯-伊斯兰奴隶制的一部分。奥斯曼家族就出身于突厥奴隶。虽然德米舍梅制度深受诟病,但它确实几乎没有触及罗马尼亚人,对希腊人的影响也比较有限。德米舍梅制度对东南欧地区的真正影响反而是令很多巴尔干-斯拉夫-基督徒出身的人执掌了帝国的重要部门。

奥斯曼帝国植入东南欧的最重要的突厥因素即军事采邑。理论上说,奥斯曼帝国的所有土地都属于苏丹,但基于个人忠诚和宣誓效忠,苏丹可以将土地封给有战功的蒂玛尔利,封地就是蒂玛尔(timar)。所有的蒂玛尔都是苏丹的土地,蒂玛尔利没有所有权,只有用益权,死后要将其还给国家。但是,每一块蒂玛尔中都有一块"保留地",专门用来满足蒂玛尔利的基本生活需求,在他去世后,可以由他的大儿子继承,并直到他的儿子去世。如果蒂玛尔足够大,其他的儿子也可以分享这块保留地。如果没有儿子,已故蒂玛尔利手下最杰出的随从塞贝吕(cebelü)就可以继承。但更多的土地还是要到战场上赢得。一个蒂玛尔利就相当于一个军事首领,有权就封地的所得收税,战时则需要武装动员,并且自备装备、带领随从,奔赴战场。按照奥斯曼帝国的规定,封地的产出每超过3 000阿克切(akçe),持有它的蒂玛尔利就必须供养一个士兵,这个士兵就被称为"塞贝吕"。

蒂玛尔是奥斯曼帝国重要的军事和经济基础。鼎盛时期,通过蒂玛尔利可以召集的军队有23万人。[4]而来自蒂玛尔的土地税则是帝国重要的经济来源之一。蒂玛尔利不仅是军事战斗的主力军,也是地方秩序的维护者。但是,由于蒂玛尔利没有土地的所有权,农民的税收在一定时期内又是相对固定的,且多余的收益要交给军队,因此,蒂玛尔利对于农业生产方式的改革没有多大兴趣,农民有更多的自由,生产总体上是自足的。这就造成奥斯曼帝国统治时期东南欧的农业生产水平总体上落后于西欧。但真正将东南欧的农业生产锚定在欧洲体系边缘的是蒂玛尔体系下的土地所有模式向农场体系的转变。

17—18世纪连绵不断的战争、瘟疫、低出生率和严重的伤亡,使得蒂马尔利的数量急剧下降,以至于没有足够的人来维持旧的土地制度。与此同时,皇室为增加收入,不断减少土地分封,这也在客观上减少了蒂玛尔利的数量。不仅如此,面对在城市中日益崛起的富裕阶层,人数逐步减少的蒂玛尔利越来越希望利用自己手中的土地产生更大的经济收益,以保证自身及其后代的经济利益。他们通过非法手段将封地变成私有土地,然后再通过出租、变卖、建立假的宗教地产"瓦克夫"(vakıf)等方式投资创收。这导致新的土地所有模式"齐夫特利克"(çiftlik),即农场体系的产生。

农场体系下的新"地主"为获得更多盈余,多委托代理人按照市场需求经营土地。为了不让农民离开土地,农场会为农民提供住房、劳动工具、种子甚至贷款,越来越庄园化的农场日益将农民变成"农奴"。虽然新"地主"在农场中多是"缺席"的,但他们却成了农民的真正领导者。这种新的土地所有模式不仅使土地与服兵役相脱离,导致兵源减少,削弱了帝国的军事力量,而且使得乡村日益脱离帝国权力的渗透,变得愈来愈分散、愈来愈碎片化。

不仅如此,"齐夫特利克"取代"蒂玛尔"还加速了帝国原有身份秩序的崩溃。旧的统治群体中的官员、蒂玛尔利和城市中的穆斯林商人与新"地主"、包税农和农场催生的新的穆斯林商人融合为一个类似于穆斯林贵族的群体。这一群体日益与其他穆斯林,特别是"有地位的无产阶级穆斯林",即禁卫军形成对立关系。财政日益困难的帝国将禁卫军疏散到行省,"无法无天"的禁卫军对农场的掠夺,使得民众不得不武装自救,并最终发展成为民族解放运动的主力军。与之相应的是,原有的米勒特内部的族群分化也愈加严重。东正教米勒特中的塞尔维亚人、保加利亚人、希腊人都试图寻回自己的历史。就连宗教、职业与种族较为统一的犹太教米勒特,也因为西班牙裔犹太人和德裔犹太人的分化而走向分裂。

除此之外,原本处于地中海—印度洋航线中心的东南欧日益滑向正在形成中的世界体系的边缘。一方面,随着大西洋航线的开辟,地中海变得越来越"沉寂"。根据珍妮特·L.阿布-卢格霍德(Janet L. Abu-Lughod)的分析,早期世界体系生成于 12 世纪末至 14 世纪初,地域涵盖了从西北欧至中国的广阔区域。尽管该体系不是全球性的体系,并未囊括依然与世隔绝的美洲大陆与澳洲大陆,但比照此前的已知世界,它仍然是一个非常庞大的体系。[5]但是 16 世纪之后,世界体系重心西移,造成东南欧在世界体系中的地位下降。另一方面,工业革命的早期发展推动了西欧的城市化进程,并加速了西欧封建庄园的瓦解。在此背景下,东南欧农场盈余的农产品在商人的操作下热销西欧,新"地主"由此获利。投资农业成为有利可图的买卖,但也是造成奥斯曼帝国统治下的东南欧出现再农奴化的原因,仍处于工业革命前期的东南欧也由此变成正在形成中的世界体系中的"初级产品供应区"。这种"边缘"地位是造成东南欧在 19 世纪之后逐步丧失发展机遇的重要原因。

四、奥斯曼帝国的战争与留给欧洲的"东方问题"

帝国是人类历史上最重要的政治形态,人类进入文明社会后绝大部分时间都生活在各种形式的帝国之中。但是,当我们讨论帝国的时候,我们首先应该警惕的是我们所说的到底是哪一种帝国。例如,S.N.埃森斯塔特(S.N. Eisenstadt)是较早对帝国进行研究的西方学者之一。他在《帝国的政治系统》一书中将帝国区分为世袭型和中央集权型,并据此讨论了帝国的方方面面。[6]但理查德・拉克曼(Richard Lachmann)指出,埃森斯塔特书中的帝国都属于古代帝国,而我们无法根据古代帝国对现代帝国作出解释,因为后者基于民族国家建立,处于资本主义体系之中。[7]据此观察,奥斯曼帝国应该属于哪一种帝国呢?

如果以现代性进行区分,那么,前现代帝国主要是产生于民族国家建构之前,民族意识尚未觉醒的帝国;帝国建立在绝对君权之上,按照血统和宗法进行继承;而帝国的扩张主要以陆上扩张为主,其目的是获得更多的土地、人口和贡赋。相比之下,现代帝国是有着强烈民族意识的民族国家,其政权形式更为多样,扩张也多以拓展市场为目的的海外殖民为主。显然,奥斯曼帝国属于前者。

但实际上,与奥斯曼帝国同时代的西班牙、葡萄牙、荷兰、英国、法国等拥有海外殖民地的所谓现代帝国,也并非产生于民族国家建构之前,相反,它们与奥斯曼帝国一样,都是建立在传统帝国的基础之上,在海外殖民的过程中,逐步适应资本主义体系并实现了向民族国家的转型。以英国为例,18世纪它才开始其现代民族的塑造。[8]而在同一历史时期,奥斯曼帝国也出现了此起彼伏的民族建构浪潮,例如,克罗地亚人、塞尔维亚人、保加利亚人开始用自己的语言写作,并开始探寻属于南斯拉夫人的独特历史。[9]只是这些浪潮的结局没有导向帝国统一的民族认同,而是导致了帝国的解体。所以,一个更确切的表达可能是:奥斯曼帝国是一个在现代性转型中遭遇失败的前现代帝国。类似的还有俄国。但不同的是,后者在经历了革命的阵痛之后,在原有的疆域内实现了民族国家的建构。

回顾奥斯曼帝国的历史,其现代性转型失败的原因有很多,包括书中总结的:发现美洲新大陆后,当整个欧洲都开始遭受通货膨胀和持续了几个世纪的价格革命之苦时,各国都对其财政政策和生产模式进行了调整,而奥斯曼帝国既没有对上述情况进行调整,也没有改变管理生产和贸易的规则,错失了融入资本主义体系的机遇。[10]但是除了这些,还应对战争因素给予充分考量。

书中在第三章和第九章对奥斯曼帝国经历的战争进行了描述。前后对比,在经历了苏莱曼一世统治的"黄金时代"之后,奥斯曼帝国在欧洲的征服活动再也不像从前那么"一帆风顺"了。虽然在此之后,奥斯曼帝国也通过战争获得了一些土地,但战争的目标已经从扩展疆域变成了维护已有的领土。

先是与奥地利的战争(1593—1607 年),虽然最终双方都取得了一些胜利,但奥斯曼帝国的经济遭到重创。此后,哈布斯堡家族陷入三十年战争,与奥斯曼帝国有一个相对和平的时期。直到 1663 年,双方重新开战。而在与哈布斯堡家族的相对平静期,奥斯曼帝国与威尼斯开战,直到 1670 年拿下克里特岛。紧接着,奥斯曼帝国在与波兰的战争(1672—1676 年)中,拿下波多利亚(Podole)和乌克兰西部。但奥斯曼帝国在乌克兰建立起政权后,又遭遇了正在崛起的俄国的挑战(1677—1681年),最终以让出西乌克兰为代价结束了战争。在俄国碰壁的奥斯曼帝国再次转向维也纳。1682 年,奥斯曼帝国围攻维也纳失败,结果导致哈布斯堡家族与威尼斯和波兰组成反奥同盟,并取得了一系列的胜利,一直打到雅典。此时,看到奥斯曼帝国节节败退,俄国趁机围困亚速海。在接下来的几年里,奥斯曼帝国在匈牙利剩下的所有要塞都丢失了,1696 年亚速海全部落入俄罗斯人手中。而威尼斯人继续掌控摩里亚半岛,并占领了其他几个岛屿。

1699 年,奥斯曼帝国与奥地利、威尼斯、波兰、俄国签订了《卡尔洛维茨和约》(Peace of Karlovci),放弃了匈牙利和特兰西瓦尼亚的全部领土,承认威尼斯征服了摩里亚和达尔马提亚的大部分土地,并将波多利亚归还给波兰,允许俄国继续占有亚速海。这个条约重新划定了奥斯曼帝国的欧洲疆界,从法律上确认了中东欧的势力划分,在欧洲大陆的东部形成了一个相对独立的区域性体系。[11]此外,1648 年《威斯特伐利亚和约》签订后,西欧形成了新的区域秩序。可以说,此时欧洲大陆出现了东西两个相对独立的区域性体系。

但是,进入 18 世纪,奥斯曼帝国进一步处于守势,除了拿破仑战争,与主要对手俄罗斯、奥地利和威尼斯一共进行了六场战争。在这些战争中,奥地利和俄国军队四次占领了多瑙河流域上的公国,加速了罗马尼亚人统一和独立的进程,也加快了帝国解体的脚步。而奥斯曼帝国与周边帝国争夺边疆的区域性战争最终发展成为影响世界体系的欧洲战争,引发了从 19 世纪一直延续到第一次世界大战的"东方问题"。

作为奥斯曼帝国的世袭行省,摩尔达维亚和瓦拉几亚为摆脱奥斯曼帝国的统治,公国内部分裂成了亲奥斯曼派、亲俄罗斯派、亲奥地利派以及亲波兰派。类似的还有特兰西瓦尼亚,它的世袭君主们始终在奥地利、波兰、匈牙利和奥斯曼帝国之间摇摆。这也预示了获得独立的罗马尼亚必将在帝国夹缝中谋求未来的生存。而事实证明,罗马尼亚与匈牙利的特兰西瓦尼亚问题、与俄罗斯的摩尔多瓦问题至今仍在产生影响。

在奥斯曼帝国势力抵达之前,特兰西瓦尼亚在匈牙利国王的统治之下。匈牙利遭到奥斯曼帝国和哈布斯堡家族肢解后,特兰西瓦尼亚先是成为奥斯曼帝国的附庸,后又根据《卡尔洛维茨和约》成为哈布斯堡家族的附庸。一战后,《特里亚农条约》(Treaty of Trianon)将特兰西瓦尼亚划入罗马尼亚。二战中,匈牙利加入轴心国,夺回了特兰西瓦尼亚的匈牙利人聚居区和一些罗马尼亚人为主的区域。但战后,同盟国再次确认将特兰西瓦尼亚划归罗马尼亚。至于摩尔达维亚,虽然一战后,罗马尼亚一度从俄国的占领中夺回了该地区,但二战中,苏联占领了该地区,并建立了摩尔达维亚。

类似的还有克里米亚。15世纪,奥斯曼帝国打败拜占庭后,克里米亚向其臣服,成为其附属国。在奥斯曼帝国与俄国的角力中,克里米亚一步步沦为俄国的领土。1736年,俄国第一次占领克里米亚。虽然1774年签订的《库楚克-开纳吉条约》(Treaty of Küçük Kaynarca)中双方承认克里米亚为一个独立的国家,但1783年俄国依然强行吞并克里米亚。此后为争夺克里米亚,1853—1856年,奥斯曼帝国、英国、法国以及意大利半岛的萨丁王国先后向俄国宣战,此次战争成为继拿破仑战争后规模最大的一次欧洲战争。这就是马克思、恩格斯所说的作为"东方问题"后果的克里米亚战争。[12]之后,克里米亚几经易手,甚至一度独立,但最终还是成为苏联的一个加盟共和国。后因并入乌克兰,在苏联解体后,随着乌克兰的独立而成为其自治地区。

虽然本书并未讨论19世纪的克里米亚战争,但18世纪围绕着克里米亚的争夺,已经预示着奥斯曼帝国的衰落必将引发更多欧洲强国的介入,而所谓的"东方问题",其实就是在欧洲版图上,形成于17世纪的东西两个区域体系的平衡被打破,西方逐渐压倒东方的过程中,如何重建东方秩序的问题。

实际上,考察奥斯曼帝国的欧洲疆域的方式有很多。可以像费尔南·布罗代尔(Fernand Braudel)那样,从地中海着手进行观察[13];也可以像威廉·麦克尼尔(William Hardy McNeill)那样,从东欧大草原出发[14];还可以如罗伯特·D.卡普兰(Robert D. Kaplan)那样,聚焦巴尔干[15],将帝国放在2000年的时间坐标里进行研究。而休格教授的做法,更像帕慕克笔下的奥斯曼细密画画家,将更多细腻的地方知识原原本本地融入了奥斯曼帝国在东南欧的历史中。不仅如此,为了让读者能够寻根溯源,发现更多细节,作者还毫不吝惜地奉献了一章内容丰富的文献。而他留下的每一条线索,都可以为后来的研究者打开更广阔的探索空间。

张　萍

【注释】

[1] Peter F. Sugar, *Southeastern Europe under Ottoman Rule*：*1354—1804*, Seattle and London：University of Washington Press，1997，p.34.

[2] [英]罗杰·克劳利:《1453:君士坦丁堡之战》,陆大鹏译,社会科学文献出版社 2014 年版,第339 页。

[3] [日]林佳世子:《奥斯曼帝国:五百年的和平》,钟放译,北京日报出版社 2020 年版,前言,第 4 页。

[4] Peter F. Sugar, *South Europe under Ottoman Rule*：*1354—1804*, p.192.

[5] [美]珍妮特·L.阿布-卢格霍德:《欧洲霸权之前:1250—1350 年的世界体系》,杜宪兵等译,商务印书馆 2015 年版,第 343 页。

[6] 参见 S.N. Eisenstadt, *The Political Systems of Empires*, New York：Free Press，1963。

[7] [美]理查德·拉克曼:《国家与权力》,郦菁、张昕译,上海人民出版社 2021 年版,第 5 页。

[8] 参见 Linda Colley, *Britons*：*Forging the Nation*，*1707—1837*, London：Pimlico，2003。

[9] Peter F. Sugar, *Southeastern Europe under Ottoman Rule*：*1354—1804*, pp.169—175.

[10] Ibid, pp.276—277.

[11] [英]帕特里克·贝尔福:《奥斯曼帝国六百年:土耳其帝国的兴衰》,栾力夫译,中信出版社 2018 年版,第 421 页。

[12] 兰洋:《马克思恩格斯关于"东方问题"的评论及其当代价值》,《马克思主义研究》2021 年第 12 期,第97—105 页。

[13] [法]费尔南·布罗代尔:《地中海与菲利普二世时代的地中海世界》(第二卷),吴模信译,商务印书馆 2019 年版。

[14] [美]威廉·麦克尼尔:《东欧:草原边疆(1500—1800)》,八月译,上海人民出版社 2021 年版。

[15] [美]罗伯特·D.卡普兰:《巴尔干两千年》,赵秀福译,北京大学出版社 2018 年版。

序

"中东欧历史"丛书编辑对各位作者提出的写作要求是："专注于所涉历史的所有主要领域。政治、社会、经济、制度和宗教方面都需要关注……并且每一位作者都应努力避免让自己的著作过于关注某一方面。"1963年3月23日的同一份备忘录中还规定，"对学术机构的介绍仅保持在最低限度"，但文献综述除外。

作为提出上述要求的两位编辑之一，我在写作本书时尽可能地遵循上述指导原则。把跨度大约为500年的阿尔巴尼亚、保加利亚、希腊、罗马尼亚和塞尔维亚-克罗地亚历史放在设定的范围内，同时涵盖匈牙利人和土耳其人生活的某些方面和时期，在此基础上写一本符合公认的历史学研究规范的著作，这超出了我的能力范围。为此，我在保留时间框架的同时，将材料按照主题或地理方位组织进各个章节，以讲述具体的故事。我想通过展示一系列按时间顺序排列的说明性图景，对奥斯曼统治下的东南欧生活进行总体描绘。如果成功地满足了上述要求，我的目的就达到了。包括本书在内的整套丛书，其目标读者是有兴趣了解东南欧并处于起步阶段的研究生或非地区研究的历史学家。与遵循公认的组织规范相比，满足这些潜在读者的需求更重要。上述情况共同决定了本书的结构。

本书的附录汇集了从大量文字中提取的名称和表述。除非这些名称和表述已经成为我们语言中的一部分（例如维齐尔、苏丹），或以某种形式（例如维也纳、贝尔格莱德）为人所知，否则在书中都以其所使用语言的当代拼写形式呈现出来。城市以提及时使用的名称为准（例如，1453年前为君士坦丁堡，1453年后为伊斯坦布尔），但首次出现时,会在括号中给出所有名称。本书最后的附录①或能帮助读者轻松识别相关信息。

接下来,请允许我由技术性解释转向更令人愉快的致谢环节。感谢众多给予我帮助的人们,没有你们,我不可能完成这项研究。古根海姆基金会(Guggenheim Foundation)和华盛顿大学(the University of Washington)的比较和国外区域研究所(Comparative and Foreign Area Studies)共同为本研究提供了资金支持。美国学会理事会(American Council of Learned Societies)的资助给了我必要的时间来完成本书的初稿。在此,向这些组织致以最诚挚的谢意!

在档案馆和图书馆的查询过程中,有很多人为我提供了帮助,但限于篇幅无法一一提及。在此,仅感谢所有在以下机构为我提供慷慨帮助的人们:大英博物馆(the British Museum)、伦敦大学(the University of London)的斯拉夫和东欧研究院图书馆(the Library of the School of Slavonic and East European Studies);巴黎国家图书馆(the Bibliothéque Nationale in Paris);位于维也纳的国家图书馆(the National Library)、大学图书馆(the University Library)、豪斯霍夫国家档案馆(the HausHof und Staatsarchiv)、历史研究院(the Historical Institute)、东欧和东南欧研究院(the Institute for East and Southeast European Studies);位于布达佩斯的国家档案馆(the National Archives)、国家塞凯伊图书馆(the National Szchényi Library)、科学院历史研究所(the Historical Institute of the Academy of Sciences);位于布加勒斯特的国家档案馆(the National Archives)、国家图书馆(the National Library)、"N.约尔加"历史研究所(the Historical Institute "N. Lorga")、东南欧研究院(the Institute of South-East European Studies);位于索非亚的保加利亚科学院历史研究所(the Historical Institute of the Bulgarian Academy of Sciences)、"克莱门特与美索迪乌斯"图书馆(the "Kliment and Methodius" Library)和保加利亚科学院图书馆(the Library of the Bulgarian Academy of Sciences);位于贝尔格莱德的塞尔维亚科学院历史研究所图书馆(the Library of the Historical Institute of the Serb Academy of Sciences)、塞尔维亚共和国公共图书馆和档案馆(the Public Library, and Archives of the Republic of Serbia);位于萨格勒布的南斯拉夫科学院图书馆(the Yugoslav Academy of Sciences);位于萨拉热窝的公共图书馆(the Public Library)、波斯尼亚-黑塞哥维

---

① 此处原文应为"外文表述和地名词汇表"。因地名在书中均有翻译,未在最后增译地名词汇表,故将原文改为"附录"。——译者注

那共和国档案馆(the Archives of the Republic of Bosnia-Hercegovina)、大学图书馆和全球博物馆[the libraries of the university and the Territorial(Zemaljski) Museum]。

我本希望这份名单能更长，但遗憾的是，我不会希腊语，而且因未获得土耳其相关机构的批准，我未能在伊斯坦布尔进行相关调研，这多少妨碍了我对该研究的扩展。

最后，但非常重要的是，我还要感谢两个人，没有他们的帮助和理解，就没有这本书的问世。一位是我的妻子萨丽(Sally)，她的容忍远远超出了人们对一位学者妻子的期待。还有我的同事和朋友唐纳德·W.特雷德戈尔德(Donald W. Treadgold)教授，他用他的理解、耐心以及令人鼓舞的行动，给予我极大的帮助。　　　xiii

彼得·F.休格

目　录

第一部分　奥斯曼帝国

第一章　奥斯曼在欧洲的早期历史及其政权的建立

穆斯林和突厥①：奥斯曼帝国的根基

14世纪中叶，巴尔干半岛陷入混乱。第二塞尔维亚帝国（the second Serbian 　3
empire)②正处于分裂之中，而在过去几个世纪中总是能够在类似的地区崩溃中填
补空白的拜占庭帝国，此时却因自身的衰落而无力再次扮演这一角色。政治混乱
伴随着社会和宗教对抗，代表不同社会阶级的、数量庞大的底层民众正试图摆脱传
统贵族的统治，而通常代表社会阶层差异的异端邪说盛行起来。斯拉夫人统治集
团内部争权夺利，拜占庭帝国亦因王位陷入类似的争斗。正是拜占庭帝国的王位
之争将一支新的力量引入巴尔干半岛——奥斯曼人③。

1341—1355年间，拜占庭帝国的联合执政者约翰五世帕里奥洛加斯（John
V Paleologos）和约翰六世坎塔库泽尼（John VI Cantacuzene）为独占王位发动战争。
因为缺乏支持者和军队，约翰六世向奥尔汗（Orhan）求助。奥尔汗是马尔马拉海

---

① turkish意为突厥的、突厥语、土耳其的、土耳其语。此处，根据下文的意思，译为"突厥"。如第五
章所言，直到奥斯曼帝国经历"黄金时期"，人们都尚未以"土耳其人"（Turks）自居，所以，第一至第
五章多根据前后文译为"突厥的""突厥语"；第六章之后，则根据前后文，多译为"土耳其的"。——译
者注

② 即由斯特凡·杜尚（Stefan Dušan）于1346年建立的塞尔维亚帝国，是当时欧洲最大的国家之一。杜
尚去世后，他的儿子斯特凡·乌罗什五世（Stefan Uroš V）继承王位，塞尔维亚帝国开始出现分裂，
国势日衰。1371年，乌罗什五世去世后，塞尔维亚帝国走向崩溃。参见马细谱：《南斯拉夫兴亡》，社
会科学文献出版社2010年版。——译者注

③ the Ottomans，根据文中的不同含义，分别译为"奥斯曼人"和"奥斯曼帝国"。——译者注

东岸一个正在冉冉升起的突厥公国（turkish principolity）的统治者。结果是在 1345 年，第一支来自奥斯曼家族的军队穿过达达尼尔海峡，揭开了东南欧历史的新篇章。

在一百多年之后，即 1453 年，奥斯曼家族征服了拜占庭。由于两个约翰的激战，奥斯曼家族将拜占庭变为一个大国的首都，其疆域从现在的南斯拉夫①中部一直延伸到小亚细亚以东。这个国家就是名震西方的奥斯曼帝国，即"受主保护的、繁荣富裕的、完全的奥斯曼家族的领地"。从"奥斯曼"这个奇特的名称上可以看出，信仰伊斯兰教和讲突厥语是帝国的两大基本构成元素。本书不可能对两者进行全面探讨，但会提到几个重要的方面，它们将对决定奥斯曼统治下的欧洲人命运的体制有所阐释。奥斯曼家族作为近东的后起之秀，依靠已经存在且适合其统治需要的原则建立了国家。在 600 多年的统治中，他们始终坚持着这些原则。他们相信，这些原则代表着他们及其帝国所承担的一切事务的神圣和世俗的合法性。基于这一原因，对这些原则的理解至关重要。

要想弄清楚伊斯兰教特征在奥斯曼思想中所起的作用，必须从伊斯兰教的起源说起。穆斯林的农历始于 622 年的希吉来历（Hijra 为"迁徙"之意，代指伊斯兰教的宗教历法）。当时，先知穆罕默德从麦加（Mecca）来到雅特里布（Yatrib），即麦地那（Medina）。先知所宣扬的严格的一神教包括犹太教、基督教和融合了某些原始元素的传统阿拉伯信仰。尽管伊斯兰教推崇高尚的道德和伦理，但从神学上看，其教义还是比其他一神教简单。因此，它非常适合先知布道。就像现在，它依然适用于那些已经达到文明阶段，渴望更高的宗教和形而上学信仰以及规范社会活动的道德准则，但又不准备应付难懂和复杂的犹太教或基督教的人。突厥人（the Turks）就是这样一类人。

先知穆罕默德认识到了他所传播的一神教与犹太教、基督教之间的普遍联系。《古兰经》（Qur'ān）第 2 章第 62 节清晰地将各种一神教的共同命运联系在一起，甚至包括最后的审判：

> 信道者、犹太教徒、基督教徒、拜星教徒，凡信真主和末日，并且行善的，将来在主那里必得享受自己的报酬，他们将来没有恐惧，也不忧愁。[1]②

---

① 本书初版时，南斯拉夫社会主义联邦共和国已经解体。此处的南斯拉夫即 1992 年由塞尔维亚与黑山组成的南斯拉夫联盟共和国。——译者注
② 此处译文参考《古兰经》，马坚译，中国社会科学出版社 2003 年版，第 6 页。——译者注

这种认识超越了单纯的文字表述。穆罕默德希望与基督徒和犹太人结盟,一旦其领地扩大,便将他们纳入他的伊斯兰教国家,而不用要求他们皈依。我们掌握的几个可以追溯至其统治时期的条约,清晰地显示了这一意图。其中,有一个与也门纳季兰(Najrān)城签订的条约,时间可以追溯至 631 年,其中列出了该城的义务和税收标准,并且声明:

> 纳季兰和它的追随者将受到真主和迪玛①(安全保障)的先知穆罕默德的保护,包括他们自己、他们的社区、他们的土地、他们的私人财产……及他们的教堂和神职人员(没有主教会从主教团中被除名,没有僧侣会丧失其僧侣地位,没有教堂看守人会失去其教堂监护权)……根据本文件规定的条款,(他们都有权)受到真主和迪玛的先知的保护,直到真主显现其旨意,只要他们忠诚、忠于职守、不被错误所困扰。[2]

在这段话中,我们可以发现第一个伊斯兰教元素,它已成为奥斯曼统治下的东南欧人民生活的根基。任何一神教的信仰者只要愿意接受伊斯兰教的最高统治并自愿按规定的条件生活在一个伊斯兰国家,就将受到保护,变成济米(zimmi)。这种保护超出了上文明确的宗教自由,它涉及一种自治,在奥斯曼帝国时期,这种自治制度化了,被称为米勒特制度(millet),从根本上说这是一种基于宗教信仰的少数民族自治制度。关于这一体制的起源,我们可以从上文提到的条约中得到启示:

> 如果他们中的任何人要求一项权利,那么正义就在他们中间(例如,在他们自己的手中)。只要他们没有做错,也没有因为错误而受苦;它属于纳季兰。[3]

保护者是第一等级的公民,而受到保护的济米必须承担特定的义务。当然,贯穿奥斯曼统治时期的最古老的义务就是人头税[poll tax,即吉兹亚(cizye)]。奥斯曼还保留了其他可以追溯到伊斯兰时代早期的贡赋和义务,对此,我们将在后面的章节中进行讨论。

像其他一神论者一样,自称为“有经人”(the people of the book)的穆斯林与理论上不得不皈依或选择死亡的异教徒之间的区别源于一种基本的世界观。这一观念对于理解奥斯曼帝国官方名称中“神圣受保护”的部分及其在统治者眼中的存在

---

① dhimmah,“顺民”之意,指受伊斯兰保护的人。——译者注

理由至关重要。像犹太教和基督教一样，伊斯兰教也认为，人们只有听从真主的旨意才能幸福的生活。真主借由先知不断传教让其旨意显现。根据伊斯兰教的说法，亚当是第一位先知，穆罕默德是最后一位先知。有罪的人总是为了自我解脱，歪曲真主的旨意，结果迫使真主派遣越来越多的先知。真主是永恒的、完美的、不变的，他的旨意总是相同的，因此所有"有经人"收到的信息都是相同的。穆斯林与其他一神教信徒的不同仅仅是前者接受的是最后的、没有受到歪曲的信息，而后者坚持的则是错误的版本。穆斯林对真主的完美理解使他们成为真主的选民，他们的责任就是向全人类传播真理。

6　　在此，我们并不打算讨论《古兰经》中基本的穆斯林信仰问题，但是必须指出的是，《古兰经》中不仅包含先知的话，还包括真主安拉的话。因而它既不能解释，也不能翻译，因为翻译将歪曲真主的旨意。可以说，《古兰经》包含了一个人应该了解的如何正确生活并拯救自己灵魂的所有道理。

　　但是，随着这个小型穆斯林-阿拉伯团体发展成为世界性的帝国，补充立法的需求立刻显现。他们先是求助于先知的传统格言警句，然后转向先知直接继承人的格言，最后是第一代哈里发（caliph）的言论。这些被认定为真实的陈述被收录整理成哈迪斯（Hadiths）。哈迪斯、伊吉玛（ijma'）以及他们基于齐加（qijās）的裁决，当然还有《古兰经》，共同构成了伊斯兰法典沙里亚（shārī'a）。穆斯林团体的分裂源于接受特定"圣训"所形成的不同观点，但是大多数穆斯林坚持四个所谓正统的合法流派，被称为"逊尼派"（Sunnis）。奥斯曼是逊尼派并且遵循伊斯兰教法。因为伊斯兰教法只适用于穆斯林，所以奥斯曼需要一个适用于非穆斯林的法律制度，而且这个体系必须因循忏悔告解的方式，因为宗教差异是穆斯林唯一能理解的差异。这个制度就是上文所提到的米勒特制度。

　　法律是包括奥斯曼人在内的所有穆斯林生存的基础，国家因为宗教、法律、行政结构及正确的个人行为和自我救赎而紧密地联系在一起。穆斯林并不区分世俗的、神圣的或是宗教的法律，对他们来说，法律就是沙里亚。但是，在实践中，这种区别又是现实存在的，沙里亚并不是唯一的法律。《纳季兰条约》（*Najrān Treaty*）第 2 章中的一段话相当清楚地表明，当地法律和习俗不仅受到尊重，甚至还得到了重新确认。在此后的征服中，奥斯曼统治下的部分东南欧地区的地方法律也得到了认可。另外，他们还不时将地方的卡努法（Kanuns），一种由苏丹编纂、用于其管辖省份的法规，纳入后来的奥斯曼法。

　　如果我们认为沙里亚是神法或宗教法，那么卡努法就是世俗法，这种理解并不十分确切,但最接近我们使用的西方概念。这些法律对早期伊斯兰教及后来的奥斯曼帝国都是非常必要的,它们解决了大量沙里亚无法解决的问题。当然,在一个宗教法社会,其基本法理论上涵盖了人们所有的需求,因此,补充法规都必须是公正的。

从定义上看,这些基于乌尔法(urf, adat, örf)的补充法规低于沙里亚,最好被翻译为"习惯法"(customary law)。根据早期法学家的说法,这是国王用于管理国家事务的法律。与乌尔法最相关的就是阿米法(âmme),即普通法或公共法,是用于规范国家与国家、国家与公民之间关系的法律。11世纪,突厥人确立其统治地位后,传统的突厥法则"托里"(törü)又加入进来,它确立了统治者制定法令的权利。由于托里非常接近伊斯兰教的乌尔法概念,因此它非常容易地被吸收进穆斯林的传统法律。这些规则成为大量公开颁布的卡努法的合法基础,而卡努法对处于奥斯曼帝国统治下的欧洲人来说至关重要。大部分卡努法并没有什么新意,只不过是奥斯曼帝国承认的被征服地的旧法律。

卡迪(kadi)既接受伊斯兰教法,也承认卡努法。而穆夫提(müfti)作为旧式穆斯林官员,他们的机构已经被奥斯曼从之前的伊斯兰国家手中接管,并原封不动地带入欧洲。这些人属于乌里玛(ulema),他们是一群受过教育的人,通常是教育、立法、精神以及科学和文化界的领袖,在奥斯曼人的生活中扮演着非常重要的角色。

我们从上述穆斯林-奥斯曼法律的粗略轮廓中明显可以看出,奥斯曼的法律不是"领地集中型"(centralized-territorial)的,而实际上是"领地独立型"(territorial-individual)的,因为不同个体的宗教信仰、职业、居住地、社会地位和性别决定了他或她将适用的法律。这带来了将在后文中讨论的重要的多样性。

有必要提及另一个对奥斯曼帝国及其民众至关重要且更为伊斯兰化的内容是"五大功修"(Five Pillars of Faith),即穆斯林的基本义务。这些义务非常简单,包括祈祷、施舍、禁食、朝圣、专业的信仰。奥斯曼人自然要遵循这些基本的规则。每一个奥斯曼人都努力履行上述义务,其结果就是有大量公共建筑、医院、道路等设施在东南欧建立起来。对奥斯曼帝国明确的使命而言,更重要的是《古兰经》第2章第190—193节的规定:

> 你们当为主道而抵抗进攻你们的人,你们不要过分,因为真主必定不喜爱过分者。
>
> 你们在哪里发现他们,就在哪里杀戮他们;并将他们逐出境外,犹如他们从前驱逐你们一样,迫害是比杀戮还残酷的。你们不要在禁寺附近和他们战

斗，直到他们在那里进攻你们；如果他们进攻你们，你们就应当杀戮他们。不信道者的报酬是这样的。

如果他们停战，那么，真主确是至赦的，确是至慈的。

你们当反抗他们，直到迫害消除，而宗教专为真主；如果他们停战，那么，除不义者外，你们绝不要侵犯任何人。[4]①

8　　　照字面意思理解，这些话适用于抵御战争、惩罚侵略和遭遇宗教迫害的人。只有"你们当反抗他们，直到迫害消除，而宗教专为真主"这一句可以令人信服地解释为真主在用剑传播他的旨意。当然，上述文字是以讨伐异教徒的吉哈德（jihād）为基础的，即圣战（holy war）。但是，在奥斯曼的版本中，圣战（gaza）和吉哈德变成了奥斯曼帝国存在的官方理由。

我们掌握的最早的一份关于帝国缔造者奥斯曼的记录描述道，他未来的岳父谢赫（Şeyh）艾德巴利（Edebali），一个神秘的兄弟会首领，庄严地授予他一把加齐（gazi）才能佩戴的宝剑。1301 年，奥斯曼取得了第一个重要的军事胜利，在尼西亚（Nicaea，Iznik）附近的巴法埃农（Baphaeum，Koyunhisar）击败了拜占庭军队，为此，塞尔柱王朝的苏丹给予他一个贝伊（beǧ）的头衔。尽管奥斯曼统治者有一长串令人印象深刻的头衔，包括苏丹（最高统治者）、皇帝（hudavendigâr）、最伟大的苏丹（sultan-i azam）、君主（padişah），但他们始终将加齐作为第一头衔。

以牺牲战争之境（dar al-harb）的利益为代价，拓展伊斯兰之家（dar al-Islam）是奥斯曼帝国的职责。当帝国停止扩张，特别是开始收缩的时候，奥斯曼人就会感到他们的神圣使命已经终结了。

以上关于奥斯曼帝国的伊斯兰教面貌的介绍尽管不够全面，但给出了影响东南欧人民生活的最重要的特征，足以解释这个"神圣受保护"的国家的伊斯兰特点。这个国家就是"奥斯曼家族的领地"。在欧洲、远东，甚至阿拉伯-伊斯兰地区的各种国家中，改朝换代是非常频繁的，但在一个突厥人的突厥语国家（Turkic-Turkish state），这却是不可能的。奥斯曼帝国的存在与单一的奥斯曼人（Osmanli）的王朝统治紧密联系在一起。这是第一个必须关注的突厥特征，奥斯曼之前的突厥语国家的发展可以对其进行阐释。

最初，所有讲突厥语的突厥人都生活在南西伯利亚，位于里海和阿尔泰山脉之间的一片广阔草原。早期的突厥"国家"充其量就是由强人形成的部落联盟，但是

---

① 此处译文参考《古兰经》，马坚译，第 20 页。——译者注

随着强人的过世,所谓的"国家"也就消亡了。这样的社会在贝伊,即军事贵族的统治之下,不仅存在社会分层,而且出现了一个模糊的法律体系。每一个人都有自己的位置,但是整个结构取决于对最高领袖及其家族的共同忠诚。到 8 世纪初,在伊朗边境定居的突厥人已经向阿拔斯王朝(the Abbāsids)臣服,并且向阿拔斯王朝源源不断地输送奴隶,其中有些人后来成为巴格达的重要官员。

　　到 10 世纪末期,古思人(Ghuz)和乌古思人(Oghuz)的部落在咸海一带定居下来。据说,作为土库曼人(Turkomans),他们在皈依伊斯兰教后,奉塞尔柱(Seljuq)为首领。到 11 世纪中期,塞尔柱的后人将其统治的疆域向南、向西扩展至伊斯法罕(Isfahan)。1055 年,弱小的哈里发卡伊姆(Al-Qa'im,1031—1075 年)为摆脱另一个突厥人,即贴身护卫巴萨西里(al-Basasiri)的钳制,向塞尔柱王朝的首领图格鲁尔(Tughril)寻求帮助并封其为首席行政官。在接下来的一百年里,直到 1157 年哈里发重新掌权,塞尔柱人一直是阿拔斯王朝的真正统治者。他们的头衔是苏丹。

　　当塞尔柱人被彻底赶出巴格达时,他们已经在其他地方建立了权力中心。其中一个就是小亚细亚(Anatolia,Anadolu,即安纳托利亚)。造成这种结果的原因是多方面的。突厥士兵总是寻找并跟随强大的领导者,一旦塞尔柱人在巴格达站稳脚跟,追随者便远远超出了可以雇用的人数。因为这些新人有能力且愿意打仗,如巴格达的统治者所称,伟大的塞尔柱人派他们到边境地区,为信仰、荣誉、进步和战利品而战。而他们同样渴望摆脱家族成员,这些人具有某项能力或倾向,或者两者兼有,他们为苏丹治下的国家而战。拜占庭的边境成为这些亲戚们的理想去处。

　　在那里,伊斯兰教的加齐和他们的基督教同行以及希腊的阿克里托(akritoi)发展出一个粗糙的"边疆社会"(frontier society)。这是几个世纪以来连续不断的战争的结果。由于战争,边界线从未严格划定,中央政府在边疆地区的权力充其量是名义上的。其结果就是,这个无人地带成为来自边境两侧的自由冒险者的乐园,他们以"捍卫信仰"为名,互相掠夺。但即使是这种不寻常的生存方式也需要规则。在这种情况下,一部粗略的、能够被双方接受的、有关行为和骑士制度的法典诞生了。

　　图格鲁尔成为巴格达的掌权者后,将自己的侄子阿尔普·阿尔斯兰(Alp Arslan)送去戍边。1071 年,在凡湖(Lake Van)以北的曼齐克特(Manzikert,Malazgirt),阿尔斯兰取得了历史上非常关键的一次胜利,打败了拜占庭,并俘虏了拜占

9

庭皇帝罗曼努斯·第欧根尼(Romanus Diogenes)。自此，拜占庭帝国一蹶不振。东安纳托利亚从拜占庭帝国的统治下解脱出来。很快，该地区出现了几个独立的国家，主要是亚美尼亚。这些国家都不强大，地区不稳定吸引了加齐的注意，因为他们可以轻易地从突袭中获得丰厚的回报。早在 1072 年，阿尔斯兰的一个野心勃勃的年轻亲戚苏莱曼(Süleyman)就被送到安纳托利亚，为大量四处漂泊的土库曼人担任首领。他征服了大部分小亚细亚，并于 1082 年来到尼西亚。当第一次十字军东征征服了大部分安纳托利亚地区时，苏莱曼的儿子基里克·阿尔斯兰(Kiliç Arslan)回到安纳托利亚并建立了罗姆塞尔柱帝国(the Seljuqs of Rum)，罗姆即罗马和拜占庭。从 1107 年开始，直到 1307 年罗姆塞尔柱帝国被蒙古人摧毁，罗姆苏丹的领土及其在科尼亚(Iconium，Konya)的首都已经发展为具有某种文化特征的边疆-加齐国家(the frontier-*gazi* state)，这就是奥斯曼帝国的基础。

持续战斗的不仅有拜占庭和十字军，还有其他突厥国家，其中最重要的是达尼什曼德(Danishmends)统治下的安纳托利亚塞尔柱(the Seljuqs of Anatolia)，它不断变化，吸引了越来越多的土库曼战士。这些战士在战斗结束后成为定居者，土地是他们能得到的最大回报。尽管波斯和拜占庭模式的军事采邑，即伊克塔(iqtā's)，仍在该地区存在，但这一体系经过塞尔柱人的拓展，最终被纳入奥斯曼人的蒂玛尔(timar)体系。这种与兵役有关的土地占有制度可以被看作塞尔柱-奥斯曼模式植入欧洲的一个非常重要的突厥特征。在后面的论述中，我将就蒂玛尔体系进行详细论述，在此仅强调一点，那就是这一体系是军事、农业生产、税收和地方执法的制度基础。在典型的突厥模式中，这一制度建立在个人忠诚和宣誓效忠基础之上，而且与欧洲的封建体制不同，这种个人忠诚和宣誓效忠直接面向最高统治者。在最高统治者和最底层人民之间不存在其他中间人。

安纳托利亚塞尔柱和后来的奥斯曼帝国所面临的发展问题最具代表性，但同时也是最复杂的，这不仅是持续战争的结果，也是鲜有像科尼亚这样的重要中心获得发展的结果。在乡村，人们继续按照加齐-阿克里托边疆社会的模式生活着。结果是，一个有组织的国家没有了经济基础。以下几个原因可以对此作出解释。

从曼齐克特战役到 13 世纪末期，安纳托利亚一直是兵家必争之地。除了塞尔柱统治者相对较短的强盛时期之外，在小亚细亚的主要城市之外没有一个强大的权威能够维持安全。即使有各类穆斯林和基督教统治者曾经在此维持秩序，但他们也无力影响那些在几个世纪中将安纳托利亚变成一片突厥领地的社会族群因素。

大多数进入该地区的突厥人是土库曼游牧部落的牧民-勇士（warrior-herdsmen）。13 世纪后，蒙古人对中亚、波斯的征服，特别是 1258 年对巴格达的攻陷，加剧了突厥人的迁徙。这些新来的突厥人为此地的各种大公和集团而战，很快将此地彻底变成了乡下。两次主要的突厥征服和移民浪潮摧毁了大部分城市定居点。[5]正如民族大迁徙（the Völkerwanderung）和西罗马帝国灭亡之后，西欧人不得不寻找新的解决办法一样，安纳托利亚也不得不寻找一个解决途径。安纳托利亚需要一个新的生产、市场和公共秩序体系。

加齐和阿克里托都是为信仰而战的斗士，但是这两种人都没有受过教育，没有能力深刻理解他们为之而战的宗教的真正意义。他们是狂热的信徒，但他们的信仰与伊斯兰教乌里玛及基督教神学家认为的那种正确的理解和阐释毫无关系。在边疆地区的宗教杂糅了基督教和伊斯兰教，与官方认可的正确教义相比，它们与迷信、神秘主义、传统习俗更为接近，在某些情况下甚至还有异教。这些民间宗教逐渐融合，并被伊斯兰教所主导。

就像西方中世纪骑士在中世纪早期地方战争中需要一部行为法典一样，安纳托利亚的战士也必须根据自己的宗教信仰制定自己的行为准则。由于突厥因素的主导，安纳托利亚的骑士行为规范（the code of chivalry）首先关注的是统治者及其家族。由于军事和宗教因素在边疆社会占有主导地位，最理想的状态就是，统治者既是军事领袖又是宗教领袖。如果这一点无法实现，就要寻求宗教领袖谢赫与军事领袖之间的紧密联合，其头衔可能是苏丹、贝伊或加齐。

经济需求、快速的种族转型、居无定所的现实条件和乡村生活、公认的宗教领袖和对于个人忠诚的不变追求，这一切共同造就了一个新的体系。我们依然无法了解这一体系产生的确切时间和发展的具体情况，但我们知道这是一个发生在塞尔柱王朝时期的渐进过程，到奥斯曼势力迅速上升时获得充分发展。

一些术语也反映了这种局面的混乱性。对同一现象有几种表达方式，而有些术语的意思则改变了。举几个例子就能说明这一问题。在 13 世纪、14 世纪，艾赫（akhi）既指首领也指鼓吹神秘主义的兄弟会成员。但后来，它指一个贸易或手工业行会的成员。谢赫代表一个宗教兄弟会的首领（与艾赫的早期含义相同），同时它还指特定部族的首领，但后来，它指苏丹的"宫廷牧师"（court-chaplain）以及行会的首席宗教领袖。关键词浮图瓦（futuwwa）不仅指一个神秘主义的兄弟会，还代表融合了道德规范与骑士制度的法典。苏菲派信徒（sufı）和托钵僧（derviş）都是穆斯林中的神秘主义者，区别仅仅是其神秘的程度不同。

抛开这些不同,最终的结果可以粗略地描述为,这种在民间-宗教-神秘主义基础上建立起来的兄弟会包含着基督教、伊斯兰教及民间信仰的元素,但其整体特征却是伊斯兰教的。这些兄弟会被他们的"圣人"谢赫领导着,其成员(苏菲派信徒或者托钵僧)则是一些有精神需求的人,他们选择兄弟会并将其作为自己的道德规范"浮图瓦",自愿遵守。[6]

兄弟会的活动和他们的行为准则"浮图瓦"被扩展到宗教以外的社会和经济领域。兄弟会组织建立了与手工业者间的紧密联系,兄弟会的浮图瓦也就变成了整个社会和正在发展的商业行会的规则。骑士行为规范也与兄弟会的浮图瓦联系在一起,因为大多数士兵都是各种兄弟会的成员。[7]随着组织的扩散,其中较大的兄弟会还在全国范围内拥有特克(tekke,为其成员提供的住房)和扎维耶(zaviye,为非兄弟会成员提供的客栈)①。由于不断从一个地方到另一个地方,兄弟会成员不仅履行宗教职责,还经常从事与其所属行会相关的贸易活动。在兄弟会成员需要履行的诸多责任中还包括非常重要的信息传播职责。这对于统治者和那些想爬上社会金字塔顶端的人来说,与兄弟会保持尽可能密切的关系变得至关重要。因为兄弟会可以使他们声名远播,为他们征募士兵,并通过行会为其获得经济利益。

众所周知,奥斯曼的崛起就始于他与谢赫艾德巴利的交往,他不仅接受了艾德巴利所尊崇的浮图瓦,还娶了他的女儿。他学会了一门手艺,以表明他已成为兄弟会的一员,从而开创了所有继任者都要遵循的先例。奥斯曼以这种方式达到了他想要的结果,成为人们所忠于的军事和宗教领袖。因此,奥斯曼的追随者——奥斯曼突厥人,不仅是一个部落或一个氏族,而且是所有突厥人以及那些另有起源但因跟随奥斯曼并最终成为其家族成员的突厥化了的人的简单组合。突厥统治者及其家族在国家与社会中的重要且传统的作用变得非常明显,因为除了效忠统治家族,没有任何东西能把"奥斯曼人"凝聚在一起。

兄弟会体系随着奥斯曼帝国的征服而进入欧洲,但它的宗教特性在降低,欧洲并不像安纳托利亚,没有大量皈依伊斯兰教的人。不过,它在手工业和贸易行会以及慈善机构中的作用变得非常重要。

当然,没有哪个国家能够从兄弟会或加齐中招募所需的有学问的行政人员,民间伊斯兰教也不适合成为一个主要政治实体的意识形态基础。伊斯兰国家的管理

---

① 原文此处的解释可能有误。参考上下文及附录中的解释,应是为兄弟会成员提供的客栈。——译者注

者通常是从有学问的穆斯林,特别是训练有素的奴隶中征募。幸运的是,对安纳托利亚的各个突厥国家来说,那些有学问的人跟随士兵向西迁移。因此,科尼亚塞尔柱在权力顶峰时不仅拥有非常优秀的管理者,并且是伊斯兰学术及文化的重要中心。随着科尼亚的衰落,包括奥斯曼在内的其他公国崛起,更多训练有素、学识渊博的人可以为他们所用。训练有素的奴隶扩大了这个群体的数量。

　　奴隶制是近东地区一个古老的制度,后被穆斯林接受。伊斯兰教为奴隶制赋予了新的变化。穆斯林不能被奴役,但接受伊斯兰教的奴隶仍然是奴隶,尽管奴隶解放是受到鼓励的。穆斯林奴隶的子女才是自由人。由于大部分奴隶都接受其主人所信仰的宗教,因此一直需要有新的奴隶。这种需求通过战俘和奴隶贸易得到了满足。奴隶不仅可以用于经济领域的活动,而且可以在有限的范围内充当学者、管理者和士兵。总之,奴隶可以被用于所有可能的活动。那些在军队和管理机构中居于高位的奴隶通常是非常有权势的人。当然,大部分奴隶都要仰仗自己的主人,主人的威望直接影响着他们的前程。从某种意义上来说,一个重要人物的奴隶能与一个卓越的罗马贵族的代理人相媲美。

　　来自中亚并进入穆斯林权力中心的突厥人大多是当士兵的奴隶。他们的后代成为自由人后,大多变成了有实权的管理者。正如我们在图格鲁尔的例子中所见到的,自由了的奴隶后代即使占据类似的位置,或出于自愿或受到邀请,依然要效忠于一个"主人",那就是哈里发。这种亲密的主仆关系与个人效忠的传统是完全一致的。随着突厥国家势力的上升,这一传统得以延续。虽然充当士兵和管理者的奴隶的作用和忠诚度不同,但就效忠于同一个主人而言,他们与作为自由人的仆人没有什么不同。奥斯曼帝国重要的库尔(kul)制度就是建立在这一传统基础之上的。成为苏丹的一个库尔就为担任国家最高官员、达到荣誉的顶峰打开了大门。　14在奥斯曼帝国,甚至自由人出身的官员也将自己视为苏丹的库尔。这种奴隶制与阿拉伯-伊斯兰奴隶制的概念略有不同,在强调个人效忠问题上,它带有某种特定的突厥风格。

　　上述伊斯兰和突厥特征不仅足以证明奥斯曼人依据什么为自己的国家命名,也足以证明学者们的论点,即奥斯曼帝国是一个伊斯兰-突厥-军事国家,在某些方面受到拜占庭帝国制度与习俗的影响。至于拜占庭帝国何时开始影响奥斯曼帝国的问题将在后文讨论。但是,不管如何影响,都不会改变奥斯曼帝国的基本属性。这篇短文仅讨论了有关伊斯兰-突厥传统的相关内容,对此,本书还将反复提及。

第一奥斯曼帝国及其欧洲行省

传统上,奥斯曼历史分为四个时期。第一个时期历时两个半世纪,涵盖了十位苏丹的统治(1300—1566 年),并在苏莱曼一世(Süleyman I,1520—1566 年)统治时期的"黄金时代"达到顶峰。第二个时期持续了大约 200 年,直到 1789 年塞利姆三世(Selim III)开始执掌大权。这是一个衰落的时期,在 17 世纪下半叶,科普鲁卢(Köprülü)家族曾试图扭转这一趋势,但以失败告终。科普鲁卢家族曾担任过大维齐尔(grand vezir,即政府中职位最高的官员)。第三个时期始于塞利姆三世,终于青年土耳其党的革命(1879—1908 年),这是一个试图改革的时期。最后一个时期,即青年土耳其党统治时期,包括第一次世界大战,并随着帝国的解体和现代土耳其的建立而结束。

对奥斯曼研究专家而言,这一历史时期的划分是正确的,但它不能满足本书读者的需求。为此,本书必须对四个时期进行区分:一是第一次奥斯曼征服时期(1352—1402 年);二是第二次奥斯曼征服与政权巩固时期(1413—1481 年);三是稳定时期(1453—1595 年),这一时期与第二个时期略有重叠;最后一个时期是衰退、不稳定,甚至陷入无政府状态的两个世纪。本章将介绍奥斯曼帝国的起源和上述四个时期中的第一个时期。

尽管学术界对奥斯曼家族的起源进行了孜孜以求的研究,但依然未能清晰揭示这一问题。我们现在知道的是奥斯曼的父亲埃尔图鲁尔(Ertuğrul)是一名加齐战士,在瑟于特(Söğüt)附近有一小块封地。由于这不足以让他变得富有,因此,我们可以假设,埃尔图鲁尔只是一名成就一般的战士。1277 年,在波斯、伊拉克和安纳托利亚东部建立政权的蒙古人打败了塞尔柱帝国,作为名存实亡的统治者,塞尔柱人的统治又维持了 30 年。在此期间,强大的地方领袖获得建立独立公国的机会。一小部分人受到鼓舞开始四处碰运气,奥斯曼就是其中之一。在蒙古人取得胜利后的第四年,他继承了父亲在瑟于特的封地。

才能出众的奥斯曼发现自己正处于有利的地理位置。除了黑海东南沿岸特拉布宗(Trebizond, Trapezunt, Travzon, Trabson, Trapesus)一带残存的希腊人的国家,以及沿地中海小亚细亚中南部建立的亚美尼亚人的国家,基督徒手中唯一的安纳托利亚土地是马尔马拉海亚洲沿岸的拜占庭属地。其边界大致从黑海萨卡里亚

(Sangarius)河口开始,向南延伸至重要城市尼西亚和布尔萨(Bursa, Prusa, Brusa)
的东部,然后在布尔萨以南约60英里处向西,在离达达尼尔海峡与爱琴海汇合处不
远的传统城市阿比多斯(Abydos,即现在的恰纳卡莱)流入海洋。相比而言,奥斯曼
在瑟于特的封地虽然面积不大,但土地肥沃,而且覆盖了一些靠近君士坦丁堡的重
要城市。对加齐而言,基于宗教原因和浮图瓦的规定,他们不能互相残杀,但也不
能去蒙古人强大统治下的东方冒险,拜占庭的属地为他们获得地位、名誉和财富提
供了最好的机遇。奥斯曼的封地与这片领土接壤,他有智慧和充分利用这个机会
的能力。当其他突厥国家率兵攻打拜占庭南部时,奥斯曼攻打了更大更富有的北
部地区,并取得了他的第一场胜利。如前所述,1301年,他在临终之际得知儿子奥
尔汗占领了伟大的城市布尔萨,遂将其变为奥斯曼的第一个首都。

随着对拜占庭土地的占领,奥斯曼变成了一个与其他重要国家平起平坐的公
国。但是,要想将其势力真正拓展至安纳托利亚,奥斯曼还要成为突厥人的领导
者。在此,奥斯曼人面对的是其他伊斯兰-突厥-加齐国家,因此,军事行动十分困
难。即使真的发动军事行动,奥斯曼人也很少直接占领其他突厥人的土地。如果
遭到攻击,他们就有权一战。但是,大多数情况下,他们获得土地要么是因为受请
援助其他公国,要么是因为受相对弱小邻国的请求,为其提供军事保护或建立联
盟。相比之下,他们更愿意将胜利转化为联姻支撑的联盟,以令占领合法化。某些
前朝的统治家族,如成为未来的大维齐尔的森德里王朝[the Cenderli(Candarli) dy-
nasty],就是个很好的例子。他们最终跻身奥斯曼最高统治圈。

一旦奥斯曼人跨过马尔马拉海西岸,结盟的做法就扩展到了基督徒身上。奥
尔汗的妻子中,有一位是塞尔维亚的统治者斯特凡四世乌罗什(Stefan IV Uroš)的
女儿狄奥多拉(Theodora),还有一位是拜占庭皇帝约翰六世坎塔库泽努斯的女儿玛 16
丽亚(Maria)。①穆拉德一世(Murad I)的妻子之一是约翰五世帕里奥洛格斯的女
儿,另一位是保加利亚的公主塔玛拉(Tamara),她的父亲是特尔诺沃(Tŭrnovo,
Tǎrnovo, T'rnovo)的统治者约翰·亚历山大二世西斯曼(John Alexander II Shish-
man)。巴耶济德一世(Bāyezid I)的妻子中,有约翰·胡亚迪(John Hunyadi, János
Hunyadi,即亚诺什·匈雅提)的女儿玛丽亚、塞尔维亚拉扎尔一世(Lazar I)的女儿
德斯皮娜(Despina)、萨洛纳伯爵(Count of Salona)路易斯(Louis)的女儿玛丽亚,还

---

① 原文此处可能有误。根据后文及相关史料的记载与奥尔汗联姻的狄奥多拉应为约翰六世的女
　　儿。——译者注

有约翰五世(John V)的一个不知其名的女儿。[8]穆罕穆德一世(Mehmed I)把他父亲的失败归咎于基督徒对政策的干扰,因而放弃了与基督徒的联姻。然而,穆拉德二世(Murad II)的妻子中,玛拉(Mara)就是一位信仰基督教的公主,她是塞尔维亚的乔治·布兰科维奇(George Branković)的女儿。另外,在穆罕穆德二世(Mehmed II)的众多妻子中,有多位是信仰基督教的贵族女性,其中一位来自帕里奥洛格斯(Paleologos)家族,还有一位来自科姆尼纳(Comnena)家族。如果这些婚姻没有揭示出奥斯曼帝国在第一个历史阶段和第二个历史阶段的部分时期处理与欧洲各行省关系的某种政策的话,那么它们就没有那么重要了。

1352 年,当奥斯曼人征服了欧洲海岸的第一个据点——达达尼尔海峡的齐姆佩(Çimpe,Tzympe)时,被内战撕裂的拜占庭帝国只能退守大约西起黑海港口布尔加斯(Burgas,Purgos,Burgaz)、东至斯特鲁马河(Struma,Strimon)以南的地区。除此之外,拜占庭还控制着萨洛尼卡(Salonika,Thessaloníki,Selanik)周围的一小块区域,以及埃维亚(Euboea)、阿提卡(Attica),还有摩里亚(Morea,即伯罗奔尼撒半岛)的一块飞地。摩里亚半岛的大部分地区属于威尼斯,但保加利亚占据着摩里亚北部至多瑙河的地区。巴尔干半岛的其余部分属于塞尔维亚人。

三年之后的 1355 年,伟大的塞尔维亚统治者斯特凡·杜尚去世,塞尔维亚和保加利亚陷入旷日持久的内战。因此,奥斯曼帝国在欧洲面临着同样的无政府状态,这就促成了他们在安纳托利亚的首次征服。在这里,他们可以应内战一方或另一方的请求进行干涉,也可以为双方提供保护、建立联盟或者缔造条约。

奥斯曼人的治国才能引人注目。在欧洲,突厥人经营着基督徒的土地,他们本可以像在安纳托利亚的拜占庭领地上那样行事。但他们没有。如果将其温和仅仅归因于早期穆斯林的政策是错误的,这些政策建议若"有经人"不战而屈,则令其自行其是。毕竟,奥斯曼人在欧洲的每一次前进都是军事胜利的结果,他们本可以认为这片征服而来的土地理所当然是他们的,而置作为其盟友的基督教君主们对土地所有权的声明于不顾。但他们意识到,他们没有足够的军队和人口,无法同时对安纳托利亚进行统治。他们的目标是在其领导下重建塞尔柱帝国,在欧洲维持强大的军事力量,并在众多定居者的帮助下使这些土地突厥化(turkification)。因此,他们更倾向于这样一种安排:不仅要确保领土上的优势,而且要与欧洲君主建立联盟或签订附庸协议以获得更多的军队。诸多婚姻被用于巩固这种安排。只要对方不背叛或谋求独立,奥斯曼人就会信守契约。

从这些联姻国家民众的角度看,这种安排并不受欢迎。尽管联姻在一定程度上遏制了相互竞争的君主间的内战,但恶劣的外部条件并没有改变。弱小的君主既不能阻止贵族和教会显贵互相斗争、压迫农民、进行宗教迫害,也不能阻止合法和非法税收的不断增加。贸易中断,制造业和商业衰退,城乡生活变得越来越困难。在拜占庭、塞尔维亚和保加利亚的土地上,不满情绪不断增长。

只要奥斯曼人的利益得到保护,他们就很少关注这些。这些利益超越了盟国和附庸国的忠诚,也超越了贡赋和税收。"圣战"的概念及其自我构想的拓展"伊斯兰之家"的责任,不仅使奥斯曼人将其拥有的所有领土视为永久掌握在真主的子民手中,而且强烈要求引入某些奥斯曼制度。这样一来,他们不仅遵循了基本的宗教概念,而且满足了国家及其权力所依赖的人口要素的某些非常特定的需求。

在第一次欧洲征服时期,奥斯曼权力的主要支柱来自三个基本社会要素,即在国家机构中拥有要职的突厥家族、加齐和艾赫兄弟会。前两者的兴趣在于获得土地以增加财富和社会地位。统治家族经常从之前阻挠奥斯曼帝国前进的君主那里获取土地。所有权的转移自然会影响在这些土地上生活的民众。但一般情况下,人们视领主更替为好事,并愿意成为苏丹的"忠实臣民"。

加齐的情况更为复杂。他们大多是不受束缚的土库曼部落成员,对第一次征服时期的苏丹们而言,他们既是一股强大的力量,也是一个大难题。他们属于"军人阶层"(military class),因此可以免税,有权在本阶层内晋升,并从地产中获得收益。对于那些已经在安纳托利亚西部的突厥公国里生活了很久的人来说,改变命运的愿望往往是其采取军事行动的主要原因。安纳托利亚的扩张主要发生在某些突厥公国。当他们的统治者更迭为奥斯曼人时,地位稳固的军事地主只是改变了效忠的对象,但鲜有加齐能因他们提供的服务而得到补偿。而这加大了苏丹在基督徒居住区获得更多领土的压力。

主要的问题是由那些在14世纪初从东方涌入奥斯曼帝国的土库曼人造成的。他们逃离蒙古人的统治并受到声誉日益提高的奥斯曼帝国的吸引,纷至沓来,远远超过了能够顺利融入军事阶层的数量。即使他们能够顺利融入军事阶层,军事和生产之间的平衡依然会打破,结果是收入永远赶不上支出。奥斯曼人的目标就像塞尔柱人在曼齐克特战役后的几个世纪中在安纳托利亚所做的那样,安置这些过剩的人口。

从奥斯曼人第一次入侵欧洲到1365年征服埃迪尔内(Edirne, Adrianopolis, Adrianople, Adrianopol, Odrin),除了上述人口压力之外,还有几个因素造成了突厥人在欧洲的大量定居。奥斯曼人意识到基于军事和经济原因必须严格控制达达

18

尼尔海峡。他们希望获得从安纳托利亚到巴尔干半岛的通道,并对通过海峡运输的货物收取过境费。因此,他们急于在欧洲建立一个新的边境,在此安置已经出现的职业边境战士(border-warriors),对政府和加齐而言,这才是正确的做法。原住民害怕突厥人的袭击,早期他们选择逃到其他地方和其他国家。结果,土库曼人不仅接管了逃离的基督徒留下的东西,而且正如不久将看到的那样,还建立了新的农村和城市定居点。就是用这种方式,在奥尔汗(1324—1360 年在位),特别是穆拉德一世(1360—1389 年在位)统治时期,与今天土耳其在欧洲的领土大致相当的一片土地,彻底变成了突厥人的天下。这种人种学意义上的转变在基督教国家产生了严重影响,这些国家均面临着吸收难民的重大挑战。我们没有人口迁徙的相关统计数据,但是考虑到色雷斯东部的生育率以及它与达达尼尔海峡和君士坦丁堡的距离,这可能非常重要。后来,突厥人的大规模涌入结束了,但人口迁徙并没有停止。由于重要的军事道路和要塞都必须由可靠的人控制,因此,突厥人选择在其周围定居,尽管人数相对少得多。

在这个过程中,艾赫兄弟会发挥了非常重要的作用。苏丹出于政治、宗教和经济原因而支持它们。奥斯曼帝国的权力扩张到哪里,艾赫兄弟会就在哪里建立特克和扎维耶,通常都是在突厥人聚居区的中心。一些新的村落就起源于艾赫兄弟会。考虑到这些兄弟会的民间宗教特征和折中主义,它们总能在自己的浮图瓦中为本地的圣人和神社找到一席之地。据此,新老居民得以同居一处。不仅如此,规章制度也建立起来,并很快主导了农民与地主的关系,充当了沟通的渠道,并保持了与传统的联系。

在城市中,艾赫兄弟会的作用变得更加重要,因为老的行会别无选择,只能与那些经济职能已经确立并受到奥斯曼帝国保护的手工艺人与商人联合。尽管这种联合保护了基督教城市居民的生计,但城市地区的管理很快就从他们手中滑落到兄弟会领导人手中。大约到 16 世纪末,只要系统运转正常,始于征服第一阶段的这一转变就代表着,与奥斯曼帝国征服之前的情况相比,这些城市的条件都有所改善。

特克和扎维耶也需要收入支持,包括来自土地的收入。当一个兄弟会建新房时,它的谢赫就会向当局申请一块土地。如果获得批准,严格意义上说,这块土地上的农民就有了一位新主人,因为获得批准的土地被认为是永久的宗教设施(religious fundations)或称"瓦克夫"①。正如我们在讨论土地所有权时看到的那样,在

① vakıfs,宗教公产。——译者注

奥斯曼帝国,地主的权利受到严格的管制,因此,地主的这种制度变化通常会使农民感到满意。捐赠瓦克夫是每个穆斯林应该履行的施舍义务中最好的善举。这一被广泛定义的义务超越了纯粹的虔诚目的,包括尽一切可能帮助同胞。瓦克夫为客栈、浴室、医院、喷泉、桥梁,甚至人们谋生的市场提供支持。一个人的社会地位越高,他就越应该捐赠更多、更大的瓦克夫。

这些宗教设施主要依靠乡村大庄园的收入提供支持。土地从一开始就被划拨给他们,这增加了第一次征服时期由奥斯曼人直接掌管的土地占有模式和农民义务的变化。后来,这些宗教设施获得了额外的收入来源。在 16 世纪中叶,这些宗教设施的建立将萨拉热窝从一个几乎不为人所知的村庄变成了一座城市,并且在一个甚至没有村庄的地方建立了乌尊克普吕镇(Üzünköprü,靠近埃迪尔内)。虽然我们没有在第一次征服时期找到这样极端的例子,但在这一时期,瓦克夫在欧洲的建立使得奥斯曼人占领的城镇和乡村发生了深刻的变化,而在乡下,土地收入被专门用于支持瓦克夫。 20

这种转变发生在以前由拜占庭人控制的领土上。征服意义重大,足以让巴尔干国家和西欧大国感到担忧。奥斯曼人于 1366 年试图跨越拜占庭-保加利亚边界时,仅在维丁(Vidin)吃了败仗,教皇设法组织十字军进行抵抗。虽然教皇没有成功,但同一年,一支基督徒组成的舰队重新占领了加里波利(Gallipoli),并将其归还给拜占庭。这使得奥斯曼人处境艰难,因为他们还没有海军和打击防御工事所需的重型武器,但穆拉德一世仍在巴尔干半岛中部继续他的行动。

巴尔干半岛局势混乱。塞尔维亚和保加利亚都已完全解体。由于离奥斯曼帝国更近,保加利亚人感受到了新的影响。保加利亚人先是把马其顿的土地输给了强大的塞尔维亚斯特凡·杜尚。然后,在 14 世纪中叶,东北部也分离出去,改用其第二任统治者的名字多布罗蒂萨[Dobrotitsa,即今天的多布罗加(Dobrudja, Dobrogea)]命名。1365 年,约翰·亚历山大[John Alexander,即伊凡·亚历山大(Ivan Alexandur)]将他的王国分给两个儿子。1371 年他去世后,出现了两个独立的王国特尔诺沃(Tǔrnovo)和维丁。1355 年,斯特凡·杜尚死后,塞尔维亚也出现了同样的分裂。在斯特鲁马河上游的维尔布兹城(Velbužd)和普里勒普城(Prilep, Perlepe)周围,出现了两个马其顿国家,而阿尔巴尼亚重新获得独立。

这些国家的统治者不断地相互争斗,以确保边界的安全和重建更大的政治单元。穆拉德一世在这种分裂中看到了机会。1371 年,马其顿的君主们在基尔曼(Chirmen, Chernomen, Chermanon)——一个靠近马里察河(Maritsa, Meriç, Ebros,

Hebros)下游的一个小村庄袭击他的时候,穆拉德一世打败并杀死了他们的首领。这为穆拉德一世进一步征服北部和西部开辟了道路,保加利亚国王特尔诺沃不得不向奥斯曼称臣。奥斯曼人北上给拜占庭带来巨大压力。为谋求和平,在 1376 年,拜占庭将加里波利归还给奥斯曼人。

在接下来的几年里,奥斯曼人扩大了对小亚细亚的统治,并不断干涉拜占庭内部的纷争,使巴尔干人民获得了几年相对缓和的喘息时间。1380 年,他们再次转向欧洲和先前击败的马其顿国家,抵达瓦尔达尔河(Vardar,Axios),并沿河向南北两侧延伸。在北方,他们穿过了马其顿人的土地,却仍不满足,继而征服了属于其附庸国保加利亚的索非亚,以及控制在保加利亚维丁王国手中的尼什(Niš)。他们向南移动,再次进入拜占庭领土,并于 1387 年占领萨洛尼卡。

21 这些战役吓坏了巴尔干的君主们,他们抛开分歧,团结起来对抗共同的威胁。尽管在 1387 年,拜占庭的皇帝和巴尔干国家的诸属国及其盟友履行义务、用重兵帮助奥斯曼人打败了其在安纳托利亚的主要对手卡拉曼人(the Karamanids),但如今迫在眉睫的威胁举动不得不令他们改变态度。塞尔维亚的拉扎尔一世、波斯尼亚的特沃托一世(Tvrto I of Bosnia)和维丁的约翰·斯特拉西米尔(John Stratsimir)联合起来对抗穆拉德一世,并于 1388 年在尼什西部的一个小村庄普洛科尼克(Pločnik,Plotchnik)赢得胜利。但是,苏丹转而入侵了保加利亚维丁王国,迫使该国承认其统治地位。在基督教属国军队的帮助下,苏丹集合了在第一次科索沃战役(the first Battle of Kosovo)中曾进行抵抗的剩余几位重要的巴尔干统治者,于 1389 年 6 月 15 日打败了塞尔维亚和波斯尼亚的军队。尽管穆拉德一世在这场血腥战斗的当晚被一个塞尔维亚人谋杀,但他依然被永远载入了著名的科索沃史诗(Kosovo Epic)中。他取得的这场决定性的胜利为奥斯曼在巴尔干半岛持续 500 年的统治奠定了基础。

事实上,穆拉德一世已经成为巴尔干半岛的绝对主宰。对此,下一任苏丹巴耶济德一世(1389—1402 年在位)早就注意到了,但他并没有立即转向这个地区。他父亲的死给安纳托利亚的突厥君主们带来新的希望,他们纷纷宣布放弃同盟和效忠。而巴耶济德,作为基督教王室公主们的孙子、儿子和丈夫,已经依靠欧洲属国的基督教军队与他们交战了三年,因为他的加齐部队不愿与穆斯林同胞战斗。在此期间,他完全控制了安纳托利亚,并取代了突厥统治机构,到穆拉德一世去世之前,巴耶济德一世已经把他们变成了封臣、盟友或奥斯曼的统治者。这些统治者都是他的奴仆,且几乎都出生在基督教家庭。尽管在他统治末期,这一举措令其丢掉了王位和性命,但事实证明,新的统治制度是永久性的,在欧洲各省被完全改造成奥斯曼帝国的领地后,引入了新的统治制度。

巴耶济德显然认为自己是主所选中的人,他的职责是为了主更大的荣耀而征服世界。他的雄心壮志是成为一个全世界的统治者。然而,与所有穆斯林君主一样,他必须"合法"行事,尤其是因为他在穆斯林突厥贵族中拥有的敌人比朋友多,所以不能简单地转而宣布一场新的"圣战",以对抗那些曾在安纳托利亚帮助过他的人。当匈牙利人与他们的朋友和盟友瓦拉几亚的老米尔恰·塞尔·伯特伦(old Mircea cel Bătrîn,1386—1418 年在位)入侵弱小的保加利亚时,巴耶济德的"合法"机会来了。瓦拉几亚占领了多瑙河上的多布罗加和西利斯特拉(Silistra, Durostorum, Silistre),而匈牙利人则试图征服维丁王国。这一侵犯其属国领地的行为给了巴耶济德采取行动的权力。

他的附庸国因他的"帮助"而遭受的痛苦比来自他的敌人的还要多。1393 年,苏丹从小亚细亚重返巴尔干半岛,将瓦拉几亚人驱逐出多布罗加和西利斯特拉,宣布多瑙河(或特尔诺沃)地区的保加利亚因无法自保而成为奥斯曼的一个省。最后一位统治者约翰·希什曼(John Shishman)被指控通敌,按苏丹的命令被处决。塞尔维亚的统治者斯特凡·拉扎雷维奇(Stefan Lazarević)很快就宣誓效忠巴耶济德,如果不是苏丹有更紧迫的问题需要解决,他的下场可能会与约翰·希什曼一样。

当苏丹占领安纳托利亚,巴列奥略家族(the Paleologi)为努力拯救他们的国家,作出了著名的重新统一基督教两大教派的承诺。在威尼斯的帮助下,他们极大地加强了对摩里亚地区的控制。由于一直缺少海军,苏丹无法很好地应对拜占庭与威尼斯的联合。因此,他诉诸外交手段,将包括拜占庭皇帝在内的所有属国召集到塞雷(Serres),强迫他们承认其霸主地位。拜占庭的皇帝没有出现,巴耶济德就围攻了君士坦丁堡,并受在该地区作战的贵族卡洛·托科(Carlo Tocco)之邀派军队进入摩里亚。这场战役给突厥人带来了重要收获。随着君士坦丁堡被围困,巴耶济德不再遭受拜占庭和威尼斯的联合攻击了。巴耶济德将注意力再次转向北方。

在那里,匈牙利 瓦拉几亚联盟依然存在,而巴耶济德一世开始对抗米尔恰。许多基督徒,再一次加入他的军队,这些基督徒主要是塞尔维亚人,包括国王的儿子克拉列维奇·马尔科(kraljević Marko)——另一位著名史诗中的英雄,他没有死在这场战斗中,而是在 1395 年 5 月 17 日巴耶济德与瓦拉几亚的阿尔奇战役(the Battle of Argeş)中牺牲。米尔恰似乎取得了军事胜利,但他的军队和物资已经耗尽,最终不得不承认放弃多布罗加,巴耶济德随即在多布罗加派驻突厥军队。米尔恰被迫接受将其王国变为奥斯曼的附庸国,定期纳贡。这一安排一直持续到多瑙河流域各公国(Danubian Principalities)恢复独立。尽管这给罗马尼亚人带来了诸多问题,但也使他们避免了遭受奥斯曼帝国直接统治下的诸多严酷待遇,尤其是在帝国衰落的几个世纪里。

君士坦丁堡和摩里亚的局势令欧洲领导人非常震惊,特别是卢森堡的西吉斯蒙德(Sigismund, Zsigmond)。这位神圣罗马帝国的著名皇帝和匈牙利国王(1387—1437 年)向法国骑士和威尼斯寻求帮助。1396 年 9 月 25 日,他率领军队进入巴尔干半岛,却在尼科波利斯(Nikopolis, Nikopol, Niyebol)输掉了这场伟大的战斗。因为维丁已经向基督徒的军队敞开了大门。巴耶济德接管了维丁王国,将其变为奥斯曼帝国的一个行省。在接下来的几年,奥斯曼军队集中精力打击并摧毁拜占庭和摩里亚各希腊小国的领地,掠取土地。

到 1400 年,除了达尔马提亚海岸(Dalmatian coast)和摩里亚的一些城市外,大23 部分巴尔干半岛都处于奥斯曼统治之下。塞尔维亚、波斯尼亚和瓦拉几亚是附庸国,拜占庭帝国只剩下大城市及其周边地区。摩里亚半岛的其余部分均被划为奥斯曼的行省。

毫无疑问,如果不是一股新的蒙古势力的入侵迫使其回到安纳托利亚,巴耶济德已经完成了对巴尔干半岛的征服。1402 年,巴耶济德在安卡拉战役(the Battle of Ankara)中战败被俘,几年后死于囚禁。胜利的帖木儿(Timur)将各种突厥土地归还给被奥斯曼人所取代的王室家族,而奥斯曼家族只能保留他认为符合沙里亚的部分。在那里,巴耶济德的儿子们为争夺霸权互相争斗,给了巴尔干国家一个重新崛起的机会,而这又使得第二次征服成为必需。事实上,也不是所有国家都利用了这次机会。欧洲军队在奥斯曼王储之间的战争中发挥了重要作用。同样引人注目的是那些利用这一喘息机会对自己的王国进行改革的人,但他们并没有从过去的经验中学到任何有价值的东西。与第一次征服期间的情况相比,他们反而更快、更轻易地落入奥斯曼帝国的统治。这两个因素极大地促进了奥斯曼第二帝国的建立。

内战与第二奥斯曼帝国的建立

当巴耶济德一世的帝国崩溃时,帖木儿正式承认穆拉德一世去时属于奥斯曼家族的那些领土都是奥斯曼帝国的合法领土。这一裁决使某些安纳托利亚的行省回到旧主的手中,从某种程度上讲,这是帖木儿能办到的。理论上说,这将剥夺奥斯曼帝国在欧洲取得的一切成就,并消解在巴耶济德统治下所引入的种种变革。然而,在欧洲,帖木儿没有能力执行自己的裁决,决定权落在那些能够利用新形势的人手中,比如信奉基督教的君主们。这些人在 1402—1413 年间的奥斯曼帝国大空位时期的行为耐人寻味。

　　巴耶济德在某些突厥群体中非常不受欢迎,众所周知,他在安卡拉战役中战败了,因为只有他的基督徒军队保持忠诚,而众多穆斯林军队在战斗中开了小差。加齐们痛恨穆斯林君主们的"非法"高压政策。有领导地位的突厥家族、第一代成功的加齐领导人的后代,以及那些早期与奥斯曼结盟并取得财富和领导地位的人,对苏丹日益增长的"拜占庭式"倾向深恶痛绝:权力日益集中,朝廷越来越"帝国化",还有一些新的变数,比如奴隶参与统治和决策,所有这些都在削弱他们的地位。这些群体都指责巴耶济德不仅放弃了加齐传统,而且已经在他的母亲、妻子和欧洲朋友等基督徒的强烈影响下变成了一个糟糕的穆斯林。巴耶济德当然不是想改变自己的信仰,但他想成为一个普世的统治者,他对当时流行的兼收并蓄的宗教倾向的兴趣,使得他对其他宗教的容忍度显然高于严格的高等伊斯兰教(High Islam)教规。与此同时,他渴望消除宗教对立。因此,他的某些做法理所当然地引起了加齐、突厥贵族、知识分子,主要是突厥-穆斯林支持者的反感。24

　　尽管有两个不满的突厥集团同意推翻巴耶济德的统治,但他们就是否必须回到过去这一问题没有达成一致。加齐集团更希望回到奥斯曼和奥尔汗的时代,继续扩张,以恢复兄弟会、民间宗教以及早期苏丹所扮演的部落首领的巨大影响。统治家族当然不反对加齐战争,但是他们更希望建立一个以塞尔柱王朝的辉煌时期为榜样的政治体制。在这种政治体制中,不是民间宗教而是高等的伊斯兰教占统治地位,古老的突厥传统将确保他们为至高无上的阶级。

　　除了这两个集团之外还必须加上第三个集团。这个集团不能称为基督徒集团,但可以称为欧洲人集团,尽管他们中有些人分布在安纳托利亚。为了简单起见,在此只讨论该集团形成的两个主要因素。在更高的社会阶层中存在着重要的商业利益,他们渴望重建"正常"秩序。他们不反对那些"拜占庭式"的特点。因为这些特点不仅有利于生产和贸易,而且使得对外商业联系成为可能。对他们来说,安纳托利亚西部的统一至关重要,因为这里是许多重要贸易路线的必经之地,即使这种统一将重新把他们的土地和相关突厥公国并入奥斯曼帝国。由于人数少,且缺乏坚定的宗教信仰,这一因素需要大众的支持。最终,它在对几个世纪以来的宗教冲突和迫害感到不满的欧洲人中找到了支持。尽管他们发现奥斯曼帝国的做法比以前的统治者更可取,但他们也想进一步扩展包括宗教平等和自由的基本的原始民主。这一因素在重建奥斯曼帝国的内战中发挥了重要作用。这一事实意义重大。极端精英主义和奥斯曼帝国等级制的重生要归功于草根阶层的支持。尽管受到穆斯林家族的领导,但他们通常来自欧洲,且主要是希腊裔。这一集团没有试图加强拜占庭的力量或重建各种巴尔干国家。相反,它试图重建传统的奥斯曼帝国统治。

25 　　巴耶济德一世的宗教折中主义(the religious eclecticism)思想可以从他卷入内战的四个儿子的名字中看出。老大苏莱曼有一个源于《旧约》的名字"所罗门"(Solomon),跟他的一个弟弟穆萨[Musa,即摩西(Moses)]一样。而突厥语中的伊萨(Isa)相当于耶稣,穆罕穆德(Mehmed)则是最受欢迎的伊斯兰名字穆罕默德的突厥化形式。

　　多个条件使内战的爆发成为可能。作为穆斯林合法的统治者,帖木儿为奥斯曼人留下了遗产,他任命伊萨为布尔萨的埃米尔(emir),穆罕穆德为曼尼萨(Manisa, Magnesia ad Maenderum)的总督,这是他在他父亲手下担任的职位。帖木儿以这种方式缔造了两个强大的奥斯曼安纳托利亚基础,他们都坚定地忠于奥斯曼家族。而他本人既未到过安纳托利亚西部,也从未委派自己的代表到此地加强统治。在1405 年帖木儿去世后,当地的君主们被留下来处理小亚细亚未来的政治发展问题。最后,前文提到的派系之争使得君主们有可能在不同的群体中找到追随者,并能找到一位可以代表其利益的苏丹。

　　苏莱曼设法逃出安卡拉,来到埃迪尔内。在大维齐尔阿里·森德里(Ali Cenderli)的帮助下,他宣布自己为苏丹。但是,他没有能力迫使自己的两个弟弟承认他。1403 年,当巴耶济德一世在囚禁中去世后,穆萨获准带父亲的遗体回到布尔萨。任务完成后,他离开布尔萨加入穆罕穆德的阵营。

　　就在此时,森德里家族因重要的经济利益而与其他几个家族结盟,他们要么属于最高官僚阶层,要么属于贸易团体,拥有希腊血统的埃夫里诺斯家族(Evrenos family)和森德里家族则两者兼顾。穆拉德一世建立的禁卫军[1]首领也来到埃迪尔内。结果,苏莱曼的势力变得非常强大,军队首领、政府官员都属于他的阵营,而且他还拥有帝国中最富裕的地区。穆罕穆德主要靠他的老师和能力突出的将军给出

---

① 　the janissary,即新军(yeni çeri)。——译者注

明智建议,巴耶济德主要依靠加齐的支持①,伊萨没有明确的派系支持他,处于最弱势的位置。

苏莱曼根据他所代表的利益集团,与包括拜占庭的皇帝、曼努埃尔二世(Manuel II)以及威尼斯的总督米歇尔·斯泰诺(Michael Steno)结盟。为了巩固主要联盟,1403 年,苏莱曼娶了曼努埃尔的女儿,并且把萨洛尼卡还给了他的岳父。后一个举动让色雷斯东部的加齐们无法接受。他与塞尔维亚、瓦拉几亚、阿尔巴尼亚这三个国家的关系也令各方不满,因为这几个国家均利用奥斯曼帝国的内部纷争重新获得独立。

根据现存资料显示,苏莱曼生性聪颖且受过良好的教育,但他富有野心并且非常傲慢和专横。为迫使兄弟们承认自己为苏丹,他本需得到父亲生前封臣们的支持,但其所作所为令他们转而反对他。后来,甚至连亲密的盟友也厌倦了他,而他对本国强大民众运动的漠视则令其最终失去了底层穆斯林和基督徒的支持。

内斗始于穆萨。在穆罕穆德麾下的穆萨攻打了布尔萨的伊萨,穆萨获胜,伊萨逃到苏莱曼处避难。苏莱曼利用了伊萨,就像穆罕穆德利用穆萨一样,他把伊萨送回安纳托利亚以夺回布尔萨。伊萨失败,并丢了性命。1404 年,苏莱曼亲自率军攻入安纳托利亚,迫使穆萨逃往君士坦丁堡,然后又逃往瓦拉几亚,而苏莱曼于 1405 年抵达安卡拉。但此时,令穆罕穆德情势不稳的苏莱曼却不得不迅速返回欧洲。由于苏莱曼缺乏巴尔干君主们的支持,而拜占庭一贯有支持弱者反对强者的习惯,穆萨利用这一机会,在瓦拉几亚的米尔恰、塞尔维亚的斯特凡·拉扎雷维奇以及最后两位保加利亚统治者的儿子们的帮助下,袭击了苏莱曼的欧洲领地。在经历了最初的失败之后,1410 年,穆萨重新获得了主动权,击败了苏莱曼。苏莱曼因为自己的坏习惯而丧失了所有真正的支持者,在逃亡君士坦丁堡时被不满其统治的农民杀死。现在穆萨成了欧洲的主人,他因此不再承认穆罕穆德的霸主地位。结果,昔日奥斯曼帝国统治下的欧洲与亚洲版图准备进入最后对决。

从欧洲君主们的视角看,穆萨无疑是内战中最令他们感兴趣的人物。在他们的帮助下,他获得了奥斯曼帝国在欧洲的半壁江山,但是穆萨进行统治后却转而反对他们。首先,他攻击了塞尔维亚人,指责他们的"背信弃义"是导致其与苏莱曼第一次交战失败的原因。他重新围攻了君士坦丁堡,并派遣突击队沿着希腊半岛一路向西,直至奥地利。他似乎甚少关注穆罕穆德和加齐以及他的兄弟所得到的日

① 原文此处可能有误。参考上下文,此处的"巴耶济德"可能是"穆萨"的笔误。——译者注

益强大的官僚支持;他似乎试图在广受欢迎的基础上构建一个新国家。他的军事行动似乎是针对巴尔干国家的领导人,他不断迎合底层民众的需求,疏远了突厥高层的官僚和商界。如此一来,穆罕穆德则大胆争取了这些不满的商人、贵族和知识阶层及相关加齐的支持。一旦遭到穆萨的围攻,曼努埃尔二世就会转而与穆罕穆德结盟,其他欧洲君主也会如此选择。

最能体现穆萨改革方式的是他认为恰当的国家建构是给予谢赫巴德尔丁
27 (Bedreddin)最高法律地位。巴德尔丁是著名的阿利姆(âlim),他由学者变为神秘主义者,并于 1416 年领导了一场危险的反对穆罕穆德一世的民众起义。他不仅是宗教和平的倡导者,也是将犹太教、基督教和伊斯兰教联合为一种宗教信仰的领袖,而且是某种早期社会主义思想的倡导者。他深受农民欢迎,与穆萨关系密切,并因此给这位王子带来了民众的支持。1410 年至 1411 年,穆罕穆德已经成为突厥集团以及他们的基督教和犹太盟友的领袖,他迎合商业利益,因而得到各种欧洲统治者的支持。而穆萨则变成"平民党"(populist party)的领导人,其目标是建立一个基于社会和宗教平等主义(social and religious egalitarianism)的国家。对巴尔干居民而言,这种分化意味着贵族和商人支持穆罕穆德,而大众则追随穆萨。

1410 年,穆罕穆德首次尝试打败穆萨,但以失败告终。之后两年,兄弟俩没有交手。当穆萨与拜占庭皇帝争斗不休并尝试用他的新方式进行统治的时候,穆罕穆德则因小亚细亚忙得不可开交,伊兹密尔(Izmir)和安卡拉的埃米尔正在挑战他的统治。只有打败这些达官贵人,穆罕穆德才能再次转向西方。1412 年,最后的战役打响了。在穆萨围攻君士坦丁堡时,穆罕穆德将军队转移到穆萨的阵地以南,进入索非亚,并推进到尼什,在那里与塞尔维亚人会合。然后,他掉转方向,于 1413 年在索非亚附近迎击穆萨的军队。穆罕穆德赢得了胜利,穆萨丢失了性命。奥斯曼帝国最终在苏丹穆罕穆德一世(1413—1421 年在位)的统治下重新统一,国家重建得以开始。因此,奥斯曼帝国迈出了朝向最终巩固其在巴尔干半岛统治的第一步。

巩固是艰难的。穆罕穆德依然面对各种挑战。这些挑战不仅来自安纳托利亚的突厥君主、巴尔干的统治者以及强大的匈牙利王国,而且来自心甘情愿跟随谢赫巴德尔丁的号召进行反叛的不满民众。此外,他还不得不团结自己领导下的各种派系。最终,穆罕穆德一世和他的继任者穆拉德二世(1421—1444 年在位)完成了这一使命。他们在穆拉德一世发展的国家结构基础上建立了新的体系,这一体系直到穆罕穆德二世(1444—1446 年;1451—1481 年在位)才最终形成。实际上正是这两位苏丹为后世奥斯曼帝国的存续建立了社会和国家制度体系。基于此,本节的其余内容将专门就穆罕穆德一世和穆拉德二世在欧洲的各种主要军事行动作一简短介绍。下一章将讨论"奥斯曼制度",并重点介绍那些对欧洲至关重要的制度。

1413年,当穆罕穆德成为奥斯曼帝国无可争议的苏丹时,曼努埃尔二世仍统治着君士坦丁堡,米尔恰·塞尔·伯特伦仍然是瓦拉几亚的君主,斯特凡·拉扎雷维奇依然掌管着塞尔维亚。波斯尼亚仍然是一个独立国家,阿尔巴尼亚正在走向统一。匈牙利尚未与奥斯曼帝国接壤,是一个在卢森堡的西吉斯蒙德统治下的强大国家。西吉斯蒙德对巴尔干充满野心,但威尼斯控制着巴尔干半岛沿岸的所有土地。因此,谁将主宰巴尔干半岛这一问题的答案远未出现。

联合和联盟存在多种可能性。穆罕穆德意识到欧洲权力均势是多么不稳定,其领土内的局势是多么不安定,帖木儿的后人依然可以在安纳托利亚随时向其发起挑战。因此,1413年之后,他变成了一个崇尚和平的人,专注于解决国内问题。他唯一一次卷入军事行动也是被迫的。他不得不面对得到拜占庭支持的兄弟穆斯塔法(Mustafa)的挑战。内战结束后,穆斯塔法可能重现东方。1416年,威尼斯摧毁了穆罕穆德在加里波利附近的舰队,但是,穆罕穆德打败了向拜占庭寻求庇护的穆斯塔法。在随之而来的和平时期,穆罕穆德向曼努埃尔承诺苏丹不攻击拜占庭的领土,以换取其对穆斯塔法的监禁。

穆罕穆德还面临谢赫巴德尔丁的反叛,主要集中在多布罗加,并得到米尔恰的支持。当叛乱被平息后,米尔恰占领了这片富饶的土地。1419年穆罕穆德发动进攻,这是其统治期间唯一一次扩张欧洲领土的行动。结果,占领了吉尔吉(Giurgiu)。因此,自穆罕穆德重新统一帝国到他于1421年去世,巴尔干地区的政治局势与他统一帝国时大致相同。

穆拉德二世统治的头几年非常艰难。拜占庭帝国释放了他的叔叔穆斯塔法。穆斯塔法攻击了他。诸多安纳托利亚君主转而反对苏丹,支持他的兄弟,他的名字也叫穆斯塔法。但是,到1423年,年轻的统治者已经重新建立了秩序,控制了他父亲去世时留下的所有土地。当他忙于处理叛乱时,匈牙利人正在巴尔干地区扩张领土,威尼斯则作为拜占庭的盟友不仅在摩里亚获得了一个强大的立足点,而且从拜占庭皇帝那里得到了萨洛尼卡。拜占庭算不上什么劲敌,但与威尼斯的战争一直持续到1430年,直到奥斯曼帝国完全占领萨洛尼卡。

事实证明,穆拉德二世面临的主要威胁是匈牙利。在威尼斯战争期间,匈牙利人和奥斯曼人于1428年同意建立一个缓冲带,并共同承认乔治·布兰科维奇为塞尔维亚合法且独立的统治者。显然,这是一个权宜之举。威尼斯战争结束后,穆拉

德二世恢复了穆拉德一世和巴耶济德一世的政策,即将多瑙河-萨瓦河(Danube-
Sava)一线以南的所有土地纳入其国土。匈牙利在波斯尼亚、塞尔维亚和瓦拉几亚
的影响不得不被消除;如果不能消除其影响,至少要保证那些已经在奥斯曼手中的
领土是绝对安全的。因此,穆拉德不得不将威尼斯人从他们所剩无几的巴尔干要
塞中驱逐出去。穆拉德不断试图通过突袭巴尔干半岛国家来扩张其统治,并在希
腊本土、摩里亚和阿尔巴尼亚南部获得了一些永久性的土地。诸多小国的君主转
而向匈牙利寻求保护。1432 年后,穆拉德将精力集中于匈牙利,并在同年对特兰
西瓦尼亚发动突袭,竭尽所能持续骚扰该国及其盟国。1437 年,西吉斯蒙德去世,
他变本加厉,再次袭击特兰西瓦尼亚。1439 年,他占领了塞尔维亚,并将之变成
奥斯曼的一个行省。1440 年,他袭击了当时匈牙利的主要边境要塞贝尔格莱德
(Beograd,Beograd,Nándorfehérvár),但没有成功。

　　攻打贝尔格莱德失败后,穆拉德不得不退回小亚细亚以应付卡拉曼公国(Kara-
man principality)的袭击。匈牙利人在名将亚诺什·匈雅提的领导下,利用这一形
势,袭击了留在欧洲的奥斯曼军队。1441 年和 1442 年,他们深入巴尔干半岛,迫使
穆拉德达成协议。1444 年,《埃迪尔内条约》(Treaty of Edirne)被拓展为同年签订
的《塞格德条约》(Treaty of Szeged),重新确立了塞尔维亚作为缓冲国的地位。匈牙
利人同意让保加利亚的领土不受干扰,没有越过多瑙河。由于同卡拉曼人已经达
成和平,穆拉德认为自己的国家是安全的,遂于同年退位。

　　穆拉德 12 岁的儿子穆罕穆德二世登基后,大维齐尔哈利尔·森德里(Halil
Cenederli)、新君主的老师扎加诺斯(Zaganos)和管理欧洲行省的贝勒贝伊(beyler-
beyi)施瓦贝丁(Şihabeddin)之间爆发了一场权力斗争。利用这一局势,一支匈牙利-
瓦拉几亚军队越过多瑙河,穿过保加利亚向埃迪尔内进军了。这支军队不仅得到
了教皇、拜占庭人的鼓励,还受到巴尔干君主们的支持,尤其是阿尔巴尼亚的斯坎
德培[Scanderbeg,即乔治·卡斯乔塔(George Castriota)]。在关键时刻,埃迪尔内
被一场大火摧毁。威尼斯舰队加入了新的十字军东征,封锁了达达尼尔海峡,使奥
斯曼帝国的军队无法从小亚细亚转移到欧洲。穆拉德二世复出,接管了奥斯曼帝
国的军队,并于 1444 年 11 月 10 日在瓦尔纳(Varna)取得了巨大胜利。瓦尔纳决定
了巴尔干半岛和君士坦丁堡的命运。在这紧要关头,三个政要围绕如何处理这座
帝国都市展开争论。大维齐尔反对攻打,另外两人主张攻打。1446 年,大维齐尔在
禁卫军的支持下发动政变,迫使穆拉德重新夺回王位,继续统治了五年。这位老苏
丹恢复了他之前的政策,在摩里亚扩张领土,在阿尔巴尼亚发动了反对斯坎德培的

29

运动,重新确立了他在塞尔维亚的统治。1448年,他在第二次科索沃战役中击败了　30
亚诺什·匈雅提,从而确保了其政策的胜利。

　　穆拉德的统治是奥斯曼帝国历史上的一个分水岭。卡尔·布罗克曼(Carl Brockelmann)说:"在许多方面,穆拉德的统治意味着古老的奥斯曼文化的终结。"[9] 哈利尔·伊纳契克(Halil Inalcik)指出,虽然穆拉德登基时曾打算遵循父亲的政策,但他很快意识到需要改变,引进新武器就是这位统治者推行改革的一个例子。[10] 这两种说法都是正确的。它们表明重组是在穆罕穆德二世第二次统治期间完成的,对帝国的每一位居民都同等重要,至1451年穆拉德去世,重组已取得长足的进步。奥斯曼帝国将多姿多彩的突厥语、穆斯林、拜占庭甚至西方元素综合起来,形成了一个非常完整的国家结构。

【注释】

[1] Mohammed Marmaduke Pickthall, *The Meaning of the Glorious Koran*; *An Explanatory Translation*, New York: Mentor Books, 1953, p.38.

[2] W. Montgomery Watt, *Muhammad at Medina*, Oxford: The Clarendon Press, 1956, pp.359—360.

[3] Ibid., p.60.

[4] Mohammed Marmaduke Pickthall, *The Meaning of the Glorious Koran*; *An Explanatory Translation*, p.50.

[5] 最好的族群-宗教转型研究成果,参见 Speros Vryonis, Jr., *The Decline of Medieval Hellenism in Asia Minor and the Process of Islamization from the Eleventh through the Fifteenth Century*, Berkeley, Los Angeles, and London: University of California Press, 1971。该书第 166—167 页和第 259 页列出了被掠夺、洗劫或摧毁的城市、城镇和村庄,它们的居民要么被奴役,要么被屠杀。

[6] 兄弟会从广义上可以分为两类:一类是艾赫,一类是托钵僧,目前集中讨论的是前者,托钵僧将在后面的章节中进行介绍。

[7] 在文中所讨论的时期,艾赫组织与加齐群体关系紧密。但此后,军队的各部分与各种托钵僧群体都产生了密切联系。

[8] D. Alderson, *The Structure of the Ottoman Dynasty*, Oxford: The Clarendon Press, 1956.参见书中的家谱表 22、23 和 24。

[9] Carl Brockelmann, *History of the Islamic People*, trans. Joel Carmichael and Moshe Perlmann, London: Routledge and Kegan Paul, Ltd., 1949, and paperback edition New York: Capricorn Books, 1960, p.276.

[10] Halil Inalcik, *The Ottoman Empire*; *The Classical Age*, *1300—1600*, trans. Norman Itzkowitz and Colim Imber, New York and Washington: Praeger, 1973, p.21.

第二章　奥斯曼的社会与国家结构

背景

　　　奥斯曼的社会结构基本上是将守旧的伊斯兰社会政治传统以及突厥及拜占庭元素巧妙融合的结果。在奥斯曼社会,个体之间有两个基本区别:一个是穆斯林与非穆斯林的区别,另一个是从广泛意义上说的公职人员与非公职人员的区别。

　　虽然理论上穆斯林的地位明显优于非穆斯林,但在帝国早期的几个世纪中,实际上信仰不同但职业相同的人通常会被平等地对待。穆斯林不能改变宗教信仰。其他人加入首选宗教团体则既可以通过自愿皈依,也可以通过奥斯曼式的强制皈依,即德米舍梅(devrşirme, child levy)。此后,宗教上的差异变得至关重要。

　　有公职的人主要是穆斯林,但也并不绝对。非穆斯林群体的领导者也被认为是需要对管辖范围内的人员负责的国家工作人员。

　　由此形成的社会结构类似一个金字塔形的网络(参见图 2.1)。金字塔的顶端由公职人员组成,与下面的基座严格分离。基座则根据职业的不同呈水平状分布,同时与不同的信仰相交错。其中,公职人员被现代学者恰如其分地称为"职业奥斯曼人"(professional Ottomans),而剩下的则被称为雷亚(the reaya, the flock)。

　　逊尼派伊斯兰教在神学意义上的达观、严谨的行政管理结构在奥斯曼家族起家之时就已经充分发展起来。但依据伊吉玛作出的任何影响信仰、法律的重要决

　定都需要伊吉特哈德(ijtihād),即解释权。在实践中,解释权仅限于四个"合法流派"。尽管存在某些分歧,但每个流派都承认其他流派所持原则同样有效。[1]奥斯

曼人接受了最自由的哈乃斐派,但遵循了一个非常严格且近乎一成不变的模式。

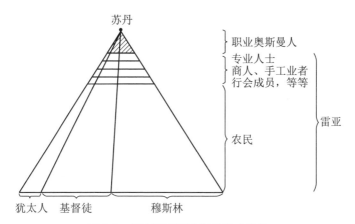

图 2.1　奥斯曼帝国时期的社会结构

在奥斯曼人的观念中,同样根深蒂固的是伊斯兰-阿拉伯帝国的某些做法,以及他们从中亚带来的突厥习俗。传统如那些牢不可破的原则一样,为奥斯曼帝国统治其领地设定了界限。在此,应该首先强调,奥斯曼帝国的组织事无巨细地覆盖了社会生活和国家活动的方方面面,包括从苏丹到每一个底层民众。每个人在社会生活中的地位、权利和义务都是固定的。只要国家拥有权力和权威,各种特权和义务就能够严格执行。不仅如此,国家还创立了类似于"权力制衡"(checks and balances)的制度,以限制那些最有权势的人。清晰的法度(hadd, border)定义了每个人在社会中的地位。不仅任何人都不能超出规定的限度,而且每个人都有权利甚至有义务抵制那些以各种可能手段违背其法度的人。只要制度正常运行,这一原则就能够保护处于社会底层的人,基于此,对巴尔干农民而言,奥斯曼的统治比无原则的贵族统治更可取。

奥斯曼帝国是"奥斯曼家族的领地"。按照沙里亚,奥斯曼家族中处于统治地位的成员只要没有不适合执政的身体或精神上的残疾,并只要他是一个"好穆斯林",理论上说,他的权力就是无限的。他拥有其领地上的每一寸土地,并且是生活在这片土地上的每一个人的绝对主宰。从这个意义上说,苏丹拥有传统突厥部落首领或加齐首领的权利。他可以随意任免任何人,甚至可以下令处决最高官员并没收他们的财产。未经他的批准,不得采取任何行动。对奥斯曼人来说,幸运的是他们的前十任统治者都是有能力的人。

伴随着绝对权力而来的是义务,这是针对统治者的法度。他要按照既定的传

33

统,公正、仁慈地对待臣民和追随者。最初在波斯和阿拉伯哈里发国家发展起来的伊斯兰法律和其他习俗还对统治者施加了进一步的限制。

在苏丹之下,奥斯曼社会大体按两种方式进行区分。第一种按照宗教路线区分为穆斯林和济米,两者的区别大致为正式臣民和二等臣民之间的区别。这种区分在国家向两个群体的成员开放机遇、提供职位以及税收方面制造了巨大差异。

第二种按照是否与国家及其机构存在联系进行区分。一等群体包括苏丹的家族成员、整个军事集团、中央和行省的官僚机构,乌里玛掌握的法律系统、教育机构和学术界。从中央政府的角度来看,它还包括应该服从苏丹命令的附庸和盟友。除了最后提到的那些人,他们的成员总是尽量独立行事,这些人被现代学者称为"职业奥斯曼人"。这个称谓是完全合理的,不仅因为国家的结构和机制是建立在他们的肩膀之上的,而且因为这些人享有一套共同的价值观,受过基础教育并且认为自己是与众不同的社会群体。除了极少数例外,职业奥斯曼人一出生就是穆斯林,或后来转变为穆斯林,既可以是自由民,也可以是奴隶。

二等群体是剩下的所有人,超过总人口的 90%。这些人是雷亚(如羊群一般),他们的"牧羊人"就是苏丹。这些"羊"包括穆斯林和济米,都被剪了"羊毛",因为他 34 们是农业和工商业者,他们的劳动提供了商品和税收,支撑着国家和包括苏丹及其家族在内的职业奥斯曼人。除了一些微不足道的例外,苏丹的欧洲臣民都是雷亚。

这种严格的体制有着看似无穷无尽的规章制度,但只要这些规章制度能够得到执行,并且能够提供奥斯曼帝国的敌人所无法提供的更好的经济和技术替代品,它就蕴含着巨大的优势。但是,当变革变得必要时,它就成为不可逾越的障碍。系统的每一个方面都与无数其他方面紧密地交织在一起,即使是最微小的变化也会影响和危及整个结构。尽管存在保守主义以及某种程度的狂热,但是鉴于某些特殊利益群体的反对,变化依然可能发生。但除却两方面的事实:奥斯曼人确实不知道也无法设想任何其他治理国家的方式;他们相信即使是最微小的变化,也会危及整个国家和社会结构。14 世纪到 16 世纪,奥斯曼体系一直是帝国最大的资产,而从 17 世纪开始,该体系成为帝国最大的麻烦。

以下对奥斯曼体系的描述将涉及生活的方方面面,因为忽略哪一个单独的方面都会扭曲整幅图景。当然,有些方面只是点到为止,因为它们没有直接影响到帝国在欧洲行省的人们的生活,还有一些内容因与东南欧人民关系密切,在此仅蜻蜓点水式地将其融入整幅画卷,详细内容将在后文展开。

职业奥斯曼人

尽管我们主要感兴趣的是雷亚，但必须首先对掌控其命运的职业奥斯曼人做简要介绍。根据这个群体的职能，我们可以把它分为四大类：内政官员穆尔凯耶（mülkiye）、行政文员卡莱米耶（kalemiye）、军人塞菲耶（seyfiye）、学者伊尔米耶（ilmiye）。内政官员穆尔凯耶主要肩负与大量发生在皇宫内的活动有关的职责，规模多达数千人，拥有很大的影响力。根据不同的级别，一个内政官员可以被调到皇宫外履行相应的行政或军事职责。对此，哈利尔·伊纳契克在其专著《奥斯曼帝国：古典时代，1300—1600 年》（*The Ottoman Empire；The Classical Age，1300—1600*）的表 2 中有清晰的阐释。[2]

穆尔凯耶又可以分为两类：负责皇宫内部事务的内廷官员恩得如恩（enderun）和负责皇宫对外事务的外廷官员伯如恩（birun）。两者的划分依据的是皇宫的实体结构。皇宫分为两个大的庭院，中间隔着一道墙，往来仅有一道吉利门（the Gate of Felicity，即 Bāb-i sa'ādet）可以通过。这道门直通苏丹的私人领地。那些通过大门的人要么在内廷度过一生，要么被定期调离到其他地方。最高级别的恩得如恩在离开皇宫时通常会担任最重要的行省职位。从那里他们可以再次回到首都服务于属于伯如恩的中央政府。那些属于恩得如恩的外廷官员被称为卡佩库鲁（kapı kulu），是宫廷（Porte）奴隶。在引入德米舍梅制度后（详见"德米舍梅制度"），卡佩库鲁几乎全部来自欧洲行省。他们的教育始于宫廷，在那里，他们由书本学习转入更高一级的培训中心，专门负责内廷事务。最优秀的人才在内廷服务期间会做到最高的职位。当他们离任时，根据他们在内廷工作的成就，他们会成为外廷或行省最具实权的人物。

伯如恩包括各种各样的工匠、服务人员以及培养他们的学校、各种政府部门、禁卫军学校、卡佩库鲁组成的军队、中央政府以及管理各机构的官员阿加（ağa）。服务于伯如恩的人可以是奴隶也可以是自由民，但所有人都被认为是苏丹的奴隶。外廷中最重要的部分就是通过帝国议会（the imperial council，divan-i hümayun）行使职能的中央政府。其成员被誉为"王国的支柱"（pillars of the realm，erkan-i devlet），他们担任大维齐尔，并在任期内履行职责。帝国最重要的显贵都在议会任职：大法官卡迪亚斯科（kadiasker，最初有一个，后来有两个，分管亚洲和欧洲事务）；欧洲和亚洲行省的行政长官贝勒贝伊;帝国财政长官戴夫特达(defterdar,最初是两位,后来为非洲增加了第三位)、禁卫军阿加、海军总司令卡普丹-依得亚(the Kapudan-i Derya)和负责核实决策、确认苏丹批准并为所有文件加盖公章(tuǧra)的议会文书尼桑齐(nişanci)。只要该系统正常运作,大多数议会成员就都是曾在内廷接受教育的外廷官员。

只要认识到,在奥斯曼帝国,包括帝国议会成员在内的每个人都处于一个固定的等级,而且欧洲(Rumeli)的各种机构优先于亚洲(Anadolu),亚洲又先于非洲,那么就很容易根据级别、声望和优先权,列出主要职位的排名次序:

大维齐尔(Grand vizier)

欧洲卡迪亚斯科(Kadiasker of Rumeli)

亚洲卡迪亚斯科(Kadiasker of Anadolu)

欧洲行省贝勒贝伊(Beylerbeyi of Rumeli)

亚洲行省贝勒贝伊(Beylerbeyi of Anadolu)

欧洲戴夫特达(Defterdar of Rumeli)

亚洲戴夫特达(Defterdar of Anadolu)

非洲戴夫特达(Defterdar of Africa)

禁卫军阿加(Janissary aǧa)

海军卡普丹-依得亚(Kapudan-i derya)

议会尼桑齐(Nişanci)

虽然所有这些显要人物都属于职业奥斯曼人中服务于外廷的内政官员,但显而易见的是,具体工作将他们同时分为不同的群体。军官阶层既是重要的军人也是地方要政;禁卫军阿加和海军卡普丹-依得亚都是军事机构的重要成员;帝国戴夫特达和议会尼桑齐属于官僚机构,而且后者从未离开过苏丹的视线。

两位首席戴夫特达是第二类职业奥斯曼人中的重要官员,即负责抄写等文字工作的卡莱米耶。他们负责从国库中支出资金、间接征税。行省的戴夫特达负责从国库支出资金和间接征税。在穆罕穆德二世统治之前,行省的戴夫特达都直接肩负这项职责。后来,他们还得到包税人穆尔特齐姆(mültezim, tax farmer)的帮助。结果,地方的财政和税收官员直接影响着人们的生活,后文在谈到地方行政的时候会专门讨论。尽管财政是卡莱米耶的主要职责,但是他们还管理着其他各种福利机构,处理成千上万的文件,既有简单的请愿书,也有国家之间签订的条约。

他们在特殊学校接受训练,有自身的等级制。由于履职所需的特定技能和知识,他们成为职业奥斯曼人中第一个可以世袭其官职的群体。

第三类职业奥斯曼人是军人塞菲耶。严格地说,只有两类军人属于这一阶层:自由的、有封地的军人蒂玛尔利(timarlı)和拿薪水的苏丹奴隶军马斯雷(maaslı)。还有一种类型是各种非正规军,基于他们在该地区的重要性,将在后面的章节中有所提及。同盟军或特殊兵种(如工兵)因几乎不会影响到普通人的生活,对本书所涉及的研究意义不大,所以不做赘述。

蒂玛尔利是旧"军事阶层"的成员,他们是出生即获得自由身份的军人,最初自愿加入了一个军事领袖的队伍,其后代便成为自由军人。他们是从贝伊和其他处于领导阶层的家族,以及从声名显赫、拥有封地进而加入"正规"军的加齐中招募而来的。他们在军队中担任西帕希(sipahi);但他们也履行财政和行政职责。后一种职责以及他们要靠农民的劳动获得收入的事实使得他们与广大民众有着直接的关系。

与奥斯曼帝国体系中的其他人一样,拥有封地的军人蒂玛尔利也是按等级组织的。他们的级别、职责、收入与其以往的表现和作为回报赏赐给他们的土地面积密切相关。土地的基本单位称为齐夫特(çift),面积不等。但是,只有面积足够大的土地才能产出足以维持其所有者及其家庭的收入。一个齐夫特就是一块最小的采邑蒂玛尔,其持有者有义务准备好军事装备和战马以随时待命。更大的蒂玛尔的持有者则有义务在军队集结的时候披挂上阵。如果蒂玛尔利从土地上获得的收益超过了最低标准,还有义务将多余收益交给军队。在欧洲,一块最小的蒂玛尔能够产生3 000阿克切(akçe)[3],这个数量可以供养一名西帕希。一块最大的蒂玛尔能够提供19 999阿克切的税收。蒂玛尔的产出每超过3 000阿克切,其所有者就必须供养一个士兵。这个士兵被称为"塞贝吕"(cebelü),塞贝吕最大的愿望就是为自己挣一块蒂玛尔。

收益在20 000—99 999阿克切之间的采邑被称为"扎米特"(zeamet),拥有扎米特的人被称为"扎姆"(zaim)。与小蒂玛尔的所有者相比,尽管他们每获得5 000阿克切才供养一个塞贝吕,但他们要担负的军事和行政义务更多。收益超过10万阿克切的采邑被称为"哈斯"(has),由最高行省官员、退休的政要、有重要职位的穆尔凯耶、皇室成员以及苏丹家族中的女性持有。有些哈斯专门用于维持皇室的用度。

据此,几乎每一个在土地上耕作的人都臣服于一个属于职业奥斯曼集团的地

37

38

主。就像我们前文提到的,每一个宗教公产瓦克夫也都需要相关的劳动力来供养。然而,与他们有直接联系的人实际是西帕希、包税人或瓦克夫的代理人。各行省的西帕希都服从本地的行政长官桑卡贝伊(sancak beyi)。他通常被尊称为"帕夏"(paşa),拥有一个哈斯,并且只服从于贝勒贝伊。军队中的司令官阿莱贝伊(alay beyi)也服从于桑卡贝伊。他们与其直接下属苏巴塞(subaşi)一样,都是扎米特的持有者。苏巴塞担任各个卡扎(kaza)[4]的警察总长。最低等的军官是军警,称为"采瑞苏鲁簇"(çerisürücü)。他拥有一块大蒂玛尔,是和平时期的地方警察官员。

不同类型的农地所有人按照严格的模式进行划分。一个"典型"桑卡(sancak)的收入来自不同的农业活动,大致分配如下[5]:

> 20％用于哈斯,包括苏丹持有的皇室庄园(havas-i hümayun);
>
> 10％用于扎米特;
>
> 40％用于蒂玛尔;
>
> 10％用于支持军队防御工事的修缮;
>
> 10％用于瓦克夫。

39　　剩下 10％中的一部分留给非正规机构(留作私人财产的部分将在有关土地所有权及农业的部分讨论)。这些被供养的士兵中年纪最大的是在欧洲行省的突厥人中长大的志愿兵阿金基(akıncı)。他们执行侦察任务,因作为突袭者而获得威名。他们靠战利品为生,如果表现突出,总有机会成为蒂玛尔利。亚亚(yaya)和皮亚德(piyade)都是非正规步兵,虽也被认为是奥斯曼帝国军队的一部分,但作为缪塞莱姆(müsellem)生活在欧洲人中间。定居下来的土库曼人和缪塞莱姆都是军事阶层的成员,经常充当骑兵执行军事任务。他们有少量的土地,自己耕种,不用交税。每三四个人中只有一个人在服役,但留下来的人要替服役的人耕种土地。他们的收入相当可观。

除了这些穆斯林辅助部队之外,还有一些济米执行常规军事任务,他们享有与缪塞莱姆相同的权利。他们被冠以各种称呼——乌斯科(Uskok)、瓦拉赫(Valach)、马托洛(Martolo),基于职业而被看作军人阶层的一员。他们的来历不十分清楚,可能是曾为穆拉德一世和巴耶济德一世打过仗的基督徒同盟或附庸的后代。尽管他们后来成了战争掠夺者和强盗,但在奥斯曼帝国统治巴尔干半岛的前 250 年里,他们是军事组织的一部分。据《伊斯兰百科全书》(Islam Enciclopedisi)里的一篇文章称,他们是在穆拉德二世统治初期被作为军事力量组织起来的,文中还提到,他们是 1541 年被苏莱曼一世留在布达的 3 500 名戍边战士,有 1 000 人是马托洛。[6]考虑到他们的人数在 1527 年时曾超过 8 万,这一记载是完全有可能的。[7]有些信仰基督教的蒂玛尔利也获得了与他们相同的地位。

作战部队中有时包含伏努克人(voynuk)和弗拉赫人(Vlach),他们生活在塞尔维亚和马其顿,早期因履行有限的边境职责而获得了一定程度的免税。尽管时至今日,他们仍在一群斯拉夫邻居中保持着罗曼方言,但是早在 17 世纪初,他们就失去了原有的社会地位。德本迪奇(derbendci)是鲁梅利亚(Rumelia)的大约 2 000 个家庭,他们在山口、桥梁和其他战略要地充当守卫,以换取税收减免,这也代表着正规军向辅助部队转型的过渡。在战争时期,他们不用离开自己所在的地区,可以被看作具有严格职责的地方民兵(local militia)。

伏努克人和多根齐人(doğanci)在狭义上就是辅助人员的意思。除个别例外,伏努克人都是保加利亚人。伏努克人为宫廷和其他有地位的人养马,以换取土地并享受免税。多根齐人也享有类似的特权,尽管他们的职责是饲养猎鹰。这两个群体都被认为是军队的一部分,他们的收入都来自那些已经登上高位的人留下来的土地。最后,我们发现被列为军人的还有尤鲁克人(yürük)。这些游牧为生的土库曼部落民没有自己的土地,需要为了使用各种牧场而纳税。

马斯雷最初是苏丹的奴隶军、禁卫军步兵和奴隶骑兵,也被称为西帕希。后来,工兵、炮兵等也从应征入伍的禁卫军新兵中挑选训练。所有的马斯雷都是卡佩库鲁。

塞菲耶是真正的军事集团。当然,以上列出的职业奥斯曼人都属于自突厥部落时代以来一直被视为"军事阶层"的群体。第四类群体——伊尔米耶和迪尼耶(diniye)则不被视为军人。虽然这个群体可能来自奴隶家庭,但其本人往往是出生即获得自由的穆斯林。这种双重身份意味着第四类群体的成员主要是乌里玛,其职责仅限于文化和宗教活动。当我们提到法律职业是宗教机构的一部分时,这个阶层的重要性就变得显而易见了。

伊尔米耶和迪尼耶的成员在瓦克夫支持的名为"梅德莱塞"(medrese)的穆斯林高等学校接受培训。这些学校是分等级的,由穆罕穆德二世和苏莱曼一世建立的学校最有声望。一所学校的级别决定了其教师和毕业生离开时能得到的职位。尽管可以任命助教,但每所学校只有一名正式教师,即教授穆德莱斯(müderris)。他教授的内容和他的信仰持久地影响着他的学生们。当这些学生转到其他岗位时,他们就会按照信奉的或从各种教授那里学到的原则行事。

尽管东南欧的人们通常只知道乌里玛的一项职能,即担任法官,但必须指出的是,这一阶层的成员对中央政府有很大的影响力,并且经常出任领导职位,而且在国家机器衰落后,他们开始履行前面提到的三类官方群体的职责。乌里玛的最高等级最初是卡迪亚斯科,但是在伊斯坦布尔的穆夫提获得这个头衔并逐渐取得最高职位之后,卡迪亚斯科不得不与谢赫伊斯兰(şeyhülislam)分享权力。从一个非常笼统的角度来看,谢赫伊斯兰变成了某种权威类似于最高沙里亚的人物。尽管他是被任命的,甚至可以被随意解聘,但他的费特瓦(fetva)甚至可以废黜苏丹。卡迪亚斯科一直负责监督司法系统。低一等级的穆夫提则仅可以就其管辖领域的问题发布费特瓦。当苏丹或其司法管辖区内的法官向卡迪亚斯科和穆夫提提出正确解释法律的问题时,他们通常会作出书面裁决。司法系统是一个等级系统,等级最高的地区是伊斯坦布尔、麦加、麦地那、开罗、布尔萨、埃迪尔内、大马士革、耶路撒冷、伊兹密尔和阿勒颇。对各行省的民众来说,最重要的就是无论他们住在哪里,都有一个执行沙里亚和卡努法的法官和法庭。因为一个特定的法官不可能掌握其辖区内的所有案件,所以司法管辖区被分为多个纳希耶(nahiye)[8],每一个纳希耶内都有法官任命的奈布(naibu)。

在全面介绍了四组职业奥斯曼人及其各种职能、职责和义务之后,下面来谈谈行省的行政部门。那些属于塞菲耶和伊尔米耶-迪尼耶群体的职业奥斯曼人管理着各行省,但不应忘记的是,他们中的许多人来自或将重新回到内政官员穆尔凯耶阶层。那些属于卡莱米耶的人也不限于在首都履职,他们在行省中也有重要的管理职责。

由于职业奥斯曼人的职责不断变化,想要清楚地了解各行省行政机构的数目和确切边界,几乎是不可能的。政府机构本身也在变化之中,从行省高官们令人费解的职位名称中也可见一斑。例如,上文已经提到,中央政府中有两个贝勒贝伊:一个管理欧洲,一个管理亚洲。到 15 世纪末,虽然只有这两位最初任命的贝勒贝伊斯履行了总督的职责,但有将近 40 名官员基于荣誉而获得了这个头衔。总督管辖的行政区域最初被称为"桑卡"。后来,它们变成了贝勒贝利克(beylerbeylik),再后来则被称为"埃亚雷"(eyalet),埃亚雷又进一步划分为桑卡,后来又被称为"利瓦"(liva)。此外,并非所有的行省按照同样的规矩进行管理。直接隶属于中央政府并在中央政府辖区拥有蒂玛尔的人占多数,但仍有一些人在传统领导人(部落首领、诸侯国君主)的领导下管理自己的事务。后者被称为"世袭省份"(hükümet san-cak),除了忠诚之外,它们唯一的义务就是每年向中央政府进贡(salyane)。

　　根据伊纳契克的说法,在16世纪的第一个25年里,欧洲有四个世袭省份:摩尔达维亚(Moldavia)、瓦拉几亚、特兰西瓦尼亚、杜布罗夫尼克[Dubrovnik,即拉古萨(Ragusa)]。还有六个蒂玛尔利:鲁梅利亚[埃迪尔内周围的一个省,与鲁梅利(Rumeli)不同]、波斯尼亚、塞萨尔-巴哈-塞菲德(Cezār-i bahr-i sefid,爱琴海群岛)、布达、特梅斯瓦尔(Temesvár)和塞浦路斯(Cyprus)。[9]后来又增加了纳吉瓦拉德 42 (Nagyvárad, Varad, Oradea)、埃格尔(Eger, Eġri)、卡尼萨(Kanizsa)、西利斯特(Silistre)、摩里亚、克里特(Crete)和贝尔格莱德,还有一个较短的时期增加了波兰的雅诺(Janów)和卡姆尼斯(Kamnice, Kamieniec Podolski)。随着各行省的分裂和统一,还有几个世袭省份出现过但又消失了。后来增加的克里特、纳吉瓦拉德和摩里亚没有蒂玛尔。到18世纪末,因领土丧失,埃亚雷的数量已经减少为25个,它们被划分为290个桑卡。

　　大部分欧洲的世袭省份或者相对较小(如克里特、塞浦路斯、摩里亚),或者仅存在了较短的时间,就像纳吉瓦拉德以及两个波兰行省。有一些(如摩尔达维亚、瓦拉几亚、特兰西瓦尼亚、拉古萨)因独立程度较高需要单独对待。在某种意义上,它们是"边缘"领地,除了忠诚和进贡之外,它们的义务仅限于接纳法官进入主要城市,并允许奥斯曼军队在较大的防御工事内驻扎军队。他们的这种独立性也能说明,为什么强制皈依的德米舍梅制度主要在东正教地区产生影响,没有触及罗马尼亚人,且对希腊人影响相对较小。

　　真正的"核心"行省是那些有军事采邑的西帕希居住的省份。这些行省的最高指挥权掌握在总督手中。每一位总督在其居住地拥有一个微型的中央政府,但要与那些在行省的地方议会中任职的官员分享其权力和特权。总督是所有军事领导人中排在第一位的人物,他们掌控着西帕希,需要参加一些类似于边境摩擦的小规模战役,并在重大战役中派遣部队。按照惯例,他们偶尔会开庭审理一些纠纷。这些官员还直接统治着首府周围的土地,成为更大体系中的一个子单位。其他的子单位则由贝伊管理。所有这些达官贵人都是军队的长官,他们的主要职能前文已经提到。

　　然而几乎没有几个行省的议会是"完整的",但它们至少都由最重要的官员组成,这反映了中央政府的权力划分和前文提到的奥斯曼式的"权力制衡"。其中最重要的是老练的戴夫特埃米尼(defter emini),他们保证了有序的封地登记。他们与其上级马尔德杰特达里(mal dejterdari)同属于卡莱米耶。马尔德杰特达里是行省的财政部长。他们收缴所有的税款,支付本省的开销,并把盈余汇到中央财政部。主管财政的戴夫特达里(defterdari)与总督一样,都是由中央政府任命的。他们彼此独立行动,甚至可以监督并向中央报告彼此的活动。最后,赛夫斯(çavuşe)中的卡亚(kahya)同样是行省议会的重要官员。赛夫斯的职责是执行命令,主要是有关惩罚的命令,这些命令既有总督的裁决,也有各法官法庭的裁决。另一个职位被称为"梅夫库夫"(mefkufcu),他听命于财产登记官。虽然他可能不是地方议会的成员,但他对行省的不动产征税,并为行省财政部的利益管理那些暂时空置的土地。

除了塞菲耶和卡莱米耶的代表外,每个行省也都有伊尔米耶-迪尼耶群体的代表。他们由穆德莱斯和他们在行省的梅德莱塞学校的学生组成,但最重要的是掌控着法庭的穆夫提、卡迪、奈布。这些法庭既执行沙里亚,也执行卡努法,两者在不同的省份差别很大。

卡努法以苏丹的乌尔法为基础,并仅在苏丹活着的时候有效。卡努法必须"符合"沙里亚的原则,主要包括得到苏丹承认的奥斯曼帝国武力征服地之前的法律法规。如果苏丹不这样做,该地区就没有卡努法。例如,在匈牙利中部建立正规权威之前,为了得到一个简单的裁决,已经任命的卡迪不得不强迫作为诉讼当事人的济米长途跋涉到他们的传统法官那里。因为他们的封建领主已经离开了奥斯曼帝国占领的土地,而该地区的卡努法既没有建立起来,也无人知晓。每一位继任的苏丹都会尽快重新确认其前任承认的卡努法,将其编纂集合成习惯法法典并向各行省反复发布,即卡努纳美(the kanunnaâmes)。然而,卡努法太过冗繁、复杂,以至于任何法官都难以全部掌握。因此,大多数法官都将职业生涯的全部精力耗费在了鲁梅利、安纳托利亚和非洲的卡努法上了。如果他们认真对待自己的职责,诚实正直,他们会变成某个领域真正的专家。一个好的、有经验的卡迪是任何一个行省及其居民的财富。

雷亚

雷亚包括占人口绝大多数的穆斯林和济米,他们支撑着奥斯曼帝国的专业机构。就穆斯林而言,奥斯曼帝国所面临的困境与阿拉伯人在迁徙之后的一个世纪中因扩大势力范围而面临的困境是一样的:穆斯林的主要职责是传播真正的信仰,但是既然所有穆斯林都应该是平等的,如果将第一等穆斯林的特权扩大到所有人,就没有了从事生产并纳税的人。奥斯曼帝国继承了阿拉伯人的解决方案,每个人无论宗教信仰,都必须缴纳哈拉奇(haraç)。但是新的问题又会接踵而至。最好的例子就是土库曼游牧部落。他们是军事阶层的成员,潜在的加齐战士,但他们的数量太庞大了,无法为职业奥斯曼阶层吸纳,而作为雷亚,又欠缺生产能力。如上文所述,问题通过将这些穆斯林转变为缪塞莱姆或尤鲁克得到解决。这样一来,他们就不会被降级,仍然是军事阶层的成员,但变成了生产者,尤鲁克甚至还要缴纳某些税。

更麻烦的是,直到塞利姆一世(1512—1520年在位)展开征服之前,奥斯曼帝国的臣民大多是非穆斯林,其中一些人,特别是在安纳托利亚,一些人表现出了皈依的意愿。皈依本应是一个好的伊斯兰国家的终极目标,然而大规模的皈依带来了经济混乱和毁灭。即使对于一个伊斯兰国家来说,早期奥斯曼统治者对济米的极度宽容和对卡努法的突出强调也是很不寻常的——这两点都符合伊斯兰教法中有关"有经人"待遇的说法——显然,这是为了让雷亚安于其生产者的身份。这也能让欧洲农民更容易接受奥斯曼统治,并影响了将在下一节中讨论的皈依的模式。在塞利姆一世征服后,帝国中的穆斯林成为多数,奥斯曼人对济米的管理变得没有那么慷慨了。然而到那时,皈依的模式已经确定,奥斯曼帝国的力量足以维持系统的有效运转。

雷亚先是被非正式地归为非穆斯林群体的米勒特,1453年后又被正式纳入米勒特。根据宗教教义,称呼和社会组织都有可资参考的先例。在中世纪早期的穆斯林资料中,"米拉"(milla)①一词仅指穆斯林,并且已经与济米区分开来。对于这种对待少数族群的做法,也有其他先例。奥斯曼米勒特中的少数族群宗教领袖地位类似于伊朗萨珊王朝(Sasanid Iran)的宗教领袖,查士丁尼关于犹太人的一些法令即类似于后来的奥斯曼米勒特制度。不同寻常的是,奥斯曼人主要是用这个词来形容非穆斯林的,虽然偶尔也会提到穆斯林米勒特。从一开始,也就是说从1453年开始,穆罕穆德二世的相关立法中就只有两个米勒特,即东正教米勒特和亚美尼亚米勒特。犹太教米勒特(Yahudi millet)直到1839年才被"官方承认",但它有一个首脑,即米勒特巴塞(millet başi),从1453年起就发挥着很好的作用。

在这一点上,我们几乎不必讨论穆斯林。尽管许多欧洲省份的居民信奉伊斯兰教,但他们与当局的关系要么取决于他们是否信奉沙里亚有关道德和私人生活

---

① 即米勒特。——译者注

的规范,要么取决于他们的职业。就这两个因素中的第一个而言,法律体系已经提到了,基本宗教义务也已略做交代。沙里亚对缔结婚姻、离异、继承(概言之,家庭

45 和群体中的所有关系)也有规定,只要穆斯林遵守这些规定并缴纳规定的税费,他们的生活就会遵循一个清晰而规范的模式。

最大的米勒特是东正教群体。毫无疑问,穆罕穆德二世有几个很好的理由为东仪天主教(Eastern Rite)的信徒创造一个基督教米勒特。在征服君士坦丁堡并将其改名为伊斯坦布尔之后,他认为自己是皇帝的合法继承人,并希望在与东正教打交道时保留自己的地位和特权。他充分认识到,他的大多数基督教臣民都信仰东正教,他们大多反对 1439 年拜占庭皇帝约翰七世①在佛罗伦萨议会上达成的教会统一协议,这使得他们将潜在地效忠于一个其主要敌人是罗马天主教徒的统治者。而且,穆罕穆德二世决心重建他的新首都,使其再次成为一个伟大的贸易和制造中心。为了实现这个目标,他需要忠诚的基督徒,而他只信任东正教。因此,他想给予他们一个特殊的组织。

他不仅创造了一个东正教米勒特,还挑选了一个直言不讳、反对佛罗伦萨议会的僧侣根纳狄乌斯(Gennadius)担任第一任首领(米勒特巴塞),并且提升他为牧首(patriarchate)。根纳狄乌斯,本名乔治·斯科拉里奥斯(George Scholarios),是一位知名的神学家,他的学识和反对罗马天主教的立场使他有资格成为东正教重新统一后最高级别的政要。由于这种统一在 17 世纪,尤其是 18 世纪造成了严重的问题,在谈论东正教米勒特的权利之前,有必要先交代几句。

在穆罕穆德创造东正教米勒特的时候,特尔诺沃有两个准宗主教区(quasi-patriarchate②):奥赫里德(Ohrid, Ochrid, Lichnida)和佩奇(Peć, Ipek, Fünfkirchen)。但在 1394 年被奥斯曼帝国征服前,特尔诺沃还有第三个教区,其主教仍将君士坦丁堡牧首视为其领导者。[10]这些教区的东正教教堂在礼拜中使用的语言都是教会斯

46 拉夫语,而不是希腊语。尽管在神学意义上,用不同语言主持的礼拜仪式并没有区别,但对保加利亚和塞尔维亚来说,这代表了它们的民族身份(national identity)。穆罕穆德二世是一位出色的穆斯林,他只承认神学上的差异,对他来说,在一位担任米勒特巴塞的牧首领导下,只建立一个东正教米勒特完全合理。但对于巴尔干半岛的基督教群体来说,这一措施则制造了严重的问题。

---

① 原文为约翰七世(Emperor John VII),疑似此处有误,应为约翰八世(Emperor John VIII)。——译者注

② 原著为 quasi-partriarchate,拼写有误,特此修正。——译者注

穆罕穆德二世按照拜占庭皇帝们建立的仪式,亲自任命了新牧首。唯一重要的创新是,他颁给根纳迪乌斯一个巴拉特(berat),即一个确认其新的尊贵身份的帝国委任状。颁发委任状完全符合奥斯曼帝国的惯例,但之后几年,因为巴拉特的买卖,其他人也有获得牧首地位的机会。[11]在穆罕穆德二世的委任下,根纳迪乌斯成为罗姆(东正教)米勒特的牧首、米勒特巴塞,一个有权享受奥斯曼帝国的由三匹马拉的图古斯(tuğs,马车,原意为"马尾")的高级帕夏,无可争议的统一教会的主人,对苏丹所有东正教臣民的行为和忠诚负责的官员。

除了完全的教会权力和管辖权外,牧首在某些案件的审理中还拥有合法的司法权力,如缔结婚姻、离婚和继承,这些案件都由教会法(canon law)进行规范。配合这些司法权力的还有某些治安权力,其中包括在伊斯坦布尔建造的一所牧首监狱。当然,教会通常允许收取教会会费,但它也有义务为评估和征收国家税收提供咨询意见。此外,教廷有权审理和裁决所有诉讼当事人都是基督徒的案件,只要他们自愿将案件提交教会法庭而不是卡迪。

在这种传统的等级制度中,从牧首到低级的教区牧师,除了传统的教会职能,还被赋予了大量行政和法律职能。与官方的官僚体制相比,这个官僚体系在更低、更有限的层次上,与之平行运作。以这种方式,教会变成东正教能够认同的唯一"民族"机构。事实上,与奥斯曼人认为他们是同一个米勒特的成员不同,东正教基督徒并不认为自己是同一个"民族"的成员,而奥斯曼帝国的做法使斯拉夫教会屈从于全世界范围的基督教牧首(the Oecumenical Patriarch),这一重大举动给牧首、中央政府和巴尔干人民造成了严重困难,尤其是在 18 世纪。

基于所有现实目标,穆罕穆德二世赋予教会的新权力使教会成为一个"国"中之"国"。随着时间的推移,教会的领导集团开始认为自己既是基督徒的实际统治者和保护者,又是处理中央权力的唯一机构。它以高超的技巧履行了双重职责,巴尔干基督徒的生活在很大程度上取决于教会权威和奥斯曼帝国的效率。这就解释了为什么它们之间的差异在很大程度上是在教会领域内进行的斗争,正如在奥赫里德和佩奇这两个大主教区中看到的那样。在国家灭亡中幸存下来的教会必须作为复兴民族国家的机构而获得重建。

在结束有关东正教米勒特的讨论之前,还应对塞浦路斯补充几句,尽管直到 1570—1573 年,这个岛才被奥斯曼帝国征服,但在征服之后,塞浦路斯居民即被纳入东正教米勒特,那些驻扎在岛上的突厥部队则完全重建了塞浦路斯的民族教会(ethnic-ecclesiastic)。这就是现代塞浦路斯问题的根源。

自 431 年以弗所会议(the Council of Ephesus)①以来,塞浦路斯就有一个独立教会。这个教会由一位大主教及其领导下的 20 位主教组成。在东西教会大分裂之后,该岛完全支持希腊东正教。在第三次十字军东征中,英格兰国王理查一世于 1191 年占领了塞浦路斯,并将该岛卖给了盖伊·德·路西安(Guy de Lusignan),他的继任者一直统治着该岛,直到 1475 年该岛成为威尼斯的领地。因此,在被奥斯曼帝国征服之前的 400 年里,塞浦路斯一直由罗马天主教徒统治。在这一时期,大主教及 20 位主教中的 16 位是天主教徒。尽管一些人成为天主教徒,但大多数人仍然是东正教徒。当奥斯曼人到来时,罗马天主教的各级神职人员和他们的一部分信徒离开了这个岛。最初作为占领军来到该岛的突厥人成为定居者。剩下的居民变成了东正教米勒特的成员,主教的人数仍然是四个,大主教区获得重建。如果我们考虑现在的情况,突厥人的这种征服方式也是很有讽刺意味的,因为这使得东正教可以通过米勒特体系"重新征服"塞浦路斯。

其他两个米勒特的米勒特巴塞,即伊斯坦布尔的犹太人首领哈罕穆巴塞(Haham başi, chiefrabbi)和伊斯坦布尔的格雷戈里安牧首(Gregorian Patriarch),他们享有与东正教牧首相同的权利、特权和义务。因此,文中仅提及他们与东正教米勒特存在显著不同的官员和下属组织。

尽管如前文所述,直到 19 世纪,犹太教米勒特才得到官方承认,但穆罕穆德二世在 1453 年就任命了第一位哈罕穆巴塞——摩西·卡萨利(Moses Kapsali)。同时,他还宣布允许犹太人在伊斯坦布尔定居。卡萨利被给予高于牧首的优先权。自苏莱曼一世开始统治以来,犹太群体是第一个有权任命卡亚的群体。卡亚是能在中央政府面前代表他们说话的代理人。当然,哈罕穆巴塞需要苏丹的巴拉特承认其官职,所有摩西·卡萨利的继任者都是由信奉同一宗教的人选举产生的。

给予犹太人优惠待遇有以下几个原因。穆罕穆德二世认为东正教教徒可能是他最忠诚的基督教臣民,并且确信犹太人是忠诚的。在 15 世纪的欧洲,没有哪个国家对待犹太人比奥斯曼帝国更好。自穆拉德二世开始,他们就一直为苏丹服务,主要是作为宫廷医生。此外,他们还拥有一些实用技能,包括偶尔需要提供的语言知识(包括突厥语、阿拉伯语和波斯语)。此外,犹太人还是最早的"有经人"。

在奥斯曼政府看来,犹太人和东正教教徒一样,是一个米勒特。犹太人确实在

---

① 以弗所会议是由拜占庭皇帝狄奥多西斯二世于 431 年在小亚细亚省的以弗所召开的一次全基督教宗教会议。——译者注

穆斯林和"外邦人"(gentiles)面前展现为团结一致的形象,但他们内部却完全不是这样。首先,在奥斯曼帝国征服时已经生活在这片土地上的犹太人与那些在其他地方受到迫害,因了解到奥斯曼帝国的宽容政策于15世纪、16世纪大量涌入的犹太移民之间具有显著的区别。不仅如此,这类人还被进一步分为两个亚群体。"原住的"奥斯曼犹太人要么跟随塔木德派(the Talmud, the rabbinical Jews),要么跟随卡莱特派(the Karaites)。后者形成于巴格达的阿拔斯统治时期,最早出现在巴勒斯坦,然后遍布哈里发统治的地区。只有少数的卡莱特派犹太人来到拜占庭统治时期的欧洲地区。在那里,讲希腊语的塔木德派犹太人占多数,被称为"罗马尼亚人"(Romanios)或"希腊人"(Gregos)。

犹太移民要么是塞法迪(Sephardic),要么是阿什肯纳兹(Ashkenazi),这取决于他们的原籍和母语。在这两个群体中,塞法迪犹太人地位更高,原因有二。首先,他们是伊斯坦布尔和巴尔干地区数量最多的犹太定居者;其次,他们已经是最有影响力的群体,几个世纪以来主导着社群的生活和哈罕穆巴塞的选举。他们在伊斯坦布尔之外的地方成为最知名的武器制造商,为中央政府履行前面提到的职能,萨洛尼卡、埃迪尔内、尼科波利斯以及索非亚和萨拉热窝都变成巴尔干半岛上重要的塞法迪犹太人中心城市,在奥斯曼统治期间发展了重要的犹太文化。

当一些阿什肯纳兹犹太人在奥斯曼帝国的欧洲领地和伊斯坦布尔定居的时候,大多数阿什肯纳兹犹太人已经移居巴勒斯坦。他们来自德国、奥地利、匈牙利和罗马尼亚公国。在圣地,他们很快与拉比派犹太教徒混在一起,成为巴勒斯坦传统的犹太居民。

犹太人几乎从来没有从事过农业活动,但他们的税收负担和义务并不比其他雷亚轻,因为税收与他们的职业相关。为了确保米勒特的统一,塞利姆一世在1517年征服开罗时废除了纳吉德(nagid)这一职位,纳吉德是近东地区最高级别的犹太官员。由于近代早期犹太人的宗教信仰与"民族"身份一致,因此米勒特制度非常适合他们。在这种制度下,他们生活了几个世纪,比在其他任何地方过得都好。

如果说犹太教米勒特是一个理论与实践相吻合的例子,那么亚美尼亚米勒特则是一个理论与实践相背离的典型案例,它既缺乏民族性,又缺乏宗教同质性。尽管一些亚美尼亚人与罗马保持着联系,但绝大多数人属于基督教一性派教会(a monophysite church),该教会于3世纪由启蒙者格里高利(Gregory the Illuminator)建立。至奥斯曼人到来时,由于这个强大的教会不断扩张,超出了亚美尼亚人居住的领土边界,因此它的某些影响力已经消失。该教会的据点在穆罕穆德二世统治的

49

大、小亚美尼亚之外,其首领卡托利科斯(Catholicos)也位于奥斯曼领土之外的埃里温(Erivan, Echmiadsin)。在奥斯曼帝国,还有一些人不适合穆罕穆德二世的任何一个米勒特,除了亚美尼亚人,还包括居住在布尔萨的亚美尼亚主教。他显然是最高级别的宗教人士,但也不适合奥斯曼统治下的其他两个米勒特。这位名叫霍拉希姆(Horaghim)的主教被苏丹任命为伊斯坦布尔的亚美尼亚牧首,他的米勒特在1461 年得到承认。

这个米勒特如此特别,因为它的首领不仅拥有其他米勒特巴塞拥有的所有权利、荣誉、特权和义务,而且领导着不能隶属于其他两个米勒特的苏丹的臣民。虽然他不负责领导被看作东正教米勒特成员的罗马天主教徒,但他却负责管理生活在奥斯曼帝国境内的分离教派(the splinter sects)和异端派(heretics)。在欧洲,最重要的分离教派和异端派就是保罗派(Paulicians)和波格米勒派(Bogomils),但到穆罕穆德二世时,他们的数量和重要性都已下降。只有一群保罗派信众(the Pav-liniki)在索非亚附近幸存到了现代。它是第一批从欧洲异端派中发展转变而来的主要群体。

皈依问题[12]

50　　穆斯林放弃信仰当然是被严格禁止的。但是,奥斯曼帝国对济米皈依伊斯兰教之外的其他宗教并不在意,因为在奥斯曼帝国范围内,该行为不会影响到自身所处的地位。争论的焦点是皈依伊斯兰教。14 世纪中叶,奥斯曼帝国在欧洲建立第一个永久据点,君士坦丁堡有一块面积不大的穆斯林殖民地,巴尔干半岛上也有零星的小定居点。到 20 世纪 70 年代初,大约有 700 万居住在欧洲的土耳其人或东南欧的穆斯林曾经受奥斯曼帝国的统治。其中,约 250 万人居住在土耳其,250 万人在南斯拉夫,估计 120 万人(尚未有官方数据)生活在阿尔巴尼亚,50 万人在保加利亚,其余的人居住在希腊或罗马尼亚。

从族群上来看,巴尔干地区的穆斯林人口或是突厥人,或是斯拉夫人、希腊人、阿尔巴尼亚人等。突厥人是定居者,其他人则是皈依者。巴尔干人口在族群和宗教构成方面的早期和重要转变值得探讨。

前文已经提到土库曼人的问题以及奥斯曼当局试图解决这些问题的努力。在14 世纪和 15 世纪初,土库曼人大量涌入奥斯曼帝国,就像移民初到美国一样,这些来自游牧部落的人大多在帝国的东部省份定居。在 14 世纪,奥斯曼帝国将一部分土库曼人移民欧洲,主要是现今土耳其的欧洲部分,在那里他们要么作为缪塞莱姆定居,要么像前文提到的尤鲁克人一样长期游牧。众所周知,在第一次大规模定居之后,从小亚细亚来的突厥人大多定居在军事主干道上的要塞或重要城市。定居在乡下的穆斯林只有西帕希和少量政府官员,在这些基督教为主的地区,仍可以发现他们的后代。

1478 年,奥斯曼人在伊斯坦布尔进行了人口普查,1520—1530 年对各省进行了人口普查。他们按照家庭而不是个人计算应纳税额。穆斯林和济米缴纳不同的家庭税,所以他们是分开计算的。优秀的土耳其历史学家奥马尔·卢特菲·巴尔坎(Ömer Lütfi Barkan)分析并公布了这些数字。他的研究发现详细证实了当时的总体情况。在欧洲,18.8％的家庭(194 958 户)是穆斯林,80.7％(832 707 户)是基督徒,0.5％(4 134 户)是犹太人。在穆斯林家庭中,85％(绝大多数)集中在当时 28 个欧洲司法管辖权中的 10 个卡扎。在这些卡扎中,只有四个是穆斯林占多数的,即维泽(Vize,位于今天土耳其的欧洲部分)、西利斯特拉和奇尔曼(Chirman,两个都位于今天的保加利亚)以及加里波利。在巴尔干半岛东部以外的马其顿、波斯尼亚-黑塞哥维那和色萨利(Thessaly)等地区也有重要的穆斯林定居点,这些地区存在着特殊问题。

同样重要的事实是,即使在穆斯林人数众多的地区,他们也主要集中在大城市。巴尔坎给出的数字和维耶尼斯(Vryonis)对 12 个主要城市的进一步分析是高度相关的。表 2.1 很好地展示了穆斯林人口的城市属性,这很容易理解。游牧民族的定居和封地的授予发生在农村;而各省行政机构的主要中心在城市,更为重要的是与艾赫贸易相关的利益点在城市,城市还控制着奥斯曼帝国希望保证其安全的交通要道。

在表 2.1 中列出的穆斯林家庭中,只有 19％为游牧民,其余的均是在城市或农村定居的家庭。维耶尼斯令人信服地指出,1520—1530 年人口普查中新增的穆斯林家庭,约有 30％属于突厥移民,剩下约 9.65 万穆斯林家庭是皈依的结果。[13]有几个强制皈依的例子发生在帝国变得比前几个世纪更加保守、不那么宽容甚至狂热的时期。最著名的例子是始于 1666 年左右的罗多彼山区(Rhodope Mountain region)的强制皈依。在人口普查进行之前的一个时期,只有德米舍梅可以被视为强制皈依制度。然而,由于在这一制度下皈依的人被迫离开了故土,所以从数据上看,德米舍梅并未影响巴尔干半岛的宗教构成。17 世纪阿尔巴尼亚人的皈依也是

51

52

表 2.1　欧洲主要城市人口的宗教分布(基于 1520—1530 年人口普查)

城　　市	穆斯林(%)	基督徒(%)	犹太人(%)	城市属于卡扎区域内的穆斯林(%)(仅可获得数据)
伊斯坦布尔(Istanbul，1478)	58.2	31.6	10.2	—
埃迪尔内(Edirne)	82.1	12.8	5.1	26
萨洛尼卡(Salonika)	25.2	20.2	54.3	—
萨拉热窝(Sarajevo)	100.0	—	—	46
拉里萨(Larissa)	90.2	9.8	—	17.5
塞雷(Serres)	61.3	32.8	5.9	—
莫纳斯提尔(Monastir)	75.0	20.2	4.8	10.5
斯科普里(Skopje)	74.8	23.7	1.5	10.5
索非亚(Sofia)	66.4	33.6	—	6
雅典(Athens)	0.5	99.5	—	—
尼科波利斯(Nikopolis)	37.7	62.3	—	—
特里卡拉(Trikala)	36.3	41.5	22.2	17.5

一个例子;更早时期,甚至大多数蒂玛尔利都是基督徒。因此,这些早期的皈依一定是"自愿的"。

维耶尼斯列举了早期皈依的主要原因:经济和法律上的有利条件、梅德莱塞学校和其他穆斯林组织的影响、恐惧感以及民间宗教的灵活性。他是对的,但我和其他学者认为,第四个原因是最重要的。第一章已经提到了民间伊斯兰教和艾赫的作用。谢赫巴德尔丁在穆萨统治时期以及后来作为 1416 年人民起义领袖的角色表明,他的大多数追随者是巴尔干的基督徒,他们都有着相似的信仰。根据在巴尔干地区针对希腊和斯拉夫东正教的人类学和社会学研究,有一种与伊斯兰教相关的现象与之并存。在这里,缺乏完整的宗教训练,以及由此造成的对基本教义与生育、健康等相关异教残存仪式的误解,都不会因为接受基督教而发生改变。在这样的环境中,神职人员接纳其信众的意愿,上下级神职人员之间的巨大分歧,以及对与"公认"的教会关系密切的行政当局感到不满,导致到处充斥着异教仪式、习俗、迷信和信仰,由此创造出一种民间文化和宗教,其残余在今天巴尔干人民的习俗中仍依稀可辨。

其中许多仪式和信仰是普世的。世界各地的人们都对合适的降雨时间、生育以及与原始乡村生活相关的其他基本因素感兴趣,人们不断寻求通过创造神灵、魔鬼等来确保一切正常进行。如果控制得当，这些神灵鬼怪将依照那些有赖于其善意生存的人们所期望的方式行事。如果人们记得与这些基本信仰、恐惧和习惯有关的习俗只是突厥因素或伊斯兰教的一部分，而且是在漫长的边疆生活中从小亚细亚的希腊居民那里学到的，那么，穆斯林和基督徒所信奉的民间宗教在某些方面就存在相似之处，就并不令人感到惊讶。

当然，基督徒有某些仪式和信仰，而穆斯林没有，或者更确切地说是他们不认为自己有。其中最重要的是对圣人的信仰、圣像的使用和洗礼。据我们所知，艾赫①能够轻松地接纳边境上的每一个人。当奥斯曼帝国开始在欧洲取得重大进展的时候，艾赫已经变得相当"城市化"了，几乎成为"建制"的一部分，但基本上只是一个拥有广泛的民间宗教规范的行业组织，可以在欧洲的城镇定居，组织和领导各种行会，并主导城镇的管理机构。加上梅德莱塞学校和其他宗教慈善机构，它们大致解释了城市中以家庭为基础的皈依的主要原因。

艾赫曾经在安纳托利亚农村扮演的角色现在交给了托钵僧教团（the derviş orders），他们是马其顿和波斯尼亚在 1520—1530 年人口普查之前发生重要皈依以及后来在阿尔巴尼亚发生皈依的重要因素。有些托钵僧沿着艾赫的"道路"进入城市，并建立组织，其中最重要的是拜克塔什教团（the Bektaşi）和梅夫列维教团（the Mevlevi）。但它们大多基本保留了乡村和民间的特征。目前尚不清楚在特定时间出现了多少不同的托钵僧教团及其分支，以及有多少像上文提到的两个在欧洲产生了持久的早期影响的教团。我们只知道它们的数量相当可观。

像艾赫一样，托钵僧也有他们的特克，以及他们的规矩或路径（path，tarikat），以此将正常的生活导向对真主的神秘理解。像艾赫一样，托钵僧教团建立在有着悠久传统的苏菲主义基础之上，独立地探寻正确的生活。当然，两者之间存在着明显的差异。在某个托钵僧教团的建立者死后，他的家或陵墓附近会成为一个中心特克，他本人会像基督教的圣人那样受人尊崇，并通常被认为具有神奇的力量。这些"圣徒"被称为上帝的朋友艾维利亚（evliya），他们可以是死去的，也可以是活着的。一个欧洲村庄的守护神（the patron saint）很容易被建构成一个几乎不需要解释便可得到特定托钵僧教团认可的艾维利亚。

为了成为艾维利亚，托钵僧们四处游走，以到达奥斯曼帝国的各个地方。与艾

①　如前文所述，艾赫既指神秘的兄弟会成员或者领袖，也指手工业行会。此处指行会组织。——译者注

赫不同的是,托钵僧几乎不停地游走、传教和践行他们的教义及各种相关的仪式。他们是巴巴(baba),是神人、法师、医生的结合体,通常被视为活着的圣人。他们的认识兼容并包、注重实用,几乎不设限。鉴于民间基督教和民间伊斯兰教有诸多相似之处,他们几乎毫不费力地将地方习俗融入自己的教义中。而且,他们所宣扬的

54 教义有一定优势。确保"好运"的方法因其带来的其他风俗习惯而增多了。还有一个情况不容忽视,就是那些追随他们的人由济米变成了穆斯林。民间伊斯兰教的出现使得欧洲,或者说巴尔干不寻常地多样化了,出现了很多诸如用圣像、洗礼来治疗精神疾病等完全非穆斯林的特征。

对那些迷信各种民间宗教的基督徒来说,接受一个类似的信仰并不难,但更安全的是接受伊斯兰教的民间版本。我相信,由几位学者提出来的这种有关早期民众皈依的解释,比同时期流行的其他说法更可信。该解释将这种改宗归因于民众希望保留其土地财产,或是归因于之前受到迫害的异教徒(主要是保罗派和波格米勒派)希望成为压迫者的主人。

早期在巴尔干半岛的阿尔巴尼亚也有类似基督教蒂玛尔利的人。此外,一个基督教家庭可以保留一块基本的齐夫特,尽管既不能增加其面积,也不能进行分割。除此之外,还有波斯尼亚的例子,在奥斯曼帝国征服时期,波斯尼亚的乡村有数量庞大的波格米勒派教徒。

表 2.1 显示,1520—1530 年,萨拉热窝人口 100% 是穆斯林。当然,这座城市是奥斯曼帝国在一个小村庄的基础上建造的。其他城镇中穆斯林的比例也同样令人印象深刻。表 2.1 还显示,波斯尼亚的卡扎有 46% 的人口是穆斯林。同样是波斯尼亚的卡扎,在大约 30 年前,即 1489 年的人口普查数据显示,穆斯林仅占该地区总人口的 18.4%。显然,大规模的皈依就发生在这 30 年间,而且规模最大的就发生在波格米勒派势力最弱的城市中心。这个问题还没有得到解答,其他类似的案例也未得到充分探讨。随着时间的推移,大多数波格米勒派、保罗派教徒和其他"异教徒"转向了伊斯兰教,这完全可能是真实的,但他们似乎不太可能成为皈依伊斯兰教的先锋。

最后一个观点支持这样一种理论,即皈依实际只是从一个民间层面转向另一个民间层面的简单过渡。随着时间的推移,宗教社会运动呈现出更新颖的形式,它不仅是一种持续不断的现象,并导致了几次严重的骚乱(稍后将对此进行讨论),而且其力度之大甚至影响到了犹太教米勒特。在欧洲,有很多原因导致皈依伊斯兰教的范围比在奥斯曼帝国的安纳托利亚省要小得多,但没有必要在本研究的背景

下对其进行调查。看似更重要的是,确实存在许多社会经济因素,使皈依看起来是可取的,但奥斯曼帝国针对欧洲各行省局势的雷霆措施,使这些因素远不如安纳托利亚陷入持久困境更具推动性。在欧洲,皈依几乎只限于某些人,他们从未真正正确地理解或实践自己的信仰,因此对他们来说,叛教与其说是信仰问题,不如说是 55图个便利的问题。

德米舍梅制度

如果说自愿皈依对那些改变信仰的人来说具有实用性,那么最著名的强制皈依的"德米舍梅"制度对苏丹来说就是具有实用性的。这个制度包含了本章讨论的所有话题:职业奥斯曼人及其制度、雷亚以及皈依。

德米舍梅的动词"devşirmek"可以翻译成"征收""招募"。有观点认为,德米舍梅就是定期将孩子带走的制度。从这种观点看,德米舍梅确实是一种非常特定的征税方式。对奥斯曼帝国来说,这意味着为已经建好的机构招募新人。认识到这一点非常重要,即包括禁卫军在内的苏丹奴隶制早于德米舍梅建立。前文不仅提到,当奥斯曼家族的地位变得越来越显赫时,奴隶制已经是伊斯兰世界的一个由来已久的制度;而且还注意到穆斯林奴隶制的性质以及巴格达"阿拔斯哈里发"的奴隶护卫队主要是突厥人。

穆斯林统治者和其他有足够财力的人一样,可以购买奴隶,但他也有权将五分之一的战俘变为自己的奴隶,战俘可以因为反叛而被奴役,这是起源于早期穆斯林时代的制度,这些战俘被突厥人称为"彭西克"(pencik)。传统观点认为穆拉德一世(1360—1369 年在位)用他所拥有的奴隶组织了第一支禁卫军,这可能是事实。德米舍梅制度始于何时,何时成为新兵的主要来源尚不确定,尽管传统认为穆拉德与这 改革有关。我们最早的文字参考资料来自 1395 年的一次基督教布道。早在巴耶济德一世统治之初,他在安纳托利亚征服了诸多突厥公国,并任命奴隶作为他们的统治者,这一事实证明,奴隶不仅被用作炮灰。因此,到 14 世纪 90 年代早期,奥斯曼帝国的宫廷就建立了奴隶制度。德米舍梅招募的新兵也履行了这一双重职能。尽管还不确定,但德米舍梅很可能是在 14 世纪最后 25 年的某个时候推行的。[14]

同样不确定的是征税的频率、招募年轻人的数量以及德米舍梅制度废止的时间。很可能两次招募之间没有固定的时间间隔,也没有提供特定的新兵数量。招

56　募的命令可能是在需要新兵的时候下达的,起初次数不多,后来变得频繁,最后又变得稀少,每次都由当局根据需要确定新兵人数。我个人认为在大约 200 年的时间里,因为德米舍梅制度被从家中"正式"带走的年轻基督徒总数接近 20 万。传统上认为,艾哈迈德二世(1691—1695 年在位)是该制度的终结者。这一点并不确定,但作为一个常规性措施,它终止于穆拉德四世(Murad IV,1623—1640 年在位)统治末期,而作为临时性措施则一直持续到 17 世纪末。

　　即使它是征募卡佩库鲁的主要来源,德米舍梅也绝不适用于生活在奥斯曼帝国的所有济米。需要再次强调的是,许多细节仍然没有令人满意的解释。根据沙里亚,苏丹获得彭西克或购买奴隶不仅确定无疑是被允许的,而且显然也是合法的。但是,德米舍梅影响了"受保护的人",这又显现出某种"不合法"性,尽管保罗·维泰克(Paul Wittek)认为,依据沙斐仪派的观点,只有在 622 年之前成为"有经人"的人才有资格获得济米的地位。[15]这或许可以解释奥斯曼帝国遵循沙斐仪派教义,只有相对较少的希腊人和亚美尼亚人被征募,但其实并非如此。究其原因,其实是德米舍梅在实践中豁免了居住在城市且已婚的年轻人、伏努克、多根齐和从事其他特殊职业的人,如在乡下采矿和负责修路的人。还有一些其他的临时豁免,实际受德米舍梅强制的人大多是东正教米勒特的斯拉夫人。总之有太多的例外,因此无法总结出任何清晰的模式。

　　从苏丹的观点来看,卡佩库鲁制度是非常有意义的。它遵循奴隶护卫的既定传统,善用各种奴隶,创造了一群完全依赖统治者的人。在伊斯兰世界,巴耶济德一世任命奴隶为总督并非没有先例。除了德米舍梅之外,还有一个新的特点就是不断扩展奴隶的用途。在征服伊斯坦布尔 8 个月后,穆罕穆德二世就任命了一个卡佩库鲁担任大维齐尔,即马哈穆德·阿迪尼(Mahmud Adeni),他完全取代了在行政机构中自由出生的突厥人。尽管他们中的一些人偶尔也能获得高位,但在大约两个世纪后卡佩库鲁制度就解体了。转向奴隶的原因从奥斯曼历史上已经出现的少数事实来看,也应该是显而易见的。

　　与奥斯曼帝国结盟的各种突厥国家的君主们总是试图重新获得独立,甚至在
57　他们成为奥斯曼帝国上层阶级的领导家族之后,他们仍然坚守贝伊传统,保留着一支可以挑战统治者权力的军事力量。到目前为止,最显著的例子是 1446 年在哈利尔·森德里的操纵下,穆罕穆德二世被废黜,穆拉德二世重新登基。毫无疑问,穆罕穆德二世完全变成了一个只依赖奴隶的统治者,而且正是他确立了奴隶培训学校这样的终极形式。

　　建立一个由奴隶控制的行政机构的原因并不能归结为德米舍梅制度的创新。没有关于确立德米舍梅制度的相关事实,但有三个相当不错的理由支持推行这一制度。首先,简单而明显的是,虽然购买奴隶的费用很高,但通过德米舍梅制度招募青年是免费的,尽管克里米亚和高加索地区仍在买卖某些奴隶。而且,如果认可德米舍梅制度是在14世纪的最后几十年推行开来的,那么这一改革恰好与奴隶不仅非常昂贵,而且非常短缺的历史时期相吻合。在欧洲,被征服的土地通常作为诸侯国附属于奥斯曼帝国,无法提供足够数量的彭西克作为劳力。在中亚、波斯和伊拉克,崛起的蒙古帝国正在切断奴隶贸易路线,并为自己保留了奴隶,而在安纳托利亚,即使是直接征服的地方也无法提供足够的奴隶,因为被征服的大多是穆斯林突厥人。正是在奴隶短缺的时期,受到贝伊挑战的穆拉德一世和巴耶济德一世,扩大了奴隶在行政和军事领域的使用范围,奥斯曼帝国对奴隶的需求不断增长。这些因素的重合也许可以解释为什么要用德米舍梅制度获得奴隶。

　　通过德米舍梅制度扩充帝国奴隶系统的原因,不仅是为宫廷的禁卫军和西帕希招募炮灰,后来也是为工程兵、炮兵和其他特殊兵种征募炮灰。当奴隶士兵占多数,通过德米舍梅制度被强制皈依的男孩就被分配给有地位的人或送入专为培养外廷官员设立的学校,这些孩子就被称为"外廷男孩"(acemı oğlani, foreign sons),其中表现最为突出的将被送入各种为培养内廷官员设立的内廷学校,这些男孩则被称为"内廷男孩"(içoğlanis, inside sons-pages)。就像前文提到的,毕业后他们将成为国家的主人。

　　事实上,两百年来,国家的掌权者大多是巴尔干-斯拉夫-基督徒出身,这一事实引出了本节之前要讨论的最后一组问题,随着这一讨论的展开,本章的介绍即将结束。对那些孩子受到德米舍梅制度影响的人来说,这意味着什么? 他们从居于高位的亲朋好友那里获利了吗,或者,这段经历完全是负面的吗?

　　作为一个将孩子与他们的父母永远分离的违背人性的制度,德米舍梅的负面影响显而易见。但如果我们记得,征募的范围相对狭窄(主要针对斯拉夫东正教徒),而且只选择最健全的年轻人,那么被排除在外的人数要比之前提供的官方征募数据大得多,因为亚亚-巴塞(yaya-başi,负责挑选年轻人的禁卫军官员)会勾结当地的卡迪和西帕希,通过买卖其余的男孩当奴隶而非法牟利。这种做法所造成的族群意义上和经济上的损失从未得到准确的衡量或科学的估计,但必须加以考虑。尽管这些人被迫皈依伊斯兰教,常常狂热地拥护奥斯曼帝国及其新信仰,但他们不太可能完全忘记自己的出身和母语。这些记忆或许可以解释为什么某些行省官员

58

与他们的下级之间有着相当良好的关系,为什么某些西帕希与生活在其封地上的农民之间的妥协(modus vivendi)迅速发展。

还有更好的证据表明,德米舍梅出身的奥斯曼官员确实记得他们的童年。帕夏易卜拉欣出身于希腊,在 1536 年被处决之前,他在苏莱曼一世统治下担任了 13 年的大维齐尔。他被指控在任职期间犯下了许多错误,其中包括他为自己的亲戚谋取利益。穆罕穆德·索库鲁(Mehmed Sokollu)在 1564—1579 年间担任大维齐尔,他不仅与家人建立了联系,而且帮助了所有塞尔维亚人。在他还没有获得最高职位之前,就与其当大主教的兄弟在 1557 年成功地将佩奇重建为一个大主教区。当然,名人的事迹最为人所知,但较小的显贵很可能也以类似的方式行事。如果不是这样的话,为什么亚亚-巴塞经常受贿,不仅是为了忽视某些人的孩子,而且还为了挑选某些孩子,即使他们不符合征募的标准?最后,波斯尼亚穆斯林坚持要把他们的孩子送到伊斯坦布尔就是一个显著的例子。[16] 早在 1515 年,应穆斯林群体的要求,1 000 名波斯尼亚年轻人未经传统的外廷、内廷选拔程序而直接进入内廷学校。这种做法在 16 世纪被采用过多次。无论是那些为儿子入学而行贿的基督徒,还是波斯尼亚及其他地方的穆斯林,他们都试图让德米舍梅制度适用于自己的孩子。他们这么做必定是期望得到某些对年轻人有利,对他们自己也有利的好处。否则他们的行为就毫无意义。

尽管可能存在这些优势,但在人性、族群及经济方面的劣势是压倒性的。总的来说,德米舍梅制度的负面影响远大于它所带来的利益。再加上对奴隶的使用比早期伊斯兰国家要广泛得多,德米舍梅奴隶制度成为奥斯曼帝国的独创。这也是 17 世纪以前最典型的强制皈依的例子。

【注释】

[1] 四种合法流派分别是:哈乃斐派(the hanafîte),以第一位阐述其原则的学者艾布·哈尼法(Abu-Hanifa, 767 年)命名;马立克派(the malakite),由法学家马立克·伊本·艾奈斯(Mālik ibn-Anas, 约 795 年)命名;沙斐仪派(the shafɾî school),由穆罕默德·伊本·伊得瑞斯·沙斐仪(Muhammad ibn-Idris al-Shafɾi, 820 年)命名;罕百里派(the hanbalite),由艾哈德德·伊本·罕百里(Ahamd ibn-Hanbal, 855 年)的法律阐释追随者命名。

[2] 参见 Halil Inalcik, *The Ottoman Empire*;*The Classical Age*, *1300—1600*, table 1, p.82。

[3] 阿克切(akçe,欧洲人称之为 asper)是奥斯曼帝国的基本货币单位。最初是在奥尔汗统治时期锻造的,直到 17 世纪末一直用于所有官方交易。其间,从奥尔汗到 1453 年,一个阿克切重 3.2 克,含银

量为90％；自征服君士坦丁堡到1520年,(通过减少重量和降低含银量)它的价值逐渐下降至原来的一半多一点,这个价格一直保持到1575年；接下来的9年,它的价值再次减半。对其价值的一个最好说明就是1584年,它与奥斯曼帝国流通的其他货币及外币的兑换比率为:

80个阿克切＝1个卡拉库鲁斯[Kara Kuruş,奥地利银币格罗苏斯(Grossus)的奥斯曼称谓];

100个阿克切＝1个奥地利金币杜卡特(Ducat);

120个阿克切＝1个威尼斯金币杜卡特(Ducat);

120个阿克切＝1个塞里菲(şerifı,在威尼斯金币杜卡特基础上,使用马穆鲁克·阿什拉夫模具,在伊斯坦布尔铸造的奥斯曼金币)

1584年之后,阿克切变得越来越弱。它的价值不断波动,最后跌至220阿克切克换一个奥斯曼金币。到苏莱曼二世统治时期,阿克切与奥斯曼金币塞里菲的兑换比例相对稳定在150∶1,之后官方定价为220∶1,但实际300个阿克切才相当于一个奥斯曼金币。

由于阿克切变得一文不值,奥斯曼引入了新的货币单位,旧的货币仍用于记账。早在17世纪初,很可能是在奥斯曼二世统治时期,一种新的硬币帕拉(para)就出现了。最初1帕拉克换4阿克切,但很快就贬值为1帕拉克换3阿克切。17世纪早期还出现了这两种基本货币单位倍数的硬币。苏莱曼二世和艾哈迈德二世发行了第三种货币奥斯曼库鲁斯(Kuruş)。最初它有两种不同的价值,但很快变为一种,1库鲁斯相当于160阿克切。

由于埃及和非洲的造币厂开始生产劣质金币,原来的金币不得不换。1696年至1697年,穆斯塔法二世回收了奥斯曼金币塞里菲,并将其替换为原来的图格里(tuğralı),价值与其相同。他的继任者艾哈迈德三世保留了这款新硬币,但在1711年,他又发行了一种稍重且略微精细的硬币,名为辛克里(zincırı)或方杜克(funduki,约3.3克),还有一种较小的硬币(2.5—2.6克),名为泽里马布布(zeri mahbub)。从1725年起,有一个官方的奥斯曼价值表,列出了下列金币与阿克切、帕拉的兑换比例:

1个辛克里＝400阿克切＝133.3帕拉;

1个威尼斯金币杜卡特＝375阿克切＝125帕拉;

1个奥地利金币杜卡特＝360阿克切＝120帕拉。

此后,货币持续贬值,到马哈穆德一世,450阿克切相当于1图格里,这意味着银币价值将进一步损失16％—18％左右。这一贬值趋势在本书所涉时间范围内一直持续。

上述内容参见 H.A.R. Gibb and Harold Bowen, *Islamic Society and the West*, Oxford, London, New York, and Toronto: Oxford University Press, 1957, Vol.1, pt.2, pp.49—59。

[4] 卡扎是行政单位和法律单位的通用语,其含义经常但并不总是一样。

[5] 这一细目来源于 H.A.R. Gibb and Harold Bowen, *Islamic Society and the West*, Vol.1, pt.1, p.52, n.1。

[6] *Islam Ansiklopedisi*, Istanbul: Milli Eğitim Basimevi, 1945, Vol.7, pp.341—342.

[7] Halil Inalcık, "L'Empire Ottoman," *Actes du Premier Congrès International des Études Balkuniques et Sud Est Européennes*, Vol.3, Sofia: Bulgarian Academy of Sciences, 1969, p.90.

[8] 纳希耶有多个含义。它可以是一个小的司法区,也可以用来表示较小的行政区,例如指一个城市的一部分。

[9] Halil Inalcık, *The Ottoman Empire*; *The Classical Age*, *1300—1600*, p.106.

[10] 第一个保加利亚宗主教区是由西蒙(Simeon, 893—927年在位)于893年在奥赫里德确立的,圣克莱门特(St.Clement, Klimente)是第一个拥有牧首头衔的人。西蒙作为第一位保加利亚统治者,自称沙皇,遵循拜占庭模式,相信每个皇帝都应该有自己的牧首。1019年,拜占庭迫使保加利亚承认了他们的统治地位,结果,奥赫里德被降为一个大主教区。从1223年到1767年,奥赫里德的主教们一直将查士丁尼娜·普里马(Justiniana Prima,即皇后城)视为自治的大主教区;而且,直到1453年穆罕穆德二世将该地区并入伊斯坦布尔,他们一直称自己为该地区的牧首。这是保加利亚主要

的"民族"(national)管辖区,还有一个是 971—972 年的普雷斯拉夫(Preslav),但更重要的是第三个,即 1234—1394 年的特尔诺沃。

佩奇于 1219 年首次成为塞尔维亚的自治宗主教区,并且于 1346 年由塞尔维亚沙皇斯特凡·杜尚(1331—1355 年在位)任命了一位牧首。君士坦丁堡不予承认。1368 年,佩奇的牧首再次承认了君士坦丁堡的最高统治地位。当塞尔维亚在拉扎尔一世(1371—1389 年在位)统治下再次崛起时,君士坦丁堡于 1375 年承认佩奇为宗主教区。1453 年,在其臣服于君士坦丁堡十年之后,该教区被取消。1557 年它又恢复为宗主教区,重新获得这一地位。直到 1755 年,它再次被转变为主教区,并于 1766 年彻底被废。

有关各种教区牧首的历史参见 N.J. Pantazopoulos, *Church and Law in the Balkan Peninsula during the Ottoman Rule*, Thessaloniki: Institute for Balkan Studies, 1967, pp.26—34。

[11] 从任命根纳迪乌斯到奥斯曼帝国终结,共有 159 人获得了牧首地位,有的人不止担任了一次。其中只有 21 人在职位上善终,6 人因苏丹的命令或暴民行动被处死。允许出售的新委任书共有 105 份。相关数据参见 Timothy Ware, *The Orthodox Church*, Baltimore: Penguin Books, 1963, p.99, quoting B.J. Kidd, *The Churches of Eastern Christendom*, London: The Faith Press, 1927, p.304。

[12] 本节参考文献如下:Spreos Vryonis, Jr., "Religious Changes and Patterns in the Balkans, 14th—16th Centuries", in Henrik Birnbaum and Speros Vryonis, Jr., eds., *Aspects of the Balkans:Continuity and Change*, The Hague-Paris: Mouton, 1972; Ŏmer Lütfi Barkan, "Essai sur les donnés statistiques des régistres de recensement dans l'empire ottoman aux XVe siècle", *Journal of the Economic and Social-History of the Orient*, no.1, 1958, pp.7—36。

[13] Spreos Vryonis, Jr., "Religious Changes and Patterns in the Balkans, 14th—16th Centuries," pp.165—166.

[14] H.A.R.吉布和哈罗德·鲍恩认为,德米舍梅制度是在 1421 年到 1438 年间引入的。参见 H.A.R. Gibb and Harold Bowen, *Islamic Society and the West*, Vol.1, part 1, p.59, n.8。但除非他们指的是在政府调整时期重新引入的时间,否则这个时间肯定太晚了。

[15] Paul Wittek, "Devshirme and Shāri'a," *Bulletin of the School of Oriental and African Studies*, no.7, 1955, pp.271—278.

[16] 关于波斯尼亚德米舍梅的简短介绍及相关参考文献参见 V.L. Menage, "Devshirme", *The Encyclopaedia of Islam*, New Edition, Vol.2, Leiden: E.J. Brill; London: Luzac & Co., 1965, p.211。

第二部分　奥斯曼帝国欧洲"核心"行省的生活:1413—1574 年

第三章　奥斯曼统治的最终建立：1451—1566 年

导言

本书第二部分仅涉及在穆罕穆德一世统治下重建帝国后的"核心"行省，时间 63
范围为奥斯曼帝国强盛且各种机构运转良好的时期。关于"核心"行省需要略作
解释。

虽然奥斯曼帝国是一个高度集权的国家，有严格定义的阶级和职业等级制度，
以及每个社会和职业群体中的个人等级制度，但它依然有着惊人的多样性。前文
已经提到两个这种多样性的成因。显然，奥斯曼帝国各行省与作为伊斯坦布尔附
庸或盟友的摩尔达维亚、瓦拉几亚、特兰西瓦尼亚和拉古萨-杜布罗夫尼克(Ragusa-
Dubrovnik)之间的生活有很大的差异。虽然卡努法必须"遵守"沙里亚的原则，但它
们基本上代表了奥斯曼帝国对每一个新征服地区的成文法甚至民间组织的接受情
况，因此，在由奥斯曼帝国直接统治的"核心"行省间产生了重大差异。前文已经列
出那些符合"核心"行省条件的桑卡。尽管在 17 世纪中叶前后，它们被反复重组，最
终成为较大的埃亚雷的分支，但直到奥斯曼帝国失去这些土地，它们都一直是受奥
斯曼帝国直接统治的欧洲领土。[1]就常识而言，卡努法不仅使地区之间产生了巨大 64
差异，而且使得政治军事及法律官员的日常行为也产生了巨大差异。显然，包括爱
琴海群岛(Cezār-i-bahr-i sefid)在内的桑卡存在的地方问题与特梅斯瓦尔地区的桑
卡面临的地方问题明显不同。

最后，应该提到的是，奥斯曼帝国崛起于边疆社会。就像美国或俄罗斯，其边

疆随着国家的发展壮大而不断扩展。尽管加齐的数量随边疆的扩展而所剩无几,但统治者仍继续把边疆当作一个特殊的地区。尽管都属于"核心"行省,布达埃亚雷的大片区域与波斯尼亚省的北部地区一样,都是被当作"边疆"管理的。[2]边疆机构在边界的另一侧也发展起来,可以清楚地看到,当加齐-阿克里托之间不再出现对抗,特定的机制和行为模式得到发展,共生的局面就出现了。边防工事、边防长官、边防卫兵以及在这些地区发生的未经宣战的边境战争创造了一个新的"边疆",与内地的生活几乎没有什么共同之处。这些差异应该被牢记。

在此要花点笔墨介绍一下本书第二部分所涵盖的时段。在巴耶济德一世统治之前,大多数欧洲领地都是通过附庸或联盟与奥斯曼帝国联系在一起的。巴耶济德直接把他们的土地变成了奥斯曼帝国的行省,但他的努力在 1402 年失败了。到穆罕穆德一世(1413 年)开始统治时,东南欧的领地才成为永久的奥斯曼帝国行省。因此,确定其起始年代并不困难。

但终止的时间需要进一步解释。历史学家选择苏莱曼一世统治结束的 1566 年作为"黄金时代"的结束,因为乱象已清晰可见。从奥斯曼帝国的角度来看,这个判断是正确的。塞利姆二世被认为是一位非常软弱的统治者,其统治终于 1574 年。在他的领导下,国家的权力和组织迅速走向衰落。毋庸置疑,种种困难的迹象在他父亲苏莱曼一世的伟大统治期间就已清晰可见。

然而,从各行省的角度来看,塞利姆二世统治时期也可以被划入"黄金时代",因为各行省几乎没有感到开始困扰中央政权的那些麻烦。直到 1579 年,穆罕穆德·索库鲁仍是大维齐尔,能够维持国家机器相对平稳地运转。军事扩张依然在匈牙利及其他地方进行。虽然货币阿克切正在缩水,但贬值是一个渐进的过程,对各行省的经济生活没有太大的影响。穆拉德三世(Murad III, 1574—1595 年在位)统治期间,经济问题变得无法控制,通货膨胀严重,中央政府的腐败开始蔓延并严重影响到各行省的行政机构。各行省的生活开始明显恶化。到穆拉德三世统治末期,甚至军事行动也在一定程度上给奥斯曼帝国造成不利影响。所有这些因素表明,大约在 1574—1595 年间,各行省开始感受到中央政府衰落和腐败的结果。

塞利姆二世时期的军事扩张在本节所涉历史时段的末期衰落了。在穆拉德二世和塞利姆二世之间,奥斯曼帝国的领土发生了非常重要的变化。我们没有直接关注塞利姆一世(1512—1520 年在位)的征服,因为它们主要发生在安纳托利亚东部和阿拉伯国家,但这些扩张也非常重要。塞利姆一世时期的奥斯曼帝国是第一个穆斯林人口占多数的国家。在新获得的土地及其宗教领袖的影响下,他们的国家具有稳定的伊斯兰属性，其结果是，苏丹在宗教事务上越来越正统甚至反动。同样的趋势也存在于乌里玛身上，这首先导致穆斯林和基督教雷亚之间产生了更严格的区分，最终，在 17 世纪，出现了前文所提到的强制皈依。

正是穆罕穆德二世、巴耶济德二世和苏莱曼一世的征服，使这片土地变成奥斯曼帝国在欧洲的"核心"行省。下一节将继续讨论此问题。

在欧洲的扩张：1451—1566 年

关于奥斯曼帝国为什么不能在和平中生存，现有文献给出了几个原因。最常提到的是对作为财政收入主要来源的战利品的需要；用更多土地建立蒂玛尔以满足军事阶层的需要；维持一个大型军事机构以避免国内动乱的需要；扩大伊斯兰世界的需要；满足穆罕穆德二世"军事帝国主义"（imperialist mentality）征服的需要。这些解释都有其合理之处，但都不全面。

虽然穆罕穆德二世为了满足以上所有需求而征服了君士坦丁堡，但这也是政治和战略上的需要。处于苏丹领土重要战略位置的基督教堡垒（不仅对基督徒而言，而且对整个欧洲来说）都是对奥斯曼帝国内外安全的一种威胁。只要有一个独立于奥斯曼帝国的基督教皇帝和牧首，那么在当时占人口大多数的基督教臣民，就不得不被视为潜在的造反分子。尤其是在佛罗伦萨会议（the Council of Florence）之后，如果征服了君士坦丁堡这座伟大的城市，那么再次发动十字军东征的威胁即使不能完全被消除也能够有所降低。这座城市已经变成阴谋的来源地，据说上至大维齐尔哈利尔·森德里（Halil Cenderli）的奥斯曼帝国上层阶级都受到它的影响。君士坦丁堡沦陷后，穆罕穆德二世以叛国罪将哈利尔·森德里处死。穆罕穆德二世别无选择，包围了君士坦丁堡，并于 1453 年 5 月 29 日将其征服。

对于穆罕穆德二世及其继任者在成为新首都伊斯坦布尔的主人后采取针对欧洲的军事行动，还有其他几种解释。在这个问题的讨论中，我将忽略小亚细亚、波斯和伊拉克的问题，只考虑与欧洲有关的问题。塞尔维亚人、波斯尼亚人和阿尔巴尼亚人的国家仍然存在于巴尔干半岛，雅典公国（the Duchy of Athens）和摩里亚的部分地区仍然是独立的。威尼斯在达尔马提亚海岸和摩里亚有几个据点，在多瑙河-萨瓦河以北的两个罗马尼亚公国随时准备"援助"留在巴尔干半岛的基督教国家，尤其是联合当时颇有实力的国家匈牙利。

穆罕穆德二世更感兴趣的是征服本身,而不是遏制任何挑战者。回到穆拉德二世,他的政策是试图消灭独立的国家,然后把威尼斯人和热那亚人从沿海地区和岛屿上赶走。至 1481 年去世,他几乎已经实现了第一个目标,甚至走得更远,不仅攻占了匈牙利,而且攻克了意大利,1480 年他的军队在奥特兰托(Otranto)登陆。瓦拉几亚大公同意成为其附庸并纳贡。

当时,唯一有能力组织起来反抗穆罕穆德的是匈牙利,但是发生在匈牙利的政变使穆罕穆德的任务看起来更容易完成了,而这也可部分地解释为什么罗马尼亚诸国(the Romanian states)向其臣服。1452 年亚诺什·匈雅提去世之后,大封建贵族趁 13 岁的国王拉斯洛五世(László V, Ladislas V)势力尚微,卷入了派系之争,却没有注意到巴尔干半岛发生的变化。1458—1490 年,匈牙利有了一个强硬的国王马加什(Matthias),他是亚诺什·匈雅提的儿子。尽管马加什在南部边境组织了一支能够打败突厥人的常驻军队,但是他并没有给予巴尔干地区足够的注意。他的兴趣始终在北面。在北方,他先是设法取得波希米亚(Bohemia)的王位,接着又试图征服维也纳,以期成为德意志皇帝。结果让穆罕穆德躲过了这个最强有力对手的威胁。

相反,苏丹最大的对手变成阿尔巴尼亚的英雄斯坎德培。斯坎德培和他的朋友
67 们于 1444 年组成莱什联盟(the league of Lezhë, Leş Alessio),为阿尔巴尼亚国家的建立奠定了基础。由于之前的几次阿尔巴尼亚人暴动,联盟军队未来的指挥官斯坎德培不得不在埃迪尔内当了一段时间的人质。作为附庸国首脑的儿子,他必须与奥斯曼帝国的军队一同作战,以证明自己的能力,最终苏丹授予他"桑卡贝伊"的头衔。1436 年,苏丹派他去统治阿尔巴尼亚的迪布拉(Dibra)地区。他带着 300 名骑兵,从迪布拉前往苏丹的军队驻扎地。1443 年,苏丹的军队正在集结迎击亚诺什·匈雅提的进攻,而他利用这个机会,开始了自己的行动,最终导致一场规模巨大的阿尔巴尼亚起义,并建立了联盟。他一直战斗到 1460 年才与穆罕穆德二世签署停战协定。经过短暂的停火,1462 年战事再起,而他的最后一役是在 1464 年穆罕穆德的军队发起进攻时打响的。1468 年 1 月,当斯坎德培去世时,战争仍未分胜负。即使在他死后,抵抗活动仍在继续,直到 1479 年,阿尔巴尼亚才彻底臣服于奥斯曼帝国的统治。

巴耶济德二世本质上是个爱好和平的人,仅仅是完成了穆罕穆德二世几近成功实现的结果。他从奥特兰托撤军,但继续在西巴尔干完成奥斯曼帝国的征服,并成功将威尼斯人驱逐出摩里亚。他占领了多布罗加的要害地区,并迫使摩尔达维亚与帝国签订了一份附庸协定。尽管这些举措很重要,但它们可以被视为在穆罕

穆德二世大获全胜后的扫尾工作，也可以被视为多瑙河-萨瓦河以南地区的围剿行动。在当时，多瑙河-萨瓦河一线是一条非常好的自然边界，保证了奥斯曼帝国在欧洲的相对安全。

苏莱曼一世的行为则更难评价。他是享誉欧洲的苏莱曼大帝，在他的统治时期，奥斯曼帝国达到了顶峰。尽管事实上在他的各种功绩中，奥斯曼人认为立法工作是最突出的，并且给了他立法者"卡努尼"（kanuni）的大名，但他显然更是一位苏丹战士，在位 46 年间几乎每年都率军出征。许多学者批评他长期不在伊斯坦布尔，导致中央政府派系林立，大维齐尔过度弄权，特别是易卜拉欣以及作为一种政治力量的内廷、宫女和太监的出现，导致中央权力机构迅速退化和腐败。

苏莱曼在亚洲和欧洲的征服范围广且有重要的意义。根据大多数奥斯曼历史学者的说法，这些征服的影响如此深远，以至于把奥斯曼帝国北部的东西坐标延伸到了极限，从维也纳的门口一直延伸到伊朗和波斯湾。远征的季节制约以及西帕希每年回到自己的土地收取租息的需求，导致永久性的征服是不可能的。远征季节从春末开始，因路况不佳且随着天气转坏而结束。此外，西帕希必须在收获季节回到家乡，以照顾家庭并履行他们在当地的非军事义务。据说，这些情况是造成军事困境的原因，更重要的是造成了此后蒂玛尔体系的衰落。

尽管以上分析可能是正确的，但即使我们假定苏莱曼一世像他的父辈一样，将拓展伊斯兰国家的疆域作为自己的责任，并期望自己成为世界的主人，那么这些也不足以解释这个伟大的苏丹的扩张行动。他与法兰西的弗朗西斯一世（Francis I of France，1515—1547 年在位）的著名同盟，尤其是他的匈牙利政策，都不符合一个潜在的世界征服者的形象。他的统治与哈布斯堡最伟大的查理五世（Charles V，1519—1566 年在位）的统治处于同一历史时期，两者相比，查理五世更接近世界统治者。尽管德意志在改革之初就出现了内部问题，但查理五世对弗朗西斯一世和苏莱曼来说都是一个严重的危险。这既解释了为什么两位统治者要进行结盟，也解释了伟大的奥斯曼-伊斯兰国家的最高君主为什么要与德意志的新教君主订立合约。[3]哈布斯堡的问题同样涉及匈牙利。为了理解苏莱曼在欧洲扩张的非帝国主义因素，特别是考虑到哈布斯堡政权的迅速扩张，有必要审视匈牙利事务。

哈布斯堡家族第一个加冕为匈牙利国王的人是阿尔伯特（Albert），他于 1437 年成为匈牙利国王，1438 年成为波希米亚国王，同年还成为皇帝阿尔伯特二世。①

①　未获得神圣罗马帝国皇帝的加冕。——译者注

1440 年,他英年早逝,匈牙利的权贵不想受制于一个强大的统治家族,因此选举波兰国王瓦迪斯洛三世雅盖罗(Władysław III Jagiełło)作为匈牙利的统治者,并加冕他为乌拉斯洛一世(Ulászló I,1440—1444 年在位)。但哈布斯堡家族并没有放弃对匈牙利王位的诉求,继而转向阿尔伯特的儿子,支持年幼的国王拉斯洛五世。当亚诺什·匈雅提的儿子马加什国王去世后,匈牙利贵族再次转向软弱的统治者——另一位波希米亚国王雅盖罗,即乌拉斯洛二世(Ulászló II,1490—1516 年在位)。他的儿子拉约什二世(Lajos II,Louis II,1516—1526 年在位)在他之后继承王位。

在此期间,哈布斯堡家族在匈牙利众多的权贵派系中建立了自己的党羽。他们巧妙地通过双婚,明确了对匈牙利王位的强烈要求。查理五世的妹妹玛丽亚成为匈牙利拉约什二世的妻子,而他的弟弟、未来的德意志皇帝斐迪南(Ferdinand)则娶了匈牙利统治者的妹妹安娜。因此,除非拉约什二世有子嗣,否则,哈布斯堡家族就可以获得王位。

因为对王位的合法主张极为重要,因此必须提及另外两个影响东南欧历史的人物。波兰国王西吉斯蒙德一世(Sigismund I,1506—1548 年在位)有两个嫁给匈牙利人的女儿。伊莎贝拉(Isabella)嫁给了匈牙利最为富有、最有势力的大公特兰西瓦尼亚总督约翰·扎波里耶(John Zápolyai,János Zápolyai),另一个女儿安娜嫁给了同一个省的大地主斯蒂文·巴托里(Steven Báthory,István Báthory)。这两段婚姻不仅对波兰和匈牙利,而且对奥斯曼的历史都至关重要。通过对这些王朝的考察可以更好地理解苏莱曼一世的政策。

苏莱曼一世首先在 1521 年攻占了贝尔格莱德,然后又在 1522 年攻占了罗得岛(Rhodes)和奥尔绍瓦(Orşova)。这些军事行动仍可以被解释为出于扩张“天然”边界和保卫自身安全的需要。坐落在多瑙河南岸的贝尔格莱德是巴尔干半岛上最后一个不在奥斯曼手中的要塞。奥尔绍瓦控制着多瑙河上的重要关口和所有重要航线。罗得岛不仅对奥斯曼帝国的海军行动,而且对贸易和商业都是一个严重的威胁。

1526 年,苏莱曼发动了最重要的军事行动,他渡过多瑙河,进攻匈牙利,并于当年的 8 月 29 日在莫哈奇(Mohács)一役中取得了关键性胜利。此时的匈牙利已经不受哈布斯堡家族的控制,对奥斯曼帝国来说,也已不再是威胁。匈牙利还处于1514 年农民起义所造成的创伤之中,国家被派系之争撕裂,而国王只是一名生育能力旺盛的年轻人。因此,苏莱曼的进攻可以被解释为旨在展开进一步征服中具有侵略性的一步，但也可以被视为利用该国的动荡局势，对其造成打击以使该国处于多年无力还手状态的举措。一个弱小的匈牙利会让奥斯曼帝国把注意力集中在与波斯的边境上。他们在那里确实面临很大的困难。我们永远不会知道苏莱曼一世挺进匈牙利时的想法，但他在胜利后推行的政策，其规模之大，甚至连他自己也必定感到惊讶，而这表明他没有长远的征服谋划。

哈布斯堡的斐迪南国王既是拉约什二世的妻弟又是他的妹夫，拉约什二世在莫哈奇去世，斐迪南原本比对手更有机会继承王位。但是，大多数贵族，特别是地位较低、数量庞大的那一部分贵族都反对他。他们的候选人是约翰·扎波里亚，他的军队装备齐全。扎波里亚是这个国家最富有的人，也是最后一位因联姻获得王位的国王。1526 年 11 月，他被推举为匈牙利国王，他的军队占领了奥斯曼帝国撤离后的大部分土地。但一个月后，另一派贵族推举斐迪南为国王。从此，两个国王开始了争夺王位的内战。这场战争一直持续到 1538 年，并最终达成了一项协议：如果约翰·扎波里亚没有子女，那么他死后，其王位会被交给斐迪南。

内战和谈判的细节不在本书的内容范围之内，但苏莱曼的行动则不然。可以理解的是，他倾向于非哈布斯堡家族的扎波里亚当国王。尤其是在内战开始的前几年，坐上王位的扎波里亚非常无能，不得不向苏莱曼求助，并承认其领主地位。没有什么比这种安排更能证明苏莱曼的目的了，这种安排带有奥斯曼帝国第一次欧洲征服时的特征，但早在 1413 年就被放弃了，奥斯曼帝国已转向在被征服的土地上建立行省。从 1528 年到 1540 年约翰国王去世，苏莱曼对匈牙利发动了无数次战争，其目的有二：一是避免匈牙利落入哈布斯堡家族之手；二是将匈牙利变成奥斯曼帝国在欧洲的附庸-缓冲国。就在约翰·扎波里亚去世前几个月，他和他的波兰妻子伊莎贝拉有了一个儿子约翰·西吉蒙德（John Sigismund, János Zsigmond）。扎波里亚立即放弃了与哈布斯堡家族的协议。但是，他死后，他的妻子既无力为尚在襁褓中的儿子继承王位，又不能将哈布斯堡家族拒之门外。在匈牙利国内，找不到任何其他能有效阻止哈布斯堡家族的力量。1540 年，苏莱曼重返匈牙利，在布达建立了省级行政单位埃亚雷。他承认这个孩子是他的封臣和匈牙利国王，并委任他和他的母亲为摄政王，管理匈牙利的东部各省。其结果就是，匈牙利被一分为三，西部控制在斐迪南手中，中部是奥斯曼人统治下的埃亚雷，东部则迅速发展成一个新的奥斯曼附庸国，即特兰西瓦尼亚公国。1547 年，对德意志事务比对匈牙利事务更感兴趣的斐迪南，承认了奥斯曼帝国的征服，并且同意每年向苏莱曼进贡——在奥斯曼帝国眼中，这就意味着对附庸国地位的接受。苏丹认为他拥有整

70

个匈牙利的统治权,包括一个突厥行省和两个附庸国。此后,苏莱曼又像其先辈一样,开始军事征服那些不愿成为奥斯曼附庸的巴尔干和罗马尼亚统治者。

从上述内容来看,苏莱曼取得莫哈奇一役令人震惊的胜利之后,他更想将整个匈牙利变成摩尔达维亚和瓦拉几亚式的附庸国,在他看来,三分匈牙利只是个不太理想的解决方案。毕竟,如果他的目标是直接征服,他本可以直接控制匈牙利东部的土地,而不必扶植伊莎贝拉和她的儿子。之所以选择后一个方案,说明他已经认识到,多瑙河-萨瓦河一线以北的广大地区离权力中心太远,控制起来有一定的困难。更重要的是,他没有人力通过安置突厥人、建立大量蒂玛尔以及采取其他改变巴尔干半岛的措施,将这些土地转变为奥斯曼帝国的一个行省。

71　　　布达埃亚雷有自己的穆斯林领袖、官员及蒂玛尔利等,但几乎都不是突厥人,大部分都是刚刚皈依的波斯尼亚人。他们的人数并不多。在布达,发生了与奥斯曼帝国早期征服巴尔干半岛类似的人口外流的现象。但情况是塞尔维亚人从巴尔干半岛向北迁移,而不是之前的游牧民族、艾赫和蒂玛尔利取代迁出的塞尔维亚人。

安纳托利亚东部部落群体的不满给巴耶济德一世、塞利姆一世、苏莱曼一世带来了诸多烦恼。塞利姆一世及其后继者的无情灭绝政策使他们最终转而效忠波斯的萨法维王朝。现在,萨法维王朝既要接受这些来自中亚的新的突厥移民,又不得不与之作斗争。不过,由于连年战争,穆斯林的出生率越来越低,最终造成奥斯曼帝国劳动力资源匮乏,这使得奥斯曼帝国既不能像以前那样进行征战,也不可能在欧洲建立"突厥"行省。苏莱曼不得不求助于奥斯曼帝国的附庸国,甚至在匈牙利地区也是如此。在那里,他必须建立一个强大的堡垒来对抗其主要的欧洲敌人哈布斯堡家族。

在这种情况下,布达埃亚雷的建立即是迫于苏莱曼的需要以及扎波里亚附庸国势力衰微的一个解决方案。在接下来的 150 年里,布达将成为仅次于鲁梅利亚的第二大奥斯曼帝国"核心"行省,而这些情形解释了为什么这两个最重要的埃亚雷的历史存在如此明显的区别。

随着布达埃亚雷的建立,奥斯曼帝国在欧洲行省的建立也告一段落。17 世纪最后 25 年,在波兰领土上存在的几个昙花一现的奥斯曼行省可以忽略不计,因为除了书面记载,那里并没有建立起真正的奥斯曼行省。至于塞利姆二世的征战也没那么重要,因为它们除了改变布达埃亚雷管辖的边界之外,并没有带来其他重要的变化。伴随而来的是,苏莱曼已经成功建立了奥斯曼帝国在欧洲的"核心"行省。

【注释】

[1] 行政区划的变化相当之大。根据 1668—1669 年人口普查的结果,鲁梅利亚(巴尔干半岛的大部分地区)的埃亚雷由 25 个桑卡组成,分成 228 个卡扎、4 个独立的瓦克夫和 1 个纳希耶。这些数字不包括桑卡塞门德里亚(Semendria)及其所属的 19 个卡扎。它通常属于鲁梅利亚的埃亚雷,但在这次人口普查时,它是附属于布达的埃亚雷。除布达和鲁梅利亚外,欧洲大陆的埃亚雷在 17 世纪以前是波斯尼亚和特梅斯瓦尔。1600 年后,卡尼萨成为埃亚雷,1660 年后的 25 年里,瓦拉德(Varad)也成为埃亚雷。

[2] 哈齐姆·萨巴诺维奇在他众多关于波斯尼亚的研究著作中研究了这一现象。其中与该问题最相关的包括:Hazim Šabanović, *Krajište lsa-bega Ishakovića. Zbirni katastarski popisiz 1455 godine* [*The military marches of Isa beǧ Išaković. Survey of the landed properties in 1455*], *Monumenta Turcica*, Vol.2, Sarajevo; Institute for Oriental Studies, 1964; "Bosansko krajište" [The Bosnian Military March], *Godišnjak* [Sarajevo], no.9, 1957, pp.177—220; "Vojno uredjenje Bosne od 1463 do kraja XVI stoljeća" [The military organization of Bosnia from 1463 to the end of the sixteenth century], *Godišnjak*, vol.II, 1960, pp.173—224。

[3] 参见 Stephen Fischer-Galati, *Ottoman Imperialism and German Protestantism*, *1521—1555*, Cambridge, Mass.: Harvard University Press, 1959。

第四章　城市组织与行政管理

奥斯曼帝国对贸易的态度及贸易航线

72　　如果政府不推动城市赖以生存的活动,城市就不会繁荣。在所有这些活动中,与贸易有关的活动是最为重要的。奥斯曼人经常被指责不理解商业的重要性,也不支持商业。奥斯曼帝国城市发展和繁荣的事实恰好驳斥了这一论断。为了表明奥斯曼帝国的城市生活是有根基的,并且在很大程度上取决于中央政府对贸易重要性的理解,有必要在讨论城市生活之前,审视奥斯曼帝国的贸易政策。

直到最近一段时期,研究中世纪晚期和现代早期的学者仍将这一时期地中海贸易的中断归咎于拜占庭帝国的衰落和奥斯曼帝国的崛起。而最新的研究表明,这种观点是错误的,尽管突厥人作为野蛮骑兵进行破坏和抢劫的形象依然盛行。虽然专家已经了解奥斯曼帝国对贸易和生产有着极大的兴趣,但仍有待一部专著对此进行深入说明。不过,已有足够的证据表明,奥斯曼人把包括制造业和贸易在内的经济追求当作国家福祉、财政稳定和繁荣的根本,他们热衷于这种追求,尽管他们对生产商和贸易商进行了严格的管制和征税。

他们的做法不足为奇,这符合奥斯曼帝国的经验和他们的国家观。尽管在奥斯曼帝国进入历史舞台时,拜占庭帝国已经相当衰弱,但拜占庭仍然有财力收买敌人或资助盟国,包括早期的奥斯曼帝国。西部安纳托利亚人所需的少数制成品,很73　大程度上是由与君士坦丁堡有联系的商人提供的。各种商队路线和满载商品前往拜占庭的船只,先是在奥斯曼帝国控制的领土附近经过,后来则是在奥斯曼帝国的领土上穿行。将这些活跃的商业活动与拜占庭人似乎拥有的取之不尽、用之不竭的资金联系起来并不困难。如果奥斯曼帝国愿意为战利品而战(在某种程度上他们的确如此),那么拜占庭式的获利方式更有诱惑力,且要容易得多。

还不应忘记的是,奥斯曼帝国是奥斯曼家族的领地,其官方名称包括形容词"繁荣昌盛"。就定义而言,真主的领地似乎必须繁荣,而在奥斯曼帝国统治下,其臣民也被认为有责任增强统治家族的权力和繁荣。因此,生产性工作不仅被视为一种宗教和公民义务,而且是对统治者忠诚的保证。另一方面,这也是苏丹以法度为其臣民福祉所创造的环境的一部分。通过这种方式,经验、基本的政治哲学以及统治者和被统治者双方的责任,与不断扩张的国家、朝廷及官僚机构的需求相结合,创造了一种迎合经济追求的环境。

自 1326 年占领布尔萨后,奥斯曼帝国不仅承认每个被征服城市中手工艺人和商人的特权,而且努力将它们建成繁荣的制造业和贸易中心。这些城市之间有公路相连,为了维护好重要的军事干道以及其他主要商业道路,济米的各种税收均被免除。服务于商船的济米与服务于公路的济米拥有相同的特权。

欧洲行省的主要道路包括军事和商业干道,通常是古罗马时期修建的通道(iter),自罗马帝国时代起就开始使用。主要道路以伊斯坦布尔为起点通向埃迪尔内,伊斯坦布尔是来自亚洲、小亚细亚和阿拉伯地区的众多道路的起点。在埃迪尔内,它分为四个方向继续延伸。北线穿过多布罗加到达多瑙河入海口,沿普鲁特(Prut)到摩尔达维亚北部边境,在此处进入波兰境内。南线通往加里波利,路程短,但在战略上非常重要。主要的中央干道从埃迪尔内到普洛夫迪夫(Plovdiv)、索非亚、尼什、贝尔格莱德和布达。这是非常重要的商业道路和主要的军用公路。第四条干线从主要的军用公路向南延伸至塞雷、萨洛尼卡、莫纳斯提尔和奥赫里德,到达亚得里亚海的都拉斯(Durrës,Dıraç,Drač,Durazzo)。这条主要军用公路在经济上具有重要意义,不仅因为它连接着伊斯坦布尔—埃迪尔内和尼斯—贝尔格莱德—布达,还因为它是一条极其重要的贸易路线——第五条交通干线——的前半部分,这条干线在索非亚附近的帕扎尔季克(Pazardzhik,Tatarpazarcik)分为两路。一路经过斯科普里(Skopje)、普里什蒂纳(Priština)、萨拉热窝、莫斯塔尔(Mostar),最后到达滨海地带的杜布罗夫尼克(拉古萨)。另一路从主干道岔开。当然,还有一条主要的商业"干道",即多瑙河。流入多瑙河或通往爱琴海的河流也是重要的贸易路线。[1]

最重要的城市位于这些主要和次要的陆路和水路沿线。如前所述,有几个是

74

奥斯曼帝国的根基,但绝大多数是由于它们所处的地理位置,在罗马或拜占庭时期就已经成为中心城市。有一些是斯拉夫人建立的城市。[2]虽然这些城市只有少数人口,但它们已经成为奥斯曼帝国的经济中心。在本章所涉历史时期,大多数城市的人口都增长了,部分归因于突厥移民的到来,部分归因于战时为避难而涌入的农村人口,还有一部分是因为城市提供了更多生存机会。这些城市不仅通过其生产和贸易,而且通过这些活动产生的大量税收支撑着国家。通过对它们的不同角度的分析,可以对奥斯曼帝国鼎盛时期东南欧地区的生活作出更多解释。由于位于鲁梅利亚和波斯尼亚"核心"埃亚雷的大多数城市都是按照类似的路线组织起来的,这项任务变得更加容易了。差异取决于地理位置、主要经济活动和其他情况,但基本的组织和生活模式几乎相同。匈牙利和爱琴海地区的城市提供了明显不同的模式,需要单独阐述。

"核心"行省的城市布局

实际上,世界上的每一个城市都有商业区、良好和糟糕的住宅区、工业区或郊区、公园和娱乐中心、"贫民窟"以及其他类似的区域。这些区域的结合决定了每个城市的独特性质。在可以追溯到古典时代或中世纪的欧洲老城中,仍然可以分辨出老城区,它们建造在一些要塞、皇宫或贵族宅邸周围,并通过一条沿着老城区防护墙的主要大道或林荫大道与新区隔开。

东南欧的城市几乎毫无例外地遵循了这种常见模式。它们或是围绕着古希腊城75 邦的卫城发展起来,或是在布达的城堡山、贝尔格莱德的卡利梅格丹(Kalimegdan)、君士坦丁堡的金角湾和马尔马拉海之间的小半岛上,以及在沿海和多瑙河沿岸能够提供最好港口设施的各种海湾这类重要的地理位置发展起来。奥斯曼人并没有扰乱那些被接管城市的格局,尽管他们确实通过增加诸如学校和市场等活动中心,改变了城市的重要特征,使它们突厥化或伊斯兰化。不论是在他们建立的城市,还是在他们建立的活动中心周边自发成长起来的城市,都采用了同样的模式。

在奥斯曼帝国统治下的任何一个城市与它在被征服之前的不同之处在于,地区之间的划分被制度化,并且更加严格和明确。我们反复提到奥斯曼帝国的传统,即把一切事情都安排在一个严格的等级秩序中,并为一切事情制定规章制度,这一点也反映在它的城市中。从某种意义上说,帝国的欧洲城市具有近东特征。正如本章后面将要讨论的那样,不仅居民和职业按严格的秩序排列,而且他们的商业地带和居住地带也按严格的秩序排列。

城市实际上不过是由或多或少的独立行政区(boroughs)围绕着一个共同的核心而组成的集合体。每一个行政区都由沟壑或城墙等天然屏障隔开。城墙通常是没有窗户的房屋的背面,城墙的门在晚上都是关闭的。根据几个城市的数据,特拉扬·斯托伊诺维奇(Traian Stoianovich)计算出,"平均"每个马哈勒(mahalle)包含25—50间房屋,但像伊斯坦布尔、埃迪尔内、雅典那样的真正的大城市,房屋数量要多得多。[3]笔者基于自己的研究所作出的估计,证实了斯托亚诺维奇的发现。桑卡的居民按照朝向街道的房门数量征税,马哈勒由额外的几道院墙进一步分割,围成几个很大的庭院,每一个都包含数户居民,但每一户只有一个门朝向街道。根据所在城市的人口数量,穆斯林、基督徒和犹太人居住在不同的马哈勒,不同行业的人则分属三个不同的米勒特,分别居住在一个或者几个分开的行政区中。各个马哈勒距离市中心的距离取决于居住于其中的人的宗教和职业。

每一个马哈勒都有自己的夜间安保,受穆赫塔(muhtar)的管理,穆赫塔有时也称"谢赫"。如果这个行政区足够大,它就会有自己的礼拜场所和牧师、咖啡馆、公共浴室和小型地方市场。在今天的巴尔干城市里,城墙已经不复存在,但那些依然保留着的行政区名称,至今仍能唤起我们对古老马哈勒的记忆。

对任何一个城市的鸟瞰都可以向观察者透露其设计规划的初衷。城市的中心 [76]可以通过重要的清真寺、主要市场所在的大型建筑、要塞(如果有的话)甚至一个大型开放广场清楚地区分开来。在一个特定的马哈勒,建筑的大小和高度清楚地表明了它的居民属于哪一种米勒特。公共建筑不仅比私人住宅建造得更为坚固,而且其形状亦能表明其功能。因此,虽然基督教教堂不能太高,也不能有塔楼,但它们的建造方式和形状使它们与少量的犹太教堂区别开来,而这能显示出在这个马哈勒定居的是基督徒还是犹太人。有没有宣礼塔或者依据房屋的高度,可以判断城市是不是一个非穆斯林马哈勒。每个城市都有自己的规定,但根据法律,穆斯林的房屋一贯比济米的高,而中心市场区域以外的商店和工厂的高度甚至要更低一截。大量的建筑法规和分区法得到严格执行,这使得奥斯曼帝国的城市有其独特的面貌和特点。尽管每个城市都有包含几层楼和几个房间的大型建筑,但大多数住宅都非常小,只有一个房间,它可以提供多种用途,包括储存食物。[4]尽管沿着狭窄蜿蜒的街道修建了这些相当拥挤的居住区,但城市还是相当干净的,就像所有在奥斯曼的欧洲行省旅行过的欧洲人所说的那样。

住在马哈勒的大多数人都在市中心工作。这种布局因城市的起源、行政区在城市范围内的确切位置以及主要建筑物的位置而有所不同。无论它的确切布局和位置如何,它几乎总是包括城市的主要清真寺和大型市场,还有根据达官贵人虔诚捐资的类型建造的一定数量的喷泉、学校、公共浴室、各种类型的客栈,至少一个主要广场以及坐落在周边的显贵和富商的豪宅。城市越大,清真寺和其他公共建筑的数量就越多,有要塞或驻军的可能性就越大。

奥斯曼帝国总是将他们到来之前已经存在的建筑用于各种宗教、商业和公共服务等设施,在某些情况下还包括医院。它们通常是一个或大或小的伊玛雷特(imaret)的一部分。伊玛雷特是奥斯曼帝国的一个基于"五大功修"的课业所建立的古老机构。捐赠人捐出能创收的财产,通常是大片农田,这些土地往往大到足以成为一个单独的行政单位(参见第三章注释[1]),或者是用通行费、租金收益来支持的一个特定的"善缘"。捐赠人要起草一份捐赠文件,即瓦克夫叶(vakfiye),由主管的卡迪妥善登记并得到苏丹的确认,创收财产就成为瓦克夫,即上帝的不可转让的财产。收益只能用于最初指定的特定用途。为上帝的荣耀而建造的建筑物要用石头或砖头建造,可以永存。他们勾画出城市的天际线。艾赫和托钵僧的特克和扎维耶,与最富有的商人的大货栈共同勾勒出每一个城镇中心的图景。

学校、浴室、喷泉、客栈和其他公共建筑服务于人们的日常需求,清真寺服务于人们的精神需求,医院则负责解决人们的健康问题,卡奇(çarşi)决定了人们的生活水平和城市的繁荣程度。中心市场是贝德斯坦(bedestan),也被欧洲来的旅人称为"巴扎"(bazaar)。贝德斯坦通常是一座城市中最令人印象深刻的建筑,抛开宏伟的清真寺不谈,贝德斯坦就是一座结构坚固的经营堡垒,它有着厚厚的墙壁、厚重的大门以及自己的保安人员。里面有经营贵重物品的商店,还有为商人存放钱财、富人存放现金和贵重物品的保险柜。商店和只有几个工匠的作坊沿着狭窄的街道,围绕着这些令人赞叹的、有房顶的建筑物排列开来。房顶通常铺有厚厚的垫子,用来遮雨蔽日。在贝德斯坦和卡奇周围,摊位的分配是依据各种工匠和手工艺人、生意人和商人在官方经济贡献等级中的位置。越靠近贝德斯坦中心,意味着这个摊位对城市经济的重要意义越大。一个特定职业的从业者总是在一个特定的地点工作,而不管他们的宗教信仰如何。于是,卖地毯的小贩就在卖地毯的街上工作,裁缝就在裁缝的街上工作,诸如此类。当一个城市大到需要几个市场时,每一个市场都是按照相同的模式,围绕着较小的贝德斯坦或城市某一特定区域中最重要的公共建筑组织起来的。

行会制度与城市管理

奥斯曼帝国的所有雷亚都属于官方依重要性划分的等级阶层。在社会等级的最底层是吉卜赛人和其他无明显固定职业的人。这些人与游牧民族一样,无法很好地融入奥斯曼帝国的社会金字塔,总是面临被迫迁移或被安置到"有用"职业中的压力。其他社会阶层都被认为是有益于社会的,因此,为了国家的利益,这些成员必须受到保护。这意味着在理论上,尽管人们被鼓励在自己的阶层中提升自身的地位,但社会阶层已经固化了。

在对国家有益的阶层中,最低等级的是农民和牧民。他们之上是一个名为"埃斯纳夫"(esnaf)的小工商业者协会的成员,他们是为当地市场和需求提供服务的小商小贩。在埃斯纳夫上面的是工匠,最上层是大商人,即图卡(tüccar)或巴扎根(bazirgan),他们经营帝国范围内的贸易或经营进出口贸易。除了农民以外,所有人都在城市里生活和工作。排在前面的三个阶层在老城的贝德斯坦及其周边工作,此外流民、市民、军人和宗教官员以及驻军士兵(如果有的话)共同构成了城市的人口。虽然穆斯林和济米的比例因城镇而异,而且穆斯林享有一定的税收优惠,居住条件更好,但所有人的日常生活和活动都遵循相似的模式。他们的活动由行会管理,行会的各种官员以及众多受命指导的政府官员组成"市政府"。但他们并没有一个正式拥有自己官员的市政府。埃斯纳夫的成员和所有手工艺人都是在行会中组织起来的,受到非常严格的管理,而顶级阶层图卡实际上可以根据他们的意愿自由地管理自己的事务,因此他们在自己的职业范围之外获得了巨大的影响力。

通过对行会及其活动的阐述,不仅可以展现城市生活,而且通过介绍控制这些活动的、令行会会长不得不与之协商的各种国家任命的官员,也可以展示大多数城市政府的情况。为了更清晰地阐述,有必要重新审视国家对行业协会的规定,包括行业内部、行业自愿和行业外部的规定。

尽管在奥斯曼帝国征服之前城市中有许多行会,但是跟随苏丹军队到来的艾赫组织很快就把它们吸收进去了。艾赫本来有自己的组织和浮图瓦,但是他们头脑灵活,可以将现有的法规甚至宗教惯例兼容并包。尽管生活在不同的马哈勒,但是不管属于哪一种米勒特,人们通常都是同一个行会的成员,在同一条街上的卡奇生产或销售他们的货物,并遵守同样的规则和条例。他们中的大多数所从事的经

78

济活动范围有限,主要是利用当地生产或进口的原材料制造并销售城市和农村的所需物品。正如人们所见,这些限制与行会的规则共同设定了行会活动的范围及其可以容纳的人数限制。加入不同的行会都需要一个神秘的宗教仪式,这一仪式根据入会者的宗教信仰而有所不同。他们的人数受到严格的管制,活动也受到上述两个因素的制约,除非行会是为整个帝国内部的贸易或出口贸易生产商品。

行会除了具有经济功能外,还具有社会道德功能。他们像一个慈善团体,照顾其中有需要的人,特别是寡妇和孤儿。每个行会的道义、宗教和慈善活动都由兄弟会的老会长谢赫担任,他被奉为最高级别的成员,但经济权力属于凯特胡达(kethüda)[5],他是雇主从自己人中选出来的。后者负责管理行会的生意,与其他行会和政府官员谈判,并在必须作出影响整个城市的决策时代表其成员。结果,他就成为"市政府"的一员,当有涉及所有行会的事务时,另一个有着同样头衔的官员就变得重要起来。第二类凯特胡达是城市的"代理人",而不是行会的官员。当居民们希望消除不公的时候,他就把事情报告给首都。为了建立一个行会,必须先选出两位首席执行官。只要其他的行会没有提出异议,就由他们去卡迪那里登记注册协会及其规章。

如果选出新的官员,他们也必须到卡迪那里登记,在这些情况下,卡迪就充当平民公证人和城市记录管理人的双重角色。除了谢赫和凯特胡达之外,以下官员也需要登记:叶伊特巴塞(yeǧitbaşi)和他的副手,还有两个叫"埃利海布雷"(ehl-i hibre)的官员。两者都是同伴们从尤素他(usta)中选举产生的。叶伊特巴塞①是行会的买办,为所有的尤素他采购原材料。他还负责为市场中的其他行会、商店或买家挑选和运送制成品。埃利海布雷参与质量和价格管理,并解决任何与工人有关的纠纷。

尤素他是行会的正式成员。在大型商店中,卡法(kalfa)在尤素他手下工作。他们都是行会的正式成员,但是由于种种原因,卡法不能建立自己的机构,因为一个特定城市中的商家数量是有限的。他们是真正的手工匠人。级别更低的是有执业牌照的工匠"盖迪克"(gedik)、熟练工(journeyman)和学徒"西拉克"(çirak)。尽管在第一个管理良好的时期,穆斯林和济米在行会中的待遇是平等的,但卡法的存在表明,虽然行会是生产者和分销商,但它们也是一种经济上的专制力量。

在许多方面,奥斯曼行会的活动与中世纪欧洲行会的活动相似。与西方同行

---

① 此处原文为 veǧitbaşi,有拼写错误,应为 yeǧitbaşi。——译者注

一样,它们的目标有两个:生产足够的产品以满足当地需求、保证成员过上体面的生活,同时,防止任何"外来者"侵犯它们的垄断地位。西方行会和奥斯曼帝国的行会都通过严格控制生产、质量、价格和会员资格来实现这些目标。然而,两者有很大的不同。在西方主要城市中心,行会对经济激励作出反应,并随着贸易、生产和城市化的扩大而增长,直到达到无法超越的极限,这导致了行会的衰落和最终解体。在奥斯曼帝国,所有的东西都受到永久性的严格限制,一旦某个行会雇主的数量达到上限,它将保持不变。这种安排保护了行会成员的利益,但也阻碍了各生产部门的发展,进而影响了城市和经济的发展。这导致了许多问题,包括无视再三颁布的帝国法规,建立新的行会,甚至是建立非法组织。其中危害最小的是第一个,因为它符合实际的经济需要。然而,由于本身非法,它往往导致贿赂和其他腐败行为。新行会的建立带来了更大的难题。在早期,它带来的那种专业化程度使得价格稳步上升,并产生了新的垄断。这一趋势的一个很好的例子是萨法迪犹太人在萨洛尼卡定居后的羊毛织物生产。他们的行会很快取得了垄断地位,开始阻止新技术的传播,并需要继续大规模进口羊毛制品。最严重的是同业行会的限制性做法造成的问题,稍后将对此作出分析。

行业协会内部也存在限制性做法,扼杀了创新和激励。与神法相一致的一部分法律,即希斯巴(hisba),规定了价格、重量和质量,以及对各种欺诈行为的惩罚。每个作坊都能获得足够的原材料和熟练劳动力,以保证其所有者及其家人和工人的生活。希斯巴的立法是基于古老的伊斯兰教义——伊赫迪萨布(ihtisab),即统治者的部分职责是确保其臣民得到公平对待,目的就是确保生产者和消费者都能得到公平。

然而,不幸的是,质量控制如此严格,以至于几乎无法引进新的更好的方法和思想。此外,穆斯林认为世俗生活只是为去天堂做准备。因此,炫耀好生活不仅不必要,而且实际上是罪恶的,这些管控措施也适用于严格控制利润,而不考虑需求和不断变化的市场条件。大多数行业的利润都被限制在10%以内。

如果法律法规实现了穆斯林的平等社会的理想,它们就可以得到捍卫。然而,这部法律以牺牲生产者的利益为代价而偏袒中间商,因为它没有涵盖根据供求原则开展业务并获得巨大利润的图卡。此外,在每个行会内部出现的不平等现象并不令人惊讶。它不能阻止图卡建立一套外包加工体系,结果降低了某些雇主的等级。它也不能阻止他们和其他在大型蒂玛尔中赚取了大量钱财的资本家一起,利用他们的影响力放弃一些规定,转而支持已经成为沉默合伙人的行会雇主。尼古

81

拉·托多罗夫(Nikolai Todorov)在研究被卡迪登记为继承财产的手工作坊的价值时,举出了有关不平等的很好的例证。理论上,这些手工作坊的每一个都应该属于一个雇主。事实上,他还发现了以下分布:[6]

$$
\text{至少 1 759 个作坊} \left\{ \begin{array}{l} \text{8 人拥有超过 10 个作坊} \\ \text{53 人拥有超过 5 个作坊} \\ \text{65 人拥有 3—4 个作坊} \\ \text{126 人拥有 2 个作坊} \\ \text{834 人拥有 1 个作坊} \end{array} \right.
$$

这些数字表明,如果依据行会条例,在前四行列出的 925 家作坊中,只有 252 家作坊是合法的。他的研究还揭示出,这些拥有多个店铺的老板并不是手工艺人,其中拥有 5 家店铺的艾尔哈克·穆萨(Elhac Musa)同时拥有 8.5 座磨坊、1.25 家客栈和其他贵重财产。[7]很明显,像裁缝法万(Farvan)这样的人,没有给他的继承人留下任何店铺,他的工具仅值 1.5 库鲁斯,而他为艾尔哈克·穆萨这样的人工作。还有同行拉扎尔(Lazar)留下的工具、原材料和制成品仅值 1 171 库鲁斯,而他本人还是一个很有名气的尤素他。[8]

虽然托多罗夫的数据来自 18 世纪,且仅基于对三个城市的研究,但毫无疑问,
82 如此悬殊的发展不限于他提到的地方,而且一定是始于之前的几个世纪。显然,严格的行业规章和以希斯巴为基础的法律,在令人满意地服务于某些目标的同时,既没有防止滥用,也不利于经济发展。这在一定程度上可以解释为什么奥斯曼帝国初期人口增长和繁荣的"核心"行省的城市,在几个世纪后规模缩小了。

不同的行业不仅生产商品,而且为国家增加了相当可观的税收收入。所有成员都要为他们的住房和工作场所交税,为他们需要的每一份文件支付额外费用,为结婚和继承支付许可费,为达到一定年龄后仍未婚而交税。总之,他们个人生活中几乎每一项可能的活动都要交税。如果他们是济米,就要缴纳人头税,所有人都会为了数不清的"不检点行为"(misdemeanors)向卡迪支付大量罚款,比如,对同胞说不友好的话。除此之外,还可能加征特别税,比如苏丹继位以及为特别战争捐款。他们还会通过自己的职业作出慷慨贡献。原材料进入城镇必须缴税。在运输过程中,无数的河口和战略要道都要交通行费。当材料运抵城市,要由一名被称为"穆赫特西布"(muhtesib)的市政官员进行检查。在此之前,他会确定公允价值并征税。而这一次,在他的监督下,将由指定的经纪人把材料出售给行会,并分发给各个作

坊。穆赫特西布还管理市场、重量和质量，是独立于行会的官员，负责各种市场税的收取。在卡迪和行会官员的帮助下，他负责定价。简而言之，他是国家任命的城市经济管理者，他的主要职责之一就是征收各种税费。从1553年帝国处于军事和经济巅峰时的数据中可以明显看出，税收数量巨大。国家财政收入共计约1 275万金币（杜卡特）。其中，人头税总计100万，土地税80万，贸易税和关税120万杜卡特。[9]

　　上文提到的凯特胡达和各种行会的凯特胡达、穆赫特西布、所有重要的卡迪或其在小地方的副手奈布，以及在马哈勒这一级行政区里的穆赫塔，共同构成了类似于"市政府"的组织。穆赫塔与第三种形式的凯特胡达对应，是城市任命的马哈勒监管。除了对司法、宗教、公共事务进行公证的卡迪之外，其他所有官员都是两人一组共同工作。每一组有一个"当选"的官员和一个"任命"的官员：行会凯特胡达与城市凯特胡达，穆赫特西布与埃利海布雷，穆赫塔与马哈勒凯特胡达，其中，任命的官员权力更大。此外，到处都有税吏，尽管他们的级别和性格差别很大，例如，他可以是一个任命的官员、一个当地的显贵，也可以是一个包税人。同样无所不在的还有"警察"，他们可能是指挥军队的苏巴塞，也可能是中士赛夫斯巴塞（çavus başi），他们通常被称为"赛夫斯"，其主要职责是执行各种权力机构的决策和处罚决定。尽管这些人不被视为市政府的官员，但在那些有桑卡或卡扎的城市，不仅奥斯曼行省的所有官员都在，而且具有很大的影响力，特别是如果该城市既是某个贝伊桑卡的一部分，又是帝国或某个哈斯的一部分的话。在地方决策过程中还有一些非正式的参与者，他们是与瓦克夫有关的各种机构（公共浴场、客栈等）的官员。在他们的监管下，这些机构在城市生活中发挥了重要作用，因为这些机构处理的现金流数额巨大。如果瓦克夫支持的机构恰好是梅德莱塞，那么老师和学生在城市中的作用是无人能及的。即使地位不如官员，基督教和犹太教神职人员及教师通常也非常重要，尤其是当他们所属的米勒特是城市中最重要的行会的组成部分的时候。

　　最后一个群体是城市名流，他们影响着每个地方的生活。这些人总是身负重任，参与讨论，最终作出的决定要么影响整个城市，要么使其获得与高于地方当局的权力机构进行接触的机会。这一类人属于图卡，随着时间推移被称为"阿扬"（âyan）。我们将在后文讨论到图卡。而阿扬是富有而杰出的人，要么是住在离城市最近的封地中的蒂玛尔利，要么是退休的官员和他们的后代，他们把自己的声望和财富带到退休的地方。他们往往在幕后控制着该市的大部分经济，因其社会地位而享有极高的威望,并在首都享有良好的人脉关系。大多数重要问题都要征求他们的意见。

如此发展起来的并不是一个正式的、公认的市政府,而是一个由一群人组成的"城市政府"。这群人由同僚选举、任命,在地方享有声望,是一个类似于政府的城市寡头集团。这个"政府"负责执行各种法律和法规,但它也保护城市利益,与其他人协商决定,并在诸多情况下提出申请或就不满事项进行申诉。由城市凯特胡达或由一个有影响力的阿扬进行申诉,他们将案件提交给贝勒贝伊、桑卡贝伊,有时甚至会提交到中央政府。

84　　　　阿扬不属于雷亚阶层,尽管他们生活在雷亚中间,参加雷亚的活动,但阿扬属于每个城市中的小"上层阶级",是图卡这个群体中的一员。不管是穆斯林还是济米,他们的地位与之前讨论过的所有职业奥斯曼人和雷亚都不同,而这表明政府对大规模经济活动的重视。没有他们,奥斯曼帝国的经济几乎无法运转。如前所述,他们是从事国内长途贸易和进出口贸易的人。在帝国的欧洲行省,他们的队伍中有突厥人、希腊人、塞尔维亚人、犹太人,偶尔也有亚美尼亚人。与奥斯曼社会的其他人不同,这一群体早期不受各种规定的限制。尽管其活动包括其成员之间的关系,均受到控制,但适用于他们的各种规则和条例都能够恰当地与西方意义上的贸易和商业法律相比较,没有这些规则和条例,任何正常的贸易活动都很难组织起来。此外,虽然图卡也是行会的商人,但穆斯林鄙弃那些积累财富但不用于穆斯林的人。因此,他们可以积累财富[wealth,即马尔(mal)],但不适用希斯巴法。

像级别更低的商人和手工艺人一样,图卡不仅通过劳动和纳税为国家的财富积累做出贡献,还发挥了其他多种作用。其中最重要的作用是在帝国范围内对原材料、食品和制成品的分配。其次是他们在进出口贸易中的重要性。最后,从中央政府的角度看,他们在关税和通行费方面贡献巨大。所有这些活动,大多数情况下都是大规模的,涉及奢侈品的则价值更高。有足够的资本单独从事这些活动的图卡寥寥无几,所有人都需要合伙人。这导致各种伙伴关系和合同的产生,以及相关法律监管机构的建立。一个商业综合体无论由什么组成,都是由单独一个人或伙伴关系中的几个人控制着整个业务,并获得最大利润。虽然这些图卡集中在伊斯坦布尔、埃迪尔内、雅典、萨洛尼卡、萨拉热窝、贝尔格莱德等几个主要贸易中心,但较小的贸易中心,包括多瑙河或爱琴海沿岸的主要港口城市,也是一些非常重要的商业企业家的据点。即使在最小的城市,也至少有几家大企业的代理商。这些人与全国各地的人都有联系,是国内外消息的主要来源。

当然,图卡也利用国家的鼓励,积累了可观的流动性财富。但他们除了自己的住房和避暑别墅外,几乎没有获得其他不动产。当行会的某些商品供不应求时,他们就凭借自己的积累,建立一套外包加工体系。这一体系不仅削弱了行会的自治,甚至将家庭工业的形式扩展到农村。然而,与西方不同的是,它从未发展成为真正的工业体系的开端。

可能有两个主要原因导致图卡不愿超越外包加工体系。首先,这些外包加工作坊被组织进贸易协会,它们恰能成为那些本要出售的商品的买家,而工业企业会把这些资本家吸引到非许可的生产活动中,这样做的风险很大。其次,确实存在少数几个国有行业,它们主要与军事机构有关,靠奴隶劳动经营。它们提供的模式是图卡无法复制的。

虽然图卡是每个城市最重要、最有影响力的居民之一,但也是最不受欢迎的。考虑到这些人的职业和对市场经济的理解,即他们为追求利润最大化,卷入纯粹的投机活动,比如低价买入和高价卖出,这种情况也就不奇怪了。由于投机活动包括食品和原材料,因此,图卡会因偶发的物品短缺而受到指责。在帝国后期,图卡的地位甚至下降了,因为他们拥有的财富使得他们能够进入包税人等行业,而这无疑是非常不受广大民众欢迎的职业。最后提到的这个活动,以及他们向中央政府提供贷款的能力,使得图卡成为除少数翻译、文员和职业医生之外,唯一能够努力跻身奥斯曼帝国行政机构的雷亚,特别是在帝国机构运作良好的时候。

图卡唯一的劲敌是履行同样职责、住在同一座城市的其他商人,但他们不是苏丹的臣民,享有域外豁免权。这些商人不仅为"核心"行省的城市和整个帝国的经济生活作出了贡献,而且他们是东南欧人。他们大多数是拉古萨共和国的公民,但也有一些是来自达尔马提亚其他城市的商人。他们的马哈勒都是城中城,因为他们不受地方当局的管辖,有权按照本国城市的法律组织和管理自己的社区。与图卡一样,他们属于大型且往往非常复杂的商业机构,但他们的总部、银行和其他信贷来源都不在苏丹的管辖范围之内。令人惊讶的是,在奥斯曼帝国欧洲行省的每一个重要城市都能发现拉古萨的贸易殖民地。这给人的印象是,至少一半的拉古萨共和国的公民生活在其边界之外。

这些达尔马提亚殖民地不仅从商业角度看,并且从宗教和文化角度看,都对东南欧的历史具有重要意义。达尔马提亚城镇的生活与意大利的生活密切相关,如第三部分所述,这里的生活映射着意大利的各种文化、政治和其他方面的变化。从这些城市来到巴尔干内陆的贸易殖民者带来了西方文化。尽管是出于个人选择或是按照奥斯曼帝国的规定,他们在每个城市都生活在与世隔绝、自给自足的定居点里,但依然无法避免与邻居们的一切接触。除此之外,他们的建筑、衣着和社区组织都是当地居民无法忽视的。还应该记住的是,这些人都是罗马天主教徒。尽管严禁他们从事传教活动,但他们带来了自己的牧师,替代了东正教的米勒特。他们的存在促成了罗马天主教徒的出现,其影响远至保加利亚,他们在 17 世纪时受到了严重迫害。达尔马提亚人不仅和图卡一样兴旺,而且在奥斯曼帝国统治斯拉夫人的漫长世纪里,巴尔干半岛的文化群体(Kulturträger)也同样繁荣。但是,与他们的希腊和斯拉夫商人同行不同,他们仅代表了奥斯曼帝国欧洲行省居民的一种不同的生活方式。他们的影响,至少对城市的影响,不能被高估。

每个城市都有一群属于底层社会的居民——"流浪汉"和吉卜赛人。这些"不受欢迎的人"从事货物运送以及那些最有损人格的劳动。由于他们不在"圈子"之内,除了卡迪对其个人或作为一个群体所采取的惩罚措施的记录,或某些试图彻底铲除他们的记录,人们对他们知之甚少。可以肯定的是,他们不被认可为城市人口的一部分,也没有真正属于自己的马哈勒。他们每晚都会回到在城市范围之外建造的各种类型的房屋中。他们相当于城市"游牧民"和尤鲁克的代表。

这就是对"核心"行省的城市形象地概括,作为一个相对准确的描述,稍加修改就可以适用于奥斯曼帝国的大部分城市。伊斯坦布尔是最大的例外之一,尽管它也有它的行会、马哈勒和前文提到的各种官员。但帝国首都必定具有其他城市所没有的特色,只是因为它并不真正属于本书研究的范畴,而且已经有大量优秀的著作对这座城市及其特殊机构进行过研究,所以,在此不做赘述。另外,还有其他一些特殊的城市情况值得特别提及。

"核心"行省的"非典型"城市

"核心"行省若干类型的定居点并不完全符合本章迄今为止对城市的描述。我们只能讨论其中最重要的几种,因为要涉及所有类型的话,就必须撰写一份专门的研究报告。其中,边境定居点也是一类主要城镇,但相比之下,它们更多地属于下一章将要讨论的农村而不是城市。这类定居点主要位于与哈布斯堡家族领地接壤的地方。

从地理位置上说,离这些边境定居点最近的是匈牙利、斯拉沃尼亚(Slavonia)、东克罗地亚和北波斯尼亚的城镇。在奥斯曼帝国征服之前,所有这些地区要么属于匈牙利,要么交替归属于匈牙利、塞尔维亚或者波斯尼亚。因此,它们既不是典型的巴尔干城市,也不是真正的西方城市,尽管匈牙利的"皇家自由城"(royal free cities)已经与西方城市同步发展起来。大多数斯拉夫城市都是按照上述路线发展起来的,但有些城市获得了有吸引力的特权。最值得注意的是萨拉热窝这个几乎完全是穆斯林的城镇,它真正的"自治"到了不允许军队进入的地步。

通常来说,奥斯曼帝国对巴尔干半岛的占领并没有造成大规模的永久破坏,尽管直到奥斯曼帝国站稳脚跟,主要军事道路沿线的生活仍不安全,偶尔发生的战斗也会造成严重破坏。这些破坏一般很快就得到了修复。蒂玛尔利需要农民来耕种土地,当原住民不再返回驻地,奥斯曼帝国就安置突厥人或强行将其他人迁徙到他们需要的地区。前文已经提到了奥斯曼帝国对贸易、商业和手工业的重视,以及相关人员在奥斯曼帝国统治的第一个时期定居城镇的情况。

一旦奥斯曼人越过多瑙河-萨瓦河一线,情况就发生了变化。最重要的变化发生在匈牙利-斯拉夫边境和匈牙利本土。特别是从近代历史发展的角度来看,以下两种现象值得关注。首先,如前文所述,奥斯曼帝国试图建立附庸国,后来它在这些土地上建立了自己的埃亚雷,但缺少定居者。即使有定居者,政府也不太可能鼓励建立大型的定居点。

当奥斯曼帝国进入克罗地亚-斯拉沃尼亚-匈牙利时,情况与奥斯曼帝国第一次永久跨越达达尼尔海峡后的情形非常相似。附近有基督教国家——哈布斯堡家族的匈牙利和特兰西瓦尼亚,民众可以逃到那里。在这种情况下,他们的逃亡受到了贵族的鼓励,而贵族自己也选择携家眷逃亡。奥斯曼帝国没有 14 世纪曾拥有的那些人力来填补这一空白。此外,由于土地的性质,牧民定居在这些地区也是行不通的。 88

在多瑙河和蒂萨河(Tisza,Theiss)之间的大平原,即匈牙利大平原,根本就是一片贫瘠之地。在奥斯曼帝国到来之前,它曾支撑着相对庞大的人口(估计 300 万到 500 万),并生产出大量不同的谷物。然而,持续的森林砍伐已经到了威胁农作物生产用水的地步。农民必须准确了解如何在这种特殊条件下耕作。当这些农民逃离后,土地急剧恶化。缺乏管制的水源、沙丘和碱性平原将这里变成了荒芜的沼泽。在这种情况下,新定居的游牧民在小型齐夫特耕作,基本不可能生存下来。苏莱曼一世的第一次战役所造成的原初破坏本是可以修复的,但是,两个国王之间的内战、苏莱曼的多次干涉以及哈布斯堡与奥斯曼之间的战争(几乎持续到 1699 年),

使这些土地变成了永久性的战争前线,甚至今天还能看到这些战争造成的伤害。

长期的战争状态,加上水土流失和人口流动,使城市及其市民很难维持生存。许多马扎尔人和大多数德意志人效仿贵族和农民,离开了此地。奥斯曼帝国的主要行政中心,包括布达、佩斯、佩奇和塞格德,就像巴尔干半岛一样,吸引了必要的行政人员、驻军、工匠和商人。然而,与巴尔干半岛不同的是,这里没有原住民与之合作和共存。因此,这些地方成为真正的穆斯林城镇。布达大约有 5 000 名居民,基督徒只有大约 1 500 人。到 1547 年,布达的基督徒人数约为 1 000 人,80 年后降至 70 人左右。[10] 其他城市的原住居民数量也出现了同样的下降,但匈牙利南部城市的基督徒、塞尔维亚人和罗马尼亚人都有所增加。他们迁往巴奇卡(Bácska,Bačka)、巴兰尼亚(Baranya)、巴纳特(Banat)和今天的伏伊伏丁那(Vojvodina),以及已经有相当人口数量的斯拉沃尼亚。这种人口的变化产生了持久的历史影响。

这些迁徙很容易得到解释。匈牙利的"突厥"官员大多是波斯尼亚人,他们天生会说塞尔维亚语,几个世纪以来与塞尔维亚商人和工匠有过接触。尽管宗教将这些"突厥"官员与波斯尼亚人区分开来,但这两个群体有足够的共同点促成他们的合作。无论是城市还是农村,在多瑙河以西和德拉瓦河(Drava)以北,塞尔维亚农民取代了逃亡的马扎尔人。在蒂萨河以东,大约今天罗马尼亚的克里什纳(Crişana)省,情况大体相同。马扎尔人要么逃到北方,要么进入特兰西瓦尼亚。特兰西瓦尼亚的罗马尼亚人,人数最多、生活条件最差,自然也会往空旷的地区搬迁。尽管他们在奥斯曼帝国的特梅斯瓦尔和后来的纳吉瓦拉德的统治下并没有获得比在特兰西瓦尼亚更多的自由,但他们可以定居下来,成为农民,这在特兰西瓦尼亚不可能实现,那里稀疏的良田已经人满为患。这样一来,城市的性质不仅在多瑙河以西,而且在蒂萨河以东也发生了人口变化。

最令人感兴趣的情况发生在被摧毁的中部平原,那里不适合蒂玛尔,但仍是苏丹个人财产的一部分。15 世纪下半叶,整体处于被奴役地位的匈牙利农民慢慢崛起。在大平原上,有几个村庄已发展成为农业城镇和商品买卖的中心。它们不是自由市,而是各种贵族的领地。但是,其居民已不被视为农奴,拥有某些权利,显然他们正在走向彻底解放,至少在"自由城镇"的意义上是这样的。

从法律上说,这些城镇[在拉丁语中称为"奥皮达"(oppida)],即匈牙利语中的"草原城镇"(prairie towns, mezővárosok)在 1514 年农民大起义后,因为匈牙利议会(Hungarian Diets)通过了大量反农民的法律法规,使农民失去了大部分权利和特权。尽管有法律规定,但当奥斯曼帝国在莫哈奇战役结束 12 年后来到这里的时候,这些城镇仍然按照自己的方式生活。由于该地区位于两条河流之间,是奥斯曼帝国第一次进攻的中心,居民们很难逃走。此外,因与贵族意见不一致,农民们也不想追随他们。因此,在这些奇特城镇周围发展出一种新的生活方式。在大约十几个草原城镇中,大克勒什(Nagykőrős)、凯奇凯梅特(Kecskemét)和塞格勒(Cegléd)成为最重要的城镇,也是当今匈牙利的主要城市。

由于奥斯曼帝国占领了匈牙利中部,这些草原城镇呈现出独特的发展状态。一方面,这些城镇试图生存、复兴,甚至扩大其特权。另一方面,奥斯曼帝国也需要某种方式来利用这片荒芜的大平原。考虑到土地的恶化,唯一的方法是发展牧场式的畜牧业,这非常适合这片新形成的广袤荒原。当奥斯曼人来到三大草原城镇中最重要的大克勒什时,合法拥有的土地约 9.25 万英亩,且大部分是牧场。[11] 到 17 世纪中叶,该镇通过收购周围荒废村庄的土地,将其土地面积增加到约 46.6 万英亩。必须认识到的是,这些土地被视为"米芮"(mırı),即奥斯曼政府的国有土地。它们要么被划为苏丹所有的各种皇室庄园,要么被分配给布达的贝勒贝伊作哈斯,但性质上属于城市,是城市的一部分。

这些城镇自然要缴纳土地税、人头税以及牲畜产品的什一税。全部城镇每年需要缴纳的什一税大约有 8 000—10 000 头牛。仅瓦茨(Vácz)海关一个月就有 2 000 头牛经奥斯曼领地到哈布斯堡地区,而每年匈牙利向西出口的牛多达 10 万头,考虑到这些,就不得不承认这是真正的什一税。[12] 这些海关以及横跨多瑙河的渡口和桥梁都是租用的,为奥斯曼帝国政府带来了可观的收入。例如,位于切佩尔岛(Csepel Island,位于布达以南)的海关和渡口在 1543—1546 年的三年之间至少缴纳了 60 万阿克切的租金。这笔巨款表明了草原城镇在畜牧业及其贸易中的重要性。[13] 草原城镇繁荣起来。类似的城市还有大克勒什,在奥斯曼帝国占领之前,它有大约 1 500—2 000 名居民。在约 150 年后,居民数量恢复到这一数值。为了获得这些城镇经济生活的真实画面,必须将他们增加的土地、大规模的养牛业与他们的义务进行比较。1631 年,大克勒什有四种类型的现金或实物关税,其金额为:

> 土地税约 4.6 万阿克切;
> 人头税约 2.4 万阿克切;
> "牛肉税"约 4.8 万阿克切;
> 给布达贝勒贝伊运送羊毛的 200 辆运货马车的价值约 1.7 万阿克切;
> 总计约 13.5 万阿克切。

90

91 必须认识到的是,"与我们得到的 16 世纪的数据相比,考虑到阿克切贬值的情况"[14],城市税赋只是略有增加。显然,当城市的各种义务保持不变而收入增加时,城市生活变得富裕。

草原城镇也有其他不符合规律的特征。没有穆斯林定居者,因此也没有奥斯曼帝国的艾赫或官员。这些城镇实行自治,当局的代表仅在收税的时候出现。他们没有卡迪,只有有限的司法权,特定诉讼当事人不得不长途跋涉到其"司法上级"机构(即原来的封建领主)那里寻求裁决。

这种情况以及用奥地利货币计算税款的事实表明了草原城镇的另一个特性:双重宗主权不仅影响着这些城镇,还波及边境周围的村庄。匈牙利贵族并没有放弃奥斯曼统治下的领土的合法权利,甚至宣称有权在"他们的"奥斯曼领土上旅行、临时居住和免征税收。他们还提出了相应的收入和税收要求。奥斯曼帝国提出反诉,要对边境另一侧其边防警卫容易到达的地方征税。这些主张和反诉体现在奥斯曼帝国和哈布斯堡家族之间以国家为基础的每一次谈判,以及与地方边境当局的每一次谈判中。结果是,在某些情况下,尽管那些想到对方控制的土地上收税的说法通常只是一个象征,但还是形成了事实上的双重征税。如果这个奇怪的体系只是影响了现实中的"边境",在"边境"地区军队可以搞突然袭击并且"征税",那么它就没有那么非同凡响了。然而,一旦这个体系触及远离边境的地区,如草原城镇[尽管这些城镇通常会无视其名义上的不在地主(absentee lord)],它就代表了在奥斯曼帝国"核心"行省独特的情况。

草原城镇就是一个在经济利益和接近敌人的双重环境中发展起来的例子。在某种意义上,同样的情况适用于爱琴海群岛地区,最好的例子是希俄斯岛(Khíos)和罗得岛。它们的大部分地方在被征服后接受了奥斯曼帝国的统治,但保留了自己的机构、自治并且总体上是自己管理自己的事务。它们不用按奥斯曼帝国的标准交税,但经评估,须每年缴纳固定税款。这笔款项也不少。在苏莱曼一世的时候,希俄斯岛与更富有的拉古萨、更大更富有的瓦拉几亚和特兰西瓦尼亚缴纳相同数量的贡品,都是 1 万杜卡特。[15]总的来说,这些岛屿遭受了奥斯曼与威尼斯之间的

92 战争和胜利者的"复仇"之苦,但在和平时期,它们的城市和村庄在很大程度上由自己决定,条件比希腊本土的定居点要好。

在希腊本土也存在一些"自治"地区。地理和特殊的地方环境使得直接统治成本高昂,奥斯曼帝国接受了税收、其他一些附带福利以及对其宗主权的重新承认。这种情况在奥斯曼帝国辉煌的第一阶段几乎没有造成什么问题,但它成为一个危

险的先例,在后来的几个世纪里造成了巨大的困难。希腊本土有几个事实上的自治地区,其中最著名的包括:位于西部的苏利欧山脉(Soulíou Mountains),以伊庇鲁斯(Epirus)的约阿尼纳(Ioannina, Janina, Yanya)镇为中心的地区;位于马尼纳隆山脉(Maínalon Mountains),今天摩里亚中部特里波利斯(Trípolis)的北部和东部,该地区由马夫罗米哈利斯家族(the Mavromikhalis family)实际"统治"着;位于品都斯山脉(Pindus Mountains)中部的地区。其中一些地方当权者与"当局"关系非常密切,以至于他们获准绕过地方和省级当局,派自己的代表维克尔(vekil)到伊斯坦布尔直接与中央政府谈判。在阿尔巴尼亚和黑山(Crna Gora),有几个小地方也享有类似的"自由"。只有那些能够建立地方政权的人才享有这种特权。农民的境况可能比那些直接受奥斯曼统治的人更糟。

从上面对一些案例的讨论中可以清楚地看出,在严格的中央集权和管制下的奥斯曼帝国有足够的弹性,这使得"核心"行省的城市多样性成为可能。这种灵活性反过来又使得在一个居民有不同习俗和需求的大地区更容易维持秩序。

【注释】

［1］最直接的文献参见 Halil Inalcik, *The Ottoman Empire*;*The Classical Age*,*1300—1600*,pp.122—123,书中有最好的关于奥斯曼道路的地图。

［2］对巴尔干城市最好、最简短的介绍参见 Traian Stoianovich, "Model and Mirror of the Premodern Balkan City," in Nikolai Todorov, ed., *La Ville Balkanique*, *XV*^e^*—XIX*^e^ *siècles*, Vol.3 of *Studia Balcanica*, Sofia:Bulgarian Academy of Sciences, 1970, pp.83—110。此书值得全文阅读。

［3］Traian Stoianovich, "Model and Mirror of the Premodern Balkan City," p.96.

［4］关于奥斯曼统治下保加利亚主要城市各种规模房屋百分比的详细计算,参见 Nikolai Todorov, "La differenciation de la population urbaine aux XVIIIe siècle d'après des registres des cadis de Vidin, Sofia et Ruse," in *La Ville Balkanique*, *XV*^e^*—XIX*^e^ *siècles*, Vol.3 of *Studia Balcanica*, pp.45—62。

［5］凯特胡达是奥斯曼帝国的术语之一,只能在上下文中理解。它有一个模糊的基本含义,近似于"代理人",行会的凯特胡达是行会与当局打交道的代理人,但他的主要职责是在行会中担任首席干事。所有的重要官员,贝勒贝伊、戴夫特达等等,他们的手下都有这个头衔,但这些人要么是"二把手",要么是有非常重要职责的官员。本章稍后会谈到凯特胡达还表示市政府的官员。

［6］Nikolai Todorov, ed., *La Ville Balkanique*, *XV*^e^*—XIX*^e^ *siècles*, vol.3 of *Studia Balcanica*, Sofia:Bulgarian Academy of Sciences, 1970, p.57. 表中第三、第四列中 65 名业主拥有作坊数量的计算方式为:$65 \times 3.5 = 228$。其他均按照每一组给出的最小值进行计算。

［7］Ibid., p.60.

［8］Ibid., p.60.

［9］Afet Inan, *Aperçu general sur l'histoire économique de l'Empire Turc-Ottoman*, Istanbul:Maarif Matbaasi, 1941, p.28.

［10］József Perényi, "Villes hongroises sous la domination Ottomane aux XVIe—XVIIe siècies. Les Chefs-lieux de l'administration Ottomane," in *La Ville Balkanique*, *XVe—XIXe siècles*, *Vol.3 of Studia Balcanica*, pp.25—31.

［11］除非另有说明,有关草原城镇奥皮杜姆的经济数据均来自:József Perényi, "Trois villes hongroises sous la domination Ottomane au XVIIe siècies," *Actes du Premier Congrès International des Études Balkaniques et Sud-Est Europeénes*, *IV*, Sofia: Bulgarian Academy of Sciences, 1969, Vol.3, pp.581—591。

［12］Bálint Hóman and Gyula Szekfü, *Magyar Történet* ［*History of Hungary*］, 5 Vols., Budapest: Királyi Magyar Egyetemi Nyomda, 1939, Vol.3, p.415.

［13］Ibid., Vol.3, p.434.

［14］文中给出的税收数字是近似值。因为佩雷尼用的是弗罗林①,其价值在 60—70 阿克切之间,因此,按照 1∶65 的比例进行计算。参见 József Perényi, "Trois villes hongroises sous la domination Ottomane au XVIIe siècies," p.588。

［15］Afet Inan, *Aperçu general sur l'histoire économique de l'Empire Turc-Ottoman*, p.28.

---

① Florin,当时在荷兰使用的一种货币。——译者注

第五章　乡　村

土地所有权制度

　　任何关于农村生活的讨论都必须从简要介绍土地占有制度开始,因为无论是在理论上还是在实践中,它都影响着几乎所有生活在城市范围之外的人的生活。奥斯曼帝国承认三种基本的土地所有形式:米芮、缪克(mülk)和瓦克夫。理论上,在被奥斯曼帝国征服的土地上,所有的土地财产都是米芮,即国家财产,前提是苏丹不承认现有的财产权利。所有的蒂玛尔都是米芮,蒂玛尔利没有财产权,仅依据其提供服务的满意度享有用益权。从小亚细亚的各种制度安排开始,当奥斯曼帝国的财富开始增长时,许多土地都成为奥斯曼帝国统治下的突厥穆斯林的土地,苏丹要么承认现有所有权模式,要么将土地赠予其主要支持者。这些土地是缪克财产,属于个人所有,其后代可以继承。第三种财产,即为支持"宗教信仰设施"而预留的瓦克夫,理论上属于上帝所有,因此是不可剥夺的。最初,这些土地要么是米芮,要么是缪克,要么是由苏丹所有或个人所有转变而来的瓦克夫。

　　奥马尔·卢特菲·巴尔坎(Ömer Lütfi Barkan)计算了1527年欧洲所有三类资产的相对重要性。这一年,来自欧洲各行省的总收入达到1.98亿阿克切,约占国家总收入的37%。其中42.3%是人头税的收入,其余来自进口关税和其他与贸易、采矿及农业活动有关的税收。在鲁梅利亚的总收入中,48%归中央财政,46%是蒂玛尔利的收入。只有6%属于瓦克夫和缪克的所有者,表明这些财产规模相对较小。[1]根据伊纳契克和伊南(Inan)提供的数据,以及巴尔坎的间接数据,可以尝试

对伊纳契克给出的总收入进行分解,以显示收入的确切来源以及根据城乡来源进行的分配。第一个计算结果如下:

21.2%的收入来自采矿、海关和商业	41 976 000 阿克切
42.3%的收入来自人头税	83 754 000 阿克切
24.8%的收入来自哈斯的农民的税收	49 104 000 阿克切
11.7%的收入来自其他土地的农民的税收	23 166 000 阿克切
100.0%	198 000 000 阿克切

第二个细目,显示了收入分配的情况:

36.5%的收入来自所有农民的税收	72 270 000 阿克切
来自人头税的收入 83 754 000 阿克切的 90%	
	75 378 600 阿克切
74.56%的总收入来自乡村	147 648 600 阿克切
21.2%的收入来自采矿、海关和商业的收入	
	41 976 000 阿克切
来自人头税的收入 83 754 000 阿克切的 10%	
	8 375 400 阿克切
25.44%的总收入来自城市	50 351 400 阿克切

第二组数字[2]反映了城镇和乡村的相对重要性。城市人口不超过总人口的
95 10%,但城市人口贡献了总收入的 1/4,占财政预留金的 47.1%。农村地区提供了大量的人头税,没有这些税收,国库将亏空一半,而且它们还支撑着蒂玛尔体系,对军事和行政目标的实现尤为重要。当我们意识到,1527 年,鲁梅利亚财政收入的46%分配给了蒂玛尔利,为 17 288 人提供了 5 268 阿克切的人均收入,我们就会了解,最后提到的一点十分重要。

任何形式的土地占有都与职责有关。蒂玛尔利的军事义务及其作为警察和税务员的地方职能已经被多次提及。同样要求严格的还有瓦克夫。只有基于特定目标,并经苏丹的特别允许,才能设立这些机构。不仅瓦克夫的建立受到严格管制,在卡迪的管辖区内建立的瓦克夫,其运行还受到定期监管,如果被发现有滥用职权的情况,其行政人员可能被解雇,或是在瓦克夫的整个职能被完全忽视或不需要的情形下,财产应该归还给国家。穆罕穆德二世和苏莱曼一世解散了许多瓦克夫,但是真正的困难出现在 17 世纪和 18 世纪,当时苏丹还没有强大到可以采取有效措施

的程度。瓦克夫的标签不仅适用于穆斯林,还适用于基督教的宗教设施。后者也经常得到专门用地。尽管在奥斯曼帝国被征服后,许多教堂拥有的土地确实被没收了,但修道院和一些主教保留了他们的土地。这些土地受到与穆斯林瓦克夫相同的管制。从经营者的角度看,随着时间的推移,经营瓦克夫或帝国的土地都非常有利可图,因为这两种财产都是不可转让的。因此,他们先是规避了某些野心勃勃 96 的封建制度的弊端,后来又躲过了源于整个系统崩溃的伤害。

重要的是要认识到,基督教的瓦克夫和蒂玛尔与穆斯林的瓦克夫和蒂玛尔是并存的,尽管其数量要少得多。如果再加上基督徒的"军队"和辅助人员的财产,以及每个雷亚家庭可以保留的小的齐夫特,显然,以往经常重复的关于基督徒在奥斯曼帝国到来时失去了所有土地的说法是错误的。这些基本的土地占有模式,加上匈牙利的草原城镇和奥斯曼帝国在欧洲不同地区特殊的萨利安型政权(salyane-type regimes),相当大一部分土地是由非穆斯林占有的。

不管特定地区当时实行的土地占有模式如何,农民或农场主主要生产的是谷类、蔬菜、水果或动物产品,并有义务缴纳各种各样的税。遗憾的是,对乡村的研究没有城市深入,没有农产品种类和数量的可靠数据。但可以肯定的是,除了羊毛、皮革和类似的副产品以外,几乎没有"工业产出"生产。

16世纪,奥斯曼帝国还没有在其他地方出现的那种富有进取心、一心盯着市场的地主。瓦克夫的管理者没有农业经验,但管理着各种机构。只要获得的收入能够支撑其管理的机构,他们就很满意。缪克控制下的土地太少、太小,无法进行检验。蒂玛尔利和帝国哈斯的管理者不是土地所有者,他们只是某些收入或执法人员的临时受益人。

但反过来说,耕种者受益就消除了控制其生活方方面面的土地所有者的权威。奥斯曼帝国没有农奴制。每个人都直接臣服于苏丹,依赖于他的法律和行政管理者。因此,如果不考虑规模,农民的赋税和其他义务的种类在不同的地方和不同的土地占有类型之间的差别相对较小。农民对土地受益人的义务可能因土地的位置和产出的不同而不同。基本上,农民缴纳了各种各样的什一税,只要奥斯曼帝国系统运行正常,农民应向国家缴纳的税款在理论和实践上都是相当一致的。这种良好的管理体系就解释了为什么如此多的东南欧人为奥斯曼帝国的征服提供帮助,以及为什么在奥斯曼帝国的直接统治下比在一个地方领主的统治下生活得更好。 97 尽管人们通常认为奥斯曼帝国的税收比之前统治者的更轻,事实上可能并非如此,但至少奥斯曼帝国的税收受到管制并保持固定。每隔一段时间,各地都会进行人口普查,统计应税居民(户主)的数量,调查经济情况,并确定每个人的税负,这种情况一直持续到通常是十年后的下一次人口普查。因此,每一个农民都知道自己欠"地主"和国家的数额,并可以据此谋划。这一点非常重要,因为奥斯曼的税收制度比以前的制度更加强调以现金支付。如果纳税人不能准确了解要交多少税,就有可能导致这一征税制度比以前更加繁重。

奥斯曼帝国坚持征收现金税的原因有很多。虽然帝国中有许多奴隶,按照职业和信仰的不同,阶级划分严格,但奥斯曼帝国不愿意准许非奴隶为奴隶提供劳务。这种不情愿源于他们的集权倾向和所有土地和人民都属于苏丹的基本法律原则。劳务往往使一个人服从于苏丹以外的人,这是奥斯曼法律思想所不能接受的。除了这个理论上的理由——如果一个人企求的话——则可说是法令上的理由,还有一个经济上的考量,也非常重要。根据计算,在1527年的伊斯坦布尔,国家维持的帝国内廷和外廷机构的花销为350万阿克切。[3]除此之外,国家还需要资金支付马斯雷的薪水、海军的开销及国有工厂使用的某些进口物资的花费。随着作为贸易伙伴的意大利和法国的经济迅速发展为货币经济,除了城市、城镇和村庄的市场供应外,国家还需要稳定的现金收入。因此,实物税和现金税同样重要。实物主要属于封地受益人和瓦克夫的管理者,而现金则主要归国库。

农民向对其劳动成果享有债权的受益人支付所需的税款。受益人除了留用的,其余都出售,支付完现金税后剩下的钱也都归受益人。基于这样的储备,国家在需要额外收入时就可以通过法定罚款或宣布征收特别税阿瓦里兹(extraordinary taxes, avariz)把这笔钱发掘出来。

按照控制和管理一切并确保制度不崩溃的愿望,奥斯曼帝国不仅要求臣民坚守自己的阶级和职业,而且还采取措施确保他们不会违背自己的意愿被迫放弃自己的阶级和职业。当然,每一个蒂玛尔的所有者、每一个缪克财产的所有人,以及每一个瓦克夫都有文件证明其拥有或享有某些财产的收入。这些文件会被定期审查,一旦发现滥用,只要国家有权强制执行,就予以纠正。

财产权或使用权是基本权利。以瓦克夫为例,除非瓦克夫是非法设立的或未提供相应的功能,否则其财产权和使用权不容置疑,缪克所有者也是如此。但是,这样的规定不仅对蒂玛尔利至关重要,对农民来说更是如此。谈到财产权,乌尔法及帝国的卡努法所显示的立法原则就变得非常重要。卡努法允许奥斯曼帝国强制执行某些不符合神法甚至与之相抵触的财产权利。有一个很好的例子是所有者死亡时对土地财产进行分割。根据沙里亚,这样的土地应该分给继承人,但这在奥斯曼帝国是被禁止的,因为奥斯曼帝国的主人明白,这种做法会损害生产。

蒂玛尔最初由地方政府认可,但很快就改由中央政府批准,并且成为基本经济单位和封建军队组织的中流砥柱。每一个封地持有人只要严格履行规定的职责,都有权得到他的利益。从财产权的角度来看,尽管蒂玛尔的土地类型是米芮,在西帕希死后必须还给国家,但某些条款又承认了类似于世袭的主张,即使不是土地本身,至少是可以享有其收入。这样就确保了军事机构和经济体系的稳定。

每一个蒂玛尔里都有一个特定的部分,称为"哈斯齐夫特"(has çift),由蒂玛尔利直接耕种或交由专门的佃户代为耕种。它的大小与整个蒂玛尔的大小一样,取决于土壤的肥力,但通常在14—35英亩之间。[4]这种满足基本需求的私有财产也被称为"科力齐"(kılıç),如果西帕希死亡,这些财产通常会被赐予他的大儿子,以保证其"生计",即德里克(dirlik)。如果蒂玛尔足够大,其他年龄更小的儿子对蒂玛尔的其他部分也都有一定的权利,但只限于满足基本的德里克。如果没有儿子,已故蒂玛尔利手下最杰出的塞贝吕就会拿走他的科力齐。更多的土地只能在战场上赢得。这些法规或多或少是由穆罕穆德二世和苏莱曼一世的法典卡努纳美为整个国家的统一制定的,它们不符合沙里亚,也不符合整个蒂玛尔体系所依据的基本原则,但它们确实实现了一些非常重要的目的。它们将"军事阶层"留在他们的队伍中,防止出现没有收入的"士兵",而这些士兵有可能给国家带来真正的危险。它们还保证了财产权法律的连续性、蒂玛尔利非军事职能的连续性和农业生产的不间断模式。了解该地区及其习俗的西帕希与农民之间的关系也得到了保证。

前文已经提到,在征服时期,奥斯曼帝国为每个行省都准备了人口普查册,即塔里尔(tahrir),而且在进一步观察之前,通常会承认该地区通行的大部分法律。前文还提到,那时只要农民的合法权利和他们对奥斯曼帝国的行为能够得到保障,每户都可以保留一块齐夫特土地作为自己的财产。当几个家庭尽可能宽泛地解释血缘关系并据此承认彼此之间的亲属关系时,他们所获得的齐夫特就能够让他们继续按照自己的传统生活。这就解释了为什么在塞尔维亚的土地上生存着扎德鲁加(zadruga)。以这种方式拥有缪克财产的农民并不多。在塔里尔当中,他们大多属于某个特定规模或名称的蒂玛尔、瓦克夫或帝国的哈斯。这些农民的法度必须受到保护,使他们免受"军事阶级"成员随意的侵犯。

每个农民都拥有一些私有财产,并有权依照类似于西方国家的租赁方式使用不同类型的土地。他的私人财产和租地称为"塔萨鲁夫"(tasarruf),根据沙里亚他

99

无权拥有,而卡努法却承认相关权利。如果农民耕种土地并交税,他的长子就自动继承塔萨鲁夫,而不必交任何遗产税。如果他死后没有儿子,他的女儿就有权继承,而他女儿的丈夫则成了塔萨鲁夫实际的主人。如果他去世时没有孩子,第一继承人就是他的兄弟,然后是他的妹妹(事实上是她的丈夫),他的父母也可以继承。在上述情况下,一群"主持公道"的穆斯林就会卷入其中并要求评估塔萨鲁夫。根据这一评估,人们就确定了继承人在将塔萨鲁夫登记入其名下之前必须缴纳的塔普(tapu)的数额。一名女性死后,塔萨鲁夫只能由她的儿子通过支付税款塔普来继承。如果没有合法继承人,在有人愿意接管之前由梅夫库夫管理。无论谁负责——蒂玛尔利、穆特韦利(mütevelli,瓦克夫财产的执行官)或是哈斯的管理者,都必须把财产先交给死去主人所在村庄的农民。如果在那里找不到继承人,才可以向外人转让。

100　　按这种方式,农民的权利就得到了保障。没人能将农民从他们劳作的土地上赶走,他们的土地使用权比大多数西方国家的都安全。另一方面,他们也不能离开土地,除非他们找到一个人来接管其塔萨鲁夫。这个人可以是他们的村民,也可以是靠劳动获得报酬的任何人。这些都完全符合奥斯曼帝国的信仰,即人们应坚守自己的阶级和职业以保持帝国的社会均衡,但这也导致城市发展困难、乡村技术进步受阻。只要农民可以维持生计,那些能通过自己的劳动获得报酬的人就很满足,因此并没有改变这一体制的动力。

农业税

上一小节所讨论的义务,要么是对土地及其产物征税,要么是基于对个人、家庭征税,因为除了下面提到的少数特例,都是基于对"房屋"("house",han)征税。以下明细显示,所有应纳税财产或土地及其产出都应该纳税,同时该明细还表明其中哪些属于缪克,哪些属于米芮/瓦克夫。

应纳税财产	所有权类型	
	缪克	米芮/瓦克夫
1. 农业用地		
(1) 耕地		X
(2) 牧场		X

2. 林地		X
3. 果园和葡萄园		
(1) 土地		X
(2) 树木和藤蔓植物	X	
4. 住宅和农场建筑(包括地块)	X	
5. 花园地块的 1/2 多努姆(dönüm,即 562 平方码)		X
6. 村集体干草田	X	
7. 其他干草地		X

所有这些财产及其产品都要纳税,其中有两项例外:来自村集体干草场田的干草和供农民自用、不出售的园地的产品。蒂玛尔利向那些分配给他们的、在其土地上耕作的人征税,穆特韦利在瓦克夫的土地上征税,帝国税收官缪特齐姆(mütezim)基于帝国的不动产征税。

此处,直到 16 世纪的前 25 年,在鲁梅利亚还有 3.7 万个尤鲁克家庭。此外还有数量不详的耶利(yerli),在奥斯曼帝国的欧洲行省,他们是传统的牧民和牲畜饲养人。这些人要支付冬季和夏季牧场的放牧费(pasturage fees, otlak resmi)。虽然我们不清楚这些费用是以实物还是现金支付,但其数额是根据牧群的大小确定的,费用从 10—25 阿克切不等。这些游牧民和定居的农户都要支付过冬费(wintering fee,ağzı resmi)。我在记录中发现的唯一相关信息提到,对规模最小的牧群征收的费用最少包括一只绵羊和 50 阿克切。所有饲养动物的人,包括游牧民和定居的农民,都要交牧羊费(a sheep due, aded ağnam)。我发现从 1550 年起,最低税率是前100 只免税,每增加一只就相当于增加 0.5 阿克切。70 年后,税费增长为包括前 100只在内每增加一只增加 1 阿克切。虽然这是一种"绵羊"税,但它同样适用于其他四条腿的动物,如山羊和猪。我没有发现对牛和马征税的记录,也没有发现对家禽征税的记录,尽管我在继承案例中看到它们被强制送给西帕希,另外,卡迪的有些法律案卷中提到了这些动物。匈牙利中部的草原城镇奥皮达对这些动物征收什税,如我们所知,数量相当于牛的 10%,而且有迹象表明,出售这些动物(包括马)都要缴销售税。但是,我们尚不清楚这些是常规税还是特别税,或者仅仅是农民无力抗拒的不公平课税。这些农牧民还要缴纳某些个税。

关于农业税还有更多详细的信息。这里提到的只是主要的税种——阿萨(âşar)。每年收割前都会进行核定,但农民有义务将收成的十分之一收割、脱粒,然后送到仓库或指定的市场。阿萨根据地区、作物和习惯,最低可至农产品的十分之一,最高可达农产品的一半。所有谷类作物、干草、稻草、水果、蔬菜和一种名为"皮克迈兹"(pekmez)的葡萄果冻都必须交税。虽然数额差别很大,但根据记录,特别税必须统一为 15%。这种税叫"萨拉里耶"(salariye)。同样的名字也适用于另一种税,除了基本的阿萨,对大麦、小米、燕麦和黑麦还要征收高达 25% 的收成税。这第二种萨拉里耶是为了让西帕希的战马保持良好状态而缴纳的饲料钱(fodder money)。最后一种税叫作"芮斯米寇凡"(resmi kovan),涵盖了蜂箱。它可以按十分之一的比例以实物支付,也可以按一个蜂箱缴 0.5—2 阿克切的比例以现金支付。所有什一税都可以转换成现金支付,称为"茹斯姆"(rüsum),大多数葡萄园和其他果园都会采取这种缴税方式。

现金征税适用于所有建筑物以及磨坊、铁匠铺和其他设施。同样,征税的数量因地因时而异。在进行详细研究之前,实际上不可能给出任何有意义的有关欧洲行省居民缴税数额的信息。但是,可以公平地假设,由于通货膨胀和国库对税款需求的日益增长,这些应付税款也在增加,就像某些固定税的金额增长一样。

谈到个人税,有必要区分穆斯林和济米所缴纳的税。穆斯林缴纳的税称为"雷耶特茹斯姆"(raiyyet rüsmu),由三项个人税中的两项组成。最重要的是齐夫特芮斯米(çift resmi),它取代了旧的封建劳役。穆罕穆德二世将其固定为 22 阿克切,并按以下标准兑换:[5]

　　　3 阿克切可以抵 3 天徭役(corvée)
　　　7 阿克切可以抵装 1 货车干草
　　　7 阿克切可以抵装 1/2 货车稻草
　　　3 阿克切可以抵装 1 货车木材
　　　2 阿克切可以抵使用 1 天货车

这个数额几乎没有变过。到 17 世纪中叶,一个齐夫特总共缴纳 30 阿克切,小一点的土地则缴纳 15 阿克切。已婚男性额外缴纳 12 阿克切作为贝纳克(benak),单身男子支付一半作为梅塞雷德(mücerred)。有一个以上 12 岁男性的家庭需要缴纳一份齐夫特芮斯米、一份贝纳克,还要根据同居的未婚男性的数量缴纳相应的梅塞雷德。作为济米缴纳的雷耶特茹斯姆的替代税,不管婚姻状况如何,都要缴纳伊丝潘西(ispence),其数额根据土地价值的不同而有所不同。即使是没有土地的济米也要缴纳这项税,但就他们的情况而言,这项税的税金固定为 25 阿克切。

所有 12 岁以上的非穆斯林男性,不论其职业、经济状况或婚姻状况如何,都要缴纳齐泽。这是穆斯林最古老的税种,相当于英语中的"人头税",事实亦是如此。但被强迫征税的人把它当成支付给生活在"受到良好保护"国家的特权阶级的保护费。理论上说,齐泽的数额取决于被征税人的财富数量,分为高、中、低三种。在早期,伊斯兰国家就将这一理论付诸实施,奥斯曼帝国也是从这一理念开始的。后来,不同时期征收的数额有所变化,与基本理论产生了很大的偏差。

如果我们回到本章开头提供的收入数据,很容易计算出家庭支付的税收金额。1527 年,欧洲各行省征收的齐泽为 83 754 000 阿克切,这是从 916 841 个济米家庭中征收的。我们可以得到每个家庭缴纳的齐泽数额大约为 91.5 阿克切。假设大多数家庭都是"中等"税率的纳税人,每个家庭有两名男性,那么平均每名男性缴纳的中等税率的齐泽为 45—46 阿克切。这将取代 1550 年大通胀之前,索非亚的卡迪在高税率类别记录中记载的 70 阿克切。[6]然而,同一份记录还显示,这一税收的增长速度远高于通货膨胀率,后来达到 200 阿克切。在卡迪收到的来自伊斯坦布尔的指示中提到了这一数字,而且明确表示"这一数额是针对所有人的"。显然,到 1610年,高、中、低三个收税区间的差异已经消失。[7]不仅如此,同一年,索非亚的卡迪收到另一份巴拉特(皇家命令),要求他帮助一个被派去征收吉卜赛人的齐泽的人。这些人不属于非常富有的人群,但他们的纳税金额固定在 250 阿克切,不过,穆斯林吉卜赛人除外,他们只需支付 180 阿克切。[8]虽然这些金额是总额,包括除齐泽以外的其他小税种,但这仍表明,穆斯林也要缴齐泽,仅仅因为他们是吉卜赛人。对这种非常规操作,另一种唯一可能的解释是 70 阿克切的差异说明穆斯林本来是不交税的,但 1610 年索非亚卡迪的桑卡辖区中"每个人"都必须缴纳 200 阿克切的齐泽,从而否定了穆斯林不用交税的原则,地位低贱的吉卜赛人当然更不能免除。但所有这些数据可能还意味着,虽然吉卜赛人地位低下,即使皈依伊斯兰教也可能被非法征税,但信仰仍为他们争取了价值 70 阿克切的折扣。

这些例子仅来自一个桑卡,但这类税收的大幅增加、三种类别的取消和对吉卜赛穆斯林的征税不太可能仅限于这一地区。更有可能的是,由于中央财政出现巨额赤字,每个桑卡都出现了违规行为,尽管违规行为不一定相同。

另外一项个人税是"常规"的,同时适用于穆斯林和济米,即婚姻税(marriage tax, aruş resmi)。当新娘是穆斯林时,这个费用是 60 阿克切,但当她成为寡妇或离婚后,就只缴纳 40 阿克切。如果与身为济米的女性结婚,仅需缴纳一半的婚姻税,如果有人娶了女奴,则不收取任何费用。据我所知,这是唯一一个穆斯林缴纳数额比济米多的税种。新娘的爸爸要缴纳另一种税,根据自身经济状况分别为 9 阿克切、6 阿克切或 3 阿克切。如果他是当兵的尤鲁克,就缴纳 5 阿克切。这项税收与婚礼有什么关系以及它是如何设立的尚不清楚,至于它的名字芮斯米都罕(resmi duhan)——吸烟税或烟草使用税,更是无从解释。[9]

104　　　所有这些税加起来数量相当可观。城市居民也缴纳齐泽和结婚费,但他们的其他税费与其职业有关,可能包括在能确保带来至少 10% 利润的生产成本中。另一方面,农村人口缴纳阿萨的数量取决于其所生产的产品,并受制于天气、市场状况及其他变量。如果把所有的税都加起来,显然农村人口比城市居民缴纳的更多,无论是实物还是现金,或者两者兼而有之。农民之所以觉得自己的日子比奥斯曼帝国征服之前要好过得多,原因只有三个:(1)没有了反复无常、不受控制的贵族,他们从农民那里得到的往往比他们应得的多得多;取而代之的是依照法律行事的"地主",如果他们不依法行事,就可以成功地起诉他们;(2)至少在两次人口普查期间,他们清楚地知道自己欠了什么和欠谁的;(3)对其庄稼和田地造成破坏的持续不断的战争停止了。

　　　尽管农业税很重,但如果这些常规税代表了农民和农民的全部义务,他们本可以负担得起。但事实并非如此。城市和农村人口都不得不缴纳特别税,比如在新苏丹登基的节日场合或者漫长而昂贵的战争紧急状态下。当这些税只是偶尔征收的时候,他们其实还能容忍,但到 16 世纪末,有的就变成了"常规"税,称为"贝德尔"(bedel)。当大量额外的特别税加入贝德尔的名单时,负担就变得非常沉重,再加上国家在接下来的两个世纪里无法让"地主"保持诚实,农村秩序就崩溃了。第四部分将针对这种情况展开研究。其实在 16 世纪末以前,偶尔也有暴乱的迹象,但看起来更像是由经济压迫以外的因素造成的。

边疆

　　　塞尔维亚-克罗地亚语、突厥语和匈牙利语都有"帕兰卡"(palánka)这个词。它有多种含义,但在三种语言中,有一个含义是相同的,即栅栏(palisade)。这并不奇怪,因为说这三种语言的人在数百英里模糊不清的边境守卫着栅栏,其中最长的一条边界从波斯尼亚北部开始,沿东北方向穿过萨格勒布以东的萨瓦河,径直向北延伸至今天奥地利和匈牙利边界以东的多瑙河。从这里开始,边界线沿多瑙河绵延

105　一段距离后离开哈布斯堡家族控制区内的各个岛屿,然后穿过多瑙河,稍微向北移

动,一直到达喀尔巴阡山脉的南坡。它沿着这座山,从今天的捷克和斯洛伐克①到达蒂萨河,然后继续延伸至喀尔巴阡山脉,基于不同的命名,在那里形成了南北分割线,恰好将现在的特兰西瓦尼亚一分为二,并最终达到这条沿线上的特兰西瓦尼亚一侧的南喀尔巴阡山脉,形成奥斯曼-特兰西瓦尼亚边界。这条线并不总是那么宽广,因为奥斯曼帝国拥有的土地在与哈布斯堡家族长期不断的战争中反复扩张和收缩,而且从未明确界定。事实上,很难用现代意义上的词来形容边界。尽管和平条约和停战协定总会界定边界,但实际存在的是一个边疆地区,类似于游牧民族的土地。

就在几个世纪前,在小亚细亚,将穆斯林与拜占庭人分隔开来的那片相对稳定的地带造就了一个典型的边疆社会,这里的边境地区也是如此。生活在新边疆的人不叫"阿克里托"和"加齐",他们在许多方面不同于早期的边防战士,但也有许多相似之处。防御工事位于"边境"两侧的关键点,通常位于城镇或较小的城市。在奥斯曼帝国一侧,这些城镇或较小的城市是桑卡贝伊或负责卡扎的较低级别官员的所在地,甚至仅仅是驻军指挥官的地盘。数不清的小要塞——帕兰卡——就坐落在这些要塞和居民点之间,由小军事单位组成。在边境的两侧,每一个帕兰卡都有一个特定的核心维格瓦(végvár),确切的翻译是"尽头的城堡",比字面翻译"边境要塞"更好地描述了它的功能和意义。从两侧来看,这些要塞都矗立在世界的尽头。双方都认为这些城堡是一个有组织的军事系统的一部分,服从于一位全面控制的指挥官,但事实上,当地官员自行其是,对居住在帕兰卡的军事组织几乎没什么控制。

生活在边境社会帕兰卡的边防战士与古老的加齐和阿克里托类似,因为他们大部分是散兵游勇,而不是由正规的军事部队组成的。有相当多的皈依者离开了基督徒组成的军队或基督徒生活的地区,住到奥斯曼帝国一侧,但没有形成在安纳托利亚存在的那种共生关系。尽管如此,人们还是制定了某种"边疆法则"(frontier code)。它不仅基于加齐传统,还基于最近的当地传统。在苏莱曼一世最终获胜之前,匈牙利人和奥斯曼人之间长期对抗,生活在多瑙河—萨瓦河沿线的波斯尼亚人、塞尔维亚人、匈牙利人、罗马尼亚人和克罗地亚人之间形成了某种类似于边防意识的思想。马加什国王著名的"黑军"(black army)在与奥斯曼帝国的战争中取

① 原文为"Czechoslovakia",即捷克斯洛伐克。但至该书出版时,已经分为捷克和斯洛伐克,因此,改译"捷克和斯洛伐克"。——译者注

106 得过几次胜利,这就是他试图有系统地组织和利用这些边防战士的结果。哈布斯堡家族也有同样的想法,他们早在 1522 年就开始组织"军事边界",最初在克罗地亚,后来在斯拉沃尼亚和巴纳特发展成为一个机构,并一直持续到 1881 年。[10]有生力量"黑军"在马加什死后解体,奥地利的制度直到 17 世纪末才真正建立和发挥作用。

与此同时,边境拓荒者过着自己的生活,遵循着自己的规则。大多数定居帕兰卡的"士兵"主要是为了谋生,如果可能,要让自己足够突出,以便转到正规军事机构。只要军队越过他们居住的地区,就算他们参与了重要的战斗。但他们总是无视奥斯曼政府与欧洲列强之间达成的任何官方"和平"。除此之外,他们也做不了别的。在很大程度上,他们生活在受灾严重的地区,人口稀少,几乎无法自给自足,更不用说那些薪酬微薄的驻军了。因此,突袭就成为保持身体和灵魂合二为一的必要条件。布达的贝勒贝伊和哈布斯堡的军事边境指挥官经常互相抱怨边境侵犯,数千封尚存的信件证实了这一点。以至于哈布斯堡政府和奥斯曼政府为这一问题进行了沟通,最有趣的是边境要塞之间或是帕兰卡指挥官之间面对面的交流。[11]正是从这些交流中,边疆生活的真实画面浮现出来。

虽然确实发生了暴行,但显然,士兵们与其说是想消灭敌人,不如说是想收缴战利品和俘虏。他们重视日常生活所需的基本物品,包括囚犯在内的任何东西或任何人都可以转化为现金。一个死去的农民不能再从事生产,一个死去的士兵不能再交付赎金,一个完全毁坏的田地多年不能再耕作。因此,与正规军的冲突相比,生命在边疆地区变得更贵重。这种对生命以及各种各样具有特定经济价值物品的尊重,产生了双方都敬畏的边疆法则。

107 赎金成为边境地区的主要收入和生计来源。囚犯们在被赎回之前充当劳力,但他们会保持良好的状态,以便让另一方认为为他们的自由埋单是值得的。当然,索要的价格取决于囚犯的重要性,取决于他是士兵还是农民,但描述各种谈判的文件清楚地显示,一个成熟的价格体系已经表明了哪些货物有需求,哪些没有需求。到 16 世纪末,甚至出现了"赎金经纪人"(ransom-brokers),笔者在另一本书中也称之为"职业囚犯"(professional prisoners)。他们与羁押囚犯的指挥员的谈判和协议,提供了有关生活在该地区农民的地上财产以及边疆地区经济和生活的最好信息。[12]

农民的赎金,特别是几年前移民到匈牙利南部地区的塞尔维亚人的赎金,往往高于边境士兵的赎金。稀少的农业人口为这种奇怪的价值观提供了解释,也为那些继续在这里生活并移民到边疆地区的农民的相关事实提供了解释。他们受到相应的重视和对待。囚犯们只有赎金的价值,因为在塞利姆一世的战役后,由于德米舍梅制度的实施和旧奴隶市场的减少,将奴隶从遥远的边境运往奴隶贸易中心变得不划算,而边境又没有从事这种贸易的组织。在奥斯曼和哈布斯堡之间的战争中,那些最终沦为奴隶的人大多是被正规军抓获的俘虏。

虽然以军事为主导,但边疆生活依然是乡村生活。边疆主要由一个个临时的村庄组成,那里的居民从事农业和畜牧业,受到聚集在要塞甚至更小的帕兰卡的边境士兵的保护和威胁。但很重要的是,没有太多人参与这种奇怪的乡村生活。除了波斯尼亚和阿尔巴尼亚的某些地区外,只有在边疆,穆斯林和非穆斯林才发展出一种对彼此习惯和生活方式的特定理解,对双方来说,原本严酷的生活得到了宽慰。此外,如果没有这种理解和相互观察的行为模式,对人类生命和自然资源的破坏将比以前更大,恢复将变得非常困难,可能需要几个世纪,甚至不可能。结果正是在这一边疆地带,敌人之间相互尊重,并且出现了人道主义行为的迹象,尽管可能是微不足道和偶发的。

结论性评估

有必要对1574年以前“核心”行省的生活提出一些结论性观察。奥斯曼帝国的 108 这个“黄金时代”,无论是在城市还是在乡村,都绝非一帆风顺。的确,在此期间来到奥斯曼帝国的犹太人的生活比在欧洲任何地方都好。然而,也有一些萨法迪犹太人,他们忘记了在西班牙度过的艰难时期,只记得“过去的美好时光”。他们肯定对被降为“二等”臣民感到不满。诚然,基督徒享有和平、“法律与秩序”。尽管他们远未形成民族意识,但越来越多的人在教会找到了自己的身份。这些教会保留了一些财产,甚至获得了管理其信众的生活的权力,但它们因内部分歧而被撕裂,并使得其权威程度下降。神职人员缺乏终身任职的安全保障,特别是更高教职的神职人员,他们对各种限制感到不满,比如教堂没有塔楼或钟楼,无法建造新的塔楼或钟楼,以及在修缮使用中的塔楼或钟楼时遇到了极大的困难。存在歧视就会有不满。即使济米已经倾向于忘记自己卑微的地位,日常生活也会提醒他们自己的地位。他们因为没有按规定穿着、骑马或者因对穆斯林不敬,以及其他没完没了的“违反礼仪”的行为而被罚款。

虽然与军队或土匪同行相当安全,但人们依然没有摆脱疟疾和传染病等古老的健康问题,如 16 世纪肆虐整个欧洲的瘟疫。值得注意的是,尽管瘟疫造成了严重的伤亡,但直到 16 世纪中叶,鲁梅利亚的人口增长非常迅速。与此同时,在布达和特梅斯瓦尔的埃亚雷地区,人口数量急剧减少,特别是在 16 世纪下半叶。匈牙利大平原及其众多的新沼泽和半沙漠地区产生了携带多种疾病的昆虫,使多瑙河和蒂萨河之间的土地成为当时欧洲卫生状况最差的地区。在 1526—1699 年间,因各种传染病而丧生的人数多于在哈布斯堡与奥斯曼进行的无数次战争中丧生的人数。在德国,他们的军队大多从那里来,人们开始谈论"匈牙利病",直到 1866 年俾斯麦在谈到平原上的健康状况时还用了这个说法。当时他正试图说服毛奇(Moltke),科尼格拉茨战役(the Battle of Königgrätz)后必须在敌人撤退到匈牙利之前缔结和平。

生活方面相当单调。人们履行完自己的职责,回到自己的小家,晚上关起门来109 过夜。传统的娱乐,如狩猎、捕鱼、赛马、宗教游行和其他庆祝活动,要么被禁止,要么专属于穆斯林。除了成功的尤素他或图卡,摆脱刻板生活的机会微乎其微,人们几乎享受不到舒适或奢华。

但奥斯曼人不用为生活的单调和寒酸而烦恼。即使只是个士兵,他们也行动自由,从狩猎、骑马,到最重要的统治国家,一切运作恰如他们所愿。只要这种情况持续下去,济米保有自己的位置,他们就不会关注对方。臣民从奥斯曼人建造的喷泉、浴场、客栈和其他公共建筑中受益,但没有任何社会政策,更不用说福利政策能够使这些人不仅表面上顺从,而且在内心也对他们的统治者感到满意。事实上,奥斯曼治下的和平(Pax-Ottomanica)允许统治者尽量少关注被统治者,因此,与"黄金时代"的穆罕穆德二世第二次登上王位之初相比,这两种社会单元之间的鸿沟最终变得更大了。

正是这一鸿沟使得穆斯林和济米、职业奥斯曼人和雷亚之间几乎不可能进行沟通,即使在国家开始面临严重困难,需要每个人的理解和善意来解决问题时,他们之间也不存在任何合作的可能性。相反,当权者通过比以往更加严厉地执行如增加各种特别税等不受欢迎的措施来维持旧秩序,同时他们又打破了正确的行为和举止规则。当这个裂痕变成一个鸿沟,奥斯曼人突然发现,他们统治着数百万不满的敌人。

东南欧的人民没有为这个裂痕负责,但奇怪的是,奥斯曼帝国也没有对此负责。在奥斯曼帝国的"黄金时代",西方最发达国家的国家建设理念刚刚以模糊的面目出现,这是一个对统治精英来说完全陌生的概念,他们甚至还不认为自己属于一个民族,"土耳其人"(Turk)也只是用来贬损安纳托利亚地区的农民。他们只知道宗教和地位的区别。对他们而言,他们是被上帝选中的注定要统治世界的人。在他们的信仰和制度中,除了继续推行自 1301 年奥斯曼取得第一次伟大胜利以来被证明非常成功的政策之外,没有什么能诱使他们利用多年的国内和平和金融繁荣来做任何事情。

因此,在鼎盛时期,奥斯曼帝国是一个高度集权的、官僚主义的,甚至是有些墨守成规的国家,而它的主人完全不知道真正的国家是什么:一个法律、地理、传统和文化实体,即使在困难时期其身份也能得到统治者的维护,因为它依赖于意志和欲望,即使没有表现出来,大多数居民的共同背景也已经率先创造了这个整体。奥斯曼帝国有一个用武器构成的金光闪闪的外壳,随着它的发展,这个外壳变得越来越薄,补充军事阶层人员的资源开始枯竭。就像任何贝壳一样,一旦它的薄壁被刺穿,就无法挽救。它缺乏任何一个国家被拯救时都需要的一个基本要素,即有国家认同的人口。

正是在奥斯曼帝国的"黄金时代",东南欧人民原本对新主人并无敌视,但人们的态度在慢慢改变,先是漠不关心,然后发展为潜在的敌意。引起这种变化的主要原因是统治者的态度、单调乏味的生活、毫无改变的机会和希望。而在我看来,首要的原因就是奥斯曼帝国最令人羡慕的品质,即他们的行政能力。奥斯曼的后代对生活过度管理和监管,以至于即使是不识字的、谦逊的、没什么野心的巴尔干农民也感到,在其人格的最后一点儿印迹也被完全抹杀之前,必须采取行动。鉴于国家的过度官僚化,他可能采取的任何行动都是"非法的",因此,等待他的是罚款和更严厉的惩罚。这些措施使得本就郁郁寡欢的农民或城市居民更加边缘化,因为这些人看到那些惩罚自己的人的违法行为更多。如果违法者本身是统治者,而他却对他人的轻罪予以惩罚,被惩罚者就会寻求报复。

我相信,更少的法律、法规、准则和特别规定,不仅会让统治者和被统治者的相处变得更容易,而且还可以避免令人窒息的气氛和社会阶层之间的相互不理解,而这正是最终导致 17 世纪和 18 世纪大多数内部困境的原因。这些众多的规章制度是在"黄金时代"由一个高效的官僚机构制定和执行的。事实上,我看到了伟大世纪中最不光彩的一面,也不赞同大多数人的看法,他们认为奥斯曼帝国的天才之处在于它能够有效并高效地统治数百万与统治者毫无共同之处的人。帝国最大的资产从根本上说就是其最大的弱点。

【注释】

[1] Halil Inalcık, "L'Empire Ottoman," *Actes du Premier Congrès International des Études Bal-kaniques et Sud-Est Européenes*, Vol.3, pp.75—103.关于文中所引数字及计算，参见 Őmer Lütfi Barkan, "Essai sur les donnés statistiques des régistres de recensement dans l'empire ottoman aux XVe siècle," pp.89—91。

[2] 上述计算是基于哈利尔·伊纳契克提供的数据，参见 Halil Inalcık, "L'Empire Ottoman," *Actes du Premier Congrès International des Études Balkaniques et Sud-Est Européenes*, Vol.3, pp.75—103。此外，还有阿菲特·伊南提供的数据，参见 Afet Inan, *Aperçu general sur l'histoire économique de l'Empire Turc-Ottoman*, pp.27—28。

虽然上述数据是针对不同年份的——伊纳契克的是 1527 年，伊南的是 1553 年——但并不影响使用，如伊纳契克所指出的，1527 年后税收大幅上升，但收入和支出来源的比例直到 1584 年基本没变。根据伊南的估计，1553 年国库总收入为 1 050 万—1 500 万杜卡特，但仅包括矿山、海关和贸易税收入。将上述收入平均分配给 1 275 万人，即得到人均收入，继而可以得到三种收入来源占总收入的比例为 21.2%。我赞同这一说法，尽管在 1527 年鲁梅利亚的收入似乎有点高。同时，我将伊纳契克提供的总收入的 46%按伊南的三个收入来源与哈斯的收入分为两个部分，即来自矿山、海关和贸易的 21.2%和来自哈斯的 24.8%。最后，我将 11.7%的收入分配给了伊纳契克没有提到的农民。伊纳契克列出了在土地上耕作的农民的收入来源，但没有提到哈斯。大部分其他可能的收入来源都已经被覆盖到了，但在蒂玛尔耕作的农民也要向国家纳税。这些就是我在第一次计算时使用的数据。

在拆分齐泽的数据时，我考虑了 1527 年的城市规模。最大的城市伊斯坦布尔没有计入鲁梅利亚的收入。埃迪尔内相对较大，但其他城市只有两个，即萨洛尼卡和雅典，他们有两千多个应税家庭。在 1527 年，鲁梅利亚有 1 111 799 个应纳税单位(按炉灶或房屋计算)，因此其中至少 90%完全是农村住户(村庄)或规模如此之小的城镇住户，其主要职业只能是农业生产。虽然有可能出现误差，但根据我们在 16 世纪初对鲁梅利亚的一般认识，根据这些确凿数字的推理得出的数据应该是准确的。

[3] Őmer Lütfi Barkan, "H.933—934(M.1527—28) Mali yilina âit bütçe örneği," *Istanbul Üniversitesi Iktisat Fakultesi Mecmuasi*, no.15, 1953—1954, pp.251—329.

[4] 在土耳其的度量单位中，这相当于 60—150 多努姆(dönüm)，1 个多努姆等于 1 124.24 平方码。

[5] Halil Inalcık, "L'Empire Ottoman," *Actes du Premier Congrès International des Études Bal-kaniques et Sud-Est Européenes*, Vol.3, p.90.

[6] Gălăb D. Gălăbov and Herbert W. Duda, "Die Protokollbücher des Kadiamtes Sofia," Vol.55 of *Südosteuropäische Arbeiten*, München: Oldenbourg, 1960, doc. no.211, p.56.

[7] Ibid., doc. no.478, p.120.

[8] Ibid., doc. no.506, p.127.

[9] Joseph von Hammer, *Staatsver Jassung und Staatsverwaltung des Osmanischen Reiches*, 2 vols., 1815 reprinted; Hildesheim; Georg Olms, 1963, Vol.1, p.206. 约瑟夫·冯·哈默指出，这项税收是从拜占庭人的手中接管的，但这肯定是错误的，因为他们不了解烟草。他的表述仅表明，这种奇怪的税收不是后期的创新。

[10] 参见 Gunther E. Rothenberg, *The Austrian Military Border in Croatia*, 1522—1747, Urbana: University of Illinois Press, 1960; *The Military Border in Croatia*, 1740—1881, Chicago-London: University of Chicago Press, 1966.

[11] 相关内容可参见古斯塔夫·拜耳的优秀著作：Gustav Bayerle, *Ottoman Diplomacy in Hungary*, Bloomington: Indiana University Press, 1972. 相关材料完好保存在布达佩斯的匈牙利国家档案馆。大多数与边境有关的材料都包含在巴蒂亚尼(Batthyány)、费特希(Festetich)和埃斯特哈齐(Esterházy)家族的档案中，这些家族的成员在大部分时间都担任边境指挥官。

[12] Peter F. Sugar, "The Ottoman 'Professional Prisoner' on the Western Borders of the Empire in the Sixteenth and Seventeenth Centuries," *Études Balkaniques*, vol.7, no.2, 1971, pp.82—91.

第三部分　附庸国和朝贡国

第六章　摩尔达维亚和瓦拉几亚

本地君主时期

奥斯曼帝国认为所有统治者同意向其进贡的国家都是其附庸国。由于斐迪南 一世(Ferdinand I，1526—1564 年在位)在 1533 年同意与奥斯曼帝国保持和平，哈布斯堡王朝也被划入了这一类国家。事实上，哈布斯堡王朝只是名义上的附庸国，拉古萨也是。特兰西瓦尼亚的统治者比维也纳或拉古萨的统治者更有赖于奥斯曼人的善意，但从严格的法律意义上来说，所谓的多瑙河公国(Danubian Principalities)，即摩尔达维亚和瓦拉几亚，才是附庸国。不过，它们在很大程度上还是有足够的自由独立于奥斯曼帝国的发展。

显然，在专门讨论这些地区的章节中，甚至不能给出任何一个附庸国的简史。除了展示它们与奥斯曼帝国的关系外，所有要做的就是对最重要的个人和发展提供一些参考。与特兰西瓦尼亚和拉古萨相比，多瑙河公国与奥斯曼帝国的关系保持得更长、更紧密，因此先讨论多瑙河公国。

摩尔达维亚和瓦拉几亚都居住着罗马尼亚人，从考古学发现和有关古罗马达契亚行省的记录中可以了解，他们的起源可以追溯到达契亚人(the Dacians)。达契亚语几乎没有留下任何痕迹，罗马尼亚人讲的是一种拉丁语，可能起源于罗马达契亚语，也可能不是。无论讲拉丁语的原因是什么，在两个多瑙河公国的第一位君主瓦拉几亚的巴萨拉布(Basarab，约 1310 年)和摩尔达维亚的德拉戈斯(Dragoș，约 1352 年)统治时期，现今罗马尼亚人的祖先就开始说这种语言。北部摩尔达维亚的

奥斯曼帝国统治下的东南欧（1354—1804 年）

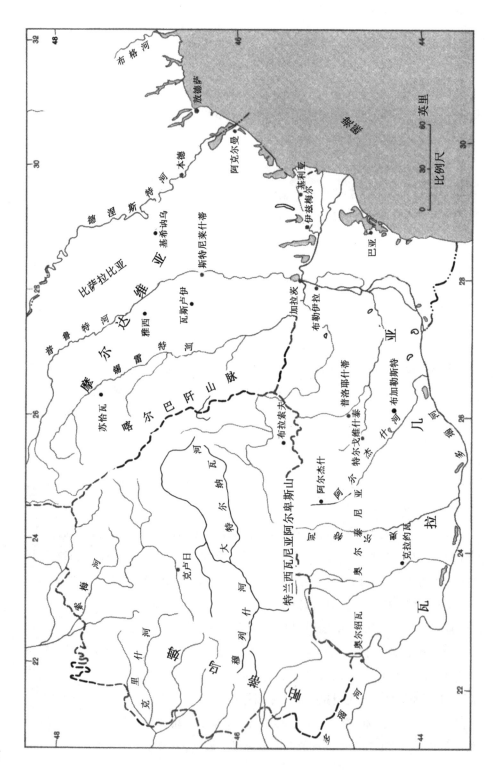

首府曾位于多个城市,最终于 1466 年从苏恰瓦(Suceava)转移到了雅西(Iași)。瓦拉几亚的首都从阿尔杰什(Argeș)迁往提尔戈维西(Tirgoviște),1659 年定都于布加勒斯特(București)。

1391 年,米尔恰一世(Mircae cel Bătrîn)成为第一位同意向奥斯曼帝国纳贡的 115 罗马尼亚统治者,但两年后,他再次与奥斯曼帝国兵戎相见。1402 年巴耶济德一世在安卡拉战败,来自奥斯曼帝国的压力暂时消除了,但 1417 年,米尔恰再次被迫承认奥斯曼帝国的霸主地位,并承诺每年向奥斯曼帝国进贡 3 000 杜卡特。但这种安排并不持久,仍有几个瓦拉几亚的统治者能够抵抗奥斯曼帝国。直到 1476 年,弗拉德·采佩什(Vlad Tepeș)去世,附庸关系才变得稳固起来。摩尔达维亚位于远离巴尔干半岛的地方,它保持完全独立的时间更长,直到 1512 年才成为一个朝贡国。在几乎整整两百年的时间里,直到 1714 年,奥斯曼人才单方面改变了与公国的协议,剥夺了他们选举自己的统治者的权力,其间,附庸制度一直没有改变。随后是所谓的法纳尔人时期(Phanariot period),从 1714 持续到大约 1830 年,当时出于各种现实目的,附庸国与奥斯曼帝国的联系被切断,罗马尼亚独立的历史就此开启。

1512 年之前,多位罗马尼亚君主,从米尔恰一世到摩尔达维亚的斯特凡大帝(Ștefan cel Mare, the Great),抓住一切机会试图独立于他们的宗主国,重新获得独立。这些君主中包括弗拉德·采佩什,他因无与伦比的残忍获得了传奇德古拉的历史"声名"。然而,作为亚诺什·匈雅提和马加什国王的盟友,他多次与奥斯曼帝国作战,尽管毫无战功。

更令人印象深刻的是赢得了"大帝"称号的斯特凡大帝。1457 年,他在重重困难下成为摩尔达维亚的统治者。君士坦丁堡已经沦陷,穆罕穆德二世正迅速将巴尔干半岛转变成奥斯曼帝国的行省。匈牙利的马加什向西,波兰的卡西米尔四世(Casimir IV, 1447—1492 年在位)向北。弗拉德·采佩什帮助斯特凡获得了王位,但他并不是一个可靠的朋友。1462 年,弗拉德先于穆罕穆德的军队逃到匈牙利,在那里待了 14 年,软弱的匈牙利继任者几乎没有给这位孤立无援的摩尔达维亚统治者提供任何帮助。

斯特凡的统治是从组织军队开始的。起初遭到地主贵族波雅尔(the boyars)的反对,他设法组建了一支自由农民军,他们的自由与服兵役息息相关。我们不知道这支部队的确切规模,但规模相当大,可能在 4.5 万—7.5 万人之间。其装备很差,无法与奥斯曼帝国这样组织严密的部队进行激烈的战斗。它成功的唯一机会在一位一流的将军身上。那就是摩尔达维亚人的军事领袖斯特凡,他清楚地知道他的

军队能做什么，不能做什么。1467 年，当匈牙利人发动袭击时，他第一次证明了自
己的能力，当时匈牙利人想把摩尔达维亚变成一个附庸国因而袭击了他。斯特凡
在装备精良的匈牙利军队面前选择撤退，一直撤到位于苏恰瓦以南 35 英里处的巴
亚(Baia)，没有遇到任何抵抗，就在那里扎营。12 月 14 日午夜，斯特凡率领农民军
以现代游击队的方式渗透到匈牙利营地，取得了决定性的胜利。

真正威胁斯特凡的是土耳其人，而不是马加什，只不过马加什的冒险活动偏离
了他的西进政策。自 1462 年弗拉德·采佩什逃亡，拉杜·塞尔·弗鲁莫斯(Radu
cel Frumos)大公就一直统治着瓦拉几亚，他完全臣服于奥斯曼帝国，允许帝国的军
队自由通过其土地。斯特凡感到南部边界需要一个更可靠的人，他于 1471 年入侵
瓦拉几亚，并用巴萨拉布·莱奥塔(Basarab-Laiotă)取代拉杜，前者是一个愿意合作
的人。在斯特凡的领导下，两位君主的军队于 1473 年击退了奥斯曼帝国。第二年，
穆罕穆德发出了最后通牒，要求交出摩尔达维亚。在答复之前，斯特凡构想了一个
焦土防御政策(scorched-earth policy of defense)，并得到了波雅尔和农民的同意。
在他拒绝了穆罕穆德的要求后，后者派了一支由大维齐尔率领的奥斯曼军队来对
付他。斯特凡实施了撤退计划，没有给入侵者留下任何可以维生的东西。冬季加
剧了敌人的不适，奥斯曼军队饥肠辘辘、疲惫不堪，1475 年 1 月 10 日，斯特凡终于
在位于瓦斯卢伊(Văslui)附近以南 45 英里处发动了进攻。几年前，他针对匈牙利
人的同一个计划也在这里上演。

尽管取得了胜利，斯特凡仍然处在极度困境之中，因为他被孤立了。他的求助
只换来了教皇的赞美信。结果，在 1476 年，当穆罕穆德率军队攻打他时，他只能独
自面对新一轮的来自土耳其人的攻击。这一次，奥斯曼人取得了胜利，斯特凡不得
不撤退到国境的最北部。奥斯曼营地爆发的霍乱和特兰西瓦尼亚军队的及时抵达
拯救了他。苏丹被迫撤退，此后土耳其人再未发动进攻。直到 1484 年，巴耶济德二
世的军队占领了基利亚(Kilia, Kili, Kiliya)和阿克曼(Akerman, Bielgorod, Cettae
Alba, Moncastro)，切断了摩尔达维亚与黑海的通道。奥斯曼帝国军队进一步前
进，除了 1486 年曾被斯特凡的大将军击败，最终还是征服了首都苏恰瓦。之后，他
们撤出了除多瑙河上的两座要塞城市之外的所有摩尔达维亚土地。在之后的八年
里，斯特凡不得不转而抵抗波兰，因为波兰开始尝试将其宗主地位扩张到摩尔达维
亚。尽管取得了成功，但斯特凡完全有理由厌恶基督教邻居的政策，因而建议他的
儿子和继承人在条件合适的情况下，优先考虑臣服于奥斯曼帝国，而不是匈牙利人
和波兰人。他的继任者采纳了这一建议。

斯特凡不仅是一名士兵,还是教堂和修道院的建造者,同时是一名非常能干和公正的管理者。他很好地平衡了国内各种势力,得到了神职人员、波雅尔和农民的支持。不幸的是,对他和他的人民来说,他强大的邻国没有正确理解土耳其人的危险,也没有给予他应有的支持。 117

在这位杰出统治者的统治下,国内局势稳定,并仍然以两个多瑙河公国的传统习俗为基础。理论上说,君主是绝对统治者,尽管他们是由贵族和神职人员"官方"选举产生的,但选举结果当即就会被选举地周边的民众所接受。君主们的统治得到顾问委员会的同意,顾问委员会由地位最高的权贵组成,他们多是从显赫的贵族家族中挑选出来的。只有君主有权决定谁能进入贵族行列,且只有君主才有资格把土地分给那些一贯贪婪的波雅尔和教会。只有少数非常强大的统治者才能保住王位,因为王位继承问题从未被很好地规范,皇宫叛乱和罢黜事件不胜枚举。任何想拥有权力的人都得"买"朋友。因此,自由民克勒拉希(cǎlǎraşi)的数量稳步下降,而在贵族或教会拥有的土地上耕作的农民多罗班特(dorobanţi)的数量却在增加。但这些农民也算不上真正的农奴,因为他们保留了一些财产权,甚至可以改变居住地。

国家和贵族的主要收入都是什一税,随着时间的推移,农民的命运越来越艰难。但只有在奥斯曼帝国的衰败使得附庸国需要提供更多的物资和款项的时候,农民的生活才变得非常困难,因为农民的税费提高了。在君主之下的这些群体,包括神职人员、贵族、两类农民,以及后来增加的商人阶层,一直在土耳其人的影响下生活着,像君主的议会这样的重要机构,甚至因土耳其的名字而广为人知。

虽然这些制度基本上没有改变,但在法纳尔人出现之前的一个世纪,几乎完全由波雅尔统治。因为在斯特凡大帝死后,除了个别例外,没有出现过强大的统治者。君主的选举一直没有严格的规矩,为了换取适当的馈赠,选举必须得到苏丹的确认,因为有与土耳其世俗政权和希腊教会当局合作的需求,所以阴谋有机可乘。尽管波雅尔保持了罗马尼亚机构的完整性,甚至促成了一些有益的新发展,但他们给广大民众带来日益增长的苦难,与奥斯曼帝国的腐败和神职人员的贪婪一样严重。他们的权力根植于其影响君主抉择的能力以及稳步增长的财富。

不过,在对后期进行考察之前,必须讲述一下斯特凡大帝的死亡,并介绍一下 118
另外两个值得一提的君主:摩尔达维亚的佩特鲁·拉瑞斯(Petru Rareş,1527—1526 年在位)和瓦拉几亚的勇敢者米哈伊·维泰阿佐尔(Mihai Viteazul,1593—1601 年在位)。这两个人性格迥异,受到罗马尼亚历史学家完全不同的对待。米哈伊是一个性格高贵、军事能力卓著的人物，但如果不是因为他在短时间内将两个多瑙河公国和特兰西瓦尼亚统一在一起，成为现代罗马尼亚的前身，他能否成为这个国家的伟大英雄将令人怀疑。

两人都是谋略大师，这是 16 世纪罗马尼亚君主成功的先决条件。他们的土地通过附庸协议与奥斯曼帝国联系在一起，而这一事实并没有阻止哈布斯堡家族或者波兰的统治者雅盖罗和后来的瓦萨（Vasa）家族缔造帝国。因此，罗马尼亚君主们不仅要满足他们在伊斯坦布尔宗主的要求，而且还要在野心勃勃的强大基督教邻国，甚至包括特兰西瓦尼亚的君主间谨慎行事。崛起的莫斯科人、强大的克里米亚鞑靼人，甚至哥萨克人，都被卷入这个非常艰难的博弈中，以避免被这些外部强权中的一个或另一个觊觎、索赔、干预，甚至直接发动军事攻击。

这种情况也没什么好处。罗马尼亚君主们掌控着"外交关系"，这种关系往往是危险而非有益的，而且他们与邻国之间仍保持着很多常规贸易。最重要的是文化联系，尤其是与波兰的文化交流没有中断。与奥斯曼帝国的"核心"行省相比，这些公国能更充分地参与欧洲文化运动。然而，罗马尼亚人为这些好处付出了沉重的代价。虽然奥斯曼帝国保护自己的行省，但很少伸出哪怕一根手指来保护它的附庸国，相反，奥斯曼帝国经常因为附庸国"通敌"而攻击和"惩罚"它们，并且没有意识到，在这种情况下附庸国的这种做法是不可避免的。

佩特鲁·拉瑞斯目睹了扎波里耶在与斐迪南一世的内战中失败，他自然想要保护他的西部边界，并于 1529 年和 1530 年占领了特兰西瓦尼亚的部分地区。第二年，他作为莫斯科的盟友攻打波兰，但是失败了。在接下来的七年里，他在斐迪南、扎波里耶、波兰人、莫斯科人和他的领主奥斯曼帝国间周旋，最终失去了所有人的信任。1538 年，苏莱曼一世率领一支大军对他发起进攻，征服了整个摩尔达维亚，他的儿子取代他登上了摩尔达维亚的王位。正是在这个时期，奥斯曼人建造了本德堡（the fort of Bender, Tighin, Bender'i），完成了多瑙河下游和德涅斯特河上的一系列要塞的建造，并在那里驻军，直到统治的最后一刻。当扎波里耶死后，他的俘虏佩特鲁·拉瑞斯逃往伊斯坦布尔，并于 1541 年重新登上王位。但代价是惨重的。他不得不接受在朝廷中安插一支禁卫军，并且同意将朝贡数额提高到 1.2 万杜卡特。在他于 1546 年去世后又有几位君主继承王位，但他们都臭名昭著。结果，16 世纪的摩尔达维亚就这样以一曲悲歌落下帷幕。

瓦拉几亚的君主米哈伊·维泰阿佐尔给 16 世纪画上了句号。他的国际地位与佩特鲁·拉瑞斯类似，因为他也不得不在各势力之间周旋并脚踩两只船，并最终遭

119

到哈布斯堡王朝的将军乔治·巴斯塔(Georg Basta)的致命背叛。不过,他的处境比拉瑞斯更危险。伊斯坦布尔正逐渐陷入腐败的泥潭。摩尔达维亚的君主们很软弱,经常受到波兰的第一位来自瓦萨家族的国王西吉斯蒙德三世(Sigismund III,1587—1632 年在位)的影响,后者是个雄心勃勃的人。在经历了第一个强大时期后,特兰西瓦尼亚由两个非常虚弱的君主——西吉斯蒙德和安德鲁·巴托里(Andrew Báthory)统治,他们无法阻止哈布斯堡家族派来的军队进入他们的领土。西吉斯蒙德·巴托里甚至把自己的土地割让给鲁道夫皇帝(Emperor Rudolf)。

在这种情况下,米哈伊别无选择,只好在他的小公国绝望地被巨人们包围之前进行反击。他有一支强大但数量有限的军队,主要以多瑙河公国的新生力量乡绅为基础。就维持瓦拉几亚的内部独立而言,这一群体的利益与君主的利益是一致的,但乡绅加速了农民状况的恶化。米哈伊发动了两次战果辉煌的军事行动:第一次是 1595 年针对奥斯曼人的,因为奥斯曼人对他过于独立的外交行动感到不满,第二次是在 1599 年针对安德鲁·巴托里的。第二年,他就成了摩尔达维亚的主人。

此时,米哈伊地位的弱点在于,在特兰西瓦尼亚,他也不得不依靠贵族,这是唯一能承认其为统治者并为其提供必要军事力量的群体。然而,这些贵族是匈牙利人,虽然其中一部分人支持瓦拉几亚人,但另一部分人憎恨他的国籍,还有一部分人则继续与鲁道夫的特使密谋。复杂的阴谋导致哈布斯堡家族派军队进入特兰西瓦尼亚,以帮助他们的派系。在富有能力的巴斯塔将军的领导下,他们于 1600 年 9 月打败了米哈伊,并迫使他退到喀尔巴阡山脉的另一侧。受此鼓舞,波兰人也挺近摩尔达维亚,并将他们的候选人推上了王位。米哈伊保持冷静,与鲁道夫达成协议,于第二年作为巴斯塔的盟友回到特兰西瓦尼亚。这两位能干的将军毫不费力地击溃了所有敌对势力,但巴斯塔意识到自己和盟友的目的不尽相同,于是背叛并将他杀害。随着米哈伊的去世,最后一位有能力带来独立的罗马尼亚君主也从历史舞台上消失了,权力越来越多地落入波雅尔手中。

波雅尔的主导地位仅在瓦拉几亚的统治者马泰·巴萨拉布(Matei Basarab,1632—1658 年在位)和摩尔达维亚君主瓦西里·卢普(Vasile Lupu,1634—1653 年在位)两人执政期间受到威胁。他们出人意料的长期统治表明,这些人都是能力超群的人,但由于种种原因,他们无法扭转趋势。首先,在马泰和瓦西里成为统治者时,大多数君主的土地已经被以前的君主授予波雅尔或教会了。因此,这两个统治者唯一能回报贵族支持的方法就是允许他们获得更多针对农民的权力。其次,瓦西里·卢普是一个雄心勃勃的人,他不满足于成为摩尔达维亚的君主,渴望得到更富有的瓦拉几亚王位。最后,奥斯曼帝国在大维齐尔科普鲁卢出现之前处于非常不利的地位,可能无法抵抗罗马尼亚联合政府要求让步的压力,他们赞成卢普的冒险计划。但是,这两个相对强大的君主并没有采取联合行动,而是在 1637 年、1639 年和 1652 年三次交战,这是奥斯曼帝国所乐见的。而且瓦西里·卢普每次都是侵略者。

尽管即使通过联合行动也不可能迫使奥斯曼帝国作出重大让步,但如果两个君主都专注于内部事务,那么在强大君主相对长期的统治下,即使贵族的权力在稳步增长,也确实有可能稳定两个公国的内部局势。考虑到卢普的性格,加上奥斯曼帝国的鼓励,最后一次遏制贵族势力的机会白白浪费了。

在讨论其他问题之前,值得提醒注意的是,正是在这两位君主的统治期间,法纳尔家族在奥斯曼帝国和东正教牧首的帮助下,在公国中获得了第一个立足点(参见本章"法纳尔人时期"一节)。法纳尔人利用他们的地理位置和经济地位来影响神职人员的任命。更重要的是,他们分担了公国必须给伊斯坦布尔交付的各种款项,并参与了这个城市与摩尔达维亚和瓦拉几亚之间日益增长的贸易往来。这些问题将在下一节讨论。

奥斯曼帝国对多瑙河公国的态度使得 16 世纪偶然出现的一位强势君主的统治和 17 世纪波雅尔的统治成为可能。只要这些地方没有卷入威胁奥斯曼帝国的外交事务、缴纳税费并让关键的防御工事牢牢地掌握在奥斯曼人手中,伊斯坦布尔对摩尔达维亚和瓦拉几亚发生的事就不太关注。但上述义务在 17 世纪变得比 16 世纪更为繁重,这一事实在很大程度上促成了罗马尼亚农民地位的迅速恶化和下层波雅尔的迅速崛起。因此,在波雅尔的世纪被重新审视之前,必须先考察奥斯曼帝国对罗马尼亚附庸国提出的要求。

奥斯曼帝国与摩尔达维亚和瓦拉几亚的关系

斯特凡大帝的儿子博格丹三世(Bogdan III)在其早期统治阶段与奥斯曼帝国缔结的附庸协议,与奥斯曼帝国和瓦拉几亚之间的协议相似。奥斯曼帝国每年接受一次贡品,大公们的特定"出口品"主要是食品,必须直接交给伊斯坦布尔。而按照传统方式选举出来的君主们,除非得到其领主苏丹的认可,否则不能掌权。作为交换,所有的内部事务留给君主和"地方统治机构"处理,王公贵族的选举延续以前的做法,穆斯林不能在摩尔达维亚和瓦拉几亚定居,公国内不能修建清真寺,奥斯曼帝国的军队不能在那里驻扎。但这些规定没有得到严格遵守。基利亚和阿克曼被占领了,本德堡被建造出来,拉瑞斯不得不接受禁卫军作为"近身护卫"——这些只是后来类似行动的预兆,包括穆斯林在多布罗加定居。但总的来说,非法举措的规模并没有大到会在罗马尼亚的发展中留下永久的印记。有一些小的语词借用,比如将君主的议会称为"迪万"(divan),还有衣服或家具的某些名称,但总体上看,土耳其对公国的影响并不太重要。

更重要的是基于附庸关系产生的"官方"关系和经济问题,第一个永久特征是这两个国家每年都要向伊斯坦布尔进贡。基于罗马尼亚历史学家提供的为数不多的数据,可以建立一个相当有启发性的表格,以显示年度朝贡波动的情况(参见表6.1)。更富裕一些的瓦拉几亚总是比摩尔达维亚交纳得多。[1]

表 6.1　多瑙河公国的纳贡数额

瓦拉几亚		摩尔达维亚	
年份	纳贡数额(杜卡特)	年份	纳贡数额(杜卡特)
1417	3 000	1456	2 000
1503	8 000	1465	3 000
1541	12 000	1481	6 000
1542	24 000	1503	10 000
1545—1559	50 000	1552—1561	30 000
1567	约 65 000	1568—1572	35 000
1584	125 000	1593	65 000
1593	155 000	1620	38 000
1601	32 000	1634—1653	25 000
1632	130 000	1685—1693	26 000
(法纳人统治之前,数额基本未变)		(法纳人统治之前,数额上升到 42 000 杜卡特)	

贡品数量的上升可以解释为通货膨胀和中央财政对货币需求的增长,但不是所有的波动都解释得通。例如,发生在 1584 年之后几年的大型通货膨胀就影响了阿克切而不是杜卡特。朝贡的钱突然增加只能由通货膨胀来间接解释。大部分来自"核心"行省的收入都是以贬值的阿克切计算的,为了完成任务,中央政府对那些仍能支付坚挺货币的人加倍征收。关于这两个行省在 1593 年出现的最高纳贡额,如果假设它们代表基本的纳贡数额,以及在与哈布斯堡家族耗资巨大且旷日持久的战争中的特别税阿瓦里兹(avariz),这也是可以解释的。在瓦拉几亚,1601 年的

122

113

低额贡赋可能反映了勇敢者米哈伊·维泰阿佐尔推动强硬交易的能力。从收集到的数据看,17 世纪中叶以后的数额变得比较均衡,这与科普鲁卢时期大维齐尔们重建了比较正规的行政惯例相吻合。

　　除了这种定期的按合同支付的贡品,多瑙河公国还要缴纳一种被罗马尼亚人称为"佩施苏瑞里"(peşcheşurile)的贡礼。这显然是土耳其语"peşkeşler"的罗马尼亚版本,字面意思是"礼物",实际上是给苏丹上贡的登基贺礼。当然,就公国而言,这些贺礼是新君主为了在其公国获得尊贵的地位而付出的代价。第一个用贺礼的方式纳贡的是佩特鲁·拉瑞斯,他赠送了价值 1.2 万杜卡特的礼物,结果成为摩尔达维亚的君主。[2]拉瑞斯的礼物归苏丹所有,但在穆罕穆德·索库鲁死后,因腐败加剧,需要为越来越多的外廷官员伯如恩和内廷官员恩得如恩提供贺礼。考虑到摩尔达维亚和瓦拉几亚君主频繁更换的情况,罗马尼亚人开始将这项贡礼视为常规税也就不奇怪了。事实上,这比基础贡赋还要重得多。例如,1581 年至 1590 年间,"贡礼"的数额平均每年为 65 万杜卡特。[3]在后来的几年里,平均数额就没那么惊人了,但这种做法仍在继续。

　　这些记录没有包括在"付款"项目之下,是为伊斯坦布尔的"礼物"自由支出的额外金额。两个被派到中央政府的官方代表卡佩卡亚(kapı kahya),负责监督领主的利益,他们为此支付了大量的费用,就像那些野心勃勃的非官方代理人为了获得官方支持而支付的大笔费用。在计算支付给伊斯坦布尔的款项时,还应包括这些人支付的款项。考虑到各式各样的现金支付和其他实物交付,人们不能不惊讶于多瑙河公国的财力,更令人惊讶的是,农民的劳动不仅支持着当地的君主、波雅尔和教会,还能够产出这些"供出口的盈余"。

　　实物交付有各种数据,这是一种独立于"出口"伊斯坦布尔的固定税。举一个例子就足够了。大约在 17 世纪中叶,瓦拉几亚每年缴纳 4.2 万磅蜂蜜和 2.5 万磅谷物,而摩尔达维亚则进贡 2.8 万磅蜂蜜和 2.8 万磅谷物、600 张牛皮、"重量"为 600 磅的牛脂、500—600"匹"给苦力(galley slaves)做制服的布,另外还有 2 800—3 000 磅专供兵工厂工人的谷物。[4]当然,各公国也必须为驻扎在自己土地上的驻军提供补给。显然,公国的固定义务包括各种"礼物",相当于一大笔钱,代表着严重的经济流失。虽然官方称是君主们负责收集和运送给伊斯坦布尔的现金和货物,但实际上他们严重依赖贵族,至少是要依靠他们控制或支持的人从农民那里搜刮所需的东西。波雅尔的力量稳步增长即可归因于这一事实,但由于统治者的软弱和接二连三的更迭,事情变得容易多了。

根据著名的罗马尼亚历史学家亚历山大·迪米特里·塞诺波尔（Alexandru Dimitrie Xenopol）的计算，17世纪早期，这两个公国每年有60万至80万杜卡特的收入，其中约2/3流向伊斯坦布尔，10万被用于君主们的宫廷和雇佣兵部队。另有约10万杜卡特落入君主们自己的钱箱。[5]如果亚历山大·迪米特里·塞诺波尔教授的数据是正确的，人们不禁要问，为什么有那么多人始终乐于为王位花大价钱？他们花在这种追求上的钱又是从哪里来的？显然，没几个人负担得起这些费用。唯一的解释是波雅尔集团的存在，他们期望选定的人成为君主后能获得最有利可图的职位，他们不顾一切排除异己，希望选定的君主能够长久统治，以便他们得到足够的回报。这样的解释也能说明贵族力量上升和农民地位下降的原因。因此，许多罗马尼亚历史学家认为"勇敢者"米哈伊·维泰阿佐尔去世至法纳尔人统治时期是波雅尔的世纪，就不奇怪了。

在本章第一节的末尾，提到了法纳尔人从财务领域开始介入罗马尼亚事务。这不仅与进贡和送礼有关，还与奥斯曼帝国的第三种需求有关，这种需求影响了当地的贵族、商人、希腊人和其他几种人：伊斯坦布尔必须为城市的工业发展提供食品和原材料。

在君士坦丁堡被征服之前，人口可能只有4万，但到了1520年，根据当年的人口普查，穆罕穆德二世及其继任者的强行移民政策使居民人数增加了约700％。在16世纪末，大约有50多万人居住在伊斯坦布尔。除此之外，还必须加上几个重要郊区的人口。虽然苏丹强行在新首都附近的欧洲和亚洲区域重新安置人口，但这些都无法满足真正的大主教区的需求。除了要满足日常生活需求，偶尔出现的粮食短缺还会导致骚乱，威胁到国家的稳定。为了解决这一问题，欧洲和亚洲某些行省的粮食出口，有时甚至包括埃及的粮食出口，都必须留给首都。

奥斯曼帝国的统治者面临一个两难的境地。一方面，他们必须确保伊斯坦布尔以合理的价格得到必要的供应；另一方面，他们必须确保纳贡地区的农业和贸易不受破坏。主要问题是，鉴于伊斯坦布尔有大量相对贫困的人口，各行省的"市场价格"往往高于政府认为的伊斯坦布尔市场能够承受的价格。苏丹的诸多费曼（ferman）都是在处理这个问题。从本质上讲，这些圣谕规定了物资的种类、交付的数量和支付的价格。同时，为了保持各行省经济的持续发展，政府减免了相关生产商的某些税收，以此平衡成本和收入。采购都委托给特定的买家，他们中有些人是带着具体订单从伊斯坦布尔来到地方，但更多的人居住在行省中。

虽然这些代理人的任命并不局限于公国，但本书这一部分不讨论有关这些商人-城市居民的情况,因为根据附庸条约,他们在各公国的活动是"非法"的。因此,更有趣的是调查他们在罗马尼亚的活动。当然,应该记住的是,他们在所有的欧洲埃亚雷都有活动,尤其是鲁梅利亚,他们在保加利亚、色雷斯和马其顿的桑卡特别活跃。

125 强制购买的食物主要是谷物、羊和牛,对应不同的名目,即伊斯特拉(iştira, mubaya, mukayese)。而这些违背他人意愿,以固定价格购买固定数量产品的人被称为"塞莱普"(celep, dealers)。[6]如果他们还不得不饲养一些纳贡的牲畜,他们就被称为"塞莱普桑"(celepkeşan)。通常情况下,公国会以某些方式在专业人员或行会中挑选胜任此项工作的人,而不考虑其宗教信仰。有关这一体系的最早证据可以追溯到1586年,17世纪中叶则为各行省采用。这项任务不受逃避纳贡者的欢迎。尽管贡品免收过路费、税金等,但在途中,从牧场费用到饲养和运送,经销商通常很难做到收支平衡而不作弊。那些在18世纪成为小资本家的人从中获利,他们中的大多数似乎都是济米。在公国内,他们或者是城市中的工匠、商人,或是正在崛起的乡绅。

由于缺乏数据,无法用表格表示出交付量的大小,但有一些数据还是可用的。比斯特拉·克韦特科瓦(Bistra Cvetkova)指出,在16世纪的最后几十年里,大约相当于今天保加利亚面积的土地,每年供应超过44万只羊。[7]关于公国的信息就更不准确了,但手头的少数数据令人印象深刻。苏莱曼一世的诏令显示,1558年、1559年、1560年和1566年,仅就帝国的马厩而言,公国必须以每基尔(kile)6—10阿尔切的价格运送8万—10万公斤的大麦。[8]1566年,苏莱曼将摩尔达维亚的交货量定为每年1 000头牛,而1591年,则必须供应14.1万只羊。[9]来自摩尔达维亚的一个有趣的例子能够说明君主们的财政窘境和这些贡品的重要性,以及参与这种垄断性贸易的人的地位提升。1589年,一个名叫佩尔瓦纳(Pervana)的屠夫是一个有名的塞莱普或塞莱普桑,他强迫一位君主的儿子交付了9 000只羊,以偿还42万阿克切的债务。[10]他可能做了一笔不错的交易,因为到1585年,伊斯坦布尔1
126 奥卡(oka)羊肉的价格是3阿克切。[11]如果我们还记得,在这一时期,大约180阿克切相当于1威尼斯杜卡特,那么很明显,屠夫非常富有,而君主负债累累。[12]

这种贸易实际是垄断,它被认为是一种税收,但因强迫买卖的形式而变得更加严酷,类似于苏尔塞特·泽赫雷西(sürsat zehiresi),即战争期间为满足军队供给而实行的强迫销售。这项"税"相当于以固定价格交货,其征收方式与伊斯特拉的交货方式相同。很难找到任何有意义的数据,但是考虑到频繁的战争和军队的规模,这些"买卖"一定相当可观。

奥斯曼帝国通过在埃亚雷和公国中创造一个有数千人的、相当富裕的阶层,创造了一种新的社会经济力量,他们在这些地区的历史中发挥着越来越重要的作用。虽然奥斯曼帝国在自己的行省里可能开展过反垄断斗争,但对公国,他们肯定无权这样做。事实上,他们的做法清楚地表明了君主们无力捍卫自己疆域内权利的程度。毫无疑问,尽管苏丹对附庸国的君主有承认的权利,但奥斯曼帝国的行为和勒索对摩尔达维亚和瓦拉几亚的影响更大,加上毫无章法的继承以及那些觊觎王位的人的野心,这种影响不可小觑。

波雅尔的世纪

除了马泰·巴萨拉布和瓦西里·卢普,17世纪几乎完全由波雅尔掌权。关于波雅尔的权力崛起及其统治,已经有公开的资料进行详细描述。[13]纵观整个发展过程,每个研究过任一欧洲国家贵族统治的人都熟悉这个故事。1574—1591年间,断断续续统治摩尔达维亚的彼得鲁·希齐奥普尔(Petru Şchiopul),在描述其领地时提到了一个波雅尔共和国。随着贵族数量的增加,它首先成为君主土地上的主人,然后他们把大多数自由农民变成了依附农民。随着这一群体力量的增强,他们对进贡及相关服务的各种要求也随之增加,农民几乎被推入了农奴制的深渊。从某种意义上说,贵族们生产了各种各样用于进贡的物品,这些物品必须运到土耳其人的"市场"上,但在17世纪,运到奥斯曼帝国的还有其他货物。[14]正如在世界各地,尤其是在东欧的贵族们所做的那样,波雅尔在没有现代农业或营销技术知识的情况下变成了市场的主导者。他们通过不断增加农民的税收获得利润最大化。在这种以牺牲农民为代价的致富过程中,他们跟修道院结为很好的合作伙伴。修道院拥有大量的地产,事实证明他们和波雅尔一样不留情面。正如我们将看到的,在同一时期,奥斯曼帝国的"核心"行省也出现了类似情况。然而,这些活动在"核心"行省里也是非法的,它们的存在证明了中央政权的软弱。在公国里,中央政权的软弱也是一个因素,但它的发展完全合法。

在贵族的发展史上出现了一个同样熟悉的情况:在罗马尼亚,非常富裕的人群也出现了分层,没有头衔的人的地位却高于层级较低的贵族。一些大家族,如莫维拉(Movilă)、斯特里奥西(Strioci)、乌列什(Ureche)等,变得比君主们更强大,有的甚至登上了王位。这些大家族垄断了重要的官职,成为公国真正的政治主人。那些地位较低的贵族同僚则只能占据较低的职位。贵族和神职人员自然都设法摆脱纳税和提供其他服务的所有义务,并将这些义务转嫁到农民的肩上,结果造成了一种直到第二次世界大战结束都在使他们的土地饱受折磨的局面。

上述情况并不是罗马尼亚特有的,但波雅尔在城市中的影响无疑是一种独特的现象。在中世纪末和近代早期西欧,城市逐步从旧的封建束缚中解放出来。有人提到,这一趋势甚至在匈牙利也存在,那里的贵族们以 1514 年的农民起义为借口,通过反对草原城镇奥皮达,扭转了这一趋势。在多瑙河公国,贵族势力强大,特别是在 17 世纪末和 18 世纪初,他们能够迫使君主们捐赠城镇的土地,后来甚至包括城市中心所在的土地。到 18 世纪末,世俗领主和教会领主还获得了建立完全属于他们所有的城镇的许可。[15] 在某些情况下,甚至一个城镇的全部收入都归一个领主所有。在特定情况下,修道院和贵族甚至把城镇视为自己的土地,并试图从农民那里得到同样的报酬和服务。尽管有这些压力,但城市还是发展并保留了一些权利和特权。然而,地主贵族的影响一直持续到 19 世纪。

17 世纪对多瑙河公国来说是一个痛苦的世纪,尤其是对农民来说,但对发展及几个个性化的问题应给予更多关注。希腊人和希腊语的影响与摩尔达维亚和瓦拉几亚的文化发展在某种程度上是相互联系的,它们是 18 世纪发展的基础。

在伊斯坦布尔,希腊人的影响越来越大。他们集中在法纳尔区的东正教主教团周围,通过他们对教会机构的控制及对航运和商业的普遍兴趣,以及为包括罗马尼亚君主在内的所有人充当银行家,获得了更多的权力。然而,当他们的外语知识、对西方及其文化的普遍谙熟成为奥斯曼帝国不可或缺的条件时,他们才真正变得有影响力和强大,因为奥斯曼帝国不得不越来越多地依靠外交手段来对付哈布斯堡王朝、波兰以及正在崛起的俄国。

1669 年,大译员办公室(the office of grand translator)成立,出于各种目的,拥有该职位的人成为奥斯曼帝国的外交部长。该职位的第一任是一名希腊人,但不是法纳尔人,他叫帕纳吉奥蒂斯·尼库希奥斯(Panagiotis Nikousios),来自希俄斯岛。1673 年,亚历山大·马夫罗科达托斯(Alexander Mavrocordatos)继任,他是一位 30 岁左右的年轻的法纳尔人,曾两度担任这一职务,时间都不长,直到 1709 年去世。马夫罗科达托斯是一位杰出人物,他在西欧学习法律和医学,曾出版几部科学著作。从他担任翻译开始,法纳尔人就成了奥斯曼政府的初级合伙人。包括马夫罗科达托斯家族在内的几个人成为霍斯波达尔(hospodar),即摩尔达维亚和瓦拉几亚两个公国的君主。在 17 世纪的最后 30 年里，他们的影响力在两个多瑙河公国的政治和其他领域变得至高无上。

此后统治罗马尼亚领地的法纳尔家族包括杜卡（Duca）、吉卡（Ghica）和罗塞提（Rosetti），他们很快就被罗马尼亚化了。这些家族中第一个在多瑙河以北建立自己领地的是统治拜占庭的古老家族坎塔库泽尼（the Cantacuzene），他们在 17 世纪初搬到了多瑙河公国。1679 年，这个部分罗马尼亚化的家族的第一成员塞尔班 129（Șerban，1678—1688 年在位）成为瓦拉几亚的君主。多亏了罗马尼亚化，一个数量不多但极其重要的群体加入波雅尔。拥有财力和文化的人开始为占主导地位的社会群体中最富有、最有影响力的那部分人的生活注入新的基调。

没那么有声望的人也一样受到影响。希腊商人被多瑙河公国的大规模出口所吸引，更重要的是大量希腊神职人员也涌入这片土地。教会在土地占有方面甚至是在城市中的影响力日益提升，这是一个漫长过程的结果，与所有欧洲国家的历史都很类似，可以追溯到早期统治者的习惯，即建立教堂和修道院，并赠予他们土地和村庄。在瓦西里·卢普和马泰·巴萨拉布统治期间，君主和主要贵族的这种捐赠越来越受到罗马尼亚本土以外的著名东正教中心修道院的欢迎，如阿索斯山修道院（Mt. Athos）。这一行动将大片领土置于希腊神职人员的控制之下，到 17 世纪中叶，希腊语实际上取代了教会斯拉夫语，成为多瑙河公国的教会语言。

与此同时，新教在特兰西瓦尼亚的德意志人和匈牙利人中有大量追随者，这些路德派和加尔文主义者开始把圣经翻译成他们自己的语言和罗马尼亚语。因为他们掌握希腊语的程度和教会斯拉夫语一样糟糕，作为对抗传教的工具，他们不得不使用罗马尼亚语。1634 年，马泰·巴萨拉布建立了第一个印刷厂，并于 1640 年在瓦拉几亚出版了第一部罗马尼亚文印刷品——一部教会法汇编。1688 年，由国王塞尔班·坎塔库泽尼（Șerban Cantacuzene）①委托出版的第一本罗马尼亚语《圣经》（Bible in Romanian），即《塞尔班圣经》（Șerban Biblia lui）正式刊行。据推断，它由尼古拉·米列斯库（Nicolae Milescu）翻译，他在教育、学识和欧洲旅行方面可以与亚历山大·马夫罗科达托斯媲美，这也证明文化并非由希腊人专属垄断。到法纳尔人统治开始时，用罗马尼亚语印刷的著作已经有 457 部。[16]

这是一个不稳定的时期，希腊人、自私自利的波雅尔和神职人员的影响日益增大。从这一点考虑，17 世纪的文化生活引人注目。在文化领域，公国的主人们原本

---

① 原文此处为"Cantacuzino"，根据前文，修改统一为"Cantacuzene"。——译者注

可悲的行为却遵循了一条更具建设性的路线,因为这种发展得到了富人和强国的支持。出版的著作包括法律方面的翻译作品和原创作品、宗教方面的小册子,还有一些纯文学著作、少量哲学论文,以及数量惊人的历史研究成果。摩尔达维亚历史学家格里戈尔·乌雷切(Grigore Ureche, 1590—1674 年)、米隆·康斯坦丁(Miron Constantin, 1633—1691 年)和伊恩·诺库斯(Ion Noculce, 1672—1745 年)都是在这一时期进行创作的。在这些作品中,乌雷切完成于 1594 年的《摩尔达维亚国家概略》(Letopiseţul Ţării Moldovii)是最有价值的。在这些作家中,最有趣的是迪米特里·坎特米尔(Dimitriu Cantemir, 1673—1723 年),他是摩尔达维亚最后一位法纳尔统治者。他受过良好的教育,了解某些历史真相,懂得运用文献和证据。坎特米尔被认为是一流的历史学家,而不仅仅是奥斯曼帝国的编年史作家。他的著作《奥斯曼帝国史》(Istoria Imperiului Ottomanu)写于 1714—1716 年流亡沙俄期间。1716 年,他还完成了《摩尔达维亚史》(Descriptio Moldaviae)。他是圣彼得堡学院的创始人之一,并当选普鲁士学院的成员。尽管这些杰出的文化作品很多都是由罗马尼亚人用他们的母语完成的,但毫无疑问,即使其作品中的实例和灵感并非其主题,它也都源于希腊在摩尔达维亚和瓦拉几亚日益增大的影响。这种影响对于振兴神职人员的培训和改变上层富裕的波雅尔的文化习惯和价值观至关重要。正如希腊的影响为法纳尔人的统治奠定了基础,它也通过注入新的元素促进了文化的发展。当然,应该记住的是,这些新的元素并不代表将"西方"思想带入"突厥化的东方文化背景",因为与特兰西瓦尼亚、匈牙利,尤其是波兰的接触,并没有使罗马尼亚的文化生活完全东方化,而西方思想也从未被排除在两个公国之外。只有在法纳尔人统治的大部分时间里,两个公国才被迫与西方隔绝,不得不依赖希腊人及其文化。在波雅尔统治下的悲惨世纪中,恰是文化领域对罗马尼亚人民的历史和发展作出了重要贡献。

坎特米尔的大部分著作都是在流亡期间创作的,这一事实很好地说明了他所处的是一个缺乏安全感的时代。不仅波雅尔对不值一文的君主们的压力不断增加,奥斯曼帝国的要求和干涉,以及法纳尔人的要求和干涉也在不断增加。奥斯曼帝国施压的一个很好的例子就是不断增加贡礼佩施苏瑞里,到塞尔班·坎塔库泽尼统治时,这一数额达到了 65 万阿克切。

至于统治时间"太长"的君主们,他们还征收了额外的苛捐杂税。瓦拉几亚的康斯坦丁·布林科维努(Constantine Brîncoveanu)就是这样一位君主。他在伊斯坦布尔被斩首,此前他眼睁睁看着自己的家人遭到处决。他是一个长期统治的最好例子,也是 17 世纪罗马尼亚统治者所面临的真正困难的最好例证。他的统治从 1688 年到 1714 年,目睹了 1683 年奥斯曼人第二次进攻维也纳后逐步撤出匈牙利,并最终签订著名的《卡尔洛维茨和约》的过程。哈布斯堡王朝则进一步导致特兰西 131 瓦尼亚独立公国消失,从此一个世界大国成为摩尔达维亚和瓦拉几亚的邻国。哈布斯堡王朝的壮大和奥斯曼帝国的衰落可能造成了两个公国在外交和军事上的两难境地。事实上,尽管波兰越来越衰落,但它们仍然声称有权干涉摩尔达维亚,因为在漫长的奥地利与奥斯曼之间的战争中,当瓦拉几亚的布林科维努试图保持中立的时候,软弱的摩尔达维亚君主不仅不予相助,反而徒增阻力。1681 年,当奥斯曼帝国签订《拉丹和平条约》(Peace of Radzyń)将乌克兰东部割让给沙俄时,一支新的军队到来了。

到 17 世纪末,波雅尔们明显分为三个派别:亲奥斯曼派、亲俄派和奥地利的坚定支持者。在摩尔达维亚,还有一个亲波兰的派系。因此,布林科维努不仅要在未得到摩尔达维亚任何帮助的情况下与四个势力周旋,还要在几个波雅尔集团之间周旋。在这种情况下,他能够维持王位 26 年,已经是他卓越外交能力的最好证明了。

布林科维努经常被迫卷入他不想参加的战争,但他总是能让那些迫使其参加战斗的人明白,他是被迫的。虽然这一策略使瓦拉几亚免于摩尔达维亚的命运,摩尔达维亚屡次被驰援奥斯曼军队的鞑靼军队侵犯、被波兰突袭,甚至有时遭到奥斯曼帝国军队的占领,但布林科维努因此得了一个"不可靠的两面派"的坏名声。很多次,当一方或另一方掌握了他与本应是敌方的通信时,他就陷入了危险境地。就奥斯曼帝国而言,他通常可以借助巨额贿赂来摆脱这种局面,但这样做给农民带来了沉重的负担,甚至造成支持他的波雅尔的疏远。最后,当他在自己的宫殿里被伊斯坦布尔的特使逮捕时,没有人出手相助。然而,对布林科维努来说,拯救国家比不得不总是玩火要困难得多。他的危险游戏与其说暴露了他"狡猾"的性格和野心,不如说揭示了 1683 年土耳其人攻打维也纳失败造成多瑙河公国陷入了 种无可奈何的境地。

迪米特里·坎特米尔正确地估计了形势。当奥斯曼帝国授予他摩尔达维亚王位,并明确表示要消灭布林科维努时,他得出结论:1710 年推行的最佳政策是与沙俄合作。布林科维努也得出了同样的结论,因此,两位能干的罗马尼亚国王能够并确实走到了一起,这是一个罕见的历史时刻。然而,尽管坎特米尔一直坚定奉行自己认为正确的政策,但布林科维努因多年来一直试图保持对其他选择的开放性,其

132　行动就没有那么积极。当奥斯曼帝国向沙俄宣战时,坎特米尔是彼得的忠实盟友。1711 年 4 月,他签订了一份秘密协议,该协议承诺未来无论成败,他都能在圣彼得堡过上"体面"的生活。布林科维努也打算帮俄国人,因为俄国人严重依赖他的援助。然而,布林科维努惯于寻找出路,且更加接近奥斯曼帝国的权力中心,在彼得于 1711 年 7 月越过普鲁特河(Prut)后,他没有采取任何行动。因此,他为奥斯曼帝国在 7 月 11 日的斯坦尼莱什蒂战役(the Battle of Stanileşti)中战胜彼得作出了重大贡献。

坎特米尔与亲俄的摩尔达维亚波雅尔首领逃到沙俄,取而代之的是伟大的、刚刚去世的帝国翻译家尼古拉・马夫罗科达托斯(Nicolae Mavrocordatatos)的儿子,他坐上了摩尔达维亚的王位,标志着法纳尔人统治时期的开始。而尼古拉(Nicolae)家族中有一个布林科维努的敌人,他正觊觎瓦拉几亚王位。马夫罗科达托斯在伊斯坦布尔有着良好的人脉,法国在伊斯坦布尔的影响力在上升,他们也对瓦拉几亚国王怀有敌意。而当瓦拉几亚国王与维也纳之间的最新通信以及一些国内问题被发现时,这位老国王终于陷入完全孤立的境地,结果遭到逮捕和处决。布林科维努垮台之后,尼古拉・马夫罗科达托斯登上了瓦拉几亚公国的王位,法纳尔人开始在另一个多瑙河公国扮演重要角色。

法纳尔人时期

18 世纪的资料比前几个世纪多得多,因此相关著作也更多。甚至还出现了一些用西方语言写作的非常有趣的专题研究和文章。[17]这减轻了我的工作难度,但也要求我作出比现有研究成果更广泛的概括。此外,应当指出的是,本节并不涵盖整个法纳尔人时期。根据人们的看法,这一时期要么以 1829 年签订《埃迪尔内条约》(Treaty of Edirne)结束,要么以 1831 年占领公国的俄国将军保罗・基塞列夫伯

133　爵(Count Paul Kiseleff)颁布准宪法《组织章程》(Organic Statutes)结束。显然,它可以追溯到更早的时候,法国大革命和奥斯曼帝国发生的巨大变化同时影响了摩尔达维亚和瓦拉几亚,并在某种程度上改变了法纳尔人政权的性质,这与本书将要描述的有所不同。不过,相关叙事可以追溯到欧洲和奥斯曼帝国的分水岭。

必须回答的第一个问题是:法纳尔人是谁? 他们起源于伊斯坦布尔的希腊社区,即法纳尔区,直到最近,很多人仍声称法纳尔人是被征募者的家庭成员,是与这

个特殊群体有联系的人或者是他们的后代。但这一观点不仅近来遭到修正，而且一直以来也不是这一问题的专有解释，因为如果这是真的，那就意味着法纳尔区是地球上人口密度最大的地区，每个人都是有影响力的百万富翁。毫无疑问，在确定法纳尔人身份时，必须从伊斯坦布尔最重要的希腊家族成员开始，他们的整个职业生涯都与奥斯曼政府有关，他们的财富来自贸易、各种服务业和基于其在权力中心的影响力而在大量政治经济活动中逐步确立的垄断地位。除了这些主要家族之外，还必须纳入数以百计的其他家族，他们都不是希腊人，但他们构成了这些领导家族在伊斯坦布尔和整个帝国的追随者（retenues）和客户。这些家族共同构成了帝国内部的一个小帝国，没有后者的加入，这个小帝国就不可能存在。毫无疑问，大帝国统治着小帝国，即使是最强大的法纳尔人也不过是穆斯林统治圈中另一个重要成员（即野心勃勃的大维齐尔）手中的玩物。到18世纪初，这两个群体形成了某种伙伴关系，以至于一个不存在，另一个就很难生存。对此，大量斯拉夫人和罗马尼亚人的历史文献中都提到了土耳其-希腊的双重统治。

就罗马尼亚而言，还有一个因素就是当地的贵族。在17世纪，有大量法纳尔商人和神职人员已经找到了与其追随者一起进入多瑙河公国的路径。他们不得不入乡随俗，与当地的波雅尔大量通婚。众所周知，在这个过程中，几个最早的法纳尔人家族罗马尼亚化了。坎塔库泽尼家族就是最重要的早期案例，而多个波雅尔家族掌握了法纳尔人的做派、习惯、习俗，甚至是希腊语。在18世纪，这一过程变得更加重要，涉及更多的人，每一位新任国王都将数百名追随者安置在最重要的职位上，并利用自己手中的王权，将他们纳入罗马尼亚贵族的行列。虽然这些被引荐的最重要的显贵人物的命运与他们领主的命运息息相关，但绝大多数人在统治者的更迭中幸存下来，并摇身一变成为摩尔达维亚和瓦拉几亚的"新"贵族。为了让自己的利益免受下一位君主的觊觎，许多"新"贵族都与"老"贵族达成共识。

因此，法纳尔人，尤其是在罗马尼亚语境中并不代表希腊人，相反，它代表的是一群说希腊语，但可以是任何出身和民族的人，包括罗马尼亚人。这些人把自己及其命运与小帝国联系在一起，从而隐含地与大帝国联系在一起。谈到摩尔达维亚和瓦拉几亚时，法纳尔人的标签适用于大多数18世纪在位的国王、部分支持国王的王公贵族以及在更大范围内的亲奥斯曼派，但绝不适用于所有人。除此之外，即使是曾经居住在公国的显赫的法纳尔家族，也不能被视为法纳尔人，但应该被视为反对派的成员。

法纳尔人的定义既表明了这些人的主要影响，也指出了他们最大的困境。他们的出现所代表的最剧烈的变化是完全屈从于伊斯坦布尔,因为这被认为是理所当然的,最终他们都将以新的身份为奥斯曼帝国所用,包括他们在摩尔达维亚和瓦拉几亚获得的首要职位。从布林科维努到坎特米尔的旧式统治者,由地方"选举"并被其臣民视为统治者多姆(domn)或沃伊沃德(voievod),而新式统治者不用通过选举得到任命,只要得到一个总督或者霍斯波达尔的承认。罗马尼亚人早在 18 世纪就作出了这一很好的区分,也恰恰说明了为什么伊斯坦布尔突然转向一种新的制度来选择罗马尼亚的封臣。贵族多姆们过于独立,霍斯波达尔的确是总督,但可以像贝勒贝伊一样任免,其主要职责就是执行中央政府的意志。这种变化影响深远,对此,弗拉德·乔治斯库(Vlad Georgescu)恰当地总结了这一变化,他写道:

> 军队解散了。在整个 17 世纪占主导地位的中东欧政治、经济和文化取向,被一种君士坦丁堡的东方世界的模式所取代和激发。17 世纪知识分子与欧洲的紧密联系,在 18 世纪变得不常见,因为奥斯曼帝国和法纳尔人害怕欧洲对罗马尼亚产生影响(而当我们想到欧洲时,我们想到的是从圣彼得堡到巴黎的欧洲)。一个多世纪以来,两个公国不得不接受一个所有政治领袖和思想家在过去几个世纪里都试图避免的事实:融入一个由奥斯曼帝国和法纳尔人的价值观主导的体系,尽管这种融入是有限的。[18]

上述文字很好地描述了法纳尔人统治下的变化对罗马尼亚的意义。从某种意义上说,没有军队就没有独立的外交政策,例如,在 17 世纪末和 18 世纪初的战争中,布林科维努就试图独立于伊斯坦布尔。但结果却是,摩尔达维亚和瓦拉几亚成了奥斯曼帝国的行省,其范围比以前还大。当 17 世纪末的一流知识分子去世或者移民后,针对旅行和贸易的限制使新一代无法获得必要的教育和经验。不仅是智力生活,连基础教育都迅速衰落了。只有教会支持的机构仍能保持运转,但在 18 世纪,这些机构都掌握在法纳尔人手中。因此,从统治者到霍斯波达尔的转变,不仅带来了政治地位的降低,这些头衔间的差异清楚地表明了这一点,而且还导致了文化的倒退。

在贵族和富商中,接受希腊价值观填补了这一文化空白。不幸的是,希腊的价值观并不代表古希腊知识或东正教圣贤的重大贡献,它也不意味着希腊学术和文化的缓慢复兴。相反,它们映射的是一种奇特的生活方式,是法纳尔人在伊斯坦布尔发展起来的,是一种模仿"职业奥斯曼人"的生活方式。到 18 世纪末,罗马尼亚贵族的住宅、服饰甚至饮食习惯都与住在伊斯坦布尔及其附近富裕的法纳尔人,甚至奥斯曼人的生活没有什么区别了。这种渐进的变化不可避免且意义重大。

　　这种必然性有几个原因,第一个原因是法纳尔人毕竟属于特殊人群,这给他们带来了麻烦。他们既是有着现实目标的奥斯曼帝国官员,又是这些官员的主顾,在长达一个世纪的时间里,奥斯曼的行政管理效率下降到有史以来的最低点,而腐败则达到顶峰。尽管腐败有助于保全生命,但它使执政时间非常不确定。从法纳尔人开始掌权到 1804 年,只有 11 个家族的 25 个成员统治着摩尔达维亚和瓦拉几亚,其中许多人反复执政,出现了 62 个"任期"。一旦被罢免,霍斯波达尔就不可能再获得任命,而这 25 个人中,有几个人只有一届任期,而且时间很短。在伊斯坦布尔,获得政府任命需要支付巨额现金,其中未来的"君主"支付了其中的大部分。其余的都是他的追随者提供的,他们必须得到补偿,并尽快盈利。第一个事实由此导致了第二个事实的产生。

　　为了让他们的"统治"得到回报,霍斯波达尔必须迅速让那些帮助他们筹集资金的人填补所有重要职位的空缺。与此同时,霍斯波达尔也必须尽早为自己谋利。由于所有的重要职位都掌握在法纳尔人手中,他们的家庭和生活方式与霍斯波达尔如出一辙。很快,当地的波雅尔也不得不模仿同样的生活方式,除非他们想被视为落伍的远方亲戚。这一趋势因上面提到的"新"贵族的出现而得到加强,即使其成员已成为罗马尼亚波雅尔,或已与"旧贵族"通婚,他们仍保持着自己的生活方式。这种法纳尔贵族与非法纳尔贵族的融合是导致外国生活方式进入罗马尼亚上层社会的第三个因素。然而,应该记住的是,这种新的生活方式并不一定意味着完全认同法纳尔人的价值观。随着 18 世纪的发展,反对派确实存在,并且变得越来越强大,尽管从表面上看,它的成员无法与它试图取代的成员区分开来。

　　不仅贵族生活的外在表现发生了变化,其在国家中的地位也发生了重大变化。这在很大程度上解释了为什么会有那么多波雅尔反对派。公国和其他任何地方一样,贵族地位是一个人因出身而获得的,否则,它即由统治者授予。起初,贵族是一名战士,他以自己的服务(后来包括担任公职)被给予免税权和获得针对农民的封建权利,而土地所有权是其威望和权力的基础。1739 年,康斯坦丁·马夫罗科达托斯(Constantin Mavrocordatos)在统治瓦拉几亚时改变了这一制度,并在成为霍斯波达尔两年后,将他的新法律引入摩尔达维亚。他把世袭贵族变成了"公职贵族"(service nobility),这是俄罗斯历史专业的学生所熟知的概念。旧的特权被取消了,贵族阶级的地位以及相应的特权和免税权都与职位挂钩。担任各种公职的人的后代享有与其祖先相同的权利。这一改革真正完成了从旧的罗马尼亚体制到法纳尔

136

人体制的转变,因为它把君主任命的人、法纳尔人和"新"贵族置于官员和贵族组成的金字塔的顶端。由此产生的级别调整彻底改变了那些一贯掌权的家族的地位,使他们可能成为一场严重抵抗运动的中心。

康斯坦丁·马夫罗科达托斯的改革超越了贵族问题,还涉及修道院、财政问题,甚至包括农民的地位问题。基于此,他成为 18 世纪上半叶最重要的法纳尔君主。[19]他在 7 年的时间中曾四次担任摩尔达维亚的霍斯波达尔,15 年的时间中五次担任瓦拉几亚霍斯波达尔,他比其他任何早期的法纳尔统治者都更了解公国的问题。他似乎已经理解了这样一个事实所带来的困难,即法纳尔政权对伊斯坦布尔的金融和"贸易"义务完全不受监管。因为无论何时,只要王位被分配给某个人,统治者或者试图保住王位,或者试图取代其竞争对手,旧的税收和苛捐杂税就被大规模的贿赂所取代,而且,伊斯坦布尔对贡赋的需求持续增长且不可预测。此外,法纳尔人需要好的投资回报,而所有的波雅尔都需要谋生,这些要求就给农民们加上了越来越沉重的压力。从 17 世纪开始,情况变得更糟,修道院、贵族和君主们强迫任何臣服于他们的人(包括城市人口)缴纳更多封建贡赋。农民的反应是放慢生产速度、隐藏农产品和大量移民。对波雅尔、法纳尔人甚至伊斯坦布尔来说,越来越难得到他们想要的东西。在 1741—1746 年间,仅瓦拉几亚就损失了总共 14.7 万个农民家庭中的 7.7 万个,他们大多移民到多瑙河以南的地区去了。[20]

为了缓解这一状况,阻止农民沦为农奴,康斯坦丁·马夫罗科达托斯于 1746 年和 1749 年分别在瓦拉几亚、摩尔达维亚颁布了改革法令,取消了对牛、葡萄酒厂和葡萄园征收的三种税(这三种税均由波雅尔负责征收,由农民支付),农民可以用 10 阿克切购买自己的自由。此外,农民根据拥有的牛的数量进行分类。他们根据数量,归还之前的放牧权、采伐权和相应数量的耕地权。法令规定了农民有义务缴纳什一税,并将徭役限制在每年劳动 8—10 天。园地和果园不受什一税的限制,但"拥有自己土地的农民,一旦继承了土地,就无权放弃"[21]。尽管这些改革微不足道,但这已经是康斯坦丁·马夫罗科达托斯从贵族和神职人员那里获得的最大限度的改革了。改革本身的严重缺陷使农民微薄的收入化为乌有。除了第一次把农民绑在自己的土地上之外,劳役不仅以天为单位,而且以完成的工作量为标准。这一数额定得很高,以至于如果按照劳动来衡量农民的义务,那么他必须工作的天数是原来的两倍甚至三倍。由君主任命的、执行其法令的监督机构一般都是贵族成员,因此他们对条例的解释都有利于地主。这一缺陷为 18 世纪后半叶的农民暴动打开了大门。

农民命运不断恶化,基本上有以下几个方面的原因。以固定价格向伊斯坦布 138
尔缴纳的农产品数量的增加,尽管其价格较低,但对波雅尔来说依然意味着能赚更
多的钱,因为只要他们能以牺牲农民利益的方式增加贡赋,他们就可以出售农民缴
纳的什一税产品或其他义务。法纳尔人引入的奢侈的生活方式也需要更多的收
入,对此,波雅尔只能通过更多地剥削农民来获得。最后,使用土豆和其他农产品
酿酒代表着另一种收入来源,这令地主们渴望从那些耕种其土地的人那里得到比
以往更多的贡品。

摩尔达维亚农民的遭遇比瓦拉几亚农民的更为悲惨。1766 年,波雅尔迫使格
里戈雷三世吉卡(Grigore III Ghica,1764—1767 年在位)颁布了一项新法令,不仅
将农民的徭役增加到 12 天,还规定了很高的日工作量,以至于农民实际每年被迫劳
动的时间为 35—40 天。波雅尔仍不满足这一结果。1775 年,他们迫使格里戈雷二
世(1774—1777 年第五次执政)将农民的劳役又增加了 5 天,同时还规定他们承担
修筑水坝、灌溉工程和其他水利设施的劳役。这些新的义务大致相当于当时教会
和世俗地主所要求的义务,即农民劳动的十分之一,与他们缴纳贡赋的义务相等。
所有这些额外的自由劳动力都代表了一种可以在之前未开垦的土地上工作的劳动
力。这样一来,地主的收入大大增加了,但与此同时,曾经自由的农民就变成了
农奴。

在瓦拉几亚,亚历山大·伊普西兰蒂(Alexandru Ipsilanti,1774—1782 年在位)
在 1776 年将农民的徭役时间增加到 12 天,但这一义务可以用现金代替。不仅如
此,他只规定了劳动的天数,没有规定劳动量。因此,地主不可能将 12 天的徭役变
成 3 倍那么多。到 18 世纪末,瓦拉几亚的农民很少服徭役,甚至连规定的 12 天也
没有。对于这两个行省之间的显著差异,我没有找到任何令人满意的解释,尽管有
人提出了几种说法。在 19 世纪,这两个行省都对农民施加了进一步的限制和义务,
甚至著名的《1831 年组织法》(Organic Statutes of 1831)也没有明显缓解农民的
困境。

虽然波雅尔将大部分新增财富用于炫耀性消费,但许多人积极参与了政治和
法律改革方案的制定。在 18 世纪最后 25 年,他们受到启蒙运动和开明专制君主的
影响,特别是约瑟夫二世(Joseph II)和叶卡捷琳娜大帝(Catherine the Great)的立法
影响。然而,他们的观点是建立在 17 世纪罗马尼亚思想家的著作基础上的,[22]事 139
实表明,17 世纪初充满希望的文化在 18 世纪并没有得到显著发展。对这个可悲的
国家来说,上述事态的发展有几个原因,包括"外国"统治、日益严重的腐败、与波兰

和特兰西瓦尼亚断绝联系，以及希腊语和法纳尔人价值体系影响的日益扩大。以上因素还解释了那些不仅仅考虑个人利益的波雅尔为什么对政治和法律改革的兴趣与日俱增。[23]最初，这些旨在改革和"独立自主"计划的制定者只是为了重建本土统治。后来他们制定了真正意义上的独立计划，甚至包括两个公国统一的方案。对于事态的这一发展，外交事务的发展和国内事态的发展都负有责任。

从法纳尔统治时期开始到 1792 年，当列强的利益集中在源自法国的事件上时，奥斯曼帝国打了三场与俄国的战争（1710—1711 年、1768—1774 年、1789—1792 年），一场与奥地利的战争（1716—1718 年），还有一场同时与上述两个大国的战争（1736—1739 年）。奥地利还短暂地加入了与俄国的最后一次战争（1788—1791 年）。在这些战争中，奥地利和俄国军队四次占领了多瑙河公国的领土，时间从 1711 年的几个月持续到 1769—1774 年和 1787—1792 年的五年。很明显，这些占领在罗马尼亚人的思想中留下了印记。更重要的是，这使他们意识到，他们具有战略意义的地理位置已经成为其领主之间争夺的焦点，他们越来越无力保护自己的领土。两个大国越来越清楚地表明，摩尔达维亚和瓦拉几亚注定要成为其领土的一部分。

尽管 18 世纪帝国只丢了布科维纳（Bukovina，事实上沦陷于 1774 年秋，法律上则是 1775 年春由奥斯曼帝国依法移交给奥地利），但人们已经意识到比摩尔达维亚西北部多得多的土地将从奥斯曼帝国转入奥地利和俄国手中，这深刻影响了霍斯波达尔和波雅尔的思想与行动。支持三个敌对政党之一的派系间的分歧加深了，但赞成被俄国或奥地利吞并或永久并入奥斯曼帝国的却不多。大多数派系都同意一点，即首先必须将权力归还给罗马尼亚贵族，然后尽可能扩大"自治权"。在实现这些目标的方法上，他们意见不一。当然，三个大国无意满足罗马尼亚的目标。他们的坚定支持者被推向越来越极端的境地。国内政治局势进一步复杂化。相关的攻击与反击太多了，以至于无法在本书的框架内详细叙述。可以说，影响国内事务和对外承诺的政策已经完全交织在一起，它们大多是在没有罗马尼亚人参与的情况下由外国资本制造的。由此导致的公国未来独立的危险日益严重，这增加了以牺牲大多数其他活动来寻求政治解决办法的努力。

1774 年 7 月 21 日签署的著名的《库楚克-开纳吉条约》（Treaty of Küçük Kaynarca）就是一个在没有罗马尼亚参与的情况下作出承诺的很好的例子。在签署该条约之前，两个公国已被俄国占领五年。这两个多瑙河公国从战争和俄国的长期占领中获得什么将完全由俄国决定。该条约最出名的是第 7 条和第 14 条，这两条赋予俄国人在奥斯曼帝国保护"基督教"的"权利",第3条使克里米亚鞑靼人的土地成为"独立国家",还有其他影响到公国及其居民的条款。第1条保证所有反对奥斯曼帝国的人,包括摩尔达维亚和瓦拉几亚的居民,因帮助敌人而获得普遍赦免,包括恢复荣誉和财产。第9条赋予俄国在任何地方设立领事馆的权利。第16条恢复了奥斯曼帝国对公国的统治,但在两年之内,它们不必缴纳任何"贡品",此后将缴纳固定不变的"贡品",但不容忍任何背叛。俄国保留代表公国在伊斯坦布尔提出交涉的权利。这一项规定以及有关俄国在雅西和布加勒斯特设立领事馆的规定,是为了保持俄国对各公国的影响和可能的进一步干预。

在第一次瓜分波兰后,当叶卡捷琳娜大帝以其著名的"希腊计划"(Greek Project)的名义再次回到她的南方扩张主义计划时,俄国的真实想法变得清晰起来。这导致奥地利、俄国和奥斯曼帝国在法国大革命引发的事件暂时中断了历史上所谓的东方问题的快速发展之前进行了最后一场战争。至少和平条约[1791年在西斯托瓦(Sistova)与奥地利签订的条约和1792年在雅西与俄国签订的和约]并未要求多瑙河公国作出更多牺牲。档案文件证明,此时公国的统治阶级并不满足于让他们的国家回到奥斯曼帝国。他们是对的。考虑到奥地利和俄国的其他盘算,奥斯曼帝国违反了《库楚克-开纳吉条约》的所有规定。它又一次和霍斯波达尔们玩了 141 抢椅子的游戏,并索取了巨额贿赂,但它无法保护瓦拉几亚免受维丁和帕斯瓦诺卢(Pasvanoğlu)强大的帕夏的袭击,他们对多瑙河以北地区造成了严重的破坏。在18世纪末,这个不幸的行省见证了所有君主中最糟糕的一个——康斯坦丁·汉格尔利(Constantine Hangerli,1797—1799年在位)。幸运的是,在他完全毁掉瓦拉几亚的经济之前,苏丹命人杀死了他。

此时,作为对拿破仑入侵埃及的回应,奥斯曼帝国与英国和俄国结成了同盟。而俄国利用这个机会加强了其在多瑙河公国的地位。1802年,俄国迫使奥斯曼人同意撤销自《库楚克-开纳吉条约》以来征收的所有非法税收,并且将霍斯波达尔的任期定为7年,在任期届满前未经俄国同意,不得将其撤销。在这种情况下,在1804年塞尔维亚起义之前统治的最后的霍斯波达尔——瓦拉几亚的康斯坦丁·伊普西兰蒂(Constantine Ipsilanti,1802—1806年在位)和摩尔达维亚的亚历山大·莫鲁兹(Alexandru Moruzi,1802—1806年在位)——强烈支持亲俄的统治也就不足为奇了。他们的领土似乎又一次漂移到俄国的轨道上。

不过,到18世纪和19世纪之交,法纳尔人的统治已经接近尾声,更多的西方思想渗透到了多瑙河公国这片土地上,致使它们在19世纪的历史发生了与拿破仑时代的观察家们所预言的截然不同的结果。这片土地正朝着独立和统一迈出一小步,利用一切可能的机会从奥斯曼帝国的统治下解脱出来。伊普西兰蒂试图帮助塞尔维亚起义,并敦促俄国干预,由此引发了一系列事件,导致奥斯曼帝国和俄国在 1806 年爆发战争。在我看来,这场战争开启了罗马尼亚的"现代史"。

【注释】

[1] 贡品数额引自 P. Constantinescu-Iaşi, Em. Condurachi, C. Daicoviciu, et al., eds., *lstoria Romîniei*, 4 vols., Bucureşti, Editura Academiei RepubJicii Romîne, 1960—1962, Vol.2, pp.779—780; Vol.3, pp.14—16。

[2] Ibid., Vol.2, p.780.

[3] Ibid., Vol.2, p.782.

[4] Ibid., Vol.2, pp.21—22.

[5] Alexandru Dimitrie Xenopol, *Histoire des Roumaines de la Dacietrajane*, 2 vols., Paris: E. Leroux, 1896, Vol.1, p.531,引自 R. W. Seton-Watson, *A History of the Roumanians*, 1934; reprinted, Hamden, Conn.: Archon Books, 1963, p.73。

[6] 最优秀简洁的使用西方语言研究强迫购买问题的研究成果参见 Bistra Cvetkova, "Le Service des 'Celep' et Ie ravitaillement en bétail dans I'Empire Ottoman (XVe—XVIIIe s.)," *Études Historiques*, Sofia: Bulgarian Academy of Sciences, no.3, 1966, pp.145—172。

[7] Ibid., p.158.

[8] 一个伊斯坦布尔基尔(帝国有各种各样的基尔)相当于 88 磅。参见 Maria Alexandrescu-Dersca, "Quelques données sur Ie ravitaillement de Constantinople au XVIe siècle," *Actes du Premier Congrès International des Études Balkaniques et Sud-Est Europeénes*, Vol.3, p.666。

[9] Ibid., pp.669—670.

[10] Ibid., p.670.

[11] Ibid., p.671. 在伊斯坦布尔,100 个奥克相当于 1 个基尔。

[12] Ibid. 假设小羊每只产 50 奥卡(约 45 磅)的肉,8 000 只羊的市场价值将达到 120 万阿克切。这里面还考虑了运输中损失的 1 000 只。加上大约为购买价格一半的费用和贿赂,总计有 63 万阿克切留给了"屠夫",这是一笔非常可观的利润。大多数塞莱普处理的数量要小得多,而且在履行义务时常常遇到严重问题。

[13] 详见 P. Constantinescu-Iaşi, Em. Condurachi, C. Daicoviciu, et al., eds., *lstoria Romîniei*, Vol.2, pp.850—856, 861—867, 921—925; Vol.3, pp.76—77, 128—154。

[14] 关于出口贸易,有一个优秀的英语研究成果提供了公国出口贸易的信息,其中,大部分贸易都是针对特兰西瓦尼亚、波兰,甚至哈布斯堡王朝的。参见 Paul Cernovodeanu, *England's Trade Policy in the Levant*, *1660—1714*, in *Bibliotheca Historica Romaniae*, Vol.41, no.2, Bucharest: Academy of Sciences Publication House, 1972。

[15] 关于罗马尼亚城镇的使用西方语言的最佳研究成果参见 Valentin Georgescu, "Le regime de la propriete dans les Villes Roumaines et leur organisation administrative aux XVIIe—XVIIIe siècles-Valachie et Moldavie," *La Ville Balkanique*, *XVe—XIXe siècles*, *Vol. 3 of Studia Balcanica*, pp.63—81。

[16] 参见 P. Constantinescu-Iaşi, Em. Condurachi, C. Daicoviciu, et al., eds., *lstoria Romîniei*, Vol.3, p.258。此外,该书第 256—294 页对 17 世纪的文化历史进行了非常出色的描绘。

[17] 数量可观的相关文章发表在《东南欧国际研究协会公报》(*Bulletin de l'Association Internationale d'Etudes du Sud-Est Européen*)和《罗马尼亚历史评论》(*Revue Roumaine d'Histoire*)以及其他刊物上。参见 V. Mihordea, *Maîtres du sol et paysans dans les Principautes Roumainés au XVIIIᵉ siècle*, *Vol.36 of Bibliotheca Historica Romaniae*, Bucharest：Academy of the Romanian Socialist Republic, 1971；Vlad Georgescu, *Mémoires et Projets de réforme dans les PTincipautés Roumaines*, *1769—1830*, Bucharest：A.I.E.S.E.E., 1970。其中，弗拉德·乔治斯库还是几位能在西方期刊上发表优秀论文的作者代表之一，参见 Vlad Georgescu, "The Romanian Boyars in the Eighteenth Century：Their Political Ideology," *East European Quarterly*, vol.7, no.1, Spring, 1973, pp.31—40。

[18] Vlad Georgescu, "The Romanian Boyars in the Eighteenth Century：Their Political Ideology," p.32.

[19] 有关改革内容参见 P. Constantinescu-Iași, Em. Condurachi, C. Daicoviciu, et al., eds., *lstoria Romîniei*, Vol. 3, pp.435—446。

[20] David Mitrany, *The Land and the Peasant in Rumania*, *1930*；reprinted., New York：Greenwood Press 1968, p.16.

[21] Ibid., p.21.

[22] 参见 Vlad Georgescu, *Mémoires et Projets de réforme dans les PTincipautés Roumaines*, *1769—1830*；"The Romanian Boyars in the Eighteenth Century：Their Political Ideology"。

[23] 关于法律改革的尝试，可以参考如下这部使用西方语言的出色著作：Valentine AI. Georgescu, "Initiative et échec：deux structure phanariotes en matière de droit (1711—1721). Leur insertion dans Ie contexte des réalités roumaines," *Bulletin d'Association Intemationale d'Études du Sud-Est Européen*, vol. 10, no.1, 1972, pp.15—37。

第七章　特兰西瓦尼亚

历史背景

142　　特兰西瓦尼亚是一块三角形状的地区，东面紧邻喀尔巴阡山脉，从蒂萨河的源头一直延伸到其最南端，大致就是布拉索夫（Brașov，Brasso，Kronstadt）所在的地方，并在此与另一座被称为"南喀尔巴阡"或"特兰西瓦尼亚阿尔卑斯"（Transylvanian Alps）的山脉汇合，然后向西延伸。这第二条山脉是特兰西瓦尼亚三角地形的南部边界。第三条山脉由一系列较低的山脉组成——塞门尼克山（Semenic，Szemenek）、波伊纳·鲁斯克山（Poiana Ruscăi，Pojána Ruszka）、梅塔利费里山（Munții Metaliferi，Érchegység）、比霍尔山（Munții Bihorului，Bihar hegység）、梅塞斯山（Munții Meseșului，Meszes hegység）和科德鲁鲁峰（Culmea Codruli，Bükk hegység）。特兰西瓦尼亚曾多次在奥斯曼帝国保护下成为一个独立公国，上述山脉与蒂萨河流域（现代罗马尼亚的克里什纳地区）以及斯洛伐克东部之间部分平坦的土地，还有与乌克兰喀尔巴阡山脉（the Sub-Carpathian Ukrain，Ruthenia，即鲁塞尼亚）之间的部分平原都属于该国。

　　特兰西瓦尼亚最早出现在有关达契亚的历史记载中。公元1世纪末，罗马人攻陷达契亚，并从公元105年统治到公元258年。达契亚人留下了大量的考古遗迹，并被罗马尼亚人视为祖先。在罗马统治时期，他们接受了征服者的语言，现代罗马尼亚语由此发展而来。这种罗马时代拉丁化的说法一直受到匈牙利人的质疑，他们认可达契亚人确实在罗马人统治时期生活在特兰西瓦尼亚，甚至愿意承认达契

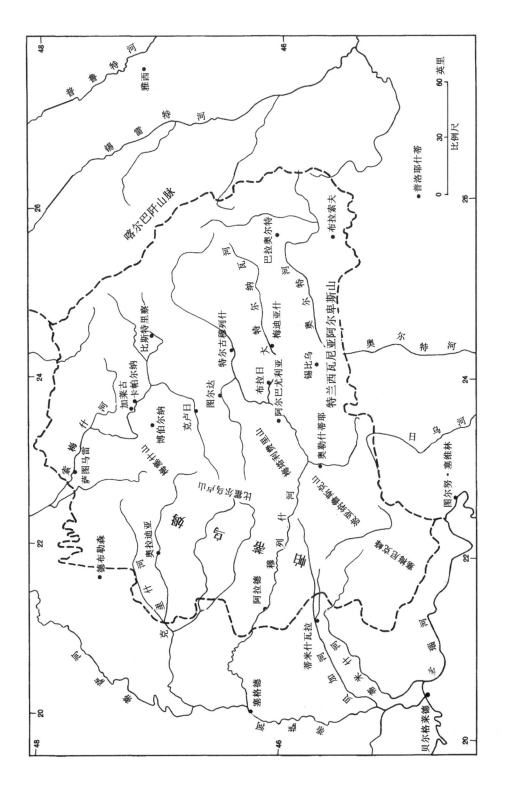

亚人可能已经学会了统治者的语言。但是,匈牙利人声称,达契亚人要么是在罗马人迁往多瑙河以南的时候离开的,要么就是在罗马统治结束到匈牙利人于 9 世纪末出现之间消失的。因为在这漫长的几世纪里,他们无法与在此期间统治特兰西瓦尼亚的哥特人、匈人、格皮德人(Gepids)、阿瓦尔人(Avars)和保加尔人相抗衡。匈牙利人声称罗马尼亚人是在 12 世纪,尤其是 13 世纪从多瑙河以南返回此此地。

为了表达这些相互矛盾的观点,双方费了很多笔墨、伤了感情。毫无疑问,当罗马人征服这片土地时,达契亚人生活在特兰西瓦尼亚,他们完全有可能在罗马人统治的 150 年里学会了更文明的征服者的语言。同样合理的假设是,那些最适应罗马价值观的人跟着罗马军团离开了,而大部分留下来的人湮灭在随后 6 个世纪的动荡生活中。但这并不意味着到 9 世纪末,特兰西瓦尼亚就没有达契亚-罗马尼亚人(Daco-Romanians)了。相反,可能还有一些达契亚人,但他们的数量肯定比罗马人到来时少得多。他们的存在可以解释为什么几个世纪以来罗马尼亚人不断从多瑙河以南重新移民到这里,因为多瑙河以南远没有多瑙河以北安全,生活在多瑙河以南的罗马尼亚人会通过亲戚寻找更安全的地方。换言之,我相信罗马尼亚人有权要求继续居住在特兰西瓦尼亚,但匈牙利人也是对的,他们指出,生活在那里的罗马尼亚人在 12—13 世纪急剧增加。不管真相如何,毋庸置疑的是,当特兰西瓦尼亚成为一个独立的公国时,罗马尼亚人至少占了其人口的一半。

公认的匈牙利人征服匈牙利的时间是 896 年。但有关他们从匈牙利平原向东、经西部山区边界进入特兰西瓦尼亚的时间还不太确定。其间有多次迁移,共持续了大约一百年,最终的征服是在 1003 年。当时,古罗马的阿普鲁姆(Apulum),即今天的阿尔巴·尤利亚(Alba Iulia),变成了由圣斯特凡(St. Steven)任命的特兰西瓦尼亚的统治者、匈牙利卡穆斯(comes, ispán)的住所久拉费耶瓦尔(Gyulafehérvár)。在这一任命之后,特兰西瓦尼亚与匈牙利的历史开始并行发展,包括贵族统治下的其他人口的增长,以及将国家划分为多个郡,每个郡由国王任命的一名卡穆斯统治。随着时间的推移,匈牙利各郡发展成为贵族统治的行政区。特兰西瓦尼亚的发展则有所不同。

匈牙利人并不是最后一个从欧亚大草原向西推进的民族,特兰西瓦尼亚成为匈牙利王国的东部防御区。它被置于一名皇家特别官员瓦吉达(vajda,即沃伊沃德)的管辖之下。瓦吉达获得了几乎仅次于国王的独立权力,早在 1263 年就有权为 7 个特兰西瓦尼亚郡任命管理者。除了克罗地亚的班(bán, banus),瓦吉达是国王唯一的官员,他实际上在王国内部管理着一个小王国,只要得到王室的同意,他甚至可以在自己的管辖区举行集会。这不仅使特兰西瓦尼亚的匈牙利贵族享有特殊地位,而且使他们成为特兰西瓦尼亚三个"民族"中的第一民族的成员。"民族"(nation,natio)不代表现代民族国家,它只是指一个群体——在此特指匈牙利贵族——他们拥有充分的政治和法律权利。到 14 世纪末,这个第一民族的成员中出现了几个非匈牙利人家族。著名的匈雅提家族就是罗马尼亚裔家族成为匈牙利"民族"成员的最好例子。

匈雅提家族的例子说明了罗马尼亚人面临的问题。毫无疑问,在我们看来,匈牙利人的价值观不是今天意境下的民族观念,而是封建主义的观念,即一旦圣斯特凡接受了占主导地位的西方价值观和基督教,他就会审视特兰西瓦尼亚的居民,不管他们的种族亲缘如何,都要走封建的等级路线。当匈牙利人采用这一制度时,旧的领导阶层在政治上就获得了贵族身份,但当时罗马尼亚人还没有这种成分。

当罗马尼亚人从较低的社会阶层上升到较高的社会阶层时——尤其是在匈牙利统治的最初几个世纪,这对任何人来说都不算太难——他们会自动成为所提升到的阶层的一员,并把其余民众抛在后面,因此不可能发展成为中世纪意义上的"民族"。随着时间的推移,宗教和其他问题也随之增加,直到罗马尼亚人成为唯一没有"民族"的人。此外,在特兰西瓦尼亚获得独立时,所有取得这种地位的人都认为他们不适合成为一个整体。

除了匈牙利人之外,所谓的萨克森人(Saxons)和塞凯伊人(the Székelys,secui,szekler)也有自己的民族。这两个民族中,后者很难从种族上定义。根据传统,他们是匈人从欧洲撤退时留下的后人。虽然他们第一次出现在文献中时说匈牙利语,并且在种族和语言上与匈牙利人有明显联系,但他们不是 9 世纪从欧亚大草原迁至匈牙利的那些人中的一部分。他们先是住在特兰西瓦尼亚东南部自己的公社中,后来生活在郡里。他们履行边防警卫的职责,作为交换,他们享有完全的自治权,被视为贵族,可以选择自己的卡穆斯。他们的生活方式,即使不算部落生活,至少也是按照公社组织起来的原始的游牧生活。因此,他们中的任何人都很难成为大领主或大地产的所有者。作为一个独特的群体,他们过着自己的生活,遵循着自己的传统习俗和规则。自匈牙利的封建统治之初,他们就被视为贵族,自动成为特兰西瓦尼亚的第二民族,他们必须服从国王和瓦吉达,但他们通过自己的卡穆斯与国王和瓦吉达沟通。他们不纳税,并每年从自己的公社中选出当地官员。就在特兰西瓦尼亚成为一个独立公国之前,他们成了各方争夺的焦点(参见下文)。

第一批德意志定居者在国王格扎二世阿帕德(Géza II Árpád,1141—1162 年在

146

位)统治期间被邀请到特兰西瓦尼亚,负责守卫边境通道,并被分配到锡比乌地区 (the region of Sibiu, Nagyszeben, Hermann-stadt)。后来的德意志定居者先是在比斯特里察(Bistriţa, Beszterce, Bistritz)周围定居下来,后来则大多搬到了他们称为 "其他地方"(the alte lande)的早期定居点,主要是沿着特兰西瓦尼亚阿尔卑斯山脉 的北坡向东扩展,并向北延伸到奥尔特河(Olt)和塔纳瓦·迈耶河(Târnava Mare, Nagy Küküllo, Grosse Kokel)之间的土地。由于受邀而来,且基于匈牙利国王认 为的重要原因(边境防卫、殖民、贸易),因此,他们从一开始就享有特权。1224 年, 国王安德鲁二世(Andrew II, 1205—1235 年在位)颁布了一个名为"安德烈亚努姆" (Andreanum)的宪章,相关特权被编入其中并得到扩展。根据该宪章,他们被认定 为一个统一的"民族",生活在奥拉西蒂(Orăştie, Szásváros, Broos)和巴特罗 (Baraolt, Barót)之间的地区。只有萨克森人才能在这片土地上定居。萨克森人有 权选择自己的卡穆斯,他们只对瓦吉达和国王负责,并用 500"马克"("mark")换取 了财政税的豁免权,马克是国王贝拉三世(Béla III, 1172—1196 年在位)时期使用 的货币单位。萨克森人的兵役固定为境内服役 500 人,境外如果由国王率领则为 100 人,如果由其他人率领则为 50 人。此外,他们有权选举自己的牧师和法官,只 有在法官无法解决争端的情况下,他们才会上诉到皇家法庭。他们也有权经营自 己的集市,并去往国内任何地方的其他集市进行交易,而且税费都是免除的。《安 德烈亚努姆》把萨克森人提升到了特兰西瓦尼亚第三"民族"的地位。

这三个"民族"都有自己的政治和教会组织,并在自己的事务中实行自治。匈 牙利人和塞凯伊人从一开始就有了自己的贵族,很快萨克森人也有了自己的贵族 并发展出一个规模可观的特权群体,即格雷夫人(the gräves)。随着萨克森人城镇 的迅速发展,资产阶级的重要成员成为这个"民族"真正重要的组成部分。

最后一位阿帕德(Árpád)国王死于 1301 年,在两次短暂且微不足道的统治之 后,匈牙利人转向那不勒斯的安茹家族,并选举查尔斯·罗伯特(Charles Robert)为 他们的国王。在瓦吉达的领导下,特兰西瓦尼亚的匈牙利人拒绝承认查尔斯·罗 147 伯特。16 年后,国王查尔斯·罗伯特的军队于 1324 年粉碎了特兰西瓦尼亚的反对 派。国王改组了七个郡的政治和行政组织结构,出于现实考虑,将它们交给了他的 支持者、小贵族和乡绅。从第一个安茹王朝开始,显赫的贵族家族和诸多小贵族之 间争夺匈牙利国家权力的斗争就开始了。在特兰西瓦尼亚,塞凯伊人就算是小贵 族的一员。1490 年,国王马加什一世去世后,他们遭受了大贵族重整旗鼓的严重影 响。在这场斗争中,扎波里耶家族的力量逐渐壮大。不过,在介绍这一重要事件之前,必须讨论另一个具有深远意义的事件:1437—1438 年的农民大起义,它最终确立了三个"民族"的统治地位,排除了罗马尼亚人参与特兰西瓦尼亚政治生活的所有可能性。[1]

农民起义有两个主要原因:特兰西瓦尼亚农民状况的变化和日益严重的土耳其人的威胁。查尔斯·罗伯特的儿子拉约什大帝(即拉约什一世)有意保护农奴免受地主日益增长的要求的压迫。1351 年,他颁布了一项法律,规定农奴有义务向教会和领主缴纳什一税。但这项法律在习俗已经占据主导地位的特兰西瓦尼亚没有得到严格执行。与同土耳其人的战争同步开始的是城镇的发展,这导致匈牙利和萨克森农民的数量减少,他们要么折戟战场,要么移居城市。为了取代他们,教会领主和世俗领主强迫罗马尼亚人在自己的土地上定居,成为农奴。但这给教会带来了巨大的收入损失,因为这些信仰东正教的新农奴,作为土地所有者的军事义务日益增加,无法同时缴纳什一税。但为了使教会领主能够提供所需数量的士兵,罗马尼亚农民最终不得不向教会缴纳什一税,这大大增加了他们的义务和不满。一旦新农奴在土地上定居下来,就要严格执行土地征用和服务的法律。老农奴的遭遇也一样。随着他们的军事义务的增加,贵族们开始根据拉约什大帝的法律收取什一税,同时还继续收取"传统税费"。

在这些内部事态发展的同时,日益增长的土耳其威胁迫使卢森堡国王西吉斯蒙德(1387—1437 年在位)降低货币币值并征收新税。最终,他为特兰西瓦尼亚颁布了新的军事条例,除其他义务,其中要求每 33 名农奴中要有一名在武装部队服役。由于这三个"民族"都认为自己没有足够的人手,特兰西瓦尼亚议会投票决定,每十个农奴必须要有一人参军。

从 1429 年开始,这种经济和军事的双重需求带来了日益严重的动荡。当局并没有尝试理解这种不安,他们只想压制。农民的反应是拒绝纳税,并躲避征兵官。阿尔巴·尤利亚的主教乔治·莱珀(George Léper)的回应是,将那些拒绝履行义务的人逐出教会,而这使情况变得更糟。他还更进一步于 1436 年控告顽固的农民胡斯主义者(peasants of Hussitism),邀请宗教裁判所进入特兰西瓦尼亚,不仅使这个机构成为常设机构,还利用它强迫罗马尼亚农奴皈依罗马天主教。最后,他还要求用新货币缴纳过去没有缴纳的所有税费,这增加了农民的负担。除了反抗,农民别无选择。1437 年春,农民不分族群都参加了反抗。一些下层贵族的成员为他们输送了大部分的军事领袖,甚至中产阶级的成员也加入了农民的行列,这表明他们也对高高在上的神职人员和贵族的专横统治越来越不满。

在 1438 年 6 月底的一场大战中,农民们使用了从塔博尔派(Taborites)那里学到的战术,在鲍勃尔纳小镇(Bobâlna)附近打败了瓦吉达的军队。他们获胜后,贵族同意恢复农民的权利,将他们从农奴制中解放出来。莱珀主教放弃了未收缴的税费和东正教教徒的什一税,而贵族们则放弃了他们对所有新苛捐杂税的权利。此外,农民自由迁移的权利不仅重新得到承认,而且还增加了每年一次的武装集会的新权利,以审判和惩罚篡夺其权力的贵族。从这些基本权利中,可以发展出第四个"民族",鉴于罗马尼亚农民的数量巨大,这个民族可能就是罗马尼亚人,这将给特兰西瓦尼亚农民带来比欧洲其他任何地方都多的自由。当然,这些可能的发展都不是贵族们想要的,最后发生的事情恰恰相反,三个"民族"正式重组为三个民族的联盟。1437 年 9 月 16 日,在特兰西瓦尼亚北部加尔戈镇(town of Cǎlgâu)附近的卡佩纳村(village of CǎpâIna)举行的三个民族的领导人会议上,新联盟正式成立。由于联盟针对三个民族的所有"敌人",在短期内,它导致新的敌对行动。而长远来看,它所建立的是一个结构僵化的联盟。联盟保留了成员的所有权利,而新生及首要力量是罗马尼亚人,他们不可能在特兰西瓦尼亚获得任何权利。

在农民一次又一次地击败联盟之后,在国王的帮助下,联盟最终打败了农民,并对其领导人和战俘进行了血腥报复,在一段时间内剥夺了科洛茨瓦尔市[Kolozsvár,Cluj(即克卢日),Klausenburg]的特权,因为它一直支持农民。1438 年,新的执政联盟第一次以三族联盟的形式召开会议,剥夺了农民除有限形式的移民外的所有权利,当然还包括重新征收和履行不到一年前他们同意废除的所有税费和义务。这场起义及由此产生的联盟使作为独立公国的特兰西瓦尼亚拥有了自己的社会政治制度和组织。

现在回到曾帮助扎波里耶家族崭露头角的塞凯伊人的起义,我们发现,塞凯伊人被局限在他们共同拥有的区域内,土地很快就耗尽了。很多人无法在经济上自食其力,这促使他们服兵役,并以此为基础获得特权。利用这种情况,他们中的富人便试图获得大部分土地,并将其余人口转变为农奴。对于那些将要成为农奴的人来说,幸运的是,这是国王马加什一世(1458—1490 年在位)的时代,他不信任大贵族,并试图建立由下层贵族统治的国家。根据国王的命令,既是瓦吉达又是塞凯伊人的卡穆斯的约翰·圣捷尔吉(John Szentgyörgyi),于 1466 年承认了这些人的特权,并禁止将他们变为农奴。然而,经济和相关的军事问题依然存在,国王不得不在 1473 年颁布新的法规。新法规对他们进行了区分:可以带着三个骑兵(包括他们的战马)参军的人、装备相似但只能亲自参军的人、只能作为轻步兵参军的人。所有人都被认为是自由派贵族,只有一小部分连步兵都不能当的人才能被变成农奴。虽然这项法令保留了塞凯伊人的自由,但并没有改变他们因缺地而造成的经济问题。1491 年,马加什去世后,斯蒂文·巴托里成为瓦吉达和塞凯伊人的卡穆斯,他完全无视法律,将不是农奴的人当作自己的臣民。幸运的是,巴托里有重要的敌人,在他们的要求下,1493 年乌拉斯洛二世(1490—1516 年在位)将其解职。1499 年,国王再次确认了塞凯伊人的特权。

巴托里被免职是大贵族与下层贵族斗争的一部分,在马加什一世统治时,下层贵族获得了很大的影响力。富有而有影响力的扎波里耶家族利用贵族之间的斗争,成为下层贵族的一部分,他们希望能像马加什那样在下层贵族的帮助下登上王位。属于这一团体的塞凯伊人参加了这场斗争,并在未经王室同意或瓦吉达许可的情况下举办了几次会议。他们支持扎波里耶,于 1510 年迫使国王任命 24 岁的扎波里耶为特兰西瓦尼亚的瓦吉达。约翰·扎波里耶一旦为自己的计划奠定了坚实的基础,就希望这个地区保持平静和依附性。1519 年,他镇压塞凯伊人,没收了他们的大部分财产。早在 1514 年的玫瑰起义(the Dózsa revolt,参见本书第三章)中,他就扮演过“救世主”的角色,在战胜塞凯伊人后,他成为王位的“民族”候选人。一个统一的、看起来“和平”的特兰西瓦尼亚成为当时只有 13 岁的国王拉约什二世(Louis, Lajos, 1516—1526 年在位)的权力基础,使他成为国内最强大的人。在他自己的行省之外,他仍然是下层贵族的代言人。1526 年,他被下层贵族选为国王,而大贵族们则转向哈布斯堡家族的斐迪南。其结果是爆发了内战。1541 年苏莱曼一世最终干预匈牙利事务,支持扎波里耶年幼的儿子,正如第三章所讨论的,国家三方分裂,并在那一年建立了一个独立的特兰西瓦尼亚公国。在扎波里耶遗孀伊莎贝拉的统治下,特兰西瓦尼亚成为奥斯曼帝国的附庸国。尽管伊莎贝拉的首席大臣红衣主教马丁努齐(Cardinal Martinuzzi)试图再次联合匈牙利人对抗土耳其人,但在 1556—1559 年间哈布斯堡王朝已经在特兰西瓦尼亚成功建立了统治,而苏莱曼一世的干预使得伊莎贝拉重新登上王位,这个新公国由此开启了存在一个半世纪的独立地位。

特兰西瓦尼亚公国的法律基础

到 1526 年,特兰西瓦尼亚诸多方面的发展使其顺利成为一个公国。瓦吉达们拥有巨大的权力,并且在大约一个世纪的时间里,还拥有塞凯伊人卡穆斯的称号。

三个"民族"虽然在匈牙利议会中拥有代表,并受该国法律的约束,但早在 14 世纪,他们就拥有自己的议会了。这一独立性因三个民族的正式联盟以及扎波里耶作为最后一个强大瓦吉达的行为而得到加强。这三个"民族"仍然是特兰西瓦尼亚的"政治"民族,社会阶层保持不变。其结果就是,作为一个独立的政治实体,他们在特兰西瓦尼亚存续期间成为一种独特的政治安排。这种独特性在伊莎贝拉(1541—1549 年在位)和她的儿子约翰-西吉斯蒙德·扎波里耶(John-Sigismund Zapolai,1559—1571 年在位)统治时期发展起来,继而在其统治时期的各种事件中表现出来。因此,我们必须首先讨论一下上面提到的双重立法和双重法典。

在国王的命令下,经过多年的努力,斯蒂文·韦尔伯齐〔Steven(Istvan)Werböczy〕向议会提交了他的匈牙利法律汇编,该议会于 1574 年对草原城镇奥皮达和农民采取了非常严厉的措施。这部法律汇编之所以被称为《三一法典》(Codex Tripartitum),是因为它有三个主要部分。该法典为国王和议会所接受,但由于一些强大巨头的反对,从未正式颁布。然而,在三年后,韦尔伯齐在维也纳出版了这部法典,并成为王国的基本法。它的影响非常大,几个世纪以来,一直充当着"法律"的角色。议会所做的不过是制定与之相符的解释和条例。在某种程度上,这种关系类似于奥斯曼帝国的沙里亚和卡努法之间的关系,尽管《三一法典》从未产生什么宗教意义。

当这部新法典成为匈牙利的基本法时,特兰西瓦尼亚还是匈牙利的一部分,该法典也为其所接受。但与匈牙利分离后,它不仅仍然是特兰西瓦尼亚的基本法典,而且与匈牙利人相比,特兰西瓦尼亚议会更严格地限定自己仅扮演法律解释者的角色。其结果就是,特兰西瓦尼亚遵循着与匈牙利王室相同的法律,而匈牙利是一个屡次与之发生战争的国家。

虽然哈布斯堡统治时期的《三一法典》及相关事件影响了匈牙利国王及其政府的地位,但特兰西瓦尼亚的君主、瓦吉达的继承人依然保留了之前的绝对权力,且不受免职的威胁。绝对权力,加上议会将自己的职能局限于法律解释的倾向,使君主们实际上成了绝对的统治者。由 12 个人组成的议会很难充当遏制君主权力的工具,因为其成员是由君主任命的,可以由君主随意罢免。

然而,这些几乎无所不能的统治者也不过是附庸,并且不是一个君主的附庸,而是两个强大君主的附庸:匈牙利国王和奥斯曼帝国的苏丹。这种双重藩属是 16 世纪和 17 世纪的独有现象,但特兰西瓦尼亚从未把它当回事儿。他们奉行自己的政策,并反复与两个领主作战。就所有实际目的而言,对奥斯曼帝国的依赖可以追溯到 1526 年的王室双重选举和约翰·扎波里耶在长期内战期间对奥斯曼帝国的依赖。伊莎贝拉更加依赖苏丹的善意。必须记住的是(参见第三章)，最初苏莱曼一世对在匈牙利建立一个完全独立的奥斯曼行省并不感兴趣。相反，他更乐意在那里扶持一个软弱、服从的统治者。约翰·扎波里耶去世后，他不得不改变政策，但可以确定的是，让哈布斯堡家族远离匈牙利东部和特兰西瓦尼亚对他十分有利。

　　夺回王位后，伊莎贝拉担心自己会再次被废黜。她不信任任何人，与贵族们进行了一场激烈的斗争，她不仅为了争取绝对的权力，而且为了反对他们尝试影响其儿子的教育的企图。但是，她需要贵族帮助她维系特兰西瓦尼亚和她的皇室头衔，以及匈牙利东部的那些土地，这些土地被称为小帕提姆(Partium)，位于特兰西瓦尼亚的西部边界和蒂萨河之间，并在她的管辖之下。到 1556 年，国王斐迪南一世表示愿意承认特兰西瓦尼亚的存在，但声称拥有帕提姆。直到伊莎贝拉去世，这个问题仍未解决。

　　她 19 岁的儿子以匈牙利国王的头衔继承王位，他是一个和蔼可亲、受过高等教育、学识渊博的人，但他的健康状况欠佳、意志薄弱。在他的统治期间，他留用了母亲的朋友作首席顾问，包括能干的外交官盖斯帕·贝克斯(Gáspár Békés)、宫廷医生乔治·布兰德拉(George Blandrata)和三个年轻的巴托里家族的兄弟。152

　　斐迪南意识到了约翰-西吉斯蒙德·扎波里耶的弱点，在 1561 年对其发动进攻。对西吉斯蒙德的各种不满，让斐迪南与包括塞凯伊人在内的敌人达成了共识。局势变得非常危急，以至于约翰-西吉斯蒙德打算投降。他的年轻的将军斯蒂文·巴托里(Steven Báthory)说服他放弃投降，并镇压了叛乱，在奥斯曼帝国的帮助下，双方陷入军事僵局，直到 1563 年停战。1564 年斐迪南去世，但巴托里的反攻失败了。1565 年，《萨塔尔和约》[Peace of Szatmár(Satu Mare，Sathmar)]使哈布斯堡家族获得了除纳吉瓦拉德以外的所有帕提姆的土地。更重要的是，约翰-西吉斯蒙德被迫放弃了他的皇室头衔，接受了特兰西瓦尼亚大公的头衔，并通过向新国王马克西米利安一世[Maximillian(Miksa) I，1564—1576 年在位]宣誓忠诚，获得了匈牙利的一部分土地。此外，他娶了马克西米利安的妹妹，并承认哈布斯堡家族有权继承特兰西瓦尼亚的王位。第一个正式的附庸关系由此建立起来。

　　苏莱曼一世当然不喜欢这种安排。他给充满感激的约翰-西吉斯蒙德派了一支军队，带来了圣谕费曼，宣称特兰西瓦尼亚是奥斯曼帝国的附庸国，每年都要纳贡 1 万杜卡特。同时，特兰西瓦尼亚与摩尔达维亚和瓦拉几亚享有同样的选举自己君主的权利。约翰-西吉斯蒙德和反哈布斯堡派接受了这一安排，并因此建立了第二个正式的附庸关系。

次年,即 1566 年,苏莱曼一世率领军队对抗哈布斯堡家族,约翰-西吉斯蒙德在贝尔格莱德迎击苏莱曼一世。苏莱曼一世在自己发动的战争中丧生,使得约翰-西吉斯蒙德和马克西米利安之间的附庸关系持续到 1570 年。直到《斯皮尔和约》(Peace of Speier),奥斯曼帝国才将大部分帕提姆归还给特兰西瓦尼亚,以换取对约翰-西吉斯蒙德的附庸关系,奥斯曼帝国还再次承认特兰西瓦尼亚是匈牙利的一部分。马克西米利安之所以接受这种安排,是因为他知道约翰-西吉斯蒙德身体不好,他永远不会有孩子。在不久之后的 1571 年春天,约翰-西吉斯蒙德去世。哈布斯堡家族现在对特兰西瓦尼亚拥有了合法的所有权,但特兰西瓦尼亚的贵族们利用苏莱曼一世的圣谕,选举斯蒂文·巴托里当他们的君主。

在我们结束有关扎波里耶时代的讨论之前,还必须再讨论一下使得特兰西瓦尼亚拥有其最终独特结构的"四种公认的宗教"和"三个民族的联盟"。这就是 19 世纪米克洛斯·韦塞莱尼男爵(Baron Miklós Wesselényi)所称的安排,即"特兰西瓦尼亚的七宗罪"。"四种公认的宗教"表明,这一发展是宗教改革的结果。[2]

匈牙利的改革史大体上与中欧的宗教改革运动同时发生。有趣的是,它最早的保护者是拉约什二世的妻子、哈布斯堡家族的玛丽女王。她在匈牙利人中不受欢迎,这使得路德教起初很难传播,仅限于斯洛伐克和特兰西瓦尼亚的德意志定居者。在特兰西瓦尼亚,布拉索夫的约翰·霍恩特鲁斯(Johann Honterus)成为路德教的伟大信徒,他首先占领了这个城市,之后很快又占领了大部分萨克森人居住的地区。宗教改革运动由此从萨克森人传播到匈牙利人。这种发展首先得益于这样一个事实:约翰·扎波里耶虽然仍然是罗马天主教徒,但在宗教事务上表现出极大的公正性,这源于他曾因是奥斯曼人的盟友而被逐出教会。到伊莎贝拉女王重返特兰西瓦尼亚时,尽管大多数贵族及其家族仍然是罗马天主教徒,但绝大多数非罗马尼亚人口都已成为路德教徒。

到 1556 年,加尔文教不仅出现在匈牙利,德布勒森(Debrecen)变成了它的中心,其主要传教者是马丁·卡门尼奇[Martin(Márton) Kálmáncsehi],而且还出现在了特兰西瓦尼亚。当年,卡门尼奇在科洛兹瓦尔组织了第一次宗教讨论会,但他没有收到任何门徒。三年后,他的继任者彼得·米卢什-朱哈什(Péter Méliusz-Juhász)将科洛兹瓦尔的神职人员转变为加尔文教徒。到 1564 年,大多数匈牙利人都成为加尔文教徒,而萨克森人坚持他们的路德教信仰,并建立了自己独立的教会。

1564 年,特兰西瓦尼亚议会通过了一项新法律,赋予"科洛兹瓦尔教"(Religion

of Kolozsvár)和"塞本教"（Szeben，the Lutheran，即路德教）与罗马天主教徒平等的权利。每个地方都有权选择自己的信仰，但那些遵循其他信仰的人有权留在自己的城镇，自由地信奉自己的宗教。但这一非凡的宽容法令并没有延伸到东正教信徒、犹太人或少数亚美尼亚人身上。1564 年颁布的法令实际上是按照"三族"模式的"三种公认的宗教"。其他宗教被容忍，但信徒没有权利，神职人员也没有特权。这一显著的发展是基于统治者约翰-西吉斯蒙德的同情心才得以实现的，他的主要兴趣是神学。他的首席顾问迈克尔·科萨基（Michael Csaki）和他的私人医生意大 154
利人乔治·布兰德拉塔（George Blandrata）也强烈地影响了他的新教倾向。

　　布兰德拉塔因反对三位一体论（antitrinitarian）而不得不离开家乡意大利，但他将自己的信仰带到了波兰，在那里，他跟随伊莎贝拉来到了匈牙利和特兰西瓦尼亚。他不仅影响了君主，还影响了科洛兹瓦尔的加尔文主教弗朗西斯·大卫（Francis Dávid），他在 1564 年成为后世所称的上帝一位论派教徒（unitarian）。因此，就在三种宗教被"接受"的那一年，第四种宗教出现了。[3]随后进行了无数次辩论，1568 年在图尔达（Torda，Turda）召集的会议上，议会迫于君主的压力，部分承认了"弗朗西斯·大卫的信仰"，并将其列为可接受和可容忍的宗教。1569 年，约翰-西吉斯蒙德接受了新宗教，最后，在 1571 年，马洛斯瓦萨赫利（Marosvásárhely，Tirgu Mureş）议会正式将可接受的信仰的数量提高到四种。对一位论者来说，被承认的时刻来得刚刚好，否则他们将遭受在意大利和波兰的命运。1571 年，强大的罗马天主教徒斯蒂文·巴托里成为君主，他召集了耶稣会士，开始反对宗教改革。巴托里的做法在匈牙利被证明是成功的，但他坚持法律，并没有强迫新教教会屈从。他确实阻止了宗教的进一步发展，他宣称马洛斯瓦萨赫里的决定永久地确定了"被接受"和"被容忍"的信仰，但在特兰西瓦尼亚再也不允许存在其他宗教。而特兰西瓦尼亚的"致命罪行"则被认定为触犯了圣经中的七宗罪。

　　巴托里之后，民族和宗教开始融合。萨克森人是路德派教徒，塞凯伊人是一位论派教徒，匈牙利人是加尔文教徒和罗马天主教徒。这不仅使"民族"之间的分歧比以往任何时候都更加清楚，而且还在本可以改善罗马尼亚人命运的道路上设置了双重障碍。1572 年，巴托里承认阿尔巴尤利亚为古老的东正教主教区。然而，东正教的存在只是被容忍，反宗教改革的运动使其运作变得非常困难。实际上，要让这个主教区带头改善东正教信徒的地位是不可能的。

　　总之，约翰-西吉斯蒙德去世时，特兰西瓦尼亚的基本法律制度已经确立。它有一个君主，是两个国家的附庸，但其统治实际不受议会的约束。它有一套双重法

律,即《三一法典》以及自身立法机构或君主通过的法律。最后,它有一个独特的社

155 会和政治制度,建立在三个民族的联盟与承认四种宗教的基础之上。这里与早期的瑞士有一种模糊的相似之处。在瑞士,寡头统治、信仰路德教的德国人、信仰天主教的意大利人,还有日内瓦的加尔文教徒,都得到了群山的保护。但也有一个很大的差异,与早期瑞士不同的是,至少有一半特兰西瓦尼亚的人口,即东正教罗马尼亚人,被排除在国家的政治、社会和宗教结构之外。

巴托里时期:1571—1613 年

约翰-西吉斯蒙德·扎波里耶去世后,特兰西瓦尼亚的君主主要有巴托里、拉科齐(Rákoczi)和贝斯伦(Bethlen)。除了最后提到的贝斯伦,他们都是扎波里耶家族和波兰的雅盖罗家族(the Polish Jagiełłos)的亲戚。这就解释了为什么巴托里和拉科齐家族总是卷入波兰事务。图 7.1 中给出的部分家族树说明了这些关系。[4]

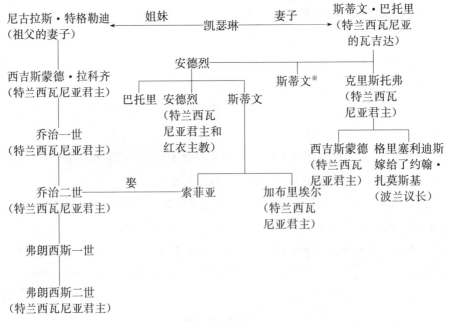

注:※此处的斯蒂文指斯蒂文·博茨凯,安娜·雅盖罗的丈夫,伊莎贝拉·扎波里耶的姐夫,特兰西瓦尼亚的君主,波兰的国王。

图 7.1　巴托里家族树

巴托里利用他们家族与雅盖罗家族和扎波里耶家族的关系,注定要建成一个王朝。事实证明,他们所宣称的在加布里埃尔(Gabriel)之前去世的两位君主并不属于巴托里家族,如图 7.1 所示,他们分别是西吉斯蒙德·拉科齐(Sigismund Rákoczi)和克里斯托弗(Christofer)的姐夫斯蒂文·博茨凯(Steven Bocskai)。对巴托里家族来说,不幸的是,1613 年逝世的加布里埃尔是家族的最后一个男性。

巴托里时期开局顺利。斯蒂文·巴托里是一个学识渊博、有着杰出的外交和军事才能的人,但他也是一个非常强硬甚至残暴的统治者。他一生中最辉煌的岁月是在波兰度过的,在那里,他是波兰最伟大的国王之一。对波兰、匈牙利和特兰西瓦尼亚来说,他去世时没有留下子嗣可能是不幸的。他在波兰的所作所为确保了他能青史留名,而一旦成为特兰西瓦尼亚的君主,他亦能迅速恢复特兰西瓦尼亚的秩序。起初,他亲自统治公国,1576 年移居波兰后,通过他的兄弟克里斯托弗统治,最后又通过他的侄子西吉斯蒙德统治,但每个人都把他视为君主。他的威望创造了一段平静繁荣的时期,在特兰西瓦尼亚的独立史上,只有一个时期能与之相提并论。

匈牙利历史学家认为斯蒂文·巴托里是一个伟大的爱国者,他懂得特兰西瓦尼亚的独立是"未来强大的匈牙利"所必需的,他认识到哈布斯堡家族和奥斯曼帝国同样危险,而来自哈布斯堡的危险更为紧迫。这就解释了史学家为什么看好巴托里中立但稍微偏向奥斯曼的政策。很明显,巴托里确实在两个大国之间进行了非常巧妙的斡旋,一方面与奥斯曼帝国保持和平,另一方面不断将枪口对准哈布斯堡家族。但实际上从他成为特兰西瓦尼亚统治者的那天起,他对波兰事务的干涉就使人们很难接受对其政策的这种解释。诚然,任何匈牙利爱国者,即使是没有个人野心的人,也会反对哈布斯堡家族夺取波兰王位的企图,但我们永远无法确定巴托里在这种情况下几乎不会采取任何其他行动的动机。他的举动更像一个聪明而且野心勃勃的人,试图在波兰和重新统一的匈牙利特兰西瓦尼亚的王位上,缔造一个自己及其家族的处于欧洲事务最重要位置的新权力结构。

约翰-西吉斯蒙德·扎波里耶·巴托里(John-Sigismund Zapolyai Báthory)去世时,特兰西瓦尼亚王位的最大竞争对手是已故君主的议长盖斯帕·贝克斯(Gáspár Békés)。巴托里当选后,贝克斯在对此不满的塞凯伊人中煽动了一场不成功的叛乱。在这场叛乱被镇压之后,最后一位雅盖罗于 1572 年初去世。马克西米利安想让他的一个儿子继承波兰王位,声称这是基于家族联系。巴托里在马克西米利安统治特兰西瓦尼亚时曾宣誓效忠,他也有相似的家族联系,并成为哈布斯堡家族唯

奥斯曼帝国统治下的东南欧(1354—1804 年)

一合理的竞争对手。基于此,马克西米利安站到了贝克斯一边,当波兰人选举亨利·德瓦路易斯(Henri de Valois)为国王时,两位候选人之间的战争似乎不可避免。贝克斯动身前往维也纳,但由于哈布斯堡家族没有重用他,他又去了伊斯坦布尔,在那里,他希望奥斯曼帝国支持他登上特兰西瓦尼亚的王位。但令他失望的是,奥斯曼人利用他,只是为了将特兰西瓦尼亚每年缴纳的贡赋提高至 1.5 万杜卡特。巴托里在特兰西瓦尼亚很安全,但这种平静并没有持续多久。

1574 年亨利回到法国,马克西米利安和巴托里再次成为波兰王位合乎逻辑的候选人。哈布斯堡家族把贝克斯召到维也纳,并把他送回特兰西瓦尼亚,在那里,在塞凯伊人的支持下,他又发动了一场叛乱。巴托里再次取得胜利,除了逃走的贝克斯,叛乱的领导人都遭到了血腥的报复。巴托里用剥夺塞凯伊人自由的方式对其进行惩罚,并由此引发了一场一直持续到最后一位国王加布里埃尔·巴托里去世时的世仇。在接下来的一年里,波兰发生了与 1526 年匈牙利同样的事情。1574年 12 月 15 日,下层贵族选举巴托里为国王,两天后,大贵族们将王位许给马克西米利安。1576 年初,马克西米利安去世,阻止了战争的爆发,波兰的王位也落入巴托里手中。

尽管斯蒂文·巴托里搬到了克拉科夫,再也没有回到特兰西瓦尼亚,但他的威望正是"在他的位置上进行统治"的兄弟克里斯托弗所需要的。克里斯托弗和斯蒂文·博茨凯关系亲密,他是一个正派的人,除了塞凯伊人,所有人都喜欢他。特兰西瓦尼亚人参加了巴托里反对俄国的战争,与波兰人配合默契。不幸的是,克里斯托弗于 1581 年去世,他的儿子西吉斯蒙德接替了他的位置。

西吉斯蒙德野心勃勃,对一切事务和每个人都抱有疑心,可能是精神错乱,或者至少是精神高度不稳定。由于深受耶稣会士的影响,他把奥斯曼人视为敌人,对加入基督教十字军反对奥斯曼人深感兴趣。基于此,他遭到那些相信其叔父政策的人的强烈反对,也遭到了新教贵族的强烈反对,他们担心与哈布斯堡家族的密切合作可能会危及他们的宗教自由。反对派受到新君主的堂兄巴尔萨扎尔(Balthazar)的支持,并于 1588 年成功地将耶稣会士驱逐出特兰西瓦尼亚。虽然大多数成员都离开了,但那些同意成为世俗教士的人被允许留下来。有一个人留下来并成为君主生活中的重要影响因素,他就是出生在西班牙的阿方斯·卡里略(Alphonse Carillo),他是西吉斯蒙德的牧师和告解神父。一位能干的将军斯蒂文·博茨凯,也是君主西吉斯蒙德的叔叔,他也属于主战派。

尽管巴尔萨扎尔领导的反战派在特兰西瓦尼亚占多数,但其处境因为 1593 年

158
146

奥斯曼人在匈牙利发起了一场新的战役而变得困难。这场战役标志着所谓的"长期战争"已经开始,而一直持续到 1606 年签订《吉托瓦托洛克和约》(Peace of Zsit-vatorok)。教皇鼓吹十字军东征,但没有成功。波兰人建议继续遵循斯蒂文·巴托里的政策,但西吉斯蒙德受到第一次打败奥斯曼帝国的鼓舞,派卡里略到布拉格与哈布斯堡家族谈判达成联盟的事宜。但他的进攻计划因为需要向北方派遣军队对抗鞑靼人的军队而受挫。鞑靼人的军队是来帮助奥斯曼人的。由于他的将军和首席顾问离去,西吉斯蒙德大发脾气而突然退位,转而支持他的主要对手巴尔萨扎尔。但他很快又改变了主意,在博茨凯的帮助下重新戴上王冠,并且处决了他的敌人,包括巴尔萨扎尔。

战争之路已经铺就。这一次博茨凯去了布拉格,缔结了一个联盟,并为他的君主找到了一位女大公作妻子。多瑙河公国纷纷加入巴托里的联盟,包括瓦拉几亚和它能干的君主"勇敢者"米哈伊,而匈牙利的战事亦开局顺利。然而,情况转向危急。西吉斯蒙德变化无常,这表现在他想解除婚姻的愿望和成为红衣主教的梦想中。与此同时,反对与哈布斯堡家族有任何瓜葛的波兰人则攻击了他的盟友摩尔达维亚。他们的做法激励塞凯伊人再次起义,迫使特兰西瓦尼亚军队返回家园。奥斯曼帝国得到喘息的机会,再次发动进攻。这一次他们成功地占领了匈牙利的几个要塞。最后,在 1596 年末,他们在梅兹奥克雷斯茨(Mezökeresztes)对哈布斯堡-特兰西瓦尼亚联军进行了决定性的打击。西吉斯蒙再次失去理智,经过一年的谈判,他于 1597 年底退位,转而支持鲁道夫皇帝(the Emperor Rudolf)。和平派现在有了机会,但博茨凯进行了干预,并设法将西吉斯蒙德带回。1599 年,当鲁道夫拒绝承认西吉斯蒙德为特兰西瓦尼亚君主时,他第三次退位,转而支持他的堂兄红衣主教安德鲁·巴托里。

此时,情况已非常危急。为了获得与奥斯曼人签订和平条约的支持,安德鲁与波兰人谈判寻求援助。博茨凯撤退到他在比霍尔地区的庄园,试图在没有土地的职业雇佣兵哈吉度(mercenaries, hajdu)中组建一支新的军队。哈布斯堡家族决定一劳永逸地解决特兰西瓦尼亚问题,遂派遣一支由乔治·巴斯塔(George Basta)领导的军队去占领特兰西瓦尼亚。此时此刻,在北方的波兰人和南方的奥斯曼人的压力下,米哈伊·维泰阿佐尔进入特兰西瓦尼亚,以阻止哈布斯堡家族的占领。他的部队被塞凯伊人接管,红衣主教别无选择,只好逃往波兰,结果在途中被塞凯伊人俘虏并斩首。

在接下来的五年里,特兰西瓦尼亚成为波兰、奥斯曼帝国、瓦拉几亚和哈布斯

堡军队的战场。在这种混乱中,西吉斯蒙德在波兰的帮助下返回,并于 1601 年再次
159 登上王位,但只维持了几个星期。巴斯塔处置了米哈伊·维泰阿佐尔后,西吉斯蒙
德留在了瓦拉几亚,与为哈布斯堡家族效力的巴斯塔联合执政,直到 1603 年他最终
永远离开瓦拉几亚。他留下的那片惨遭蹂躏的土地,现在由巴斯塔将军统治。受
到奥斯曼人帮助的摩西·塞凯伊(Moses Székely)攻击了巴斯塔,并打败了他。摩
西·塞凯伊被他的追随者选为君主,但却无法得到"三个民族"的支持。在瓦拉几
亚君主的帮助下,巴斯塔在 1603 年底打败了摩西·塞凯伊,在这场战斗中,摩西·
塞凯伊丧命。在第二年,巴斯塔成为特兰西瓦尼亚的绝对君主但却不受欢迎。

最后的君主

抵抗军的领导权现在掌握在一个 23 岁的年轻人手中,他藏匿在奥斯曼帝国的
领土上,名叫加布里埃尔·贝斯伦(Gabriel Bethlen)。贝斯伦知道他没有办法采取
行动,但认为博茨凯是一个可能的领导人选。博茨凯认识到亲哈布斯堡的路线已
经被证明是无效的,愿意改变政策,但在与贝斯伦的通信中却显得犹豫不决。其中
一封信还落入了哈布斯堡家族的手中。但在被捕之前,博茨凯转向了雇佣兵哈吉
度,承诺胜利之后给他们土地。1604 年 10 月,他的军队打败了被派来对付他的皇
家军队。在贝斯伦的建议下,奥斯曼帝国把特兰西瓦尼亚的王位让给了博茨凯。
他的军队不仅成功阻止了哈布斯堡的军队,而且向西推进到布拉迪斯拉发(Brati-
slava, Pozsony, Pressburg)。1605 年 4 月,他被选为匈牙利国王,但他拒绝了,转而
提议和平谈判。

和谈于 1606 年初夏在维也纳结束。哈布斯堡王朝承认博茨凯是特兰西瓦尼亚
的君主,至少在其有生之年,特兰西瓦尼亚包括了下喀尔巴阡山脉(the Sub-Carpa-
thian)的乌克兰和东斯洛伐克。鲁道夫还承诺给予匈牙利宗教自由,并迫使自己在
王国的办公室里充斥着匈牙利人。这两项承诺使博茨凯在匈牙利历史上获得了荣
誉。他遵守了对哈吉度的承诺,把他们安置在德布勒森市周围的平原上。此后不
久(即当年 11 月)与奥斯曼人和谈之后,尽管奥斯曼人声称拥有特兰西瓦尼亚人手
中的两座要塞,但局势似乎趋于稳定。不幸的是,博茨凯在 1606 年 12 月意外去世。

在他去世之前,博茨凯推荐了一位斯洛伐克贵族作为他的继承人,但是特兰西
瓦尼亚人选举了西吉斯蒙德·拉科齐。拉科齐当选的主要目的是阻止 17 岁的加布

里埃尔·巴托里觊觎王位。形势再次危急,因为匈牙利王室要求归还博茨凯生前划给特兰西瓦尼亚的土地。匈牙利人对待哈吉度的态度很差。哈吉度起而造反,并且联络了巴托里党人。为了确保和平,西吉斯蒙德·拉科齐于 1608 年退位,转而支持加布里埃尔。

最后一个巴托里的统治起步顺利。他很受欢迎,解决了哈吉度和塞凯伊人之间的问题,并与哈布斯堡家族签订了一项条约,明确表示没有义务在其领土上与土耳其人开战。不幸的是,加布里埃尔·巴托里是个花花公子,很会讨女人欢心。他还是个情绪变幻莫测、脾气暴躁的人,是第二个西吉斯蒙德·巴托里,缺乏政治常识。他没有意识到匈牙利反宗教改革的严重性以及侵略性,他对匈牙利天主教徒、特兰西瓦尼亚的天主教贵族和瓦拉几亚的拉杜·塞尔班(Radu Şerban)之间的阴谋完全没有准备,直到他们意图谋害加布里埃尔·巴托里的阴谋挫败。1610 年,他没收了所有天主教贵族的财产,驱逐了最后一批耶稣会士,进而激怒了匈牙利人和波兰人。更糟糕的是,他转而反对萨克森人,指责他们与哈布斯堡家族同流合污,因此,他占领锡比乌,中止了萨克森人的特权,没收了萨克森人的财产。之后,他又派遣哈吉度进入摩尔达维亚,结果引来土耳其人的攻击,被迫撤退。他突然被敌人包围,很快就被迫退到充满敌意的萨克森锡比乌进行自卫。此时,很大程度上是因为特兰西瓦尼亚的局势,土耳其人改变了立场,巴托里得救。

迈克尔·韦斯(Michael Weiss)领导了一场萨克森人的起义。一些塞凯伊人也加入了这场运动,最终由君主最亲密的朋友安东尼·吉奇［Anthony(Antal) Ghyczy］领导。巴托里打败了起义军,韦斯在起义中丧生。但巴托里失控的情况更严重了。他处决了哈吉度的首领,并用叛徒吉奇取代了他身边唯一的能人加布里埃尔·贝斯伦。巴托里现在不得不恢复萨克森人的权利,但为时已晚。在土耳其军队的帮助下,贝斯伦向他发起进攻。看到墙上的文字,吉奇再次改变立场,于 1613 年 10 月将巴托里刺杀。而新君主加布里埃尔·贝斯伦发布的第一道命令则是处决吉奇。

随着加布里埃尔·贝斯伦的加入,特兰西瓦尼亚的第二个“黄金时代”开始了。这一时期一直持续到他的继任者乔治一世拉科奇(George I Rákoczi)于 1648 年去世。他们都是能干的人,是优秀的士兵和管理者。他们也都成为欧洲历史上的重要人物,在三十年战争中为新教徒一方战斗。他们的能力和重要性不容否认。按照匈牙利历史学者的说法,即他们的行为拯救了匈牙利的新教,甚至挽救了匈牙利在哈布斯堡王朝稳步发展的特殊地位,这不是没有道理的。然而,两人的动机令人

160

怀疑,原因有二:他们的宗教信仰和匈牙利的爱国主义。两人都有伟大的计划,并
设想自己将登上匈牙利和波兰(甚至是摩尔达维亚和瓦拉几亚)的王位。就像伟大
的斯蒂文·巴托里,他们梦想着建立一个伟大的中欧帝国。除此之外,他们的许多
举动都无法用任何其他理由解释。考虑到欧洲的总体情况和他们自己的能力,他
们已相当成功,尽管他们从未获得想要的一切。贝斯伦被选为匈牙利国王,但他是
一个非常好的外交家,没有为自己加冕,而是利用自己的优势,在 1621 年的《尼科尔
斯堡和约》(Peace of Nikolsbourg)中争取到了哈布斯堡家族的极大让步。两位国王
在多瑙河公国产生了巨大的影响,在他们的统治下,多瑙河公国产生了共识。而奥
斯曼帝国无法有效阻止其"附庸国"的这种权力游戏。

161

这两个特兰西瓦尼亚人仿效巴托里的做法,通过没收土地财产发家致富,并建
立完全独立的土地财产和议会,使得他们能够按自认为合适的方式管理国家事务。
他们的士兵大多是雇佣兵,靠其不断增长的财产获得收入,因而不受特兰西瓦尼亚
当局的管辖。这至少有一个好处,那就是可以让民众免除军事责任。他们两人(特
别是贝斯伦)对文化感兴趣。在他们的统治下,重商主义在特兰西瓦尼亚出现,大
大增加了国家收入和与多瑙河公国间的贸易。乔治一世拉科奇去世时,特兰西瓦
尼亚是一片繁荣的土地。所有人都承认它是独立的,它是所有欧洲朝廷都看重的
一方力量。

1648 年一切突然改变了。《威斯特伐利亚和约》至少暂时解放了哈布斯堡家族
的双手。乔治一世去世后,他的儿子继任,而后者是个宗教狂热分子。奥斯曼帝国
正在慢慢复兴,并再次成为一个权力要素。改变特兰西瓦尼亚命运的事件始于哥
萨克人的起义,在博格丹·赫梅尔尼茨基(Bogdan Hmelniczki)的领导下,他与瓦西
里·卢普共同反对马泰·巴萨拉布——名义上的乔治二世拉科齐的附庸。直到
1565 年,瑞典的查尔斯·古斯塔夫(Charles Gustave)进攻波兰,哥萨克问题一直牵
扯着拉科齐的主要精力。波兰人向拉科齐求援,但作为一名称职的新教徒,他为瑞
典人提供了帮助,并于 1566 年 1 月率领军队进入波兰,希望就此获得该国的王位。
此时,奥斯曼帝国由第一个也是最伟大的大维齐尔科普鲁卢领导,他命令拉科齐回
国。乔治二世无视穆罕穆德,继续在波兰作战。当瑞典人停战,他突然失去了盟
友,而此时他的国家正遭受土耳其人的攻击。最终他撤退了,但其军队被波兰人和
克里米亚鞑靼人消灭。当来自伊斯坦布尔的一份罢免乔治的命令传来时,整个国
家对他充满了敌意。他被年迈的弗朗西斯·莱迪(Francis Rhédei)取代,但仍寄希
望于莱迪很快死去,同时让土耳其人有时间忘掉他们的愤怒,并允许其重新夺回王

位。1658 年,迫不及待的乔治从其斯洛伐克的领地返回特兰西瓦尼亚。此时,穆罕默德正率领一支庞大的奥斯曼军队来对付他,穆罕默德还号召克里米亚鞑靼人从 北方协助他的进攻。这两股军事力量占领了公国,其经济繁荣迅速终结。特兰西瓦尼亚的主要政治人物阿科斯·巴尔赛(Ákos Barcsai)与科普鲁卢开始谈判,同意支付战争赔偿金和每年 4 万杜卡特的贡品,并令大维齐尔登上王位。1659 年,乔治再次试图夺回他的王位,但他的企图只带来了奥斯曼帝国新一轮的打击和自身的进一步毁灭。1660 年,他战死沙场。

他的继任者约翰·凯梅尼(John Kemény)试图与土耳其人作战,但失败了。土耳其人让迈克尔一世阿帕菲(Michael I Apafi)登上了王位。在这个持续遭到战争破坏、为各种党派和阴谋所分裂的国家,阿帕菲的统治时间很长,但很不愉快。君主本人在亲土耳其和支持哈布斯堡的政策之间摇摆不定。1683 年,在最糟糕的时刻,他又转而支持土耳其人,当洛林的查尔斯(Charles of Lorraine)的伟大胜利将匈牙利从土耳其的统治下解救出来时,他别无选择,只能于 1686 年 10 月 27 日签署了《布拉杰条约》[Treaty of Blaj(Báhizsfalva,Blasendof)]。该条约允许他保留王位,"各民族"保留他们的特权,但条约迫使特兰西瓦尼亚人接受利奥波德一世(Leopold I,1657—1705 年在位)的"保护"。这个新的附属国包括允许哈布斯堡王朝的驻军进入特兰西瓦尼亚的防御工事,并每年向其支付比奥斯曼帝国要求的 10 万杜卡特高得多的贡品。特兰西瓦尼亚议会批准了这项协议,并宣布特兰西瓦尼亚回归匈牙利。

利奥波德派遣安东·卡拉夫将军(General Anton Caraffa)到特兰西瓦尼亚担任帝国专员。阿帕菲的顾问委员会和议会失去了一切权力,特兰西瓦尼亚过着被占领国的生活。1690 年阿帕菲去世后,奥斯曼帝国任命伊姆雷·托克利(Imre Tököli)为特兰西瓦尼亚的君主,而议会选举迈克尔二世阿帕菲(Michael II Apafi)为君主。前者得以进入公国并维持了一个月的统治,之后在哈布斯堡军队的胁迫下逃离。而阿帕菲的当选从未得到利奥波德一世的批准,他充其量是一个名义上的君主,在维也纳过着半囚禁的生活,直到 1713 年去世。然而,托克利的入侵并非没有结果。奥斯曼帝国和哈布斯堡家族之间的战争仍在继续,随着特兰西瓦尼亚局势的变化,土耳其人一直保有意外获胜的可能性。基于这些原因,利奥波德一世对特兰西瓦尼亚议会派来的代表尼古拉斯·贝斯伦[Nicholas(Miklos) Bethlen]的观点持开放态度。1691 年 12 月 4 日,他颁布了利奥波德特许证(the Diploma Leopoldinum),试图确保特兰西瓦尼亚人的持久忠诚。这一步不仅符合贝斯伦和他的朋友们的想法,也符合利奥波德一世的政策。1690 年和 1691 年,哈布斯堡王朝的皇帝向塞尔维亚人颁发了类似的特许证,塞尔维亚人在他的邀请下大量涌入匈牙利南部。

163　　　尽管奥斯曼帝国直到 1699 年签订《卡尔洛维茨和约》才放弃对特兰西瓦尼亚的领主地位,但事实上,利奥波德特许证已经终结了特兰西瓦尼亚的独立,并为其在哈布斯堡王朝内的存在缔造了一个一直保留到 1848 年的政治框架。特许证重申了"七宗罪"、"三个民族"的特权以及"四大公认的宗教"在独立公国框架内的特殊地位,而这个公国并没有与匈牙利统一。特许证承认官员们的头衔和职级,并将"外部势力"的作用局限于帝国军事领导驻扎在特兰西瓦尼亚。特许证还重申了每年向帝国财政部缴纳 10 万杜卡特的规定,只是现在可以用税收的形式交付。利奥波德继续选举迈克尔二世阿帕菲为特兰西瓦尼亚君主,以此取代他曾经任命的以其名义执政的总督乔治·班菲(George Bánffy)。当他的继任者约瑟夫一世(Joseph I,1705—1711 年在位)获得特兰西瓦尼亚君主的头衔时,总督的角色变得有点类似于1526 年以前的皇家军官瓦吉达。然而,总督们从未获得过瓦吉达所拥有的独立性和权力。尽管议会确实在 1705 年再次行使选举君主的权利,选出了当时反抗哈布斯堡家族的领导者弗朗西斯二世拉科齐[Francis(Ferenc)II Rákoczi],但这并没有改变 1691 年特许证所确立的局面。

结论

　　特兰西瓦尼亚作为一个独立公国的历史是一个令人唏嘘的错失政治机会的故事。奥斯曼帝国在那里的领主地位比在多瑙河公国要弱得多。直到 1658 年,贡品从未超过 4 万杜卡特。与摩尔达维亚和瓦拉几亚相比,这个数额微不足道(参见表 6.1)。此外,特兰西瓦尼亚没有负担特别税,既不必像东边的领地那样不断贿赂伊斯坦布尔,也没有义务以固定数额和固定价格向奥斯曼帝国"定向出口"。因此,在斯蒂文·巴托里、加布里埃尔·贝斯伦和乔治一世拉科齐的统治下,特兰西瓦尼亚经济繁荣。最后,与摩尔达维亚和瓦拉几亚相比,当奥斯曼干涉特兰西瓦尼亚事务的时候,它的君主们,特别是西吉斯蒙德·巴托里和乔治二世拉科齐,开始了真正危及奥斯曼帝国利益的冒险活动。特兰西瓦尼亚塑造自己命运的机会比奥斯曼帝国的其他两个附庸国要大得多,而且在与哈布斯堡王朝的接触中可以经常非常巧妙地利用奥斯曼帝国的领主地位。

哈布斯堡王朝的干预,无论是帝国扩张还是反宗教改革,都比奥斯曼帝国对特兰西瓦尼亚事务的干涉更危险。但即使如此,哈布斯堡王朝从未以全部力量针对特兰西瓦尼亚,因为皇室的许多其他利益以及匈牙利王室各党派之间的分裂一直 164 阻碍着哈布斯堡王朝集中力量对付特兰西瓦尼亚。如果处理得当,即使面对这种危险,特兰西瓦尼亚也可以成功应对。

从经济层面上看,像摩尔达维亚和瓦拉几亚一样,特兰西瓦尼亚不仅有自己的自然资源,而且它的城市,尤其是它的资产阶级,比摩尔达维亚和瓦拉几亚的资产阶级享有更多行动自由。城市居民中包括萨克森人在内,他们的经济能力和精明老练的程度在 16—17 世纪的东欧都是无人能及的。奥斯曼帝国占领匈牙利中部,迫使特兰西瓦尼亚的贸易东移,原本出于防御目的而分配给特兰西瓦尼亚的土地,后来都成了理想的发展经济的地方。萨克森人、罗马尼亚人和其他巴尔干商人通过萨克森人的城市与多瑙河公国进行贸易。随着贸易的快速增长,这些土地更加紧密地联系在一起,使加布里埃尔·贝斯伦能够确立非常成功的重商主义政策。

如前文所述,特兰西瓦尼亚与多瑙河公国的关系远不止是简单的商业关系。鉴于三个公国的地理位置和共同的问题,它们之间的政治和军事合作是不可避免的,尽管特兰西瓦尼亚、摩尔达维亚和瓦拉几亚的君主从未恰当地利用过这种合作。虽然多瑙河流域局势的不稳定在很大程度上是缺乏重大政治合作的原因,但相对稳定的特兰西瓦尼亚未能发挥必要的积极领导作用也是一个原因。不过,摩尔达维亚和瓦拉几亚被罗马尼亚人统治,特兰西瓦尼亚被匈牙利人统治,这一事实不应归咎于缺乏合作。民族主义在本章所讨论的几个世纪里并未成为一股力量,虽然特兰西瓦尼亚的统治阶层确实看不起他们的罗马尼亚农奴,但双方都没有会阻碍政治和军事层面合作的"民族仇恨"。

几位东欧君主都将他们的领地视为建立一个强大的、非哈布斯堡基督教国家的可能核心。如果这些领地中哪一个有机会扮演这个角色的话,那就是特兰西瓦尼亚。但它错过了机会。必须要问的是:"为什么会错过这个机会?"这一问题,没有简单的答案。

尽管特兰西瓦尼亚在独立存在之初就已经有了七宗"致命罪恶"中的三宗,后来这些罪不得不增加到七宗,而不是变得更少,但这绝不是不可避免的。毕竟,与 1526 年的匈牙利相比,封建主义在特兰西瓦尼亚并没有那么根深蒂固,而"三个民族"及其不同利益和特权的存在本身则指向了当时多元化的社会结构。这个趋势

165　一直延续到斯蒂文·巴托里将公认宗教的数量定为四种。至此,多元化的趋势才彻底转变。那时,也只有在那时,封建主义以最糟糕的形式在特兰西瓦尼亚牢固地确立起来。然而,即使在这种情况下,也只有当君主们利用传统的婚前权利以牺牲"三个民族"为代价来维护自己的权力和聚敛财富,使自己和议会沦为无耻之徒的时候,多元化才逐渐消退。

　　以上的简短总结指出了特兰西瓦尼亚内部社会政治结构的两个基本缺陷。首先是君主们很容易挑起"三个民族"之间的争斗。在摩尔达维亚、瓦拉几亚、波兰和匈牙利王室,统治者面对的只有一种势力,即贵族。尽管贵族们经常分裂成不同的派别,但这些集团总是在一件事上达成一致:维护他们在国家结构中的地位,包括继续享受他们的特权,并由此限制统治者的权力。在特兰西瓦尼亚,"三个民族"之间几乎没有什么感情损伤,君主们在与其他国家对抗时,总是可以依靠其中一两个民族的支持。从某种意义上说,特兰西瓦尼亚既是一个前封建社会,又是一个封建社会。没有真正团结的上层阶级,这一事实阻碍了这两种制度的正常运作。这种缺乏团结的状态给了它的敌人(尤其是哈布斯堡王朝)找到叛逆的追随者的机会,从而削弱了特兰西瓦尼亚将所有精力引向某个特定方向的能力。

　　第二个缺陷是罗马尼亚人完全被排除在"政治民族"之外。虽然必须拒绝对"民族"感情的解释,但族群歧视确实在发展,尤其是在政治上,特别是在经济上加入了宗教差异之后。农奴在任何地方都被视为低人一等,但当他说另一种语言,并走进一个不同于其领主的教堂时,这个鸿沟就变得无法弥合。除了经济上的剥削——这是所有农奴的命运,特兰西瓦尼亚还对其罗马尼亚人口漠不关心,因此,只能获得一半人口的支持。只有在乔治一世拉科齐统治时才开始对罗马尼亚人有了些晦暗不明的兴趣,但为时已晚。

　　与国内问题相比,乔治对外交事务更感兴趣。正是出于绝对君主在外交事务中的压倒性利益,人们才发现了特兰西瓦尼亚失去独立存在所固有的机会的主要原因。它的所有君主都在打仗。约翰·扎波里耶的战争基本都是防御性的,为了保住自己的王位,而他的继任者们的战争则主要是侵略性的。在这方面,像西吉斯蒙德、加布里埃尔·巴托里和乔治二世拉科齐这样的无能者与最能干的斯蒂文·巴托里、加布里埃尔·贝斯伦和乔治一世拉科齐没什么区别。

　　历史学家,主要是匈牙利历史学家,就这些持续不断的侵略战争提出了几种解
166　释。他们指出,特兰西瓦尼亚地处奥斯曼帝国、哈布斯堡王朝和波兰之间,但处境要比摩尔达维亚、瓦拉几亚好。特兰西瓦尼亚的君主明白,领导东南欧人民进行斗

争是他们的命运和责任。他们在解释特兰西瓦尼亚人的战争时强调了宗教原因，一再提到这些君主的匈牙利爱国主义精神，并强调这些战争阻止了哈布斯堡这个超级大国从宗教和政治上对匈牙利王室的完全征服和同化。毫无疑问，这些观点很有道理。人们不应忘记，贝斯伦和拉科齐家族并不是特兰西瓦尼亚人，他们起家的地方在帕提姆，因此他们对发生在匈牙利王室的事件深感兴趣。

尽管这些观点符合逻辑，但是它们对特兰西瓦尼亚君主们的行为的解释并不能令笔者满意。正如这些君主们的目标是以牺牲国内的"三个民族"为代价并成功获得全部国内权力，他们还试图在外交事务中实现类似的绝对目标，而这种目标超越了宗教目的，甚至超出了特兰西瓦尼亚的目的。这个目标几乎一直都是最终建立一个伟大国家，它包括匈牙利、波兰、摩尔达维亚、瓦拉几亚以及特兰西瓦尼亚。这种帝国主义政策超出了客观上可以实现的目标，也超出了宗教上甚至政治上的期望，逐渐削弱了君主们的权力基础，并使得特兰西瓦尼亚成为东南欧独立国家复兴核心的可能性越来越小。

虽然个人野心和建立王朝的愿望无疑在特兰西瓦尼亚君主们不切实际的政策中起了重要作用，但我们不能忘记，这些君主也是从他们无法忘记的"遗产"开始的。他们继承了扎波里耶，扎波里耶与他的第一批继承人有亲属关系，他曾被选为匈牙利国王，因此巴托里家族对匈牙利王位有一个不甚明朗的要求。斯蒂文·巴托里成为波兰国王后，他的家人和拉科齐家族的人遂相信他们也有权进入这个王国。在现代欧洲历史上，从来没有一位君主自愿放弃对土地的所有权，特兰西瓦尼亚也不例外。他们的野心有所谓的法律依据，在宗教战争的年代里，他们的国家实行了比其他任何国家都多的宗教宽容政策，因此，他们可以相对容易地扩张其野心。在历史学家们的解释中加入这些情况以及君主们的个人野心，就有可能更好地理解巴托里、贝斯伦和拉科齐的行为。

然而，一个基本缺陷仍然存在。即使是有能力的君主也被他们的目标蒙蔽了双眼，没有意识到他们没有足够的力量。而且，这些君主的行动削弱了他们的权力基础，并使得特兰西瓦尼亚能够发挥预期作用的可能性越来越小。正是这种误判 167 和对权力的渴望摧毁了"三个民族"的力量，削弱了特兰西瓦尼亚人的凝聚力。同时这种误判也破坏了行省的经济，当乔治二世拉科齐的第一次严重失败使特兰西瓦尼亚失去任何恢复能力，并导致其独立生存迅速终结时，这种情况变得显而易见。特兰西瓦尼亚的统治者把他们的政策建立在一个愿景上，而不是现实上。这是他们政治制度的根本缺陷。

考虑到奥斯曼帝国对特兰西瓦尼亚的态度,哈布斯堡家族无法集中足够的力量来征服它,加上这片土地的基本经济财富,特兰西瓦尼亚确实是 16 世纪和 17 世纪东南欧潜在的皮埃蒙特(Piedmont)①。但它的君主们的政策并未发挥这一潜力,留给未来几个世纪的只是一片贫瘠和可悲的分裂土地。尽管匈牙利王室从这一政策中获益,但问题是,无论这些收益是否令特兰西瓦尼亚的匈牙利人满意,更不用说该国的其他人民了,这都不足以证明他们的牺牲是正当的。事后来看,答案肯定是否定的,尤其是当人们考虑到那些未被适当利用且被忽视的机会的时候。这些机会为匈牙利王室成员带来了好处,但牺牲了那些生活在特兰西瓦尼亚的人的利益。

【注释】

[1] 用西方语言阐述 1437—1438 年事的最好的著作参见 Ștefen Pascu, *Der Transsilvanische Volkaufstand*, *1437—38*, *Bibliotheca Historica Romaniae*, Vol.7, Bucharest: Romanian Academy of Sciences, 1964。

[2] 在特兰西瓦尼亚,有大量关于宗教改革和反宗教改革的优秀著作,但西语作品不多,值得一提的有以下三部:János György Bauhofer, *History of the Protestant Church in Hungary from the Beginning of the Reformation to 1850 with Special Reference to Transylvania*, trans. J. Craig, New York: J. C. Derby, 1854; John Foisel, *Saxons through Seventeen Centuries*; *A History of the Transylvanian Saxons*, Cleveland: The Central Alliance of Transylvanian Saxons, 1936; Earl Morse Wilbur, *A History of Unitarianism in Transylvania*, *England and America*, 2 vols., Cambridge, Mass.: Harvard University Press, 1945—1952。

[3] 第一份被贴上"一位论"标签的文件可以追溯到 1600 年[莱茨法尔瓦(Léczfalva)议会的程序],而相关教会直到 1638 年才开始称自己为一位论教徒。

[4] 该家族树以拉迪斯拉斯·马克凯的完整家谱为基础。参见 Ladislas Makkai, *Histoire de Transylvanie*, Paris: Les Presses Universitaires de France, 1946, pp.184—185。

---

① 意大利西北部的葡萄酒产地,地位相当于法国的勃艮第。——译者注

第八章　杜布罗夫尼克(拉古萨)

历史背景

意大利学者路易吉·维拉里(Luigi Villari)曾写了一部至今仍然有其价值的关 168
于杜布罗夫尼克历史的著作。该书的副标题"土耳其征服的一个片段"展现了作者
对这个国家的兴趣。这么做缘于作者非常强调杜布罗夫尼克与奥斯曼帝国之间的
关系。因为在 1458 年,当两国签订第一份协议时,城邦国家达尔马提亚已经得到充
分发展,它是巴尔干地区最强大的经济力量。[1]杜布罗夫尼克是达尔马提亚的港口
城市之一,其他几个城市包括斯普利特(Split, Spalato)、扎达尔(Zadar)、希贝尼克
(Šibenik, Sebenico)、科托尔(Kotor, Cáttaro)和特罗吉尔(Trogir, Trau)。几个世
纪以来,杜布罗夫尼克一直与西欧(主要是意大利)保持着密切的联系。这些城市
以航海、贸易和制造业为生,在奥斯曼帝国统治时期,这些城市成为西方文化进入
巴尔干半岛的门户。在文化和经济上,杜布罗夫尼克是这些城市中最重要的。它
是 1420 年唯一一个独立于威尼斯城邦的国家,因此对奥斯曼帝国的"核心"行省而
言,除了重要性略逊一筹的都拉斯(Durrës),它是巴尔干贸易的唯一可能出口。这
一独特的地位就解释了奥斯曼帝国为什么重视杜布罗夫尼克,这座城市从其与苏
丹土地的联系中获益匪浅。正是基于这一点,维拉里的书起了一个夸张的副标题。

正如第三章所指出的,1459 年至 1499 年期间,奥斯曼帝国消灭了巴尔干半岛
保持独立状态的残余势力。唯一的例外就是杜布罗夫尼克,直到 1806 年被拿破仑
军队占领之前,它一直是巴尔干半岛唯一的独立国家。杜布罗夫尼克最重要的特

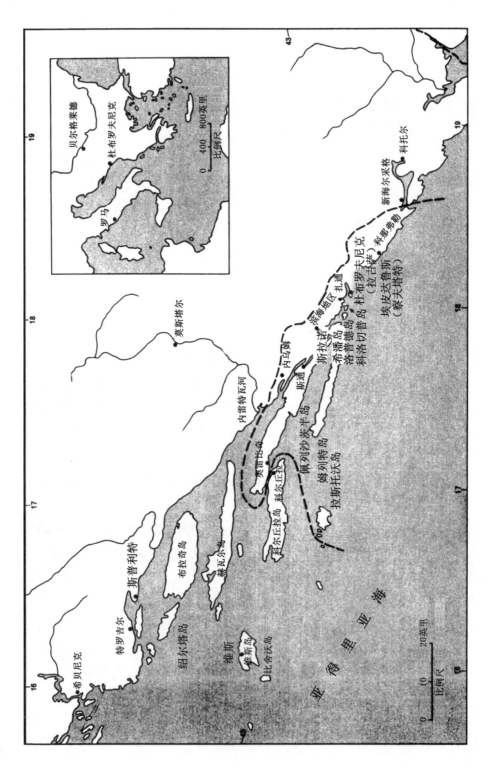

点是贸易,对此,本章仅会在必要时提及,[2]就像一般城邦史所做的那样。我们只 170
关注杜布罗夫尼克历史的两个方面:杜布罗夫尼克与奥斯曼帝国的联系,以及它对
南部斯拉夫民族历史发展的意义。

据君士坦丁·波菲洛吉尼图斯(Constantine Porphyrogenetus)称,7世纪,阿瓦
尔突袭者摧毁了埃皮达鲁斯(Epidaurus)。幸存者们向北前进了大约15英里,找到
一个更安全的地方,建立了一座新的城市,即拉古苏姆(Ragusium)。[3]新定居点附
近几乎遍布贫瘠的岩石,起初,居民们不得不向邻近的斯拉夫地区的首领们进贡,
他们称之为"莫戈里斯"(mogoriš),以便于获得养活自己的土地的耕种权。即使到
1426年,当拉古萨的领土从内陆和科洛切普(Kolочep)、卢帕德(Lopud)、西潘
(Sipan)三个小岛扩展到最后的规模时,它仍无法生产足够的粮食来维持生计。[4]
到15世纪中叶,这座城市本身有大约五六千名居民,整个国家领土内的人口大约在
2.5万—3万之间。考虑到1348年至1691年期间,共有18次瘟疫侵袭了杜布罗夫
尼克,1667年的一次地震曾摧毁了城市,可以肯定的是,尽管有作者提到了更高的
数字,但其公民人数从未超过3万。[5]

杜布罗夫尼克与斯拉夫国家的早期关系延续了几个世纪,此外还有与威尼斯、
塞尔维亚和波斯尼亚、克罗地亚、匈牙利以及那不勒斯等邻国的关系。作为一个港
口城市,杜布罗夫尼克自然对建立海上贸易感兴趣,但从一开始,它就对与巴尔干
半岛的陆路贸易联系产生了同样的兴趣。1191年,拜占庭皇帝伊萨克二世安杰卢
斯(Isaac II Angelus,1185—1195年在位)授予该市商人在其土地上自由贸易的权
利。几年前,杜布罗夫尼克已经从塞尔维亚(1186年)和波斯尼亚(1189年)获得了
类似的特权。这三项条约令半岛为杜布罗夫尼克的商人打开了大门。《波斯尼亚 171
条约》(Bosnian Treaty)首次包含了拉古萨的斯拉夫语名称,即杜布罗夫尼克,不过
其官方名称仍然是拉丁语的拉古萨共和国(Communitas Ragusii)。此时,这座城市
成为大主教区已有100多年了,它的居民已变成操双语的居民。到13世纪末,斯拉
夫人占了大多数。在获得上述贸易优势后不久,杜布罗夫尼克不得不于1205年向
威尼斯屈服,并一直处于威尼斯的统治之下,直到1358年匈牙利的拉约什大帝
(Louis the Great of Hungary,1342—1392年在位)打败威尼斯,并剥夺了其在达尔
马提亚的财产。路易与杜布罗夫尼克签订了一个条约,使之在其名义统治下完全
独立。

杜布罗夫尼克获得了其政治和社会组织的最终形式。一个威尼斯人站上了城
市的最高统治位置。在威尼斯人的统治结束后,他的职位改由当地选举产生的教

区牧师(rector),也称"肯兹"(knez)接替。总督卡穆斯很重要,但他必须得到当地贵族的支持。而其继任者(即教区牧师)不过是名一次只履职一个月的傀儡。总督和教区牧师在一个由 11 名贵族和法官组成的小议会(Consilium Minus,Malo vijeće)的协助下工作,这个小议会相当于高等法院,履行警察和市场监管的职责。由大约 300 名贵族组成的大议会(Consilium Maius,Veliko vijeće)负责选举其他政治机构的成员。它拥有立法权和对所有重大决定的最终决定权,但只有大主教汇签后,其决定才能成为法律。最重要的政治机构是元老院(the Senate,Consilium Rogatorum,Vijeće umoljenih),共有四五名成员,包括教区牧师和小议会成员,这是一个贵族专属的寡头机构。元老院的成员总是来自同一小群家庭,他们的身份都是终身的。正是这个机构为大议会起草了立法法案,讨论战争与和平问题,批准条约,并处理这个城邦国家所有重要的外交事务。

虽然贵族统治着杜布罗夫尼克的政治和经济生活,拥有城外以及城市本身的大部分土地,但他们并没有垄断杜布罗夫尼克的政治和经济生活。他们与大商人、贸易商、船长们和行会成员合作,保留了大部分管理自己事务的权利。毕竟所有这些群体的利益都是相同的。然而,贵族之所以占主导地位,是因为他们对贵族身份和财富的要求,这使他们成为其他人的银行家和债权人。杜布罗夫尼克不仅是一个贸易中心,还是一个制造中心。工匠们被分为行会和兄弟会,但他们的工作直到 15 世纪才变得重要起来。

172　　　1416 年,大议会宣布蓄奴非法,农民遂成为社会金字塔的底层。而占人口大多数的农民,很少拥有土地,他们反抗那些试图将他们变为农奴的贵族和教会,以保留自己的自由民身份。他们的义务由合同规定。从法律上说,他们要服从国家的法律,他们不能由其领主裁决,并保有迁徙自由的权利。城市的快速增长需要人,这解释了农民的待遇问题。农民总是被吸引到城市,而他们的位置则被即将涌入的斯拉夫人、阿尔巴尼亚人和其他邻国居民所取代。

考虑到上述发展不仅始于威尼斯人的统治,而且还在其统治下达成了最终形式(废奴除外),因此,还必须加上一些其他因素。威尼斯人最重要的贡献是帮助杜布罗夫尼克从正在崛起的斯拉夫国家中独立出来。同样在威尼斯人统治时期,杜布罗夫尼克与希腊和保加利亚缔结了贸易协定,从而将其经济网络进一步扩展到巴尔干半岛。威尼斯统治接近尾声时,杜布罗夫尼克与波斯尼亚和塞尔维亚重新建立了良好的关系。这些联系极为重要,因为正是在 13 世纪,杜布罗夫尼克的贸易格局最终成形,采矿业开始成为塞尔维亚的一项重要产业。从一开始,杜布罗夫尼克人就对采矿业有着浓厚的兴趣,到威尼斯统治结束时,他们不仅从事银、铜、铅和铁的贸易,甚至还管理和拥有塞尔维亚的矿山。他们在波斯尼亚采矿业中获得了同等地位。鉴于他们在巴尔干地区享有的特权,包括免税和自由贸易权,以及根据自己的法律和法官裁决享有的定居权,他们的重要性稳步上升。在整个巴尔干半岛的斯拉夫人领地上,除了保加利亚,到14世纪中叶,所有主要贸易中心都有拉古萨的殖民地。还应记住的是,奥斯曼的卡努法承认先前就存在的安排,因此,拉古萨人享有在未来的奥斯曼领地上的特权将非常重要。

威尼斯人统治的结束取消了对杜布罗夫尼克的海上限制,允许其扩大海上贸易,并为了与其陆地贸易相匹配,允许他们使用的船只多达180艘。在奥斯曼帝国统治下,巴尔干半岛的贸易格局不仅没有改变,还在14世纪后半叶最终成形。杜布罗夫尼克从巴尔干半岛出口矿物、各种动物产品,甚至还有一些食品,并向巴尔干半岛供应盐、西方制成品,主要是纺织品和奢侈品。杜布罗夫尼克的贸易增长迅速,范围扩展到西班牙、叙利亚、埃及,并总体上扩展到整个地中海世界。从1373年 173 开始,杜布罗夫尼克的商人多次从教皇那里获得与穆斯林进行贸易的许可。这使得他们与奥斯曼帝国的早期接触相对容易。

杜布罗夫尼克与奥斯曼帝国的第一次接触发生在1392年,当时奥斯曼帝国正在征服周围的土地。到1397年,杜布罗夫尼克从奥斯曼政府获得了在巴尔干自由贸易和定居的许可,基本上是对现有权利的重申。这项协定于1447年续签,1458年又签订了一个最终条约,将杜布罗夫尼克置于奥斯曼帝国的保护之下,作为交换,杜布罗夫尼克每年向奥斯曼帝国支付1 500杜卡特。1481年,这个数额增加到1.25万杜卡特,此后在杜布罗夫尼克与奥斯曼帝国关系存续期间,这一数额一直固定不变。尽管斯坎德培(1403?—1468年)、马加什·科韦努斯(Matthias Corvinus,即马加什一世,1458—1490年在位),甚至教皇都一再呼吁杜布罗夫尼克切断与土耳其人的联系,但这座城市意识到了保持这种联系的好处,因而从未按他们希望的那样去做。

到1481年,杜布罗夫尼克已经有了自己的内部组织结构和贸易模式,并已经在整个巴尔干半岛建立了商业殖民地,在奥斯曼帝国统治半岛时期,其殖民地进一步扩展。在15世纪初,杜布罗夫尼克已将其官方名称从Communitas(拉丁语的共和国)改为Republic(英文的共和国)。奥斯曼帝国能做的就是不得不承认已经存在的东西,前提是他们有兴趣允许杜布罗夫尼克保持独立,并继续在巴尔干半岛从事贸易活动。我们知道贸易对奥斯曼帝国至关重要。它新征服的欧洲行省的贸易都是沿着传统路线进行的,以便远离敌人威尼斯的控制。圣马可共和国(the Republic of St. Mark)从匈牙利安茹统治者给他们造成的失败中迅速恢复过来,并在 15 世纪前四分之一世纪之后再次控制了除杜布罗夫尼克之外的达尔马提亚的所有重要港口。因此,只要奥斯曼帝国有兴趣在亚得里亚海为巴尔干半岛争取一个贸易出口就别无选择,只能通过征服或条约来确保这座城市的港口和贸易设施。奥斯曼帝国之所以选择谈判,是因为杜布罗夫尼克元老院的外交能力。

杜布罗夫尼克与奥斯曼帝国的关系

杜布罗夫尼克共和国的外交官们肩负重任。当他们与奥斯曼帝国签订第一份协议时,匈牙利这个名义上的领主,仍然有能力采取侵略行动。欧洲的政治家,尤其是教皇,仍在考虑反奥斯曼十字军东征,并对任何与"异教徒"保持良好外交和贸易关系的基督教政府持怀疑态度。在 1397 年,认识到奥斯曼帝国已经成为巴尔干
174 半岛和欧洲的主要势力,并在 1402 年奥斯曼帝国在安卡拉大败后仍坚持这种判断,是需要远见的。至少在 1444 年瓦尔纳战役(the Battle of Varna)之前,也需要很高的技巧才能与反奥斯曼联盟保持距离,以避免招致那些正在与苏丹交战的人的敌意。杜布罗夫尼克的外交官甚至设法获得教皇的许可(1432 年)与敌人进行贸易。在瓦尔纳战役之后,尽管奥斯曼帝国发生了许多变化,但在过去的几个世纪里,杜布罗夫尼克与奥斯曼帝国的关系几乎没有发生变化,而这同样需要高超的技巧。事实上,这些关系是相互促进的,这不仅帮助了杜布罗夫尼克的外交官,而且绝不会降低他们的成就。

小城邦和大帝国之间的关系是非常有趣和独特的。[6]杜布罗夫尼克是奥斯曼帝国唯一一个在长期的附庸统治期间领土从未被入侵的附庸国,奥斯曼帝国从未干涉其内政,从穆斯林-奥斯曼法的角度来看,其地位是含糊不清的。毫无疑问,杜布罗夫尼克与奥斯曼帝国的关系比摩尔达维亚、瓦拉几亚和特兰西瓦尼亚受到的阻碍要小得多,而且其公民受到了"领主"的特殊照顾。

1397 年建立的条约关系在 1402 年后失效,1442 年恢复,1458 年重新谈判,并于 1481 年确定最终形式。虽然奥斯曼帝国一再单方面改变 1481 年的基本协议,但杜布罗夫尼克始终反对这些违反协议的行为,其外交官总是能够在短时间内扭转这些违反协议的行为,重新建立实践中保持不变的基本规定,直到拿破仑的军队到

达尔马提亚。这些文件或条约叫作阿赫德纳姆（Ahdname），即穆斯林将附庸国与奥斯曼帝国联系起来的法律文件。它们显然不符合将宇宙划分为信仰伊斯兰教地区和不信仰伊斯兰教地区的两分法，也不符合奥斯曼帝国占主导地位的法律学派，即哈乃菲教派的教义，因为它们创造了一个第三世界。但奥斯曼帝国解决了这一法律问题，它认为每一块土地都是信仰伊斯兰教地区的一部分，强调对它们与其他统治者之间协议的解释，奥斯曼人称缴纳土地使用税哈拉奇（haraç）是为了获得土地使用权。在这些例子中，包括摩尔达维亚、瓦拉几亚和特兰西瓦尼亚，它们的关系不仅是法律上的附庸，事实上，其民众也被称为"济米"，当他们进入帝国的其他地区时，都会受到相应的待遇。因此，前面经常提到的对其事务进行干涉的做法就是完全合乎情理的。

　　虽然在有关与伊斯坦布尔关系的论文中，杜布罗夫尼克与其他附庸国的情况类似，但事实并非如此。尼古拉斯·H.比格曼（Nicolaas H. Biegman）创造了一个恰当的短语，他称杜布罗夫尼克为"奥斯曼帝国的自治区"（autonomous part of the Ottoman Empire）。[7]这个城市共和国（city-republic）不仅以其认为合适的方式管理自己，而且能履行任何主权国家的基本职责，即使是面对其名义上的"主人"，亦能保护在国内外的公民。虽然大多数奥斯曼文件都把拉古萨人称为"济米"，但也有些文件将其描述为"弗仁吉"（frengi）。比格曼甚至发现了一份用拉丁语来确定杜布罗夫尼克居民身份的文件。显然，奥斯曼帝国并不十分清楚这座城市及其居民的具体身份和地位。而保持这种模糊地位的能力无疑是几个世纪以来杜布罗夫尼克外交的主要成就，这也在很大程度上解释了他们为什么能为了所有现实目标，保持完全独立。

　　除了伊斯坦布尔和杜布罗夫尼克的共同利益以及后者的外交技巧之外，这个达尔马提亚城市能够具有特殊地位的一个重要因素是其政府形式。奥斯曼帝国在对外关系中总是与个人打交道——国王、君主、埃米尔、马穆鲁克苏丹（Mamlūk sultans），这些关系的达成都是个人或家庭获得和维持权力地位的能力的结果，即使他们不得不在国内作出让步，并给予当地强权某些特权。因此，在奥斯曼人对自己国家的看法中，"君主"是他们所有考量中的关键人物。如果"君主"是奥斯曼帝国的附庸，他就应效忠于奥斯曼帝国，并对其臣民的行为负责，应该纳税，并采取奥斯曼帝国可以接受的政策。就奥斯曼帝国而言，确认或任命他的权利与罢免他的权利一样，而通过为其提供贴身的"顾问"或"保镖"，能够确保其可靠性，这样一来就解决了所有由附庸-领主关系引起的政治问题。他们既没有与寡头共和国（oligarchic

175

republic)打交道所需的经验，也没有理论概念。只要他们容忍杜布罗夫尼克，他们就必须接受共和国并与其法人元老院打交道。奥斯曼帝国没有一个领袖人物能像他们那样控制城市事务。奥斯曼帝国写给杜布罗夫尼克的所有信件都寄给了该市的贝伊(元老院成员)，这一事实表明奥斯曼帝国没有能力与一个法人打交道，这也暗示了杜布罗夫尼克在土耳其人的等级价值观中的地位。贝伊是奥斯曼社会中地位很高、很重要的人物。据我所知，在伊斯坦布尔，特兰西瓦尼亚的贵族和其他多瑙河公国的波雅尔从未被视为伊斯坦布尔的贝伊，但杜布罗夫尼克的元老院成员却被视为贝伊。

杜布罗夫尼克与其他附庸国地位的另一个显著区别是居住在奥斯曼帝国的公民所享有的地位。这种情况亦不符合土耳其国家已经建立的法律构架。如果杜布罗夫尼克被奥斯曼帝国视为一个独立的国家，那么它的居民应被视为外国人，只要得到必要的许可，就可以作为访客在帝国居住一年。如果停留超过一年，他们就会失去这种特殊地位，自动成为苏丹的臣民济米。如果他们的城邦被认为是帝国不可分割的一部分，那么他们本来就应该是济米，并接受所有相关限制和义务。显然，在上述条件下，杜布罗夫尼克就无法与奥斯曼帝国展开如此利于双方的商业活动，事实上，其公民享有特殊地位。

杜布罗夫尼克在波斯尼亚和塞尔维亚的所有重要贸易中心建立了具有特殊权利的定居点。这些定居点拥有广泛的贸易和免税特权，按照他们自己城邦的法律生活，实际上是自治的。奥斯曼帝国征服了保加利亚领土甚至包括布达和佩斯在内的主要贸易中心之后，又征服了杜布罗夫尼克商人建立的大大小小的定居点。据粗略计算，在奥斯曼帝国有权享有特殊地位的杜布罗夫尼克公民有两三千人，约占共和国人口的 10%。没有这些人，杜布罗夫尼克的贸易就不可能存在。他们的特殊地位使之成为可能。

拉古萨定居点的居民保留了他们的杜布罗夫尼克"公民身份"，不论他们在奥斯曼领土上居住的时间长短。他们免交对济米征收的所有个人税，也不必支付做生意的济米和穆斯林不得不交纳的过境费和市场费。被奥斯曼帝国征服后，杜布罗夫尼克被允许保留驻扎领事的地方数量确实急剧减少，但那些居住在国外的拉古萨人仍接受的是本国当局根据本国法律的审判。他们的财产得到了保障，即使继承人住在杜布罗夫尼克，而不是死者拥有财产的定居点，也不收取遗产继承费或遗产税。这些重要的让步使奥斯曼与杜布罗夫尼克的合作既有可能，又有利可图。

杜布罗夫尼克与奥斯曼帝国关系的另一个独特之处是领事。杜布罗夫尼克不

176

仅是唯一一个在奥斯曼帝国的多个城市设有领事的附庸国,而且它与中央政府保　177
持着几乎与独立国家相同的联系方式。杜布罗夫尼克没有在伊斯坦布尔设置常驻
外交官卡佩卡亚(kapı kâhya),而是每年派特使前往帝国首都处理其相关问题。这
些特使的任务是讨论和解决所有共同关心的问题。当然,解决问题经常涉及贿赂,
但贿赂严格受限于特使从杜布罗夫尼克元老院收到的指示。因此,杜布罗夫尼克
不像摩尔达维亚和瓦拉几亚,并没有因为伊斯坦布尔的腐败加剧而承担沉重的贿
赂负担。

　　除了上述特点,如果我们认为杜布罗夫尼克有权在外国派驻领事,与之缔结条
约,并在其船只上悬挂本国国旗,那么我们就会认为,除非是按照最严格的法律,杜
布罗夫尼克是一个完全独立的国家。除了承认一个领主之外,杜布罗夫尼克还不
能,而且确实不能履行一个独立国家的唯一职能,即国防职能。尽管1420年后它的
地位从未受到严重威胁,但事实上众所周知的是,奥斯曼军队在保护它,这对潜在
的侵略者是一种严重的威慑。因为海盗的缘故,杜布罗夫尼克曾多次向伊斯坦布
尔求助,且通常都能得到必要的干预。

　　奥斯曼帝国授予杜布罗夫尼克这种特殊地位,以换取经济利益。帝国获得了
亚得里亚海的出海口,以及所需进口和奢侈品的可靠来源。除了商业优势之外,杜
布罗夫尼克还充当了奥斯曼帝国的"西方之窗",急需的情报和情报人员通过杜布
罗夫尼克到达伊斯坦布尔。

　　为了使商品和信息的流动成为可能,奥斯曼帝国给予杜布罗夫尼克严格意义
上的"最惠国地位"(most-favored-nation status)。对于从奥斯曼领土出口的商品,
杜布罗夫尼克的商人和其他商人一样要缴纳2%的关税,无论他是奥斯曼帝国的臣
民还是外国人。"最惠国"地位体现在进口关税上。外国商人进口商品的关税为
5%,济米商人经手的商品关税为4%,穆斯林商人进口的商品关税为3%。杜布罗
夫尼克商人对他们在伊斯坦布尔、埃迪尔内和布尔萨出售的商品缴纳5%的关税,
但在帝国其他市场出售的商品仅缴纳2%的关税。在上述三个城市征收的5%的关
税仅在商品售罄后征收,该关税通常由当地负责的奥斯曼官员监督征收。另外,伊
斯坦布尔附近通常有一个杜布罗夫尼克的特使,负责在遇到困难时维护其同胞的
权利。其他地方并非如此。因此,杜布罗夫尼克的外交官们设法使奥斯曼帝国同
意,将2%的关税变成每年10万阿克切的付款,每半年分两期汇出。此外,这一被　178
奥斯曼帝国视为"包税人"的款项,每三年必须由杜布罗夫尼克元老院从本国公民
中指定一名包税人征收并送往伊斯坦布尔。这一重要规定使得伊斯坦布尔、埃迪

尔内和布尔萨三个城市之外的地方当局不可能给杜布罗夫尼克的商人制造麻烦，同时也避免了自 16 世纪末开始在奥斯曼领土上日益增长的滥用农业税行为的滋扰。

除了进出口关税、进口商品，杜布罗夫尼克商人出口商品的利润以及奥斯曼官员收受的贿赂都相对较低。奥斯曼帝国从杜布罗夫尼克获得的唯一经济利益是其每年支付的价值 1.25 万杜卡特的贡品。从伊斯坦布尔的角度来看，整个协议是有意义的，因为没有杜布罗夫尼克，帝国就不会在亚得里亚海拥有一个一流的贸易渠道，就不能处理数量惊人的各种商品贸易，并维持巴尔干经济的发展。[8]

以上是关于杜布罗夫尼克三百多年来作为伊斯坦布尔附庸地位的简要总结，它不仅展示了奥斯曼帝国建立的第三种形式的附属关系，而且还表明了为什么杜布罗夫尼克能够在巴尔干人民的历史中发挥文化作用，本章开头提到了这一点，下文将对此专门讨论。只有这样一个位于巴尔干半岛，与西方国家有着自由和频繁的接触，并且足够繁荣，能够为艺术家和作家的作品埋单的近乎独立的小国，才称得上是南部斯拉夫民族"文化上的皮埃蒙特"。

在其重要的文化角色中，杜布罗夫尼克还得益于其整个历史。城邦最早由达尔马提亚的罗马殖民者建立，成为亚得里亚海东岸的意大利城邦的复制品。它的政治组织、存在的原因、贸易以及公民的地位和自我形象都映射着意大利城邦的形态。从世界观和心态上说，杜布罗夫尼克先是要成为"罗马人"，后来又要成为"意大利人"，但是，与其可以相比的意大利模式不同，杜布罗夫尼克生活在意大利和巴尔干半岛两个世界中。虽然它的人民珍视西方的价值观，但他们是巴尔干的斯拉夫人，他们完全了解自己所处的环境以及他们的同胞所生活的环境。从某种程度179 上说，达尔马提亚人也可以被包括其中，但独立的杜布罗夫尼克不仅对奥斯曼帝国而言是"西方之窗"的一个理想地方，特别是对于巴尔干人来说，也同样如此。

杜布罗夫尼克的文化贡献

基于地理位置、政府形式、商业利益，尤其是其领导阶层的三种语言(拉丁语、意大利语和斯拉夫语)训练，杜布罗夫尼克的文化生活模仿了意大利的流行文化，但也包含了当地元素，并且经常用达尔马提亚的斯拉夫语来表达。像意大利的城邦一样，许多博学之士和艺术家来到杜布罗夫尼克学习和工作，而杜布罗夫尼克则将无数赤子送到国外学习和工作。杜布罗夫尼克是重要的建筑师、画家、雕刻家、金银匠,甚至科学家的故乡。这些人为受过良好教育的贵族、商人以及教会服务。他们建造的一些建筑和创作的一些绘画作品保存至今,这证明了他们作为创造者的能力,并清楚地显示了杜布罗夫尼克在欧洲,尤其是意大利的各个时代的主要文化潮流中所占据的地位。

在这些建筑和绘画作品中不乏杰作,但它们从未对奥斯曼帝国统治下的斯拉夫人产生影响,他们看不到也无法理解这些作品。杜布罗夫尼克的两个最著名的科学家马林·格塔尔迪奇(Marin Getaldić,1568—1626 年)和鲁杰尔·博什科维奇(Rudjer Bošković,1711—1787 年)也不例外。他们两人生前即享誉欧洲,是科学史上的重要人物。今天,南斯拉夫人依然有理由为他们的成就感到骄傲。

达尔马提亚地区,尤其是杜布罗夫尼克,通过文学对当地人的文化史的发展作出了巨大贡献。民间诗歌,尤其是《科索沃史诗》(Kosovo Epic),早于杜布罗夫尼克对当今南斯拉夫共同文学瑰宝作出的最重要的贡献。但是,大多数伟大诗人的生活和创作都可以追溯到从多西特吉·奥布拉多维奇(Dositej Obradović,1739—1811 年)到武克·卡拉季奇(Vuk Karadzić)的文化觉醒之后。他们的作品都是建立在几个世纪以前的亚得里亚海沿岸作品的基础之上的。杜布罗夫尼克的文学作品对所有说塞尔维亚-克罗地亚语的人的文化史来说都是最重要的,值得作一个简短的总结。[9]尽管杜布罗夫尼克的作家用三种语言写作,但那些用斯拉夫语写作的人成为南斯拉夫文学的先驱,因此,这亦是本书感兴趣的内容。

没有作家是靠写作谋生的。他们还是牧师、教师、商人和外交官等。尽管偶尔也有下层阶级的孩子从事文学事业,但他们大多来自贵族或富商家庭。这些作者和他们的读者一样,都必须受过教育,他们不仅要运用和理解作品中古典的以及后来文艺复兴的意象和参考资料,而且要能够通过与罗马和意大利的"原创"在风格和版本方面进行比较,来判断它们的质量。基础教育包括用意大利语和斯拉夫语的读写能力,以及一些对所有从事制造业、航运业,尤其是贸易的人来说都非常必要的数学。杜布罗夫尼克保留了几所"小学",在这些学校里教授上述科目。那些需要或想要并负担得起学费的人则到意大利的大学继续深造。1433 年,城市共和国建立了一所高等学校,以较低的成本向更多的人提供高等教育。教师是从意大利招募的。最早的一位是菲利普斯·德·迪沃斯·德·科蒂吉安斯(Philippus de Diversis de Quartigianis),他于 1434—1440 年间在杜布罗夫尼克教书,他的《著名城市杜布罗夫尼克的建筑场地、政策和值得称赞的习惯》(Situs Aediciorium,politiae *et laudabilium consuetudinum inclytae civitatis Ragusii*)一书,于 1440 年出版,是对追溯到 15 世纪的杜布罗夫尼克的最好描述之一。

接受这种教育的人自然对公共生活的各个阶段感兴趣,当然也包括对文学作品的兴趣,他们中有很多人都收藏书籍。其中有一位天文学家伊万·盖祖尔(Ivan Gazul, 1400—1465 年)曾在欧洲很多地方工作过,他把他的书留给了杜布罗夫尼克的大教堂,并附带了一个条件,即这些书必须放在一起供所有人使用,他因此成为杜布罗夫尼克公共图书馆的创始人。正如最早的书籍要么是拉丁语,要么是意大利语,杜布罗夫尼克的第一批诗歌和戏剧也是如此。

最早用斯拉夫语写作的两位有重要意义的作家是什希科·门切蒂奇(Šiško Menčetić, 1457—1527 年)和德约·热季奇(Djorje Držić, 1461—1501 年)。他们的作品是当时意大利作品的翻版,偶尔还夹杂着民间诗歌作为点缀。他们开始用拉丁字母写斯拉夫诗歌。最好的作品将本地的思想与意大利模式巧妙地混合在一181 起,比如马林·热季奇(Marin Držić, 1508—1567 年)的戏剧,现在仍在南斯拉夫演出。这些早期斯拉夫作家的作品大多原样保存在兹博尼卡·尼萨卡·兰吉纳(Zbornika Nikša Ranjina)1507 年的收藏中(N. 兰吉纳收藏)。[10]不幸的是,这批藏品在第二次世界大战期间遭到破坏。另一个值得注意的剧作家是尼古拉·维特拉尼奇-卡夫契什(Nikola Vetranić-Cavčiě, 1482—1576),在他的作品中,民间诗歌元素非常重要。这些作家都来自贵族或富商家庭。但是,文学评论家们最钦佩的作家安德烈·乔布拉诺维奇(Andrija Čhubranović,约 1550 年)则属于下层阶级,这当然不是偶然的。

我们还可以说出几个名字,但对南斯拉夫文学来说,没有谁比伊万·冈杜利奇(Ivan Gundulić, 1589? —1638 年)更重要了。冈杜利奇来自最古老和最伟大的贵族家庭之一。他一生从事公共和外交工作,在非常重要的小议会和元老院任职。他模仿塔索(Tasso)的诗歌风格,认为这种模式比以前使用的诗歌形式更适合斯拉夫语。他的文学贡献即其伟大的史诗《奥斯曼》(*Osman*)。虽然中心人物是悲剧的苏丹奥斯曼二世(1618—1622 年在位),但罗马尼亚人、波兰人和其他斯拉夫人的英雄同样在这个涉及奥斯曼帝国欧洲各行省的流传甚广的故事中扮演着重要角色。在这部作品中,多次提到了斯特凡·杜尚这样的早期英雄人物,杜布罗夫尼克人屡获赞誉,而南斯拉夫的未来也得到了乐观的预言。《奥斯曼》的历史范围、风格、构成以及故事情节使其成为世界文学中真正伟大的史诗,与 1847 年出版的《科索沃史诗》和佩塔尔二世涅戈什(Petar II Njegoš)的《加兰山》(*Gorski Vijenac*)共同构成了南斯拉夫史诗中伟大的三部曲。冈杜利奇之后,诗人们继续写作。虽然没有人创作出有文学价值的作品,但他们确实保留了一种传统。

杜布罗夫尼克的散文作家并没有因为他们对纯文学的贡献而闻名。其中一些人,比如班科·科特鲁尔耶维奇(Benko Kotruljević, 1400? —1469 年),作为该领域的先驱值得被铭记,而其他人则可以看作重要的历史学家。科特鲁尔耶维奇是一个商人,他最终于 1451 年定居在那不勒斯。在那里,他成为杜布罗夫尼克的领事和那不勒斯国宫廷的高级官员。他因在 1458 年用意大利语出版了《关于商业和完美商人》(*On Commerce and the Perfect Merchant*)而闻名。据一位学者所称:"这是有史以来第一次尝试以学术的方式来研究商业的起源、性质,以及它的各个方面和技巧。它强调了新兴的现代公民对自然、教育、宗教和社会问题的看法。"[11]

历史学家都没有用斯拉夫语写作。因此,它们不具备诗人所具有的文化价值,而只是杜布罗夫尼克档案文件中未包含的信息的传递者。除了德·迪沃斯的作品外,最有趣的是一本年鉴集,由一些无名作者撰写,其中第一位作者写于 15 世纪末。这一集体努力的成果涵盖了从已知最早的关于杜布罗夫尼克的细节到大约 17 世纪末的内容。

对那些对东南欧感兴趣的人来说,卢多维克·图布朗·克里耶维奇(Ludovik Tuberon Crijević,1459—1527 年)的作品尤其有价值。克里耶维奇在巴黎学习哲学、神学和数学,学成归来,晚年转向历史。他写了 11 卷时评(Commentarii suorum temporum),涉及 1490—1522 年奥斯曼帝国与匈牙利的主要事务。其至在百年之后,他的著作于 1603 年在法兰克福出版时仍然受到高度评价。而到目前为止,关于拉古萨最好的历史著作仍是 18 世纪末由古典学者、杜布罗夫尼克政治家迪奥诺·拉斯蒂克(Dižno Rastić,1755—1815 年)完成的《拉古萨编年史》(*Ragusan Chronicle*)。它讲述了杜布罗夫尼克直到 1451 年的历史。

除了这些原创作品,杜布罗夫尼克还有大量从拉丁语、希腊语和意大利语翻译成斯拉夫语的文学和科学经典。从文化发展和历史的角度来看,向斯拉夫读者提供的这些经典作品就像原创作品一样意义重大。

杜布罗夫尼克对南斯拉夫历史的贡献,在 17 世纪末大主教区卡尔洛维茨建立之前,任何其他城市或地区都无法与之匹敌。在那之后,一个与天主教的杜布罗夫尼克旗鼓相当的东正教文化中心成长起来。围绕这个中心出现了像奥布拉多维奇(Obradović)这样有地位的重要人物。没有达尔马提亚,特别是杜布罗夫尼克传统,所有这些后来的文化中心在起步时都会遇到更多困难。

总结

杜布罗夫尼克有着悠久而有据可查的历史。[12]有学者强调,奥斯曼帝国的其他附庸国都无法像杜布罗夫尼克那样与伊斯坦布尔保持独立。事实上,帝国内部的"自治"地区,包括希腊、黑山和阿尔巴尼亚的不同地区,在对奥斯曼帝国中央政府的依赖情绪上比这些附庸国更强烈。但凡这些封臣和地方领主中的任何一个能够获得重要特权,那么记录中纷繁芜杂的信息将令史学家无法对他们有太多了解。因此,杜布罗夫尼克是留给我们的唯一一个案例,透过它我们能够了解奥斯曼帝国
183 与其"客户"之间的互利关系。接下来是杜布罗夫尼克对南斯拉夫人民的历史文化贡献。这是最后一个必须提到的内容,即杜布罗夫尼克对南斯拉夫人的贡献。

除了主要的希腊商人外,拉古萨人是唯一一个跟上西方行业发展的生意人、商人或企业家。他们使用现代银行和信贷设施,熟悉保险业务,了解整个欧洲市场的运作。与希腊人不同的是,他们讲的是在巴尔干半岛与他们做生意的人的语言。此外,与希腊人不同,他们不被视为济米。因此,他们在奥斯曼帝国各行省更容易开展活动。因此,斯拉夫人和阿尔巴尼亚人从拉古萨人那里学到的现代商业方法比从希腊人那里学到的还要多。济米和穆斯林商人也从他们对杜布罗夫尼克的频繁访问中学到了很多东西。到 16 世纪末,学生们开始与老师竞争。尤其是波斯尼亚商人,他们模仿杜布罗夫尼克商人,成为第一批使用现代商业方法经营的斯拉夫商人。还有一些其他因素促成了 16 世纪巴尔干商业的复兴[13],但杜布罗夫尼克的重要性,至少在西巴尔干地区不应被低估。

【注释】

[1] 参见 Luigi Villari, *The Republic of Ragusa, An Episode of the Turkish Conquest*, London:J. M. Dent, 1904。
[2] 对这一贸易及杜布罗夫尼克史感兴趣的读者可以参考以下这部优秀的著作,Francis W. Carter, *Dubrovnik (Ragusa):A Classic City-state*, London and New York, Seminar Press, 1972。
[3] 本章第一节主要参考了巴里萨·克雷基奇书中第一章和第二章有关早期杜布罗夫尼克的简短历史介绍。参见 Barisa Krekić, *Dubrovnik in the 14th and 15th Centuries:A City between East and West*, Norman:University of Oklahoma Press, 1972。

［4］拉斯托沃岛(the Island of Lastovo)于13世纪中叶被划入版图。接下来,1333年又从塞尔维亚手中购买了佩列沙茨半岛(the Pelješac Peninsula)。1399年,杜布罗夫尼克获得了分隔两个半岛的土地普里莫耶(the Primorje),终使它们与最初的领土连在一起。其间,还吞并了姆杰特岛(the Island of Mljet)。1419年至1426年,杜布罗夫尼克又在阿斯塔雷亚(Astarea)南部增加了科纳夫利地区(Konavli region),包括建立在埃皮达鲁斯废墟上的卡夫塔特城(the city of Cavtat)。再加上实际坐落在城市港口入口处并被视为城市一部分的小岛洛克鲁姆(Lokrum)。所有这些地方加起来也只有421.5平方英里。

［5］Francis W. Carter, *Dubrovnik (Ragusa): A Classic City-state*, p.16.

［6］有关杜布罗夫尼克历史的文献既丰富又令人印象深刻,但关于这座城市与奥斯曼帝国交往的研究相对较少。其中,在后面的写作中主要参考了以下三本专著:Ivan Božić, *Dubrovnik i Turska u XIV i XV veku[Dubrovnik and Turkey in the fourteenth and fifteenth centuries]*, Beograd: Srpska Akademia Nauka, 1952. Vuk Vinaver, *Dubrovnik i Turska u XVIII veku[Dubrovnik and Turkey in the eighteenth century]*, Beograd: Srpska Akedemia Nauka, 1960. Nicolaas H. Biegman, *The Turco-Ragusan Relationship according to the Firmans of Murad III (1575—95) extant in the State Archives of Dubovnik*, The Hague-Paris: Mouton, 1967。

［7］Nicolaas H. Biegman, *The Turco-Ragusan Relationship according to the Firmans of Murad III (1575—95) extant in the State Archives of Dubovnik*, p.26.

［8］参见Francis W. Carter, *Dubrovnik (Ragusa): A Classic City-state*。该书包含关于贸易、价格、货币价值变化以及各种商品在杜布罗夫尼克和巴尔干半岛之间总贸易中的重要性的重要信息。对奥斯曼-杜布罗夫尼克关系中的这些方面感兴趣的读者可以参考。

［9］目前尚没有一本运用西方语言专门介绍杜布罗夫尼克文学作品的专著。意大利作家约西普·托巴里纳的书中包含了杜布罗夫尼克大多数作家的信息。参见Josip Torbarina, *Italian Irifluences on the Poets of the Ragusan Republic*, London: Williams & Norgate, 1931. 另外,德拉戈尔朱布·巴甫洛维奇的专著对本章所讨论的主题亦有所关注,参见Dragoljub Pavlović, *Iz Knjizevne i kulturne istorije Dubrovnika: Studije i članci, [On the literary and cultural history of Dubrovnik: studies and articles]*, Sarajevo: Svjetlost, 1955。更详细的论述参见Mihail Kombol, *Povijest hrvatske književnosti do narodnog pre-poroda [The history of Croatian literature up to the National Revival]*, 2nd. ed., Zagreb: Matica Hrvatska, 1961. 在英语世界中,能找到的最好的相关书籍参见Antun Barać, *A History of Yugoslav Literature*, trans. Petar Mijušković, Beograd: Center for the Rehabilitation of Disabled War Veterans, 1955, reprinted as no.1 of The Joint Committee on Eastern Europe Publications Series by Ann Arbor: A.C.L.S., 1973. 在大多数关于杜布罗夫尼克的书中都可以找到简短的摘要,包括注释[1]和注释[2]中提到的两本专著。另外,在弗朗西斯·W.卡特的书中有一个有趣的年表可以参考,详见Francis W. Carter, *Dubrovnik (Ragusa): A Classic City-state*, pp.511—513。

［10］Francis W. Carter, *Dubrovnik (Ragusa): A Classic City-state*, p.503.

［11］Bariœa Krekić, *Dubrovnik in the 14th and 15th Centuries: A City between East and West*, p.125.

［12］有关杜布罗夫尼克记录的系统保存始于1278年。关于该市档案馆藏的完整描述,参见Francis W. Carter, *Dubrovnik (Ragusa): A Classic City-state*, Appendix 3, pp.601—661。

［13］Traian Stoianovich, "The Conquering Balkan Orthodox Merchants," *Journal of Economic History*, vol.20, no.2, June, 1960, pp.234—313.

第四部分　奥斯曼帝国欧洲"核心"行省的生活:1574—1804 年

第九章　命运的转变

奥斯曼帝国的衰落

尽管奥斯曼帝国衰落的根源和迹象早就存在,但直到 16 世纪的最后 30 年,大
量的问题才涌现出来。虽然这一时期出现的一位有能力的苏丹和科普鲁卢时期的
大维齐尔们想力挽狂澜,但衰落之势一直延续到 19 世纪初。对于奥斯曼帝国这样
的国运转变,专家学者给出了几个解释。对此,学者们基本达成共识,分歧仅仅是
对于在漫长的历史时期内的逐渐衰落,到底是哪个原因起了关键作用。

人们最常说的奥斯曼帝国的衰亡原因包括:统治者的培养、性情及活动能力方
面的惊人变化;内廷官员在国家事务上的影响力增多,加上外廷官员之间的宗派之
争及内外勾结;腐败严重,主要是宗派林立的结果;16 世纪和 17 世纪突然出现的通
货膨胀,据推测是由于世界贸易中心从地中海转移到大西洋,大量白银由美洲流入
奥斯曼帝国;奥斯曼帝国的旧势力(贝伊、加齐、西帕希)与奴隶后裔之间的冲突,这
一冲突撕裂了"职业奥斯曼人"的等级阶层,改变了其军事编制的组织和构成;最后
是奥斯曼帝国失去了继续扩张的能力。以上各个因素共同造成了奥斯曼帝国内外
交困、日渐衰微的结局,因此有必要对上述原因逐一作出简要评论。

在其最初的 266 年里,奥斯曼家族不断涌现出无与伦比的统治者。他们为帝国
的成长和壮大奠定了基础。但却突然发生了神秘的基因转变,情况从塞利姆二世
(1566—1574 年在位)时开始发生了变化,出生在奥斯曼家族的统治者几乎全都是
些无能之辈。当然不能否认,在易卜拉辛(1640—1648 年在位)的子孙中也不乏

能人。

鉴于奥斯曼帝国的国家概念,统治者的能力是帝国运作的基础。对统治者来说,他们重任在肩,而且是唯一能担此重任的人。随着帝国的扩张和负担的增加,统治者肩上的担子超越了人类能够忍受的极限。穆罕穆德二世是第一个因为没有时间而不再参加国会的帝国君主。由于他的缺席,主要官员变得更加重要,为他们未来的渎职行为打开了方便之门。塞利姆一世(1512—1520 年在位)和苏莱曼一世(1520—1566 年在位)大部分时间都不在伊斯坦布尔,而是常年在外征战,他们不在的时候,国家大权就落在那些实际管理国家事务的人手里。

上述因素部分地解释了为什么后来的苏丹不能像以前的苏丹那样有效地管理国家,为什么官员的权势逐渐上升。但是以上论述仍不能解释为什么自苏莱曼一世之后,苏丹在管理国家方面的能力明显降低。我们先来看看对苏丹的培养是如何退化的。从奥尔汗开始,奥斯曼帝国的王子们就接受了当时能够受到的最好的教育,他们在经验丰富的行政人员的指导下担任各行省的总督,有时也担任其他职务。因此,当登上王位时,他们知道必须处理的问题和议题,并且可以依靠那些曾经为其服务的人的个人忠诚。在苏莱曼之前,奥斯曼家族从未解决过继承权问题。王位继承问题从来不局限于奥斯曼家族,每一个奥斯曼王子都是王位候选人,这导致他们及其追随者间的相互竞争和频繁的内战。最终登上王位的人,为了维护自己的地位,不得不处死家族中对自己构成威胁的所有男性亲属。这种杀兄弑弟的做法解决了眼前的危险,但却不能消除派系之争。在王位空虚时,潜在的王位争夺者,尤其是军队的力量和发生新冲突的可能性只会增加。

这种混乱的情形在苏莱曼一世时戛然而止。因为他采用了阿拉伯-伊斯兰的继承模式,王位传给家族中健在的年龄最长的男性。尽管这种新的继承制度没有被写进明文法律,但此后这一制度得到了更多的遵循。然而,这种更为人性的选择统治者的方法却带来了一种更为复杂的情形。因为如果不像过去那样将其他的王子处决,而是将他们安置在各种管理职位上,那么他们必将成为王位的潜在威胁。杀兄弑弟停止了,但是从理论和实践两方面对奥斯曼王子进行的培养也停止了。取代这种培养的就是卡菲斯(kafes),这在西方文学中被称为"金笼体系"(golden cage system)。所有的王子从生到死都被隔离在后宫。只有当上苏丹的人才能"重见天日"。在后宫,王子们整日生活在虚幻的奢华世界中,围绕左右的只有女人和太监。当他们真正当上国王的时候,大多年过而立,而且并不情愿。因为缺乏必要的培养,他们没有作为国王应有的远见卓识,也不具备处理现实生活问题的能力。

继承方式和对未来统治者培养模式上的转变也能够解释为什么内廷官员的权势上升，女人和宦官当道。统治者（合法苏丹）的母亲成为内廷官员派系的最成功的领导者。尽管她完全不了解国家事务，也是最没有资格成为"执政体制"（ruling establishment）中最重要和最有影响力的成员之一的人。

内廷官员势力的增长还说明了内廷官员与外廷官员两派之间相互依存的关系。内廷官员在协助统治者、选择继承人方面握有实权，但是若离开外廷官员，则内廷官员就什么也办不了。这是完全可以理解的，因为除了内廷官员完全由奴隶操纵之外，这些派系还反映出其成员的出身或者为自由人或者为奴隶。在苏莱曼一世时期，外廷官员也由奴隶操控，他们与奴隶出身的自由人之间保持着密切关系。他们自然而然希望保持现有地位，并支持那些令其脱颖而出的政策。而旧贵族的后代，贝伊、加齐和西帕希们，则希望重新获得失去的地位，并主张采取那些能帮助他们实现这一目标的政策。由此发展起来的就是由内廷官员和外廷官员组成的两个大集团，他们将自己的未来系于一个明星王子或与之一同起起落落的重要官员。

当一位王子登上王位，其拥护者将获得巨大胜利，但在其统治期间，他们的地位绝非稳定。大规模的阴谋成了这些效力于伊斯坦布尔的"职业奥斯曼人"的主要工作，其职位变得比先前更不安全。因此，当权者不仅尽可能地搜刮财富，而且在财富的车轮尚在转动时试图保有他们或至少其家人的财富。建立假冒的瓦克夫，从经济部门的税收中抽走大量资金，成为规则。小规模的类似行为早就存在，但在穆罕穆德二世和苏莱曼二世这种强硬的国王统治时期，这些情况都遭到了肃清。懦弱的统治者则无法做到这一点，因为这会令他们的支持者迅速疏远他们。

这种尽快积累最大财富的愿望是那些任期不稳定的人日益腐败的原因之一，但不是唯一原因。导致腐败的另一个重要因素是通货膨胀。它始于穆拉德三世（Murad III，1574—1595 年在位）统治时期，通常被解释为白银的流入，或者更确切地说是白银价值的下降使得商品（尤其是进口商品）极其昂贵。对当权者和其他贵族来说，通货膨胀使得他们来自封地的收入的购买力比以前降低了，尤其是购买奢侈品的能力，而寻求新的发财之路的最简单方法就是"销售"自己的"服务"和"善意"。毫无疑问，白银价格的变化导致通货膨胀和腐败的增加，但这并不能解释国家预算中突然出现的巨额赤字。赤字的出现另有原因。

第四章和第五章阐述了有关奥斯曼帝国政府为国内基本食品和日用消费品定价的情况。武器、制服和其他军事用品或由国内兵工厂的奴隶生产，或由帝国边境的手工艺人生产。必须支付较高价格的相对较少的进口商品不能解释一个国家突

190

然增长的巨额赤字。赤字的出现说明了帝国财富减少的另一个因素,这对国家,尤其是对奥斯曼统治下的东南欧地区的发展至关重要。

前文已经提到资金突然短缺的一个原因,即大量瓦克夫的出现导致财政收入锐减。此外,还有一些重大开支,即使是额外的常规税也无法支付。在各种花销中最大的一笔支出就是与奥地利的"长期战争"(long war, 1593—1606 年)及与波斯之间无休止的征战。这些战争大大加剧了经济问题,不仅造成了通货膨胀,还导致了很多影响深远的后果。战争主要依靠封地上的纳税人和雇佣兵,拿薪水的马斯雷势力快速上升并超过了封建采邑体系里的加齐,增加了其在伊斯坦布尔的影响力。他们还大大削弱了西帕希阶层的势力,产生了影响深远的经济和族群变化,无论是对奥斯曼帝国还是对东南欧的历史都非常重要。

前文提到的有关通货膨胀中的军事因素通常用以解释帝国衰落的最后一个原因。与之密切相关的几个原因包括:军队建制中雇佣兵优势地位的确立,战利品减少,尤其是缺少新征服土地来支持蒂玛尔利,以及由此导致的西帕希试图确保其个人和家庭的经济地位的所作所为。通常来说,有关帝国衰亡的原因可以概括如下。

191　　　奥斯曼帝国首先是一个军事化国家,几乎不重视贸易、商业和生产,其收入来源主要依靠战争掠夺。这些来自广袤的被征服土地的战利品,通常在蒂玛尔中分配,并被用于满足军队的经济需要。只要大规模扩张是可能的,这一体系就可以运转,而一旦扩张结束,问题就不可避免地出现。鉴于奥斯曼帝国发动的军事行动的性质——军队必须由苏丹亲自指挥,士兵们必须在收获季节前后返回他们的封地去领取收入——发动战役的季节是受到限制的。军事行动一般开始于春季道路好走的时候,结束于秋收前后。在这个时间段内,发动军事行动有一定的距离,从维也纳到阿塞拜疆(Azerbadjan)和伊拉克一线,就是帝国征战的极限。从这个角度分析,战利品已经不再能充裕国库,既得利益者也不再拥有新的封地,他们转而通过将封地变成私人财产以确保自己的利益。

从表面上看,这种解释令人满意。在上述种种限制下,奥斯曼帝国停止了扩张,并发生了转变。然而,有几个重要因素显示出不同的因果关系。理论上说,苏丹必须亲自领导他的军队。然而,在实践中,一些伟大的苏丹经常在别人的指挥下派遣军队。此外,到 16 世纪末,军队中的封建因素已成为次要因素。大部分战役都是由雇佣兵去完成的,他们不需要秋季返乡。还需要提醒的是,16 世纪末,奥斯曼帝国对新蒂玛尔的需求已经不那么迫切了,因为波斯帖木儿帝国(Timurid Persia)从中亚招募了新的突厥部队。事实上,由于"长期战争"而在欧洲空置的蒂玛尔并不总是可以转让的,因为蒂玛尔周围没有合格的接收人。土地必须耕种,当旧的封建阶级衰落时,新的土地所有者将取而代之。需求而非土地的稀缺,创造了新的土地占有模式。

如果我们考虑到另外两个已经讨论过的因素,那么就会出现一个复杂的、完全不同的景象:奥斯曼政府对商业充满兴趣,并希望把偏远的省份(克里米亚、摩尔达维亚、瓦拉几亚、杜布罗夫尼克、特兰西瓦尼亚)变成独立的附庸国。从附庸国的出现以及苏莱曼一世试图将匈牙利中部变成一个独立附庸国的努力来看,伊斯坦布尔的中央当局已经意识到他们无力对如此大的疆域进行直接管理,他们还意识到为何会受到限制,在哪里受到了限制。尽管他们还在为建立"伊斯兰世界"而继续努力,但他们没有将国家的经济未来建立在从掠夺中使收入稳步增加的基础上。192附庸国的商品并未遭到掠夺,它们只是进贡商品。基于以上原因,我们必须重新审视帝国衰落的军事和经济原因,不能囿于以往有关帝国无力继续扩张自己领土的说法。

与此同时,其他国家也受到通货膨胀、人口问题及大规模瘟疫的困扰。但是,它们克服了这些困难,找到了新出路,从而使西欧国家一跃成为世界的领导者。而奥斯曼帝国却没有找到解决这些问题的方法。有关它们之间的差异需要在此提及。因为无论从规模还是内部财力上看,奥斯曼帝国的潜力至少与法国、荷兰、英格兰是一样的。当然,在此并不是要比较奥斯曼帝国与这些西方国家的制度、经济和基本原则,但我还是希冀有一些迹象足以说明这些差异。

西方统治者和苏丹在地位上有一个很大的差异。前者处于封建金字塔的顶端,其权力是有限的,尽管他们的权力也是在逐渐增加之中,但总归是受到限制的。而后者则不然。可以说,即使是一个权势微弱的苏丹,也比一个权力本来就受到限制的西方统治者厉害。在这些西方国家,城市的自由和权利不断扩大,如有需要,人们可以在经济上作出改变。而苏丹控制下的城市没有这方面的特权,其地位和内部组织受到严格规定,如果有个人或组织企图改变这种状况,极端保守势力就会反对革新派。因此,到18世纪末,西欧的经济已经"现代化",而奥斯曼帝国的经济仍然是中世纪的。在各个方面表现出来的保守主义,使奥斯曼帝国从16世纪上半叶在科技上与其敌人势均力敌的国家,变成了18世纪末的"落后"大国。这就是造成经济落后、技术过时和无力应对财政问题的几个补充因素。

16世纪中叶后,奥斯曼帝国与西方相比,军队地位的差异与经济差异具有同样重要的影响。在这两个地区,封建势力的重要性下降,而职业军队的重要性增加。

16 世纪末,欧洲和小亚细亚拥有封地的军人(西帕希和他供养的士兵塞贝吕)可以提供 23 万名士兵,但到 18 世纪末,他们仅能纠集 5 万名士兵。士兵数量的减少也不是什么坏事,因为随着现代战争的发展,军队开始转向步兵和技术部队。然而,鉴于西帕希还执行行政任务,他们的消失就需要引入大批公务员。之所以没有这样做,是因为奥斯曼帝国缺乏训练有素的人员和必要的资金。结果,西帕希的工作没有被新的职业阶层接替,而是落到了腐败盛行的现有官员、神职人员(包括穆斯林和济米)和包税人手中——所有这些人考虑的都是自己的利益,而不是一个不付给他们薪酬的国家的利益。

尽管奥斯曼帝国的军队是由奴隶组成的,但作为职业士兵的马斯雷与西方人的军队一样,都是雇佣军。由于西方军队中的士兵是自由人,他们与国家和统治者之间仅仅是雇佣与被雇佣的关系。虽然他们也会惹麻烦,但是奥斯曼帝国的苏丹拥有他们的士兵,即使在不需要他们的时候也必须养活他们。除了是一种财政负担,马斯雷与国家的这种密切联系还使奥斯曼政府在不需要马斯雷的时候无法"把他们送回家",结果使马斯雷变成了国家事务中长期存在的武装力量。当西方国家的统治者逐渐掌握军权的时候,奥斯曼帝国的军人却逐渐成为国家的主人。到 18 世纪末,那些声称拥有禁卫军——这个几近封闭的等级团体——特权的人数增加到 40 万,但实际服兵役的人数还不足 2 万。当政府为了稳固政权,试图通过将首都的军队调遣到各行省以摆脱他们的时候,结果只是把问题扔给了法律和制度完全崩溃的行省。其结果是,经济问题进一步恶化,济米对国家的忠诚度大为降低。

最后,奥斯曼帝国与西方国家在一些基本概念上存在重大差异。奥斯曼帝国存在的理由及其行政组织不仅是牢固确定的(参见第二章),而且其内涵几乎是不可改变的,即奥斯曼家族的帝国存在的唯一目的是通过传播伊斯兰教以彻底实现神的意志。关于什么是对的和错的,穆斯林与济米的差异是显而易见的。而在西方,人们有一定的思考、试验、发展新哲学的自由,甚至可以对基督教进行新的解释。当西方正在不断变化,以适应一个不断扩张的世界的社会经济和政治要求,并成为世界中心的时候,奥斯曼帝国的世界却是一片僵死的状态。在西方,现代国家已现雏形,并对最底层的人产生越来越重要的影响。而奥斯曼帝国却朝着相反的方向发展。当西方的中心用普遍有效的法律取代属人法时,奥斯曼帝国依然是个人的集合体,每个人的地位、权利和义务完全取决于其宗教信仰和职业。而穆斯林与职业奥斯曼人及其他真正的信徒之间存在着重要差异,穆斯林是一个为了保护特权而紧密团结在一起的封闭集团,其他人很难进入。对奥斯曼政府来说,它没有足够的能力来处理这个问题。而米勒特体系中的济米,因为法律和秩序的崩溃而变得对国家的存亡越来越不感兴趣,取而代之的先是日益增长的宗教不宽容,继而是从伊斯坦布尔输送到各省的各种不法分子的掠夺。结果,西方现代民族国家的缓慢发展不仅没有发生在苏丹的王国,而且其原先模糊存在着的凝聚力也土崩瓦解。

如果要总结奥斯曼帝国突然衰落的各种原因,那么首先应从16世纪的最后三十来年说起。我认为有关"神圣的、受到保护的、繁荣的、排他的奥斯曼家族的领地"的国家概念,是与所有因素最为相关的。在塞利姆一世和苏莱曼一世征服之前,对国家的这个描述是帝国力量的最大来源。但是,当帝国不断扩大,统治者需要处理的国家事务繁复到连最有能力的人也无法控制时,国家的概念就变成了帝国最大的弱点。任何理论上不能接受但在现实中却可能发生的变化,都会涉及原本没有权力和影响力的人的权力及影响力的增长,因此这些人可能会不断受到挑战。再加上继承模式的转变,这种情况造成了政府的不稳定,并使腐败成为可能。国家的神圣使命从未被放弃,但它阻止了人口的融合,甚至在容忍度下降、法律和秩序崩溃后产生了离心倾向。16世纪中叶后,有关奥斯曼国家的旧的基本概念需要进行革命性的修订。但是,在当时的情况下,保守主义势力很快用之前的成功为旧有的理论进行了辩护,而且,由于缺乏一个对其他制度有足够了解以至于能想出不同解决办法的重要群体,改革遂变得深不可测。结果,奥斯曼帝国在16世纪中叶开始变得僵化,并一直持续到19世纪。

围绕着16世纪中叶奥斯曼帝国出现僵化时到底发生了什么,值得讨论。这可能是不可避免的,也可能是发展中的不幸巧合。一个国家以自己的方式面对突然出现的经济财政危机却无力解决,是不可避免的吗,或仅仅是因为这个国家非常不走运,恰好没有一个有能力的人去解决这个重要的问题?不管怎样,这场危机加剧了日益严重的腐败、政府的低效以及那些非"职业奥斯曼人"的离心倾向。

最后,"长期战争"的时机选择必须被视为奥斯曼帝国的命运走向快速衰落的一个主要因素。"长期战争"增加了马斯雷的影响力,摧毁了欧洲的西帕希阶层,使潜在的富庶的匈牙利土地变成了大片荒地;战争所带来的巨额开支还加深了经济危机,彻底改变了欧洲"核心"行省的局势,直到那时,这些行省还是奥斯曼帝国国力最坚实的基础。一旦这些核心地区不再是帝国经济和人口的支柱,帝国就加速衰落了,即使是科普鲁卢家族也不能永久扭转这一趋势。东南欧发生的变化对奥斯曼帝国的未来至关重要,显而易见,这些变化对那些致力于这块大陆历史研究的

195

人来说亦是最重要的。奥斯曼帝国和东南欧的命运从来没有像 17 世纪和 18 世纪那样紧密地交织在一起。

17 世纪的战争及科普鲁卢时期

在苏莱曼一世死后,奥斯曼帝国发动的第一场战争是反对所谓的第二神圣同盟(1571—1581 年)的战争。在这场战争中,最著名的事件是在 1571 年的勒班陀(lepanto,Naupactos,Inebahb,Aynabahb)海战中奥斯曼帝国大败。实际上,这场战役并不重要,因为奥斯曼帝国一年以后就收复了失地,他们的敌人并没有能力利用这场胜利。另一方面,奥斯曼帝国征服了塞浦路斯,使其于 1573 年脱离了威尼斯的统治,这显然是一场非常重要的军事胜利。在这场战争中,奥斯曼军队在未来的大维齐尔锡南(Sinan)帕夏的出色领导下,仍然运转良好。不应忘记的是,奥斯曼帝国在欧洲进行这场战争的同时,还对波斯的萨法维王朝发动了第二场战争。这场战争结束后,奥斯曼帝国军队第一个严重问题的迹象显露出来。在伊斯坦布尔,苏丹的禁卫军分别于 1589 年、1590 年、1591 年发动了起义。接下来,在 1593 年,也就是"长期战争"开始的同一年,马斯雷骑兵也发动了起义。1596 年,小亚细亚发生了第一次严重的所谓塞拉利起义(celali revolt,以前也有过一系列起义),这场起义一直持续到 17 世纪,在奥斯曼帝国的欧洲基础开始分崩离析的时候,进一步削弱了其在安纳托利亚的权力基础。

因此,虽然在 1571 年,一支仍然相对强大和可靠的奥斯曼军队发动了战争,但到 1593 年时,军队的可靠性已经令人怀疑。尽管奥斯曼帝国军队受到有着出色领导能力的锡南和苏丹穆罕穆德三世(Mehmed III)的带领,但长期战争表明他们利用环境的能力发生了变化。在 1603 年波斯发动进攻之前的十年里,奥斯曼帝国只能在一条战线上与组织不善的军队作战。然而,就在哈布斯堡支持的摩尔达维亚、瓦拉几亚和特兰西瓦尼亚联盟似乎可能取得决定性胜利的时候,由于西吉斯蒙德·巴托里的不稳固统治,再加上哈布斯堡家族强调征服特兰西瓦尼亚而不是削弱奥斯曼帝国及其缺乏领导的军队,局面得以扭转。1596 年 10 月,奥斯曼帝国在迈泽凯赖斯泰什战役(the Battle of Mezőkeresztes,即克雷斯茨战役)中取得决定性胜利。仅仅在 50 年前,这样一场胜利足以结束战争,因为奥斯曼帝国本可以就此获得重要优势。但是到 16 世纪末,奥斯曼军队已经无法利用自己的成功。战争又拖延了 10 年,双方都取得了一些小的胜利,但奥斯曼帝国的经济却就此崩溃,并不得不两线作战。1603 年,当更多的奥斯曼禁卫军发动起义时,士兵们已经受够了,不想再打仗了。

到 1605 年,奥斯曼帝国已经无力维持其提名的斯蒂文·博茨凯坐稳特兰西瓦尼亚的王位,1606 年,他们不得不在西线议和,并将全部注意力转向波斯。《吉托瓦托洛克和约》(*Peace of Zsitvatorok*)使更多的匈牙利土地荒芜,奥斯曼人手中的收获微乎其微,而哈布斯堡家族纳贡的历史却因此结束了。依据最严格的穆斯林-奥斯曼解释,奥斯曼帝国释放了一个"附庸",放弃了至少按照其理论属于伊斯兰世界的土地。在这场战争中,奥斯曼帝国的军队偶尔能打一场好仗,但并不总是如此。此外,无论是人员损失还是经济枯竭,战争的代价都没有得到同等价值的收益补偿。因此,虽然奥斯曼帝国表面上取得了胜利,并拥有了更多的领土,但实际却遭受了永远无法弥补的损失。

即使在议和之后,奥斯曼帝国和哈布斯堡王朝在边境仍继续发生冲突。1619 年,一场这样的小规模冲突将重要的城市瓦茨(Vacz)置于奥斯曼帝国的统治之下,但这一事件更多缘于哈布斯堡指挥官的无能,而不是奥斯曼帝国军队的能力。

更重要的是德米舍梅招募禁卫军的措施终结了,这一事件通常被认为发生于 1638 年。虽然至少在过去的半个世纪里,儿童人头税制度实施得越来越少,但它的正式废除清楚地表明,禁卫军对军事决策的影响越来越大。征募结束后,他们通过继承获得了这一集团的永久成员资格,最终导致该集团作为一支战斗部队的地位下降,转而成为一个危险和破坏性的因素。

1645 年,当奥斯曼进攻威尼斯控制的克里特岛时,另一场重要的军事行动在欧洲打响。这场战争一直持续到 1670 年,尽管克里特岛最终被拿下,但这场战争却折射出奥斯曼帝国衰落的命运。这场战争主要包括围攻和海上封锁,所需士兵人数有限。一百年前,奥斯曼帝国本可以在不抽调自己主力部队的前提下,提供足够数量的士兵。但此时,这场战争已经束缚住奥斯曼帝国所能召集的精锐部队。结果,威尼斯指挥官弗朗西斯科·莫罗西尼(Francesco Morosini)不仅能在摩里亚开展行动,而且还诱导当地民众发动起义。奥斯曼帝国不得不依靠从阿尔巴尼亚抽调的辅助部队或强大的地方领主来组织抵抗。

在整个战争期间,混乱的局面充斥着这个重要的半岛,与此同时,克里特岛上的军事进攻速度缓慢,海军不断失利,最终导致伊斯坦布尔发生了一场危机。1656 年,穆罕穆德四世(Mehmed IV,1648—1687 年在位)被迫任命穆罕穆德 ·科普鲁卢(Mehmed Köprülü)为大维齐尔,赋予其无上的权力,由此迎来了科普鲁卢时代。这个任命恰逢其时。乔治二世拉科齐在波兰的不幸遭遇(参见第七章),加上奥斯曼军队在与威尼斯人作战中的不佳表现,促使哈布斯堡家族于 1663 年对奥斯曼帝国发动进攻。新获得的重要领土帕提姆(参见第七章)与其他更多领土都处于危险之中。由于无法提供任何重要的抵抗,奥斯曼帝国于 1664 年在圣哥达(St. Gotthard)遭遇惨败。尽管取得了这场伟大的胜利,但哈布斯堡家族在利用这一伟大胜利方面表现得同样无能,就像几年前奥斯曼帝国在迈泽凯赖斯泰什战役后的表现一样。莱蒙多·蒙特库利(Raimondo Montecucculi)将军的无能在哈布斯堡军队的失败中起了重要作用,但奥斯曼人不必为他们的毫无准备付出高昂代价的主要原因是西欧的局势。因此,1664 年,维也纳欣然与奥斯曼人签订了《瓦斯瓦尔停战协议》(Truce of Vasvár)。这使得奥斯曼帝国能够完成对克里特岛的征服并给了科普鲁卢家族暂时控制住帝国分裂局面的时间。

从 17 世纪以来,科普鲁卢家族就充盈着优秀的管理者、士兵和学者,他们的祖先是早年间被迫来到小亚细亚定居的阿尔巴尼亚人。穆罕穆德就是这个家族的第一位杰出成员,起初在内廷担任糕点师。从这个卑微的位置上起步,他很快成长为大马士革、的黎波里、耶路撒冷和科斯坦迪尔(Köstendil)的总督。当穆罕穆德四世任命他为大维齐尔的时候,他已经 70 岁了。穆罕穆德·科普鲁卢帕夏要求拥有全部的权力,而苏丹这位只对自己的快乐感兴趣的花花公子,同意了这一要求。尽管对这位苏丹可能没什么要多说的,但他的信用确实值得一提。他确实遵守了诺言,

198 没有干预穆罕穆德·科普鲁卢帕夏或他的儿子艾哈迈德的行政管理,而这对奥斯曼帝国来说,无疑是一种幸运。

为了扭转帝国正在急转直下的命运,穆罕穆德·科普鲁卢决定肃清腐败,因为他认为腐败是造成帝国衰落的主要原因。在他执政的五年中,有 3 万名官员和乌里玛因为侵吞公款等罪行而被处死。严刑峻法使那些在任的官员再不敢越雷池半步。原先被各路官员放入自己口袋的国家税收也重新回到国库。穆罕穆德帕夏还大力削减了从国家拿俸禄的官员的数量。这些措施使财政赤字从 1653 年的 1.6 亿阿克切下降到了 1660 年的 0.12 亿阿克切。[1]穆罕穆德将重点放在了遏制各路官员的各种腐败行为,恢复帝国政府管理机构正常运行上。他将军事大权交给了自己的儿子——未来的统治者艾哈迈德·科普鲁卢(Ahmed Köprülü),一位卓越的军事领袖。

尽管艾哈迈德输掉了圣哥达战役,但正是在他的率领下,奥斯曼帝国取得了克

里特之战的胜利。作为他父亲的继承者和奥斯曼帝国的大维齐尔,他利用奥斯曼帝国相对平静的一个历史时期将穆罕穆德开创的事业继续了下去。作为一名军人,他还努力从安纳托利亚农民中招募士兵,以平衡不断增长的禁卫军势力。在这种变革中,我们可以看到一支新的奥斯曼军队的未来。军队中的这部分士兵被称为"冈努鲁"(gönüllü),也就是志愿兵,他们并没有足够的能力来完成艾哈迈德帕夏心中的大业,因此,当科普鲁卢手中的强权旁落,禁卫军再次变成一股邪恶的势力。

艾哈迈德担任大维齐尔的最后几年发动了对波兰的战争(1672—1676 年),为帝国带来了最后一块意义重大的领土。哥萨克与克里米亚鞑靼人联合起来反抗波兰人,并向奥斯曼寻求保护。毫无疑问,艾哈迈德同意并亲自率领奥斯曼军队取得了这场战争的最后胜利。在《祖拉维诺停战协议》(Peace of Żurawno)中,波兰人将波多利亚(Podole)和乌克兰西部割让给奥斯曼帝国,并同意每年向奥斯曼帝国纳贡 22 万杜卡特。另一场于 1716 年发动的对提诺斯(Tenos)的军事征服就没那么重要了。

胜利转瞬即逝。当奥斯曼帝国在乌克兰建立起政权时,它第一次正视俄国的崛起,作为艾哈迈德的继任者卡拉·穆斯塔法·科普鲁卢(Kara Mustafa Köprülüs)于 1677 年第一次发动了对俄国的战争。这场战争持续了四年,最后以奥斯曼帝国签订《拉丹和平协议》,拱手将西乌克兰让给沙皇而告终。

卡拉·穆斯塔法选择了一个确定的时机重新发起对哈布斯堡家族的进攻。至于原因,还不太清楚。尽管卡拉·穆斯塔法不像他的两位科普鲁卢前辈那么有才能,但他是一个正直的人。卡拉·穆斯塔法也是一个雄心勃勃的人,但他并非出身自科普鲁卢家族主脉,他能掌握国家大权仅仅因为他是苏丹的朋友,因此他对自己的地位感到不安。基于以上原因,考虑到自己在乌克兰的失败,卡拉·穆斯塔法希望获得一场伟大而光荣的胜利,以此巩固自己的地位。正因如此,1682 年,大维齐尔卡拉·穆斯塔法率领 20 万大军开往维也纳边境,其中还包括大量总是跟随着奥斯曼军队的随军杂役。鲁迪格·冯·斯塔亨伯格伯爵(Count Rudiger von Starhemberg)以少胜多,成功守住了维也纳。当然,这也归功于卡拉·穆斯塔法拙劣的用兵技巧。卡拉·穆斯塔法让洛林的查理(Charles of Lorraine)率领的德意志救援部队和国王约翰三世索比斯基(King John III Sobieski,1674—1696 年在位)指挥的一支庞大的波兰军队毫不费力地围住了他的军队。9 月 12 日,在遭遇敌人袭击时,卡拉·穆斯塔法又犯了几个严重的战术错误。失败是不可避免的。尽管身陷西欧事务,但利奥波德一世皇帝决定利用这一胜利。此次,他的部队由三位优秀的将军指挥,他们是洛林的查理、巴登的路易斯(Louis of Baden)和萨伏伊的尤金(Eugene of Savoy)。

由于在维也纳的失败,苏丹下令处死卡拉·穆斯塔法。损失惨重的奥斯曼军队,面对劲敌却没有一个强有力的统帅。而受到鼓舞的威尼斯却加入波兰与哈布斯堡王朝,组成了第三神圣同盟,从而分化了奥斯曼帝国的势力。哈布斯堡王朝和威尼斯人取得了一个接一个的胜利。1686 年,匈牙利的布达沦陷,1687 年,洛林的查理在第二次莫哈奇战役(the second Battle of Mohács)中取得了决定性胜利。

与此同时,威尼斯人向摩里亚半岛发动进攻。1687 年底,在布伦瑞克的马克西米利安领导下的德意志军队、奥托·冯·柯尼斯马克斯(Otto von Koenigsmarks)领导下的瑞典军队以及几支意大利部队的支持下,莫若西尼(Morosini)再次率领军队征服了整个地区。1688 年,盟军攻占了雅典(是他们的大炮摧毁了帕特农神庙)。奥斯曼帝国显然无力作战,这让俄国人重新投入战斗。他们于 1687 包围了亚速海。

所有这些事件(尤其是在莫哈奇的失败)都激怒了士兵,他们在伊斯坦布尔发动暴乱,逼迫苏丹退位,并部分摧毁了这座城市。新苏丹苏莱曼二世(Süleyman II,1687—1691 年在位)是在"金笼体系"中培养出来的,既不了解当时的局势,也不知道该做什么。中央政府实际上已经停止运作。1688 年,哈布斯堡王朝的军队攻占了匈牙利,跨过多瑙河,征服了贝尔格莱德,沿着河流向维丁前进,并于 1689 年攻陷维丁。同年,他们继续向南方行进,进入尼什。很显然,他们的军事进攻加剧了对巴尔干的破坏,并激励了济米转而帮助侵略者。形势非常严峻,连造反的士兵也不得不屈于强有力的领导。当然,这一切还要归功于下一任大维齐尔穆斯塔法·科普鲁卢。

1690 年,穆斯塔法重新征服了维丁和贝尔格莱德,导致塞尔维亚人大规模迁移到匈牙利,有关这一问题将在下一章讨论。但对奥斯曼人来说,不幸的是,穆斯塔法在 1691 年的新斯兰卡曼战役[the Battle of Novi Slankamen(Szahlnkámém)]中丧生。此次,哈布斯堡家族因卷入奥格斯堡同盟战争(the War of the League of Augsburg)而无法发起全面进攻,奥斯曼人因此得救。但是,战争仍在继续,奥斯曼帝国再一次失去了领导地位。在接下来的几年里,奥斯曼帝国在匈牙利剩下的所有要塞都丢失了,1696 年亚速海全部落入俄国人手中。而威尼斯人继续掌控摩里亚半岛,并占领了其他几个岛屿。1697 年,萨伏伊的尤金在森塔(Zenta)再次取得决定性胜利,奥斯曼人再次寄希望于科普鲁卢家族的侯赛因·科普鲁卢(Hüssein Köprülü),他由此开始了谋求和平之路。

1699 年 1 月 26 日,奥斯曼帝国签订了其历史上最糟糕的和平协议《卡尔洛维茨和约》。奥斯曼帝国被迫放弃了匈牙利和特兰西瓦尼亚的全部领土,只保留特梅斯瓦尔的巴纳特,同时被迫承认威尼斯人征服了摩里亚和达尔马提亚的大部分土地,并将波多利亚归还给波兰人。俄国人本想得到更多的领土,但最终在 1702 年与奥斯曼帝国达成和平协议,继续拥有亚速海。在与俄国达成和平协议后,侯赛因退位,从所有现实目标来看,科普鲁卢时代结束了(如果我们忽视努曼帕夏在 1710 年担任大维齐尔职位的几个月的话)。

对科普鲁卢时代(1656—1702 年)有几种解释。尽管近 90 年的漫长衰落期始于苏莱曼一世去世,但是在穆罕穆德帕夏掌权时期,帝国仍然有能力独立生存,只是需要一位强大、正直的领导者重新证明自己是一个强大的国家。那些赞成这一观点的人强调,卡拉·穆斯塔法的无能过早地终结了帝国的复兴。而另一些专家则认为,科普鲁卢时代仅仅是穆罕穆德和艾哈迈德能力的光辉见证。当时,苏丹对"国家事务"丝毫不感兴趣,甚至连阴谋都不能引起他们的注意,前两个科普鲁卢大维齐尔利用这种情况夺取了绝对权力,而事实上,绝对权力并不是他们应得的。权力加上他们的能力、忠诚和冷酷无情造就了一个帝国复兴的假象,而实际上,即使没有遭受军事上的失败,当职业奥斯曼人设法推举一位易受宫廷阴谋和派系内讧影响的苏丹登上王位时,奥斯曼帝国注定要崩溃。这两种解释都是从对中央政府及其职能的角度来评判的。尽管仅仅根据中央政府的效率来评估科普鲁卢时代有 201 其优点,但要进行正确的评估,也需要考虑其他标准。

从穆罕穆德·科普鲁卢当选为大维齐尔(1656 年)到进攻维也纳(1683 年),新的一代成长起来。从理论上来讲,这些年轻人本应该是按照科普鲁卢家族的严格规则教育出来的职业奥斯曼人。即使大维齐尔不能总是控制着奥斯曼人生活的每个阶段,年轻一代还是受到了腐化的老派的影响,他们有能力在重要的行政管理职位上安插自己人。因此,政府本应足够强大、忠诚,能够成功地应对一场重大危机,就像维也纳战败后的那种危机。但显然,事情并非如此。即使科普鲁卢家族确实有能力将正直的人安排在最重要的位置,有能力实现预算平衡,他们也无力铲除这个国家存在的根本弊端。这些困难,尤其是由此产生的态度,在科普鲁卢家族威望扫地、一蹶不振的时候,即使没有大的军事失败也会再度出现,因为它们都是根本性的问题。

"长期战争"造成的重大经济、人口变动在科普鲁卢时代成为不可逆转的事实。经济和人口的变化不断改变着欧洲核心行省的局势,强化了始于 16 世纪 90 年代的衰落趋势。城市和乡村的人口持续减少，造成人力和生产的严重短缺，导致村庄和城市的转型。蒂玛尔利的数量不断减少，他们必须在"地主"和农民之间建立新的关系，并对政府进行重组。军事改革没有成功，马斯雷（尤其是禁卫军）的影响依然存在。结果，特别是在各行省，违法犯罪和贪污腐败盛行的局面无法得到改善，反科普鲁卢家族和反改革活动的原因也没有消除，以上论述恰好解释了为什么在第二次莫哈奇战役之后，一场军事叛乱不仅破坏了军队的效率，还破坏了科普鲁卢家族的整个改革工作。科普鲁卢家族确实有能力将最高权力中心的那些严重的犯罪分子清理出去。他们利用自己手中无限的权力和穆罕穆德大规模处决所造成的恐惧，迫使省级行政官员比穆罕穆德·索库鲁去世（1579 年）以来的任何时候都更严格地遵守伊斯坦布尔的命令和要求。即使是军队的表现，只要领导有方、定期付薪，而且不必面对重大灾难，就能正常运转。在一个高度集中、受到传统束缚的国家，不解决基本的社会经济问题，中央要想获得更高的效率，就必须找到有效的、能暂时改善社会面貌的办法。科普鲁卢家族取得了很大成就，但是，他们的改革从未触及更深层次的问题。每当他们触及深层问题，其结果只能以失败告终，比如军队的改革。简单地更换政府官员不能解决任何问题。

当我们对科普鲁卢时期进行评价的时候，我们得出结论是，不能仅仅考虑中央政府的效率。到 17 世纪中叶，由于存在大量复杂的问题，有关重振军队和提高当局行政效率的改革就被迫放弃了。因此，认为纠正错误和重建帝国地位所需的一切就是一位强大且正直的领袖的观点站不住脚。这个国家需要的是根本性的变化，但是，对这一问题，即使是科普鲁卢家族这样生长于职业奥斯曼家庭的人们也不能理解。尽管科普鲁卢家族取得了非凡的成就，但最终注定会失败。他们的主要功绩就是当帝国明显衰落，非常容易受到其宿敌哈布斯堡家族和新敌人俄国的攻击时，使帝国免受外族奴役。至于这些大国为什么没有在 17 世纪后半叶的反奥斯曼帝国中采取果断措施，其中一个原因就是科普鲁卢家族的改革掩盖了帝国衰落的真相。在 18 世纪，当帝国的衰落再也无法掩盖时，能够使帝国彻底灭亡的致命攻击却没有发生，因为上述大国为解决所谓的"东方问题"正处于谨慎的相互对抗之中。

18 世纪的战争

从《卡尔洛维茨和约》签订到 1804 年塞尔维亚革命（the Serbian Revolution）爆

发,如果不将拿破仑战争包括在内,奥斯曼帝国共卷入过六场战争。这些战争不仅影响了其欧洲行省的发展,而且影响了那些战争未波及地区的发展。所有这些战争都是在奥斯曼领土上进行的,这一事实清楚地表明,军事力量的平衡已经发生了令人吃惊的变化。到 18 世纪,奥斯曼帝国明显处于守势。唯一的例外是 1714—1718 年与威尼斯的战争,这场战争给奥斯曼帝国带来了新增领土。但是,与奥斯曼帝国一样,威尼斯也正在经历着明显而快速的衰落,国内信仰东正教的人因为憎恨天主教势力的控制,普遍欢迎奥斯曼战争的结果。令人吃惊的事实是在整个 18 世纪,奥斯曼帝国在欧洲丢失的唯一一块土地是特梅斯瓦尔的巴纳特(克里米亚除 203 外,克里米亚不在本书讨论范围内)。至于为什么会有这样的结果,可以用敌对大国之间的嫉妒心来解释。几个大国之间相互争斗,为奥斯曼帝国在敌人内部找到盟友提供了条件,因而在欧洲发生战事时,为了解决迫在眉睫的问题,他们甚至会暂时脱离反奥斯曼运动的阵营。

奥斯曼帝国在 18 世纪的第一场战争,即 1710—1711 年与俄国的战争,已经在第六章中讨论过。康斯坦丁·布林科瓦努(Constantin Brincoveanu)的行为将彼得大帝置于一个关键位置,这可能随着布林科瓦努在伊斯坦布尔监狱中的死亡而告终。关于彼得大帝是如何通过贿赂大维齐尔而得以逃脱的故事已经众所周知,在此不再赘述了。但是像大维齐尔这样的高官在国家危难关头受贿的事实表明,在 1702 年侯赛因·科普鲁卢离任后不久,奥斯曼帝国就衰落了。这也解释了为什么从奥斯曼帝国和他们所统治的人民的角度来看,18 世纪肯定是他们漫长国家经历中最糟糕的一个世纪。当我们意识到,从击败彼得大帝到塞利姆三世于 1789 年继承王位的长达 70 多年的时间里困难与日俱增,我们就能理解改革者面临的问题有多严峻。

与威尼斯的战争是奥斯曼帝国为了夺回摩里亚而发动的。这是一场轻松的战役,因为威尼斯不仅弱小,其重要关卡都为雇佣军所把持,而且他们对为共和国献身不感兴趣。此外,伊斯坦布尔的主教加强了民众的反天主教情绪,他将所有准备帮助威尼斯军队的东正教教徒逐出教会。威尼斯意识到自己的弱点,并试图巩固自己的军队,于是从几个要塞撤离,结果使那些坚定的拥护者大为受挫。几名本应保卫阵地但未经战斗就投降的指挥官的懦弱行为进一步削弱了士气。1715 年的三个月内,摩里亚大部分地区被重新征服。但迈纳(Maina)地区和几个岛屿上的战斗仍在继续。

看到奥斯曼军队占领了南方,哈布斯堡王朝相信,联合威尼斯人进行反击的时候到了。1716 年，哈布斯堡王朝在彼德罗瓦拉丁（Petrovaradin，Peterwardein，Pétervárad）取得重要胜利，1717 年又占领了贝尔格莱德、特梅斯瓦尔的巴纳特及小瓦拉几亚（Oltenia），触角直接伸向巴尔干。同时，英国派了精兵强将到威尼斯和奥斯曼帝国。正如西欧人所看到的，东方问题正逼迫英国人采取行动，这拯救了奥斯曼人和威尼斯人，但给哈布斯堡人提出了超出可接受范围的条件。在《波扎雷瓦茨和平协议》[Peace of Požarevac（Passarowitz）]中，维也纳人的征服得到相当程度的收获，但奥斯曼人可以用他们在希腊南部取得同样重要的收获来安慰自己。威尼斯从彻底灭亡的边缘被拯救回来，巴尔干半岛的"均势"得以暂时维持。

接下来，奥斯曼帝国与它的欧洲敌人和平相处了 18 年，但是奥斯曼帝国在 1720 年和 1724 年与俄国签订了两个重要的条约。第一个条约解决了 1711 年尚未解决的商业和外交问题，并非常详细地划定了两国之间的边界。第二个条约是一个临时文件，为双方划定了部分处于混乱中的同波斯的边界。

从理论上看，这些条约本应解决奥斯曼帝国与俄国之间的问题。实际上，俄国势力不断增长，目标直指黑海。在发动军事行动之前，俄国先与维也纳的皇帝达成了协议。这再次证明，在 18 世纪，没有一个大国能安全独立地采取军事行动。1736 年，在建立联盟之后，俄国开始了它的征服行动。它先是快速征服了克里米亚，然后征服了亚速海。接下来，它又要求奥斯曼帝国割让从多瑙河口到黑海北岸高加索山脉的所有土地。

1737 年初，奥斯曼帝国在另一条战线受到威胁。哈布斯堡军队进攻并占领了多瑙河以南的尼什、普里什蒂纳和新帕扎尔（Novi Pazar，Yeni-Pazar），以及多瑙河以北的瓦拉几亚和摩尔达维亚的部分地区。这些大规模的征服使军队不得不分散开来。当奥斯曼帝国于 1738 年进行反击的时候，由于这种情况加上指挥无方，他们被迫撤退，放弃了除贝尔格莱德之外的其他巴尔干地区。

面对不容乐观的军事局势，奥斯曼帝国皇帝（他年老体衰，没有儿子）考虑到王位继承的问题，对正在谋求近东地区均势的大英帝国、荷兰和法国的干涉表示欢迎。法国驻伊斯坦布尔大使马奎斯·德·维伦纽夫（Marquis de Villeneuve）扮演了和平使者的角色。他注意到，奥地利军队糟糕的表现和对查理国王即将去世的恐惧，有可能迫使他们接受和平条约中的任何条款。另外，他还意识到奥地利退出战争将迫使俄国结束敌对行动，因为俄国无法独自面对"欧洲协调"行动。由此在 1739 年 9 月签订的《贝尔格莱德和约》（Peace of Belgrade）对奥斯曼帝国非常有利，这要归功于维伦纽夫对奥地利和俄国局势的了解，他想充分利用这一局势以利于他的国家。奥地利人将贝尔格莱德和小瓦拉几亚归还给奥斯曼帝国,失去了在波扎雷瓦茨获得的一切。俄国继续保有亚速海,但这只是一个未设防的城市,而且俄国不仅必须承诺不在黑海保有舰队,而且在黑海进行贸易的商船要悬挂奥斯曼国旗。1738 年,奥斯曼帝国军队出人意料地赢得与哈布斯堡军队的战斗,而这实际上是大国斗争和干预的结果。 205

下一场重要的战争发生于 1768—1774 年间,是由富有野心的俄国叶卡捷琳娜大帝(Catherine the Great,1762—1796 年在位)发起的两场战争中的第一场。对奥斯曼帝国来说,战争结局并不那么愉快。正是普鲁士的腓特烈大帝(Frederick the Great,1740—1786 年在位)的政策阻止了哈布斯堡家族卷入这场战争,并最终将叶卡捷琳娜的注意力从奥斯曼帝国转移到波兰问题上,从而使奥斯曼帝国避免遭受更大的损失。奥地利人也利用了这一情势。1774 年敌对行动结束时,他们占领了布科维纳,而此前布科维纳一直是摩尔达维亚的一部分。

与俄国的战争分为两个阶段。俄国军队的进攻非常顺利。多瑙河公国和奥斯曼帝国在基利亚、阿克曼、伊兹梅尔(Izmail,Ismail)、本德尔(Bender)、布勒伊拉(Brāila)的要塞很快就被占领了,俄国军队进入克里米亚。在 1768—1770 年取得一系列胜利之后,由于俄国军队陷入被占领地区的组织工作,饱受供应问题和疾病的困扰,因此没有采取进一步的行动。

在格雷戈里·奥尔洛夫(Gregory Orlov)指挥下的声名远播的海军远征队却未能取得与陆战队相提并论的成功。除了约翰·埃尔芬斯通(John Elphinstone)上尉之外,俄国没有什么有能力的指挥官,不管沙皇的军队取得了怎样的胜利,他们很快就输了。在摩里亚及其群岛上的战争场景出现分化。像迈纳这样传统的反奥斯曼地区,人们都设法帮助俄国人,其他地区则依然效忠奥斯曼帝国。奥斯曼帝国抽不出正规部队参与这场令人分心的战役,只能依靠由基督徒和大量阿尔巴尼亚军队组成的地方力量。这些军队就足以使俄国人先前取得的胜利化为乌有。到 1770 年年中,大部分俄国军队已回到自己的船上,而他们在当地的追随者则受到阿尔巴尼亚军队的清算。

当然,海军的行动还是为成功创造了机会,尤其是因为奥斯曼帝国的海军司令霍萨梅丁帕夏(paşa Hosameddin)是个无能之辈和懦夫。正是此人置良策于不顾,在圣美海峡战役(the battle of the Strait of Çeşme)中两次将舰队部署在大陆与希俄斯岛之间的不利位置上。这样的做法只是确保了他能在附近的岸上,亲眼看到自己的军队被歼灭。这一战役发生在 1770 年 7 月 7 日。此后哈桑(Hassan)帕夏成为海军司令卡普丹和大维齐尔，他们的行动才避免了一场彻底的灾难。这场战争让俄国人尝到了甜头，埃尔芬斯通决定穿过达达尼尔海峡，攻击伊斯坦布尔。因为当时的伊斯坦布尔正处于混乱之中。由于受到瘟疫的蹂躏和对即将到来的俄国人的恐惧，伊斯坦布尔的市民陷入恐慌之中，无所适从。胜利的俄国舰队的突然出现可能会把这座城市送入女沙皇的怀抱。但是，奥尔洛夫反对这个计划，两个星期过去了，什么都没发生。接下来，俄国军队准备攻打达达尼尔海峡入口处的利姆诺斯岛[the island of Lemnos(Limni)]。守备森严的利姆诺斯岛坚持了数月，俄国人最终败下阵来。当英国人召回了在俄国海军服役的英国军官时，一位著名的出生在匈牙利、服役于奥斯曼军队的法国人弗朗西斯·德·托特(Francis de Tott)守住了达达尼尔海峡，哈桑帕夏重组了奥斯曼海军。1770 年 10 月末，哈桑解放了利姆诺斯岛，俄国人丢盔卸甲，大败而归。尽管直到战争结束，俄国人都一直在爱琴海逡巡，但他们的舰队因缺乏补给和优秀的舰长，再也不能对奥斯曼帝国构成威胁。由于奥尔洛夫的无能，俄国失去了一个大国自 1453 年以来攻占伊斯坦布尔的最好时机。

因为卷入波兰事务，1772 年 5 月叶卡捷琳娜同意在罗马尼亚南部城市吉尔吉停战，但随后的和平谈判仍然没有结果。在波兰第一次分裂后，俄国再度发动战争，1773 年底渡过多瑙河，进入保加利亚。奥斯曼帝国被迫重新讲和，1774 年 6 月 30 日，双方签订了著名的《库楚克-开纳吉条约》。尽管俄国人仅获得了德涅斯特河至普鲁特河之间一块较小的土地，并同意从所有被占领土上撤出，但是他们暂时打破了巴尔干和近东地区的力量平衡，成为奥斯曼政府不得不留心而其欧洲行省的居民纷纷希望追随的一支力量。他们迫使奥斯曼帝国承认克里米亚为一个独立的国家，并在摩尔达维亚和瓦拉几亚取得了第八章中所描述的政治优势。俄国海军和商船也摆脱了一切限制，其在奥斯曼帝国东正教教团中的影响力变得与其在基督徒政治问题上日益增长的声望一样重要，尤其是在多瑙河公国。

几年后的 1783 年，俄国人撕毁了条约，吞并了克里米亚，迫使奥斯曼帝国于 1784 年 1 月在伊斯坦布尔签订的条约中承认了这种情况。但这些成果远未达到目标。在叶卡捷琳娜与奥地利的约瑟夫二世(Joseph II, 1780—1790 年在位)就瓜分奥斯曼帝国的欧洲行省达成协议之后，包括伊斯坦布尔在内的俄国势力范围内的地区注定要成为康斯坦丁大公(Grand Duke Constantine)统治下的希腊首都，俄国与奥斯曼帝国都在等待战争的时机。当奥斯曼帝国对俄国领事在多瑙河公国从事的非法活动表示抗议时，俄国于 1787 年向奥斯曼帝国宣战。在这场战争中，具有悲剧色彩的最高国家统帅苏丹塞利姆三世(Selim III, 1789—1807 年)，迎来了他将面对的无数场战争中的第一场,他被迫违背自己的意愿进行战斗。继俄国之后,奥地利也于 1788 年向奥斯曼帝国宣战。在亚历山大·苏瓦洛夫(Alexander Suvarov)与尼古拉·列普宁(Repnin)亲王的巧妙指挥下,俄国军队首先占领了奥恰科夫(Ochakov, Oczakow, Özü),然后进入摩尔达维亚、瓦拉几亚和多布罗加。哈布斯堡家族的军队首先进入塞尔维亚和波斯尼亚,但在 1788 年被击退。1789 年,他们又卷土重来,再次占领贝尔格莱德,进入瓦拉几亚。1790 年,约瑟夫二世去世,利奥波德二世(Leopold II,1790—1792 年在位)继位,他反对战争,但必须面对比利时和匈牙利的革命局势以及与普鲁士之间可能发生的战争。他迅速展开了和谈,于 1791 年签订了《锡斯托夫和约》[Peace of Svishtov(Szisztova, Zištov)]。一切恢复原状,只是在边界上作了有利于维也纳的轻微调整,将边界变为多瑙河上的铁门峡谷(Iron Gates),即杰尔达普峡谷(the Djerdap Gorge),以及萨瓦河沿岸的波斯尼亚附近。因此,就所有现实目标而言,奥斯曼帝国在西北边境与其重要邻国的最后一场战争结束后,留下的边界线是多瑙河—萨瓦河一线。

奥地利的背信弃义及在波兰和法国的事态迫使俄国在形势有利于奥斯曼帝国的情况下结束了战争。1792 年 1 月,《雅西条约》(Treaty of Iaşi)确定了两国的欧洲边界沿德涅斯特河和库班河(the Kuban)为界。德涅斯特河所确立的边界对于我们的研究非常重要,因为它迫使俄国将所有罗马尼亚的土地归还给奥斯曼帝国。尽管这绝不是最后一场俄国—奥斯曼战争,但是在整个 19 世纪,除了比萨拉比亚(Bessarabia)曾几度易手,这条边界线还是相当稳定地保存下来。

在所有发生于 18 世纪的战争中,奥斯曼帝国的好运气与其说是源于帝国本身的防御能力,不如说是源于权力平衡的游戏。为了实现权力均衡,罗曼诺夫家族和哈布斯堡家族不断对奥斯曼帝国表现出仁慈的一面。伊斯坦布尔所付出的与其说是领土代价,不如说是行动自由代价。在《库楚克-开纳吉条约》之后,俄国在奥斯曼政府决策中的影响力变得非常强大,在法国大革命期间,这种影响力变得更加强大。在 19 世纪,先是英国,随后德国的影响也变得极为重要。值得注意的是,从 18 世纪开始,奥斯曼外交被证明与早期的军事领导一样成功。不幸的是,这种调整能力并没有影响 18 世纪的国内政策。塞利姆三世为他试图改变王国体制付出了生命代价。他的努力和敌人的反击对欧洲行省的影响将在下一章讨论。

如果将 1804 年的奥斯曼帝国与 1574 年相比,东南欧的领土变化——匈牙利和特兰西瓦尼亚的消失——可能显得微不足道。匈牙利本就不是经济资产,特兰西瓦尼亚对土耳其国家的国力贡献也不大。但即使如此,这一损失还是意义重大,因 208

为它不仅表明奥斯曼帝国的军事实力越来越弱,而且还将哈布斯堡的军队带到多瑙河—萨瓦河一线,从那里他们可以而且确实多次入侵奥斯曼帝国的"核心"行省。这些侵袭不仅造成了这一重要经济区的破坏,还导致了人口的减少。1690 年和1694 年塞尔维亚的大规模移民创造了除在哈布斯堡王朝统治区内的克罗地亚文化中心之外的第二个文化中心。在 18 世纪,该中心在仍受奥斯曼帝国统治的南部斯拉夫民族中的影响力将越来越大。由于边界变动,西方的思想和影响力在这一地区的渗透成为可能。这种渗透与 19 世纪的民族复兴运动一样重要,因为它将导致奥斯曼帝国行政和法律体系的彻底崩溃。

由于奥斯曼帝国的统治能力恶化,1804 年的帝国与 1574 年的帝国出现惊人的差距。在两个多世纪的时间里,一个强大的、组织良好的国家变成了一个统治混乱、地方势力超过政府公布的法律、法规的国家。1804 年,奥斯曼帝国的规模是其唯一令人印象深刻的特征,即使是其居民也不知道为了帝国的正常运行,奥斯曼帝国到底做了什么。变化虽不可避免,但是历经两个糟糕的世纪,这种转变又是不可能完成的。奥斯曼帝国的改革并不是欧洲的济米想要的。他们期望的是自治,但这是政府不可能答应的,它已经丧失了对生活在各行省中的职业奥斯曼人的控制,不可能给济米更多的自主权。

第一次成功的革命是 1804 年的塞尔维亚革命,它清楚地表明,奥斯曼帝国欧洲行省的居民想要的是从高效的政府管理迅速升级到地方自治,并最终实现地方独立,只有这样才能满足他们对生命和财产安全的最低要求。奥斯曼帝国的确在 19 世纪进行了转型,但这种转型对其前欧洲臣民的影响越来越小,属于他们的民族革命和独立的时代已经到来。米洛斯·奥布雷诺维奇(Miloš Obrenović)是第一位成功领导起义的人,那些对帝国不满的同胞都称他为"塞尔维亚帕夏"。奥斯曼帝国统治的影响还在持续。不幸的是,这种影响主要来自两个糟糕的世纪,以至于该地区的人民至今还保留着关于奥斯曼帝国统治的不快记忆。

【注释】

[1] H.A.R. Gibb and Harold Bowen, *Islamic Society and the West*, vol.1, pt.1, p.26, n.1.两位作者指出,1653—1660 年间可用的赤字数字不可靠。

第十章　欧洲土耳其：一个改变了的世界

导论

　　奥斯曼帝国的机构在 1413—1574 年间运转良好，苏丹的每一位臣民——穆斯
林、济米、职业奥斯曼人和雷亚都能留下来，并或多或少愿意在伊斯兰法度为其设
置的范围内活动。绝大多数人都坚守着自己的社会地位和职业。各种职业奥斯曼
人群体与城乡地区的雷亚之间的职责跟他们之间的关系一样界限分明。因此，在
描写这一时期时，把社会的这三大要素作为不同的单元来处理并不困难(参见第二
至第五章)。如果保持这一叙述模式，读者可能更容易理解，例如，从一个关于城市
生活的章节转到另一个类似的从头到尾追溯城市历史的章节。但笔者认为，这一
貌似能方便读者的叙述模式其实潜藏着诸多缺点，会增加读者的阅读负担。

　　1574 年以后，各种变化紧密地联系在一起，如果分别讨论农村和城市的变革，
将使这种变化难以理解。例如，农村发生的经济变化影响到城市，而城市和农村的
变化都是由同一个原因造成的。经济变化与人口变化和新的行政模式密切相关。
因此，最好的办法是在一两个章节内对所有问题进行专题讨论，以便最大程度地全
面介绍 1574 年之后几个世纪的历史。本章和下一章将集中讨论发展问题，但在此
框架内，我们将尽可能把纯粹的城市现象与纯粹的农村现象分开论述，以关照那些
可能希望继续聚焦上一章所讨论问题的读者。

　　采用这样的时期分界线，是为了便于理解 1574 年之后的历史，因为理论上看，
一切仍保持之前几个世纪的模样。中央政府及其众多的分支机构、办事处和行政

服务部门都没有改革。虽然行省及其所辖区域的边界发生了变化,一些官员获得了新的头衔,但中央和省级政府之间的关系还跟从前一样。不同社会阶层和经济部门之间的联系也是如此。发生巨大变化的不仅包括官员的素质,而且包括每个人对截然不同的生活条件的态度,以及某些部门和做法变得相对重要。例如,包税人在17—18世纪成为对雷亚来说非常重要的官员。这一职位和伊尔希扎姆(iltizam)自奥斯曼帝国建立之初就已经存在了,改变的是这些包税人的数量以及包税人对自身职责的认知和履行方式。

其他非常重要的变化,首先涉及土地所有权的变化。这些影响深远的变化不仅代表着先前存在的各种模式的相对重要性的变化,而且表明它们显然是违法的。如果必须用一成不变的法律来解释,那么这些新模式的出现仅仅是因为政府没有权力遏制那些规避法律的人。尽管这些新的安排随着时间的推移变得"传统且被接受",并最终被认为是理所当然的,但它们从来都不是合法的。理论上说,它们本可以被一个更强大的政府所废除。1826年,苏丹马哈穆德二世(Sultan Mahmud II)摧毁了禁卫军并发起改革,他开始打击那些靠非法活动起家的人。无论他和他的继任者在改革的道路上取得了怎样的成就,事实上,仅仅过了几个世纪,一切都变得容易了,因为某些行为成为公认的生活方式,它们很容易被攻击为非法行为。

在1574年之后的几年里,只有科普鲁卢家族用与现实不符的合法性来为自己的行为辩护,但其他人用这种方式则可能令那些为环境所迫或利用情势过不诚实生活的人感到害怕。这一事实诠释了他们的某些行为模式。这些人的主要目的是尽可能多地排除当局的干涉,转移财产,或者创建一些有利可图的事业。例如,非法成立的行会因为有用,所以不会遭到起诉。无论动机是出于必要还是贪婪,这些211 行为都侵犯了他人的法度,经常产生强烈的反应和反作用,使社会秩序完全分裂。本章在此只讨论那些影响到日常生活,并能创造具有持久意义的新的社会经济模式的事件,而不涉及未曾改变的法律制度和法律关系,除了那些已经对现实产生影响的案例。

尽管到处都在发生变化,而且总的转变模式已经显现出来,但正在形成的"新秩序"绝非统一模式。这并不奇怪,因为新的模式反映了当地的情况,而不是集中实施的变革。为此,我们将首先介绍常见模式,然后讨论重要的局部变化。这些局部条件的变化大大加剧了东南欧地区的分裂,并产生了延续至今的差异。

本章将公共生活的三个密切相关的方面联系在一起:经济、人口和行政。基本的经济变化是从蒂玛尔向齐夫特利克(çiftlik system)体系的转变。虽然无法确定是什么导致了这种变化,但可以说,与蒂玛尔利的军事倾向逐渐减弱相伴随的,是腐败和贪婪对他们的影响与对其他职业奥斯曼集团的影响一样大。这一变化是不可避免的,因为在"长期战争"期间,由于反复的瘟疫、较低的出生率和惨重的伤亡,蒂玛尔利的数量急剧减少,以致他们没有足够的人来维持旧的土地制度和在职业奥斯曼人群体中的地位。

无论土地所有权发生变化的原因是什么,它都必然涉及行政管理的变化,因为蒂玛尔利不仅是士兵,也是管理者。他们的逐渐消失使得其他"公务员"的崛起成为必然。由于没有引入新的团体,蒂玛尔利履行的职能反而由乌里玛、基督教神职人员、商人、包税人、当地重要的强势家族以及之前存在的其他团体分担了。

新农村

第二章阐述了土地所有权依据的理论。简而言之,奥斯曼帝国承认三种土地所有权。米芮土地属于苏丹,缪克持有的是私人财产,而瓦克夫则表示这样一些财产,无论土地所有形式如何,其土地收入都归虔诚的信仰机构所有。当政府强大时,绝大多数土地都是米芮,要向当局缴纳其生产所得,并为在其土地上劳作的人 ₂₁₂ 纳税。所有的蒂玛尔都是米芮,随时可能被当局收回。蒂玛尔利只能从其土地上得到一部分收入,以换取服兵役和履行由其他国家公务员所履行的某些职责。蒂玛尔利严格限制作为穆斯林和济米的农民的权力。他们有权征收货物、得到服务,并要求农民像对待公职人员那样对他们俯首帖耳。除了针对蒂玛尔利的这些义务之外,雷亚是自由人,有自己的法度,受到法律当局的保护。蒂玛尔利是一个军事管理者,他受益于国家愿意用生活在一块或几块规定土地上的雷亚的商品和服务为其提供报酬,但他不是土地所有者。因此,他对土地以及耕种它的人没有任何兴趣,一旦他表现出任何兴趣,法律当局就会迅速告知其权限。除瓦克夫的财产,国家保留对土地及其收入的完全控制权。

建立瓦克夫被认为是一种善举——是虔诚信徒的责任,只要它们是在当局许可下合法设立的,服务于一个真正有价值的目标,就会受到鼓励。前文已经提到,每个瓦克夫都有一个管理者穆特韦利。有的还有一个纳齐尔(nazir),他负责监督日常运营,并监督那些建立瓦克夫的契约中的预留账户。这一必要的限制性规定使无良的个人有可能利用这一制度。只要为一个小项目预留出一大笔收入,就有了大量资金来支持穆特韦利,如果规定穆特韦利必须始终由捐款家族的首领担任,那么这个家族的财政前景就有保证了。对这种性质的滥用从一开始就出现了。在强大的苏丹的统治下,他们废除虚假的瓦克夫后,这种滥用现象得以纠偏,收入丰厚的土地、市场等再次成为米芮。但接下来要考察的两个世纪里的情况却并非如此。支持捐赠家族的瓦克夫的数量有所增加,但国家的收入却减少了。而对在这些土地上劳作的农民而言,假瓦克夫更受欢迎。因为它能使农民免受新兴地主阶级和包税人的苛责。尽管瓦克夫的数量大幅增加,但受保护免税的农民人数仍然很少,因为任何想要建立瓦克夫的人都必须拥有缪克财产,或者必须有权处置米芮。但只有苏丹才有这项权利,所以拥有私人财产的人很少。

213   尽管苏丹不断依照传统建立瓦克夫,但政府自身收入却在减少,其主要原因仍在于腐败和内廷官员影响力的不断增长。雅典城很好地说明了这一状况。17 世纪上半叶,这座城市是黑人宦官首领[1]克兹拉·阿加斯(kızlar ağası)的封地。他任命自己的代表,征敛所得年收入达 3 万杜卡特。[2]虽然这部分收入对国家来说是损失,但雅典因此获得了实质上的自治,因为它不再受制于埃维亚的桑卡贝伊和只对收税感兴趣的克兹拉·阿加斯。

雅典还为齐头并进的经济和行政改革提供了很好的例证。当这座城市成为黑人宦官首领的封地时,国家失去了财政收入,雅典的桑卡失去了权威,取而代之的是两类新政权组织,一类是克兹拉·阿加斯任命的官员,另一类是雅典贵族的地方政府,即执政官。

除了上述发展之外,第三个方面是人口的增加。当威尼斯人占领雅典时,他们意识到自己无法控制这座城市,于是决定疏散雅典的居民。在 16 世纪的最后 25 年,根据当时西蒙·卡巴西拉斯(Simeon Kabasilas)的估算,生活在雅典的男性数量为 1.2 万人。许多学者认为,威尼斯人攻打雅典时,雅典的居民大约为 2 万人。[3]尽管许多被驱逐的居民在 1715 年后返回雅典,但当现代希腊的第一位国王奥托于 1832 年进入首都时,雅典的人口仍然远远少于 2 万。

鉴于雅典是奥斯曼政府垮台后出现的各种发展和非常规结果中的一个例子,我们再提供两个事例,用以说明即使是职业奥斯曼人和雷亚之间的差异,以及米勒特所享有的特权,偶尔也会遭到侵犯,且不受惩罚。威廉·米勒(William Miller)没有给出具体日期,但他提到天主教宗主教曾下令罢免该城的大主教,而克兹拉·阿加斯在雅典人的要求下撤销了这一命令。他还引用了 1712 年任命德米特里奥斯·佩里奥罗格斯(Demetrios Paleologos)为克兹拉·阿加斯的首席行政官的例子,他的家族声称自己是旧皇室的后裔,但这并未得到证明。[4]

这些根源于日益增多的瓦克夫和前文提到的雅典的不合常规做法的变化,与 214
蒂玛尔向齐夫特利克的转变相比,其重要性几乎可以忽略不计。这种转变意味着
将米芮非法地变成缪克财产,引入普遍接受的土地所有权,并引起农民生活和农业
生产方式的巨大变化。农村这种新的所有权和生产模式紧接着引起城市中的相关
变化,除了创造新的经济关系外,还为出现新的社会和人口调整作出了重大贡献。

齐夫特利克并非真正的奥斯曼帝国的创新。它代表着一项在数个世纪中被普
遍认可的原则的扩展和非法应用。在某些情况下,穆斯林和济米的雷亚家庭可以
拥有一个齐夫特,这是维持一个家庭所需的最小的基本土地单位。这一权利为未
来的齐夫特利克的命名提供了理论依据和现实依据。每一个蒂玛尔的核心都是西
帕希在为自己培育齐夫特或基里克财产(kiliç),这些土地财产可以在其死后分配给
儿子,特别是当继承人的功绩微乎其微时,除了得到重新分配的封地,其他几乎什
么也得不到。因此即使不合法,传统上也视这种基本持有为私有财产。如果这两
个既定习惯中包含的原则——一个是合法的,另一个是传统的——能够将维持自
给自足的农业生产和最低生活标准的最小财产单位扩展至更大的范围,那么真正
的土地不动产将得到开发。这就是17—18世纪发生的事情。

齐夫特利克,在说希腊语的行省中被称为“实体”(hypostatika),在波斯尼亚被
称为“贝伊利克”(beylik),这引起了一些学者的兴趣,而他们的研究成果对笔者的
研究有很大帮助。[5]理查德·布希-赞特纳(Richard Busch-Zantner)将齐夫特利克
定义为类似众所周知的欧洲租种土地的不动产。一个人直接或在执政官的帮助下
拥有和管理这块土地,并因此获得一个相当于以庄园宅第为中心的组织。这一定
义不仅被普遍接受,而且对农民和地主而言,也符合实际。当然,其他学者也有一 215
些定义,但更有局限性。例如,比斯特拉·切维特科娃(Bistra Cvetkova)的定义在
技术上更为准确,但布希-赞特纳的定义更实用。

多个因素促成了蒂玛尔的衰落和齐夫特利克的出现。从伊斯坦布尔的角度
看,似乎涉及两个主要原因。如果没有腐败,那些人既不可能通过这样的方式获得
财产,也不可能在首都和几个行省的卡迪签发的文件中被确认为“合法”,新的土地
所有制度也不可能如此迅速广泛地传播开来。还有一个原因是中央政权对资金的
需求。在16世纪最后25年,通货膨胀造成的巨大财政赤字,加上“长期战争”的巨
大开销,促成了一种趋势并最终导致齐夫特利克的建立。

政府需要尽可能多的定期收入,又不能依赖官员的长期忠诚。因此,政府开始

频繁地将国家财政收入出租给那些能够及时向国库支付现金的个人。这些租约可以以穆卡塔(mukataa)或伊尔希扎姆的形式存在,通常可以互换使用。穆卡塔基本上涉及对一整块财产的"切割"。例如,将一大块属于苏丹的地产交给个人,以换取一定年限的特定付款。伊尔希扎姆或多或少是从财政收入(主要是税收)中分得的农业税收,对一个包税人来说,如果能提前支付一笔固定金额,那么他就能在指定时间内从其投资中获利。从理论上讲,这种做法并没有改变对土地或其他收入来源的法定所有权,而是蒂玛尔制度本身所依据的旧做法的延续,即将某些权利和利益授予个人,以换取其履行某些职责。

一旦离开伊斯坦布尔,人们会发现,越来越多的包税人来到各行省,并迅速与职业奥斯曼人发生冲突,因为他们的利益经常冲突。远离首都居住并拥有成为政府"债权人"所需资金的个体数量也不少。在第四章提到的大商人图卡或称阿扬,获得了可观的财富,并且投资于许多经济活动,这为他们带来了更多收入。作为有兴趣让自己的钱为自己工作的资本家,他们被这种新型的"生意"所吸引,并声称这是他们的法度的一部分。他们还坚信,许多包税人都没有从事这些活动的合法权利。为了分享新的财富来源,贝勒贝伊和桑卡贝伊很快加入了他们的行列,他们不仅越来越腐败,而且还处置了他们持有的大量收入。这些地位较高的官员要么模仿中央政府的做法,将其持有的资产细分成伊尔希扎姆出租,要么试图把自己变成包税人。很快,这些人联合成一个单独团体,为了各种现实目的充当国家的银行家。一些富有的济米也加入其中。

从其受欢迎的程度可以很清楚地看出,农业收入是一项非常有利可图的投资项目。其中有两个原因:政府迫于资金压力,不得不给包税人提供优惠条件;同时,将产生出租收入的应纳税人的税款交给收税人。这一事实造成了许多违法行为,不仅是雷亚,而且蒂玛尔利的特权和权利也被无视,因为他们没有足够的财富参与这项新的事业,他们的封地属于或靠近强大而富有的包税人可以自由支配的地区。

接下来,从蒂玛尔转变为齐夫特利克有三个主要原因。第一个原因是将封地授予因未履行必要的军事行政职责而无权享有封地的人。雅典和它的首领克兹拉·阿加斯的例子就说明了这一情况。这些背井离乡的地主不仅出租自己的土地,而且跻身他们曾经为之服务的封建领主行列。作为表率,他们的行为激励着其他人宣称在不履行相应职责的情况下有权占有土地。这一倾向削弱了军队编制,并强化了以个人身份而不是以服役为基础获得土地所有权的趋势。

同样重要的是,中央政府希望增加可转租的财产数量,以增加其收入。最简单的方法就是增加帝国哈斯的数量和扩大已有土地的面积。结果是大量封地成为皇室庄园土地,而不再在其持有人死亡后重新分配。这一举动减少了西帕希的人数,削弱了他们对侵犯其权利的行为的反抗力量,并间接削弱了军事机构。

第三个因素源于另外两个因素,即不安全的土地使用权。这不仅影响到被慢慢驱逐的封地持有者,也影响到那些从新发展中获利的人。

蒂玛尔利没有足够的力量和财富变成包税人,便试图通过将他们的封地转化为世袭财产或现金来确保自己的财务未来,然后再将这些财产投资到能创收的其他形式的事业中。显然,这两种应对方式在理论上都是非法的,必须由腐败的司法机构出具的"合法"文件加以保证。现存的文件证据不仅有颁发给私人土地所有者的"地契"(title deeds),还有封地出售登记证明。[6]

包税人也没有安全感。他们在一个承诺盈利的项目上进行了大量投资,并提前付款。然而,他们无法确定自己是否能够取得预期收益。伊斯坦布尔的阴谋和对现金的持续需求往往会缩短他们从土地或其他能够获益的财产中自由获取收入的时间。包税人主要关心的是延长时间,最终他们成功地获得了马利坎(malikane)租约,这些租约将终生有效。自然,一旦一个有权势的人获得了马利坎租约,他就试图在家族中继承。通过这种方式,其余的蒂玛尔利和包税人都将为同一个目标而工作,即将指定时期内托付给他们的米芮转为缪克财产。基于此,这种农业财产的转变意味着从蒂玛尔向齐夫特利克的转变。

从一种土地占有类型到另一种土地占有类型的变化由影响深远的人口变化所推动,这些变化将在本章后文进行讨论。在此仅关注人口趋势,包括穆斯林和济米的减少,以及济米的大规模移民。在欧洲行省,大多数雷亚都是济米,他们的大规模迁移带来了严重的经济后果,这与齐夫特利克建立后出现的新生产方式的发展密切相关。

旧的封地由封建主的哈斯齐夫特组成,耕种齐夫特的农民用来维持生计,他们的各种财产不仅足以维持他们的生活,而且能为"领主"提供一定收入使其生活水平提升到生存线以上,同时还允许他们将盈余产品出售给附近城镇,以所取得的收入支付税款。因此,虽然封地产生了盈余,但是他们的经济不是市场化的,封建主对农民选择的生产模式不感兴趣。当然,齐夫特利克就像任何其他私人拥有的大型地产一样,如果所有者要获得可观的收入,就不能遵循这种模式。生产必须集中化、合理化并进行调整,以产生最大的收入,它必须以市场为导向。这种转变包括引进新的作物,如棉花和蔬菜、后来的马铃薯和玉米,以及增加肉类产量。最后提

到的发展源于平均资产规模的扩大和劳动力的短缺。对所有这些产品以及谷物来
218 说，国内市场太小，因为人口下降并不局限于农村，城市人口不断减少，生产出来的
农产品无法被城市人口吸收。要想从占有的土地中获得利润必须增加出口，出口
不仅收入丰厚，而且还能同时维持国内的价格水平。

这种外销需求进一步削弱了中央政府的权威，助长了省级行政官员的腐败和
日益提高的独立性，其中有些人到 18 世纪时几乎成了一方之主。奥斯曼帝国禁止
战略物资（例如铅、铁和所有农产品）的出口。诚然，这些违禁物品在某种程度上一
直都在出口，但这些出口或是与匈牙利草原城镇的特殊状况有关，或是与杜布罗夫
尼克规范良好的条约有关，或是就意味着为了确保获得更为急需的进口产品而对
国际商业合作作出最低限度的让步。到 17—18 世纪，这些限制都消失了。这是理
论与实践的差异不断扩大的另一个例子，即在之后的几个世纪中，伊斯坦布尔的规
则变得多么不重要的一个例子。由于出口规定从未改变，因此，大多数出口活动在
理论上是非法的，但没有人能够阻止贝勒贝伊甚至桑卡贝伊，他们中的许多人都拥
有大量的齐夫特利克，并以收取费用的方式颁发当地出口许可证。

一个新的出口商人群体就此出现，其中许多是阿尔巴尼亚人和斯拉夫人，在随
后几个世纪里，又囊括了由越来越多的济米（主要是希腊人）和日益减少的穆斯林
组成的旧有的图卡群体。新商人改变了城市的结构，并在 18 世纪和 19 世纪的民族
复兴运动中发展成为一支相当重要的力量。有几个商人家庭因日益富有和重要而
成为包税人及地位较低的地方官员。他们常常像土耳其人那样对待自己的同胞，
因而比土耳其人更不受欢迎，因为他们压迫跟自己同属一个群体的人。

不管新的地主是瓦克夫的管理者还是以前的蒂玛尔，是地方帕夏还是贝伊，
是居住在伊斯坦布尔的法官还是以前的包税人，他几乎总是一个不在地主，在执
行官的协助下管理着他的齐夫特利克。作为一名执行官，他必须妥善处理地主和
农民之间的新型关系。为达成妥协，需要协调诸多因素。理论上，雷亚依然保留
着他们的权利，且有特定的义务与其权利相平衡，他们依然是自由人，可以在法庭
上起诉和被起诉，能够移民等。另一方面，地主则想最大限度地控制农民的行动，
219 换句话说，就是剥夺农民的权利，把他们作为农奴束缚在土地上。尽管从法律上
看，很难阻止这些有权有势的人把东南欧的农民变成农奴，但劳动力稀缺，且无法
迫使移民从另一个有权势的地方政权的土地上离开，所以将农民变成农奴并非
易事。但是，这并不意味着农民的处境没有变化、农民对地主的依赖没有显著
增加。

新地主地位下降，以及被赶出伊斯坦布尔并定居在各行省的"不良分子"的更为恶劣的行为，造成了公共安全的崩溃。此外，当局无法或不愿制止的宗教狂热分子越来越不宽容的行为，以上种种因素给农民留下了三种选择。一是他们可以移民到更安全的地方，主要是进入山区，在"自由的土地"上建立新的定居点。二是他们可以以牙还牙，为了自卫，落草为寇，组成爱国的克列夫特（klepht）和哈伊杜克（hajduk）自卫，但会因此成为不法分子。三是他们可以求助于一个能提供当局无法提供的安全保障的强人。他们可以选择以上任意一种。那些选了前两种道路的人，对新地主而言，就意味着他们失败了。留下来并愿意工作的人则变得更有价值。这种安全需求增加了市场化生产所要求的集中化趋势。庄园出现了，它们大多看上去像一个小堡垒，并常常由庄园主的私人部队保卫着。为了使这种防御成为可能，就有必要把人们搬迁进或大或小的保护区。许多古老的村庄不得不搬迁到庄园附近，他们的居民以及村庄被毁的其他农民都变成了完全依赖其地主的人。

这种依赖之所以重要有几个原因，但主要是地主防止农民迁走的方式。在大多数齐夫特利克，地主不仅拥有农民的房屋，甚至还拥有他们的劳动工具。有一些村庄是在招募租户之前就建造和装修好的。种子、牲畜和现金都以高利贷的利率贷给雷亚，并要他们以产品作为担保。这种关系使得地主有可能通过有法律执行力的"商业合同"，阻止农民迁徙并迫使他们留在土地上。先前存在的群体关系不仅没有解除，而且还受到鼓励，整个村庄继续与他们的地主保有群体关系，地主通过自己的官员与他们讨价还价，以便于让不安分的人留在土地上。毕竟，谁也不想承担离开者留下的重担。布施·赞特纳甚至说，正是齐夫特利克体系赋予了扎德鲁加（zadruga）以最终形式，并对其成员享有生杀予夺的权力。[7]村民选出克米特（kmet），在村长肯兹的监督下担任警察和小法官。

新的土地所有制度将一种近东类型的土地所有关系改造成类似于俄国、波兰、匈牙利和罗马尼亚的东欧土地所有关系。与西欧和中欧的制度相比，这种东欧体制常常被严厉批评为落后和专制的，但值得一提的是，它根植于波兰和匈牙利，并在某种程度上影响了18—19世纪俄国与罗马尼亚的各种改革及民族运动的领导人。

齐夫特利克是否与东欧的土地所有模式具有同样的潜力，能够成为建设性发展的基础？对此，最常给出的答案是，引入齐夫特利克是有害的，最清楚的证据就是，将农业建立在蒂玛尔基础上的奥斯曼体系的崩溃。但基于以下原因，笔者对此不能苟同。

220

第一,虽然奥斯曼帝国接管这片土地后,确实曾将巴尔干的土地所有模式从欧洲转向近东,但在这一过程中,它也阻止了封建主义的全面发展,在这个地区,封建制度落后西欧几个世纪。巴尔干农民没有成为农奴。如第五章所示,巴尔干农民保留了诸多权利和特权,这些权利和特权以及义务都是伊斯兰法度的一部分。雇主和农民之间的鸿沟从未像东欧其他地区那样深。

封建主义发展不彻底的原因是奥斯曼帝国的到来消灭了传统的统治阶级。尽管这对农民是有利的,但人民领导力量的消失却产生了深远而可怕的后果。随着齐夫特利克的建立,一个新的领导群体以地主和农民领袖的形式出现了。齐夫特利克的主人和农民之间的妥协是建立在先前保障权利基础上的。生活在有扎德鲁加的地方,塞尔维亚农民基于合作关系,比马其顿和保加利亚的农民享有更多权利,这也是为什么在塞尔维亚的土地上最先爆发起义的原因之一。

第二,在东欧,土地所有制度产生了领导者,尽管事实上出于所有实际目的,地主和农民彼此孤立,农民甚至被剥夺了申诉的权利。齐夫特利克制度下的地主和农民有一些共同的权利和利益,因此,其幻化出变革力量的潜力就比东欧的私有土地更强大。奥地利人认识到这种潜力,在 1718—1729 年统治斯拉夫各行省时,引入了区长奥伯-肯兹(ober-knez)的头衔和职位。那些有权势的地主(参见第十一章)也懂得这一点,但伊斯坦布尔仅限于承认由地方帕夏签发授权的奥伯-肯兹职位。这些新的显要人物促进了有关当局、地主和农民之间的交往。当伊斯坦布尔意识到他们是一支社会力量时为时已晚,他们已经获得了足够的威望、财富和领导潜力。在塞利姆三世时期,当伊斯坦布尔转向这些人时,齐夫特利克也已经被摧毁了。

第三,17 世纪的齐夫特利克体系有足够的潜力产生巨大的变化,并成为奥斯曼帝国的再生力量。在这个新的农业土地所有制体系中劳作的人仍然属于奥斯曼帝国,而不是民族国家。如果不是 18 世纪毁掉了这个体系,以齐夫特利克为代表的经济和社会力量的潜力将使奥斯曼帝国受益。没有什么比 1804 年塞尔维亚起义的第一阶段更能说明这种可能性了。在塞尔维亚,农民的权利是最强大的,齐夫特利克仍有一定势力。这场运动从一场支持苏丹的运动迅速转变为一场旨在终结奥斯曼统治的运动,这证明了前两个观点。齐夫特利克基本上是奥斯曼式的,但在 18 世纪,那些住在乡下的人得到了惨痛的教训:伊斯坦布尔没有权力执行自己的意志,也没有权力保护其忠诚的臣民。

总之,17 世纪和 18 世纪农村的主要特点如下。占主导地位的农业单位是私人所有的齐夫特利克。齐夫特利克的所有者是穆斯林以及越来越多的济米,他们是

221

不在地主，由一个经理人帮助开发自己的土地。这种开发是以市场为导向的，包括种植新作物和大量增加畜牧养殖。随着出口在商品销售中所占份额的增加，乡村发生了实质变化：越来越多的地区人口减少，并被用作牧场；村庄聚集在设防的庄园周围。从理论上讲，这些村庄的居民保留了他们的法律自由。但事实上，他们通常被束缚在土地上，因为他们谋生所需的一切都属于地主，地主也是他们的债权人，而且他们所属的社区也不鼓励其成员迁徙。各社区保留了很大程度的内部自治，越来越多的权力掌握在他们的首领手中。其结果就是在农民中产生了新的领导者。

人口变化

人口变化不仅影响了村庄，也影响了城市。这种影响遍及整个东欧，并产生了几个重大转变，首先是人口减少。没有确切的统计数据，但税收记录清楚地反映了 222 这一趋势。当时的旅行家和观察家注意到，土耳其-穆斯林人口的衰落并不难解释。瘟疫和军事行动造成了巨大的生命损失。如前所述，要弥补这些损失非常困难，首先因为帖木儿王朝以及后来波斯的萨法维王朝的兴起，切断了中亚突厥部落迁入奥斯曼领土的便利通道。此处，有理由推测，经济上相当富裕且在很大程度上是城市居民的土耳其人的家庭规模相对较小，这与欧洲其他地方的类似社会群体一样。当时的人也已经注意到欧洲穆斯林的低出生率。因此，自然原因和其他原因造成的高死亡率、低出生率以及政府无力补充土耳其人口，共同降低了"核心"行省土耳其-穆斯林人口的比例。在农村，穆斯林人口的减少是导致蒂玛尔转变为齐夫特利克的另一个因素，设法获得土地的济米数量增加了，乡村事务的管理越来越依赖雷亚"官员"。

东南欧的穆斯林不仅比以前少了，而且还有更多穆斯林住进了城镇。向完全土地所有制的转变和不在地主制的同时出现，解释了农村最后一次人口结构的转变。

在日益信奉基督教的农村地区，居民总数也在减少。大部分主要原因之前已经提到：军事行动和日益严重的违法活动迫使人们迁移到包括城市在内的更安全的地区；威尼斯人对摩里亚的征服和奥斯曼帝国的再征服造成了同样的结果；哈布斯堡王朝在奥斯曼帝国东北部某些地区的多次战役和临时统治以及奥斯曼帝国在这些地区的统治重建,导致了大规模的移民。在这些人口流动中,最著名的是 1690 年和 1694 年塞尔维亚人向哈布斯堡控制区的两次迁徙。在大都市伊珮珂(Ipek, Peć,即佩奇)的大主教阿塞尼耶三世切诺耶维奇(Arsenije III Černojević)的领导下,约 20 万塞尔维亚人于 1690 年随撤退的哈布斯堡部队向北迁移,1694 年又有少量人跟随北迁。此后又发生了多次小规模的迁徙。

每当有人离开,就会有其他人取而代之,东南欧的人口分布因此彻底改变了。在 17 世纪末,匈牙利南部迁入大量塞尔维亚人,而阿尔巴尼亚人填补了今天被称为南斯拉夫"科索沃-梅托希亚"(Kosovo-Metohija)的地区空白。阿尔巴尼亚人也定居在伊庇鲁斯,甚至是摩里亚,而保加利亚人开始殖民更大的地区,从他们的传统定居地区向爱琴海海岸和马其顿迁徙。当然,这些人口流动以及那些较小规模的人口流动并不意味着暴力征服或人民流离失所。有些民族已经在出现个别人口迁移的不同地区生活了几个世纪,但 17 世纪和 18 世纪相当重要的人口流动确实令所有这些地区的人口面貌为之一新。当民族主义出现时,这一点就变得重要了。最初虽然新来的人通常比将被他们取代的群体人口少,但他们很快就成为大多数。

尽管济米的人数也在减少,但他们不仅取代了穆斯林人口,而且在整个东南欧也被取代。在农村地区这一变化至少跟城市中的同样重要。在城市定居点,希腊人和斯拉夫人以及少数阿尔巴尼亚人不仅取代了穆斯林,而且在相当大的程度上甚至取代了犹太人。17 世纪,奥斯曼帝国开始出现宗教不宽容的现象。此时,至少有两个西欧国家——英格兰和荷兰——的宗教政策与之不同。诸多东南欧的犹太人因此移居到英格兰和荷兰。拥有最大犹太人定居点的萨洛尼卡就是最好例证。住在这座城市的犹太人从 1660 年的大约 4 万人减少到 1792 年的 1.2 万人。其他地方也有类似的下降,如萨拉热窝、泽蒙(Zemun)、维丁、斯科普里和贝尔格莱德,在索非亚、莫纳斯提尔和埃迪尔内也出现了略微的下降,这些地方过去都有大规模的犹太社区。[8] 除了奥斯曼帝国日益增长的不容忍和西方日益增长的宽容之外,将在第十二章讨论的内部分歧也是促使许多犹太人移居他国的原因。

除了已建立的土耳其和犹太社区的衰落以及本地基督徒的增加之外,一个新的穆斯林团体的出现(即曾经被驱逐出伊斯坦布尔的不受欢迎的人)对市镇产生了重要影响。在萨洛尼卡,离开的犹太人与其说被 1792 年占该市人口 25% 的基督徒所取代,不如说被占该市人口 55% 的"禁卫军"所取代。[9] 在大多数其他城市,人口格局也发生了类似的变化。

一些城市在 17 世纪遭受了严重的人口损失,尽管它们在 18 世纪重新增加了一些居民。但在调查期结束之前，并没有恢复到原来的规模。贝尔格莱德在 17 世纪的最后 25 年失去了大约一半的居民，斯科普里人口损失将近 80%。雅典的情况前文已经提到（原书第 213 页）。就居民总数而言，其他地方仍然相当稳定，有些地方甚至有所增长，但其居民构成发生了巨大变化。萨洛尼卡的人口保持得相当稳定，约有 6 万居民，这是这一变化的一个很好案例，就像普洛夫迪夫，其基督教人口在 1580—1680 年间从 240 人增加到 1 万人，波斯尼亚的班加卢卡（Banjaluka）在 1655 年有 6% 的居民是基督徒，但到 1807 年则上升到 80%。[10] 尼古拉·托多罗夫的最新研究提供了大量此类案例。[11] 尽管这一时期人口和城市规模的变化不可能一概而论，但有一个总趋势很明显：城市人口减少，但城市居民占总人口的比例增加，这使得以城市和城镇为中心的经济活动比前几个世纪更加重要。

在我们所讨论的两个世纪里，大多数城市中心被再国家化，奥斯曼帝国占领所带来的趋势被逆转。此外，那些奥斯曼帝国建立的城市再次失去了他们原有的土耳其特性，取而代之的是周围乡村中占多数的人群。最后，一些城市就此获得了能够反映国内移民模式的人口构成。这些变化及农村地区发生的变化，既创造了独立后民族国家的"核心地带"，也创造了包括北伊庇鲁斯、伏伊伏丁那、巴卡（Bačka，即巴斯卡）、巴纳特、科索沃、马其顿、南色雷斯在内的地区，这些地区在 19 世纪和 20 世纪成为主要的冲突中心。

伴随着人口变化的是经济转型，我们已经考察了农村地区，其中不仅出现了新的土地所有模式，而且出现了新的村庄以及大量用于饲养动物的空地，引进了新的作物和市场化生产。最后提到的这些变化创造了一个新的商人阶级，这一阶级具有重大的经济、行政和政治意义。这个新阶级的大多数成员都生活在城市中。

新城市

尽管新城比旧城的土耳其人少了很多，但上层人口仍然以穆斯林为主。大多数人利用农村地区的改变，成为不在地主。作为城市居民，他们加入之前的农村人行列，利用同样的发展获得了地产，搬到了城市，并在那里享受富裕的生活。加入其中的还有其他一些人，这些人主要是商人，他们通常是济米，其数量与穆斯林相比有所增加。但是，由于穆斯林中既有新富又有旧贵，而且最容易获得齐夫特利克，因此这一群体自动享有最高声望，并为"上流社会"奠定基调。事实证明，非穆斯林越富有,越有能力规避法律,他的住宅和着装也越像穆斯林。

无论宗教信仰如何,城市中富裕阶层的数量都在增加。对此,尼古拉·托多罗夫利用维丁、鲁斯(Ruse)和索非亚登记出售或继承住宅的税务估价进行清晰的评估。尼古拉·托多罗夫的数据简化如下:[12]

年　　代	1700—1710	1731—1740	1771—1780	1791—1800
房屋价值		数额/百分比		
低于 200 库鲁斯[13]	12/100	204/84.6	209/55.0	185/41.4
201—500 库鲁斯	0/0	33/3.8	112/29.5	152/34.1
501—1 000 库鲁斯	0/0	3/1.2	38/10	73/16.4
超过 1 000 库鲁斯	0/0	1/0.4	21/5.5	36/8.1
总　　计	12/100	241/100	380/100	446/100

这些数字清楚地表明,至少在这三个城市中,昂贵住宅的数量在整个 18 世纪有了很大增长,因为销售和继承数字是衡量总体房地产价值的一个合理指标。这一印象还在作者的另一部著作中得到证实:"18 世纪下半叶,估价较高的房屋数量翻了一番。"[14]

尽管并非所有城市——大多数城市都缺乏能与托多罗夫提供的数据进行比较的数据——显示出与这三个城市完全相同的人口规模和构成模式,但有足够的整体信息可以得出结论,即大多数城市中真正富有的个体数量增加了。那些以房地产——包括齐夫特利克——为财富基础的人,都设法获得了其他能力,包括"官职",这些职位通常都是世袭的。就这样,一个新的资本主义官僚上层阶级诞生了。这个阶层的大多数人仍然是穆斯林,但即使在这个群体中,济米的人数也在增加。这些非穆斯林在 19 世纪成了领袖仇巴奇(çorbaci)。

济米上层阶级中的许多成员最初是以经销商塞莱普的身份发家致富的,但其中更多的是新商业阶级的成员。他们的出现不仅是新的市场化农业活动和已经提到的非法出口贸易的结果,也是城市本身既定经济模式彻底改变的结果。

17 世纪和 18 世纪发生在城市中的剧烈变化也与行会制度的变化有关。直到 16 世纪末,奥斯曼帝国的重商主义、贸易保护主义以及政府执行其众多法规的能力保护了城市的生产结构,但在后来的几个世纪,首都发布的命令却已无法抗衡地方势力。如农业的情况一样,就现有的研究成果而言,仍无法在行会制度的变化与城市新秩序之间建立明确的因果关系。

这些变化在如此短的时间内发生,以至于连事件的时间顺序都很难确定。经济和政治环境迫使行会调整其结构和政策,但这些变化往往是重要的新发展的原因。尽管结果相当清楚,但政治、社会、经济的因果关系如此紧密地交织在一起,其相互关系很难厘清。

首先,除了本章已经讨论的新趋势外,需要注意的第一个重要发展是,由于欧洲各行省人口的减少,在市场上由城市工匠生产的商品萎缩。如前文所述,这一情况与削弱城市生产者地位的其他两个情况同时发生。土地投资的新的可能性为阿扬、图卡和其他城市资本家提供了一个机会,他们可以将资金投给企业、包税人,或用来直接收购土地,其中产生的收入远远高于严格监管和不断衰落的行会所能产生的收入。不断增长的出口贸易日益受到治外法权条款的保护[15],不仅增加了新商人阶级的经济重要性和影响力,而且将需要新的商品出口渠道的手工艺人置于这些正在崛起的新城市元素中。

行会了解市场的情况并试图调整,但却受到之前曾经保护过他们的严格规定 227
的限制。例如,当需求增多时,面对商人的要求,旧的行会无法满足,简单直接的解决办法就是增加雇主的数量,或建立与旧行会平行的新行会。但这样的要求大多遭到了当局的拒绝。结果就出现了一批非法工匠,甚至还出现了由商人控制的温和的"淘汰"机制,他们的管理不像行会那么规范,但对老手工艺人造成的伤害可想而知。当新的商业机会出现时,例如烟草的出现,就用了一个多世纪的时间来规范商品的生产和销售。直到18世纪烟草行会成立,那些此前已经从事这种产品生产但却未被新组织接纳的人,才再也不会被排除在市场之外。

面对瞬息万变的市场,用以不变应万变的规章制度进行工作是非常困难的,但更让行会受伤的是其内部组织的恶化。在这种情况下,造成复杂变化的原因还有另外几个。在此仅提及看起来最重要的三个原因就足够了。

其中,最不重要的一个原因是人口结构的变化,这导致城市中济米数量的增加,以及随之而来的在行会中数量的增加。如果行会能够保持原有的、宽容的方式和结构,济米的涌入本可以得到消解,但乌里玛日益增长的宗教狂热影响了各种组织,包括行会。

第二个原因即宗教不宽容造成了重要变化。首先,这些行会虽然名义上保持团结,但在其组织内设立了济米与穆斯林分会。这两个团体开始单独会面,到17世纪末,济米选出了他们自己的耶伊特巴塞(yeğitbaşi),这意味着基于所有实际目的,行会分裂了。这种分裂甚至在大约100年后得到当局的正式承认,当时济米的一些分支机构获得了拥有自己的卡亚的权利。同时,济米也开始独立举办行会庆典,并组织自己的福利机构。然而,正在萎缩的市场几乎无法支持一个以上的组织,更何况是两个相互竞争且往往充满敌意的组织。当局继续支持穆斯林行会,但新兴的新商人阶级欢迎济米的组织,因此,局势进一步恶化。

第三个原因是行会与禁卫军的联系日益紧密,并造成最大的困难。驻扎在行省各城市中的禁卫军要么是卫戍部队,要么是伊斯坦布尔不再需要而被迫离开的人。关于这些退役士兵如何以及为什么能够加入大多数行会不在本书所述范围之内。毋庸置疑,这是由行会和禁卫军共同所属的特定托钵僧组织,甚至更多是通过退役士兵的恐吓手段实现的。这些新的行会成员对自己的手艺跟原来的军事职业一样不感兴趣,但却能逃脱行会官员的管理,因为作为"士兵",他们只受军官的管教或惩罚。当行会中的禁卫军成员可以肆无忌惮地行事时,强迫非禁卫军行会成员遵守规定就变得越来越困难。

禁卫军涌入行会增加了会员人数,但没有提高生产力或组织性。他们的出现还削弱了旧的浮图瓦的规则,并弱化了行会官员的权威。随着托钵僧群体逐渐成长起来,行会官员在宗教和道德方面的力量随之下降。通过这种方式,经济、人口和组织内部的变化破坏了行会的生产和社会活动,大大降低了行会在城市生活中的重要性。在过去的几个世纪中,行会官员所起的主导作用甚至在城市管理中的作用,越来越多地转移到当地的显要人物、商人和一个新的、完全不负责任的群体手中,而这个新群体最典型的表现就是,他们所声称的影响力和好日子完全有赖于他们曾是禁卫军的成员,可以靠武器的辅助来强制执行他们的命令。

随着内部凝聚力和影响力的丧失,行会不再有能力照顾其成员。在伊斯坦布尔,谷物价格和工资的上涨较好地说明了这一点。谷物仍然是普通人日常饮食的基本主食。应该记住的是,政府非常重视首都的物价(参见第五章),与各行省相比,首都更容易执行法规。因此,可以公允地假设,东南欧城市的价格-收入剪刀差可能比数据所显示的更糟。在首都,粮食价格在 1550—1790 年间上涨了 700%,技术工人的工资上涨了 800%,而非技术工人的工资只上涨了 350%。[16]收入增长与价格增长保持同步的雇主和工头的数量很少,大多数行会成员的购买力都减半了。他们试图在行会结构内外组织起来,因此进一步削弱了行会也就不足为奇。

所有这些经济和社会的变化都反映在市镇的外观上,其中大部分市镇开始收缩,这不仅是由于欧洲各行省人口的全面减少,而且是因为城市中心提供的谋生机会与帝国辉煌时期相比已大为减少。这种收缩在郊区的逐渐消失中表现得最为明显，而日益严重的违法和土匪活动也加速了这种收缩，使得边远地区的居民向更安全的中心转移。在这些城镇中，富人建造的气势恢宏的建筑越来越多，与此同时，贫困社区的数量也在增加。

在所有收入水平上，穆斯林和济米之间的两极分化加剧，尽管事实上，最富有的非穆斯林的住房和服饰看起来已经开始类似穆斯林。穆斯林和济米之间的鸿沟日益扩大的原因是：大多数官员贪得无厌；少数诚实执法的人无力执法；越来越多的人因得到特定身份的委任状而将自己置于法律之外，并根据治外法权条款将自己置于外国领事的管辖之下；行会的权力和效率的下降以及禁卫军在城市中心经济与社会管理方面力量的增长；最后同样重要的是，城市商品生产的收缩。这种离心式的发展在城市比在乡村更为显著，从长远来看也更加意义深远。

在农村地区，不在地主及其地方代表都是外来势力，他们越来越受到农民的憎恨。然而，这些雷亚生活在他们自己紧密的团体中，他们中的大多数人只与自己选出的代表打交道。这些"局外人"是雇主，他们被憎恨和令人感到恐惧，但他们不是农民生活中一支看得见的日常力量。此外，地主对农民的压迫不能超过一定限度，他可能会因此失去急需的劳力。毕竟，农民仍然有合法的迁徙权利。

在城市地区，穆斯林和济米生活在一起，他们每天都有密切接触。无论是低效的行政当局还是行会，都无法阻止禁卫军日益增长的权力和无法无天的行为。居住在城镇的新领主和不在地主、商人和禁卫军对阻止那些他们不需要的劳动力的离开没有兴趣，但他们完全有兴趣在一个不断萎缩、竞争日益激烈的市场中攫取最大利润。因此，不可能在他们和经济地位较低的人之间达成妥协。即使在城市上层阶级的狭小圈子里，分歧也很尖锐，超出了穆斯林和济米之间越来越令人不满但至少是传统的关系。

"旧的"穆斯林统治群体——阿扬、图卡、行政官员能够并且确实与不在地主、包税人和新商人集团的穆斯林群体融合为一个新的上层阶级，形成了类似于行省 230 中的穆斯林贵族的群体。这一群体面对的是其他穆斯林，例如禁卫军，他们以充分的豁免和权力出现在他们中间，但没有明确规定经济利益和地位，并试图获得他们的特权和职位。正如我们将看到的，由此带来的矛盾产生了各种各样的调节机制。

行省的贵族对重建社会稳定感兴趣，当然，这需要建立在一个新的基础之上。在农村地区，贵族在齐夫特利克体系的帮助下成功实现了目标。但城市里的情况就不同了。他们无法驯服自己的对手——那些"有地位的穆斯林无产阶级"。当城市的问题蔓延到乡村后，目无法纪的人取得了胜利，奥斯曼帝国灭亡了。类似于穆斯林之间的分裂也发生在济米中间。

尽管济米中的犹太人数量减少了，他们的影响力也下降了，但东正教基督徒的队伍中依然出现了新的分裂。在某种程度上，这些新的分裂纯粹是出于宗教原因，与语言问题密切相关，但它们也与新的东正教商人阶层的出现密切相关。后者主要是希腊人和杜布罗夫尼克的商人，他们必须发展壮大几个世纪以来由古老的贸易因素建立起来的众多商业联系。在这一努力中，并不奇怪的是，有着共同血缘的个人相互了解、彼此理解，携手对抗新老竞争对手。他们试图占领部分本地市场和出口贸易，在此过程之中，他们不仅学会了重视商业技术，而且学会了重视教育那些起初与他们竞争的人。他们开始在城市里模仿周围的组织和教育机构，为其获得的财力注入文化元素。由此，他们为东南欧各国的文化乃至民族复兴奠定了基础。

所有这些变化催生了崭新的城市，它通常比 16 世纪的同类城市要小。在这些城市中，济米（尤其是基督徒）的数量稳步增加，尽管从族群上说，这个群体与几个世纪前奥斯曼征服中所取代的群体并不一样。财富大多在新兴群体手中积累，与此同时，大多数人的生活水平却在下降。旧的法规仍保持官方效力，本应遵守这些法规的达官贵人保住了自己的职位，但城市生活被控制在新的社会经济现实和新的掌权者手中。

231 不仅富人越来越富，穷人越来越穷，而且每个社会和经济群体的凝聚力都变得越来越弱。城市逐渐变成了一群人的聚集地，他们虽然住在同一个地方，但越来越多地按照自己的规则生活在自己的小世界里。

尽管乡村和城市都变得更糟了，但直到新领主最终被禁卫军和其他不法分子取代，乡村和城市的生活仍然是可以忍受的。然而，就连这个系统也被摧毁了。随着 18 世纪下半叶的最后一次变革，奥斯曼帝国失去了一切希望。但迄今为止的研究仍然表明，奥斯曼帝国的社会结构虽然不完全适应变化，却仍是能够调整的。然而，国家和法律仍然僵化、不合时宜，无法令居民保持忠诚。对于这一失败，奥斯曼帝国在建立国家主导型社会方面的行政无能总是备受指责，米勒特制度不可避免地被当作建立一体化社会的最大障碍。在讨论本书所涵盖的过去两个世纪的其他方面之前，必须提及的是，国家在繁荣时期未能向其居民"推销"（sale）自己，尤其是米勒特制度在造成奥斯曼国家这一根本弱点的重要方面。

根据大多数学者的说法，只要制度所处的局势仍占上风，奥斯曼帝国的机制就能运转良好，而一旦新的情况出现，这一机制就难以维持。因此，米勒特制度使奥斯曼帝国有可能处理那些不适用穆斯林法律的人的事务，并且因此节省了大量金钱，因为它与蒂玛尔制度一起，消除了对大量付薪公职人员的需求。然而，从长远来看，它为不同的济米群体创造了不同的组织。随着时间的推移，这些群体开始将他们的济米组织视为自己的"政府"，并形成了独立的忠诚关系和权力结构，当帝国停止正常运转时，他们就成为离心之力。

　　虽然这种对米勒特制度的标准评价是正确的，但过于强调米勒特在几个世纪衰落中的重要性。必须认识到的是，这个系统从来没有完全按计划运作。从理论上讲，它的设计有两个目的：在他们都认可的权威当局下，识别利益相似的人，并将他们组织在一起，以确保济米对国家的忠诚。但米勒特制度并不能实现第一个目标，原因很简单，它是一个建立在错误假设基础上的制度。尽管统治欧洲各行省的东正教米勒特是基于对罗马天主教徒的不信任和仇恨而联合起来的，但这绝不意味着其内部是团结一致的。早在奥斯曼征服之前，语言、教职人员，甚至原始民族之间的差异以及同样长期存在的地区和专业差异，不仅被保留下来，而且变得更加尖锐。因为在伊斯坦布尔，东正教米勒特被置于主教之下，希腊人和希腊语占据了主导地位。从来没有一个有着共同目标和利益的群体可以作为一个整体与中央当局打交道。17世纪和18世纪出现的并不是东正教米勒特的解体，而是打开了通往新忠诚焦点的大门。旧的分歧和对立出现了，但是只要米勒特领导层受到强大国家的保护，不容挑战，这种分歧与对立就不能公开表达。

　　很明显，米勒特制度无法保证济米的忠诚，因为其当局不具有代表性。一旦考虑到东正教社区内的这种分裂，下述观点就是完全正确的，即大约到16世纪末，欧洲的济米即使不一定忠于奥斯曼帝国，但至少或多或少地满足于在其境内生活。当然，这种满足感并非源于他们乐于主要与"自己的当局"打交道，而是源于这样一个事实，即他们的生活和财产是安全的，他们可以在众所周知的法律规定的限度内过上相当井然有序的生活，而且在相当程度上受到大家的尊重。无论东南欧的人们有什么"忠诚"的感觉，都不是源于对米勒特当局的满意，而是源于对"奥斯曼治下的和平"的满足感。当这种相对的内部和平停止了，满足感的理由就消失了。幸福感和安全感的相对丧失，而非米勒特制度过时的事实，解释了为什么其经济财富与国家的持续存在没什么联系的济米，对国家的态度从漠不关心变成敌意日渐增长。米勒特制度的失败并不是这种敌意日益增长的原因，相反，其原因在于一个行政几乎完全瘫痪、无法阻止地方内乱的国家所带来的变化。

【注释】

［1］黑人宦官是内廷官员的主要组成部分。

［2］关于获得封地的时间有好几种说法。最早的是 1610 年，最晚的是 1645 年。

［3］William Miller, *Essays on the Latin Orient*, Cambridge: Cambridge University Press, 1921, pp.377, 387.

［4］Ibid., pp.392, 416.

［5］在这方面，最全面的研究成果参见 Richard Busch-Zantner, *Agrarverfassung, Gesellschaft und Siedlung in Südosteuropa unter besondeser Berücksichtigung der Türkeinzeit*, Leipzig: Harrassowitz, 1938, vol.3 in *Beihefte zur Leipziger Vierteljahrsschrift für Südosteuropa* series. 简短但很有价值的研究成果参见 Őmer Lütfi Barkan, "Çiftlik", *Islam Ansiklopedisi*, Vol.3, pp.392—397。还有两部非常全面的保加利亚语著作，参见 Vera Mutafcieva and Štrasimir Dimitrov, "Die Agrarverhältnisse im Osmanischen Reiche im XV—XVI Jahrhundert," *Actes du Premier Congrès International des Études Balkaniques et Sud-Est Européenes*, Vol.3, pp.689—702; Bistra Cvetkova, "Quelques problèmes du féodalisme ottoman à l'époque du XVIe siécle au XVIIIe siècle", *Actes du Premier Congrès International des Études Balkaniques et Sud-Est Européenes*, Vol.3, pp.709—720。此外，到目前为止，最出色的简短且容易获得的英语研究成果参见 Traian Stoinaovich, "Land Tenure and Related Sectors of the Balkan Economy," *The Journal of Economic History*, no.13, Fall, 1953, pp.398—411。

［6］Bistra Cvetkova, "Quelques problèmes du féodalisme ottoman à l'époque du XVIe siécle au XVIIIe siècle", p.713; Gălăb D. Gălăbov and Herbert W. Duda, "Die Protokollarbücher des Kadiamtes Sofia", doc. nos.815, 1135, pp.234, 350.

［7］Richard Busch-Zantner, *Agrarverfassung, Gesellschaft und Siedlung in Südosteuropa unter besondeser Berücksichtigung der Türkeinzeit*, p.135.

［8］Traian Stoianovich, "The Conquering Balkan Orthodox Merchants", pp.246—247.

［9］Ibid., p.251.

［10］Ibid.

［11］关于这个问题最好的研究成果参见 Nikolai Todorov, *Balkanskiat Grad, XV—XIX Vek. Socialno-Ikonomiche.sko i Demografsko Razvitie* [The Balkan city from the fifteenth to nineteenth centuries. Socioeconomic and demographic developments], Sofia: Izdatelstvo Nauka i Izkustvo, 1972。作者采用定量方法，著作中有大量优秀的统计数据。

［12］Nikolai Todorov, *Balkanskiat Grad, XV—XIX Vek. Socialno-Ikonomiche.sko i Demografsko Razvitie*, p.161. 遗憾的是，著作中珍贵的人口数据仅涉及 19 世纪。

［13］参见第二章，注释［3］。

［14］Nikolai Todorov, "La differenciation de la population urbaine aux XVIIIe siècle d'après des registres des cadis de Vidin, Sofia et Ruse", p.61.

［15］治外法权条款(the capitulations)是国际贸易协定中的内容。随着奥斯曼帝国与之前缔结条约的那些国家相比，实力日渐减弱，对各种条款的解释越来越有利于后者。不仅关税是固定的，而且外国也开始有权"保护"那些对其活动越来越感兴趣的贸易商的权利。

［16］Traian Stoianovich, "Factors in the Decline of Ottoman Society in the Balkans", *Slavic Review*, no.21, December, 1962, p.627.

第十一章　奥斯曼帝国东南欧地方秩序的最终解体

导论

尽管前一章中所述的变化是巨大的,但如果没有中央政权的腐败以及他们无 233
力有效控制行省内的事务,这些变化就不会导致"核心"行省在行政、社会和经济结
构方面的最终解体。民众不仅不欢迎,甚至憎恶发生在城市和农村的剧烈变化,但
这种变化可能会导致建立一种能够促进未来发展的新的社会经济平衡。

正如前文所强调的,农村发生的变化只是在"核心"行省建立了相同的制度,这
一制度的特点几乎在所有当代欧洲的组织和农村生活中都能找到。大部分土地都
掌握在大土地所有者手中,他们通常是不在地主,在经营自己土地的生产时,能够
考虑到市场。除了大宗地产之外,还有一些小的财产留在农民手中。与依靠农奴
劳动的俄国、匈牙利或波兰贵族相比,东南欧的地主们虽然高压且专横,但他们拥
有的针对农民的权力更少,而且与奥斯曼帝国的统治者比起来,他们对田间劳动力
的要求更容易得到满足。这种情形加上多以出口为导向的奥斯曼帝国庄园的生产
越来越依赖于世界市场,有可能引导奥斯曼帝国的土地制度沿着与欧洲其他地方
相同的道路进一步发展,即使不是在奥斯曼帝国全境,至少在东欧会是如此。尽管
从农民的角度来看,东欧的土地制度肯定不尽如人意,但他们与奥斯曼帝国其他地
区的农民一样,往往有着与地主不同的信仰和民族身份。19 世纪发生在欧洲其他 234
地方的逐渐转变当然非常不同,对于那些在土地上劳作的人们来说,与受到东南欧
的土耳其人和基督徒帕夏的统治相比,这种变化更令人满意。事实上,这种不同的

发展超越了以市场为导向的土地所有阶段,帝国各欧洲行省行政秩序的彻底瓦解为此提供了解释。当齐夫特利克制度成为巴尔干地区主要的农业生产方式后,它破坏了缓慢发展起来的井然有序的地主与农民的关系。

城市的问题更为复杂,因为在那里,旧秩序的分裂更加明显。与农村地区不同,城市没有形成新的生活模式。尽管明显的阶级差异已经开始出现,但在自由、地方权利、社会流动和经济活动方面,东南欧的城市没有与欧洲其他地区同步发展。因此,人们甚至不能像推测农村的发展那样推测,随着时间的推移,东南欧城市的发展可能已经接近欧洲其他地区。尽管如此,似乎可以接受的假设是,日益增长的混乱中会涌现出某种秩序形式。任何稳定秩序的出现必须有两个先决条件:强有力的地方领导和比城市更广泛的权力结构的支持。尽管第一个先决条件确实出现在城市地区,但第二个先决条件在 18 世纪完全缺失。

有效政府的缺位,最终决定了城市和国家的发展方向,并促成了 19 世纪东南欧独立国家重新崛起的各种力量的出现。简单来说,由于缺乏有效的政府,决策权不是掌握在与中央政府机构一样效率低下的地方官员手中,而是掌握在地方权力中心的手中。当然,不同地区的情况明显不同,但在 18 世纪,主要有三股力量相互对立:成熟的社会上层、越来越多的涌入各行省的"不受欢迎的人",以及反对上述两种力量的地方势力。第一类人并不团结,由官员、地主、商人以及其他政治和经济上的穆斯林以及济米中的达官显贵组成,他们往往是敌对的,但却拥有既得利益,渴望稳定的环境。为了叙述方便,我将他们的主要对手(即第二类人)定义为禁卫军,他们既是奥斯曼帝国机构中的专业人员,又声称拥有其他特权,挂名的闲职使
235 他们"有权"享有所谓的特权,但事实上,可悲的是,除了一堆法律豁免权和武器之外,他们什么都没有。他们不可能得到他们认为是合法应得的东西,一种既与其法度相适应,又不破坏成熟的上层社会的生活。

与第二类人一样,第三类"土匪"(bandits)也没办法过上体面的生活。这两个群体都代表着穷人日益增长的要求,即分享富人所享有的物质和法律利益。土匪不仅在宗教上不同于禁卫军,而且无权加入职业奥斯曼的体制。与他们法律上的雇主比起来,他们更憎恨禁卫军。许多人是为了对付禁卫军而成了土匪。第三类人属于觉醒的米勒特,他们是爱国者和自由战士的先驱。将 18 世纪视为一个时期是合理的,在这个时期,前两个集团在帝国的欧洲行省打了一场内战,并同时与第三类人进行对抗。正是这种对抗决定了东南欧的未来。

体制内的内战

大多数导致内乱的冲突都源于那些无法参与政治、经济决策过程的人的不满。出现在奥斯曼帝国的地方性内战却并非如此。那些互相争斗的人都是统治集团的成员,他们最大的区别是,一派凭借其地位和权力属于统治集团,而另一派只是声称有权成为统治精英的一部分。他们之间的战争是为了争夺对其余人口的控制权。他们的争斗造成了第三类人的出现,即为所有人的利益而战,到18世纪末,甚至苏丹也卷入其中。

土匪代表那些为内战付出代价的人。他们身体力行参与其中,虽然他们的行为在决定巴尔干半岛从18世纪末到至少第二次世界大战结束的历史方面,与当权者内部的权力斗争一样重要,但他们对18世纪发展的影响却微乎其微。本章下一节将讨论出局者的行动,最后将介绍苏丹塞利姆三世对各行省暴乱的反应。

由职业奥斯曼人发动的内战中的两个派系不能被简单地贴上“英雄”或者“恶棍”的标签,“英雄”代表法律和秩序,以维护自身的权利,“恶棍”的行为则接近于纯粹的罪犯和杀人犯。那些维护“权利”的人对他们所捍卫的东西往往不具合法性,因为他们是通过非法手段获得财富和地位的。证明其享有特权的法律证据往往是通过受贿官员取得的欺诈性文件。236

另外,尽管早已停止履行与其特权相对应的职能和职责,禁卫军的成员还是常常根据立法、习俗和他们的伊斯兰法度声称拥有合法特权。结果产生了一个奇怪的矛盾:违法者和那些为秩序和稳定而战的人站在同一边,而有正当要求的人却站在那些从事无法无天和不人道的行为以摧毁帝国的人的阵营里。然而,那些帝国的掘墓人既不是革命者也不是罗宾汉。他们没有为政治和社会秩序的进步或积极转变作出努力。他们是影响奥斯曼历史发展最自私、最高压的集团。因此,只要它站在东南欧人民的一边,包括那些确实是革命者、思想上有积极转变的人,都支持他们的雇主和领主与那些试图剥夺他们非法获得的地位的人进行斗争。

内战中还有另一个矛盾。在18世纪,不管是新领主非法取得控制权的地方,还是几个世纪以来就享有本地权力的地方,都在通过非法手段提高自己的重要性,以配得上新领主的头衔,但在这种情况下,当地居民遭受的损失最小。这些强大的权力中心可能或多或少是永久性的,也可能只是暂时性的,它们可能基于一个集团的力量,也可能基于单个个体的力量。

波斯尼亚的穆斯林贝伊们是长期执政群体的一个很好的例子。这些贝伊是奥斯曼征服后不久皈依伊斯兰教的人的后裔,几个世纪以来,他们在波斯尼亚享有权力,并向中央政府推举了许多重要的维齐尔、帕夏和其他高级政要。然而,他们的根基和主要追随者都在地方上。作为波斯尼亚行省的土著,他们讲的是波斯尼亚同胞的语言,了解当地的传统、习俗、信仰和风俗,并保持了比穆斯林同胞更大的宗教容忍度。当中央权力机构的效力开始下降时,贝伊们开始在各自的行省自行维持秩序,其影响力随之增加,到 18 世纪,几乎所有在波斯尼亚任职的官员都是本省人。总督通常不过是一位尊贵的客人。地方领主们随心所欲地管理着行省。虽然贝伊们的势力稳步增长也意味着他们压在农民和其他雷亚身上的担子与之前相比更加沉重,然而,事实上,贝伊从未失去与民众的联系,他们了解民众,并因此使得两个集团更容易相处并彼此接受。他们能够将禁卫军排除在其行省之外,从而避

237 免了其他地区所遭受的一些苦难。地理环境也帮助了贝伊们。他们远离伊斯坦布尔,靠近提供庇护,有时甚至提供帮助的复兴中的黑山。在阿尔巴尼亚的地方长官们也以牺牲中央政权为代价重新获得了之前的权力和影响力。附近的达尔马提亚和克罗地亚也给予了帮助。但是,综合上述因素,为波斯尼亚带来相对和平与稳定的主要因素还是强大的地方穆斯林贵族。

主要分布在阿尔巴尼亚、希腊中部和摩里亚的众多地方"领袖"提供了一个很好的例子,说明权力中心的规模更为有限,但同样历史悠久。在这些地区,奥斯曼帝国从未能够完全建立起自己的权力,虽然它引入了自己的行政管理体制,但主要还是通过现有领导人继续开展工作。在某些情况下,这种安排完全是非正式的。而在另外一些情况下,地方统治者被转变为重要的基督教西帕希。这些地方领主的重要性在以下时期急剧增加,即 1684—1699 年与威尼斯的战争期间,随后的威尼斯统治摩雷亚时期,尤其是 1714—1718 年重新征服伯罗奔尼撒的战争期间。当这场战争结束时,奥斯曼帝国已经丧失了取代地方领导人的权力,特别是那些在战争期间支持苏丹的领导人。

这些地方领主有士兵和武装济米。虽然违法,但使用军事力量并不是什么新鲜事。当然,武装济米与以前的济米的差别还是很大的。在之前的几个世纪里,武装济米的存在之所以被容忍,是因为针对特定地区,奥斯曼帝国无力执法或是认为执法成本太高,抑或由于地方领主的管理令人满意,所以奥斯曼帝国认为实际上没必要到当地去执法。到 18 世纪初,武装济米已经成了小规模的私人军队,他们超出

了奥斯曼帝国的控制。他们可以与帝国的军队作战，也可以反抗帝国的军队，而这取决于其地方领主认为如何才对他们有利。这些军队经过训练，虽然通常组织得很差，但在19世纪的民族运动中，除了正在崛起的新商人阶级，他们也是一支重要的力量。熟悉19世纪历史的人都知道，在希腊独立战争期间，这些地方军队相互争斗的频率和他们与奥斯曼帝国的战斗频率一样高。

波斯尼亚和其他地区的情况不同，在其他地区，个体家庭而不是社会群体在18世纪成为真正的权力中心，这种差异远不止对比鲜明。波斯尼亚领主是穆斯林，除了是地主，他们也是士兵，而阿尔巴尼亚的一些领主和希腊的所有领主都是基督徒和地方部队的指挥官。在波斯尼亚，伊斯坦布尔很容易任命地方要人担任领导职务。尽管爱琴海诸岛的基督教总督几乎都是世袭的，但内陆地区却无此情况，在18世纪敌对情绪不断激化的时候，也不可能掉转头来采取这种做法。因此，波斯尼亚领主的地位往往是准合法的，而其他地方领主的地位通常不是。因此，与反对波斯尼亚人相比，禁卫军更容易反对基督教当权者。而且，波斯尼亚穆斯林势力强大，人数众多，任何针对他们的冒险行为都显得非常危险；攻击一个仅有为数不多的地方部队的孤立人物更具诱惑力。因此，处于强大领主（尽管他们的统治可能而且往往是非常高压的）统治下的民众，通常不会遭受整体混乱这种最糟糕状况的影响。在当地领主的实际统治下，生活比巴尔干半岛的其他地区更平和。

非常强大的新领主构成了第三个主要变量。他们是这些人中最成功的，他们用前一章描述的方式获得了财富和权力。其中一些人慢慢建立起巨大的地产，直到他们实际上拥有了一个小的行省。另一些人则利用自己的职务或在禁卫军中的领导地位，无情地剥夺了地方领主的财产。前者试图获得官职以使他们的"贵族身份""合法化"，而后者则希望在现有头衔的基础上增加财产。这些人被称为"阿扬"，虽然这个词也意味着贵族，但它的用法与前几个世纪非常不同（参见第四章），现在被用来描述地方统治者。一些阿扬建立了小王朝。布萨特里斯（Buşatlis）在80年间（1752—1832年）为施科德尔（Shkoder, Skutari, Işkodra）推举桑卡贝伊，但像他们这样的情况还属于例外。在大多数情况下，阿扬之所以显赫，是因为他自己的才能和野蛮的决心，以及一群与他有联系并往往只对他忠诚的人的支持。[1]阿扬们死后，对他们的忠心也就到头了，围绕继承权的斗争开始，即使是弱国也可以从中获益。

有两位最著名的阿扬，一位是维丁的帕夏奥斯曼·帕斯瓦诺格鲁（Osman Pas-vanoğlu，1799—1807年）；一位是约阿尼纳的帕夏阿里（1788—1822年）。他们不是

238

孤立的存在。另一位阿里一度是阿尔巴尼亚的统治者,而在波斯尼亚北部的穆罕
穆德(Mehmet)帕夏则扮演着同样的角色,西利斯特拉的伊鲁科卢(Ilukoğlu)、色雷
斯的易卜拉欣(Ibrahim)以及同样的阿扬统治者在其他地区有着或长或短的统治。
他们与前两者的不同在于统治的广度,尤其是行为的重要性。

奥斯曼·帕斯瓦诺格鲁将维丁及其周围地区划为自己的"领地",且保护得很
好,尽管维丁的市民要向一个暴君缴纳重税,但他们生活在相对和平的环境中。总
的来说,这座城市相当繁荣,因为奥斯曼·帕斯瓦诺格鲁控制着多瑙河沿岸的贸
易,而劫掠使得其小领地变得更加富足。他是禁卫军和其他团伙的大"保护伞",他
组织并且利用他们中的许多人到更远、更广阔的地方劫掠。1802 年,他的军队在瓦
拉几亚造成了严重破坏。作为禁卫军的保护者,他在 1804 年塞尔维亚起义的爆发
中发挥了重要作用。当其行为导致他被开除公职时,他便威胁要向伊斯坦布尔进
军。对帕斯瓦诺格鲁威胁的回应充分表明,中央政府已经陷入了一种令人悲哀的
状态:政府重新任命帕斯瓦诺格鲁为帕夏里克(paşalik)的帕夏,从而"实现了和平"。
尽管维丁并不满意他的统治(其他地方也大多控制在阿扬手中,结果同样不能令人
满意),但维丁的状况肯定比那些经常遭受帕斯瓦诺格鲁袭击的地区要好,比如瓦
拉几亚和贝尔格莱德的帕夏里克。

约阿尼纳的阿里是一个比维丁的奥斯曼·帕斯瓦诺格鲁更有趣的人物。[2]他
出生在阿尔巴尼亚南部的特佩伦(Tepelen, Tepedelen),来到奥斯曼帝国服役,并于
1788 年被任命为约阿尼纳的帕夏。他一直担任这一职务,直到 1822 年去世,享年
80 岁。很难找到比他更了解 18 世纪末奥斯曼帝国状况的人了。他利用一切可能
手段扩大自己的领地,增加人员任命,进行地方安排,并通过施压来扩大自己的影
响力。他设法任命他的三个儿子为周边地区的贝伊和帕夏。以这种方式,他在一
个直接或间接由"附庸"控制的国家内锻造了一个国家。其疆域的西部边界始于都
拉斯南部的亚得里亚海和伊奥尼亚海沿岸南临地中海,东接爱琴海,包括所有摩里
亚和希腊内陆地区,除了阿提卡—博奥提亚(Attica-Boeotia)和埃维亚。北部边界从
都拉斯以南几英里处向东延伸,由比托拉(Bitola)以南延伸到瓦尔达尔河口以西几
英里处的爱琴海。

这是欧洲由阿扬单独控制的最大地区,而阿里是一个残忍、奸诈但能干的人,
知道如何利用法国和拿破仑战争在国际舞台上扮演一个小角色。他直接与英国
人、俄国人和法国人打交道。但他最终于 1822 年迎来了自己的末日。因为他拒绝
前往伊斯坦布尔,并于 1819 年宣布自己为独立的统治者,马哈穆德二世的军队袭击

了他。那时希腊人正在为独立而战。阿里的失败使得奥斯曼军队得以抽身,这代表着希腊斗争的一个重要转折点。因此,阿里不仅是地方地主势力发展到极致的例证,他还影响了塞尔维亚和希腊的局势。尽管他既不仁慈,也不受人爱戴,但他意识到他"统治"的是一个人口混杂的地区,因此需要寻求各方支持。基督徒和穆斯林都在他的军队中对外参战,但也参与内战。许多后来为塞尔维亚和希腊战斗过的人都在服役期间学会了战争的艺术。

巴尔干半岛几乎所有地区都有阿扬或其他领主,包括穆斯林和基督徒。他们不仅训练相当数量的人口充当武装力量,而且还为其他人(包括一些牧师和大公)树立了榜样,让他知道一个强壮的人能从其确立的权威中得到多少好处。因此,他们用多种方法为 19 世纪的起义和独立运动奠定基础。他们是一个破坏性的因素,并给中央当局出了一道难题。但有人可能会问:如果没有他们,奥斯曼帝国的欧洲行省将如何发展? 如果不考虑其他因素,阿扬和其他领主(确实)履行了某种有价值的治安管理职能。

或许可以视这些地方首脑为重建奥斯曼帝国的潜在核心。如前文所述,约阿尼纳的阿里通过从中央政府为自己、家人和追随者谋取官职建立了自己的领地;帕斯瓦诺格鲁则因为政府重新任命其管理他的帕夏里克而停止与伊斯坦布尔战斗。他们在某种意义上可能没有效忠于今天所说的苏丹,但他们理解"合法"权力基础的必要性,知道谁能提供这种基础。

虽然有某些地方差异,但对一个领主而言,获得承认是必要的。如果只是获得地方批准,那么这种承认随处可见。因为每一个领袖、地区的世袭领主、或小或大的领主,不论其宗教信仰如何,都要面对其他试图取代他们的人。在规模较小的地方的小官员也面临同样的问题。他们履行的都是国家不重视的职责,剩下的法律秩序、生产、纳税和其他公共生活方式的管理则源于他们自身或大或小的能力。可以想见,如果这样的管理者延续两代或三代,在国家内部建立起来的这些非正式国家,将成为一个重建的联邦国家的基本单位。到那时,这样一个国家应该只是名义上属于奥斯曼帝国,并且可以代表巴尔干半岛正在迅速发展的真正的族群、经济和其他力量。

不幸的是,中央政权在地方树敌太多,且持续试图在地方领主活着的时候削弱 241
其势力,在他们死后摧毁其所建造的一切。结果就是,鲜有地方权力中心的缔造者能幸存下来,发展的可能以及阿扬的忠诚问题都留给了投机分子。唯一无可争议的事实是,他们是 18 世纪巴尔干地区唯一有效和高效的地方行政长官。

地方行政长官越强大,就越有能力使敌人远离他的领地,要么集结足够的地方部队作为威慑,要么像帕斯瓦诺格鲁那样,利用敌人达到自己的目的。许多禁卫军很愿意为当地的领主服务,但也不是所有的禁卫军都这样想。除了没有足够的人愿意和有能力雇佣他们,或者冒险允许这种不守规矩的群体进入自己的领地之外,还有太多的禁卫军,他们中的许多人更愿意自己当领主,而不是为领主服务。

众所周知,禁卫军最初是通过德米舍梅招募的。他们是苏丹的奴隶,充当步兵。随着力量的稳步增长,他们帮助塞利姆一世掌权,苏莱曼一世登基时还被迫给他们交纳了"登基礼"。在这些伟大的统治者统治期间,禁卫军大约有 1.2 万人,代表着帝国乃至欧洲最好的战斗力量。到穆拉德三世统治结束时,他们的人数已经增加到大约 2.7 万人。到 18 世纪末,即塞利姆三世统治时期,仍有 5 万人在禁卫军服役,但约有 40 万人声称自己拥有属于军队成员的权利和特权。

随着禁卫军数量的增加,禁卫军的影响不仅在军事和政治事务中,而且在整个社会中传播开来。这个过程是渐进的。最初,禁卫军在战斗结束之前是不被允许结婚的,但到 16 世纪初,他们就被赋予了结婚的权利。为了养家糊口,他们开始更加频繁地要求"馈赠",当巨大的通货膨胀开始出现后,他们成功地要求不断提高基本薪酬。在帝国衰落的几个世纪里,很少有人有固定收入,而禁卫军合乎情理地想要为自己的家庭保住他们的利益。大约在 17 世纪中叶,他们终于废除了德米舍梅,为自己的儿子获得了服兵役的特权。

作为奥斯曼帝国职业阶层的成员,除了拥有固定的基本收入(包括免税权)之外,禁卫军还享有许多特权。为了获得这些好处,许多非禁卫军出身的人通过贿赂官员将自己列入禁卫军名单,结果"合法"地扩大了这一精英团体的人数。然而,日242 益严重的财政问题还是影响到了禁卫军。他们有能力勒索政府,但他们能得到的收益却受到当局支付能力的限制。为了让他们谋生,禁卫军被允许加入行会,结果是他们反过来颠覆了行会(参见第十章)。这些"新禁卫军"中的大多数人都没有当过兵,尽管他们有武装,类似民兵,由财政为其支付薪水。到 17 世纪末,他们成为伊斯坦布尔的统治者,政府开始尽可能地将他们作为卫戍部队进行遣散。这种模式在行省的城镇重演。一些现役禁卫军与武装的小商贩和工匠保持着密切联系,他们被认为是禁卫军的辅助部队,被称为"亚马克"(yamak)。

行省的城镇工商界提供的机会寥寥无几,无法支撑数量越来越多的贪婪的亚马克。他们跟随自己的领袖[称为"达希斯"(dahis)]来到乡下,成了地主和农民的祸害。除了自己,他们不承认其他权威,并蔑视国家官员,甚至不服从苏丹的命令,实行恐怖统治。只要有可能,他们就强迫农民缴税,杀害农民领袖,并试图消灭地主,地主带防御工事的庄园和武装的家丁是反抗他们的唯一力量。尽管农民受到的折磨最多,地主和官员也经常受到这些四处流窜的亚马克团伙的威胁。例如,在1804年塞尔维亚起义前,最主要的达希斯的联盟产生了足够强大的力量,几乎可以成为整个行省的统治者。然而,与强大的阿扬自封为小统治者的地区不同,亚马克统治的地区既不懂和平也不懂秩序。当局无力制止这些无法无天的人,说明这个曾经全能的奥斯曼国家已经变得无能,而这导致帝国最终走向解体。

民众的力量

为了应对各行省的混乱局面和凶残的亚马克统治,在17世纪末和18世纪,"土匪"的数量和活动增加了。这些武装人员在当地被称为"哈伊杜克""克列夫特""乌斯科"和"莫拉克",这些武装力量自奥斯曼帝国出现以来就一直在巴尔干地区活动。[3]他们的活动成了地方病,17世纪30年代后范围进一步扩大。17世纪80年代后,随着禁卫军的退化和亚马克在巴尔干地区的出现,他们的活动成为真正的大规模运动。[4]

称这些团体及其成员为"土匪"并非贬义。尽管当局是从这个角度来看待他们的,但他们并不是通常意义上的罪犯。高昂且往往被随心所欲征收的税收、未能随着经济结构发生变化的严苛的经济法规、战争造成的破坏以及其他原因驱使他们以抢劫为生。毫无疑问,宗教和其他社会因素也是给他们造成痛苦、驱使其落草为寇的原因。今天,巴尔干的人们将他们视为英雄、自由斗士和解放战争之父。比斯特拉·切维特科娃的出色研究对其作出了如下总结。[5]哈伊杜克代表着:(1)一场永久性的抵抗运动;(2)一种对"不公正的奥斯曼封建制度"的回应;(3)一股始于17世纪的反对奥斯曼帝国的重要力量;(4)一种民族良知的表达;(5)一场旨在支持多数人的运动;以及(6)一种将整个巴尔干的抵抗运动团结在一起的力量。

埃瑞克·霍布斯鲍姆(Eric Hobsbawn)显然赞同切维特科娃的观点。他将土匪界定为"整个社群或人民因其生活方式遭到破坏而进行反抗的革命先驱。"[6]谈到哈伊杜克,他说他们"是贸易劫匪、土耳其人的敌人、社会大众欢迎的复仇者、游击队抵抗和解放运动的早期形式",代表着"早期土匪的最高形式,最接近成为农民起义的永久和自我意识的焦点"。[7]

尽管这两种观点很接近,但它们依然有很大的不同。他们都认为,至少从 17 世纪中叶开始,哈伊杜克几乎一直存在,但两者的观点有一个重要的区别:切维特科娃声称他们是对"不公正的奥斯曼封建制度"的回应,而霍布斯鲍姆则认为他们是对"生活方式遭到破坏"的回应,这两者之间有着显著的区别。如果奥斯曼帝国是封建制的,用这个词来描述中世纪的西欧经济,那么它的城镇和农村都是封建制的。然而,哈伊杜克运动几乎完全可以说是一场农村运动。除了地理和战略原因外,还有两个事实可以对此作出解释:奥斯曼帝国的体制对农村已知的"生活方式"的改变要比城市大得多,而从蒂玛尔到齐夫特利克的转变恰逢哈伊杜克活动的加强,霍布斯鲍姆认为,这代表了真正且彻底的变化,对永久的、大规模的"社会土匪"的出现至关重要。

与切维特科娃不同,霍布斯鲍姆在谈论哈伊杜克的时候没有提到"抵抗运动""民族良知"或巴尔干范围内的行动。在有所保留的情况下,切维特科娃三个论点中的最后一个尚可接受。如果她的表述只是意味着"土匪"是一种区域性现象,其存在只是产生于东南欧地区的连锁反应,那么她是对的。另一方面,如果她想表明这场运动有任何类似地区团结的情形的话,那么她可能就是错的。即便到 18 世纪末,也没有任何迹象表明,各种各样的哈伊杜克集团有类似的大规模、系统合作。

尽管今天哈伊杜克被认为是民族英雄和 19 世纪成功的革命先驱,但将现代民族主义情感和动机归因于他们似乎并不合理,就像用描述 19 世纪和 20 世纪现象的抵抗运动来形容他们的活动一样不合时宜。诚然,早期民歌和传说也将他们当作因被压迫而反抗的人,视其为在暴政下受苦的基督徒。毫无疑问,到 18 世纪末,类似于民族意识的东西已经存在于巴尔干各民族之中,他们之间的差异——更不用说感情——将他们从土耳其人中分离出来,这种情况变得越来越清晰。然而,这是用现在的概念解读过去,将民族动机赋予早至 18 世纪早期的哈伊杜克。这么说并不是用狭义的理解来质疑哈伊杜克对故土的热爱以及对生活在那片土地上的人们的同情。对这场运动而言,之所以能够成为可能,必然存在当地民众与这些斗士之间的相互理解。

这些来自斗争农民的抵抗活动主要是地方性的,如霍布斯鲍姆所言,这产生于他们对生活方式剧烈变化的排斥。而这种抵抗产生了自身的动力:起义和对抗升级导致的地方性内战,多种势力卷入其中,行政当局、地方长官、亚马克-禁卫军部队、各种受欢迎的哈伊杜克团体,以及在多数情况下由当地招募的被称为"阿玛托莱斯"(Armatoles)或"基尔扎利斯"(Kirdžhalis)的警察部队。随着这场多方参与的内战陷入混乱且严重程度不断升级,哈伊杜克的部队与广大农民之间的合作增加了,这使得前者的行动有了更广泛和更坚实的基础。正是在这个阶段,哈伊杜克确实转变为"人们公认的、可能的解放者的真正核心"[8]。当官方当局支持这一联合,并以此对抗他们的主要敌人亚马克-禁卫军集团时,一场大规模的起义就开始了。

促成这种新式力量联合的正是可悲的改革者苏丹塞利姆三世(1789—1807 年在位)。从接受西方价值观的角度说,他并不是"西化分子"。作为接受传统穆斯林-职业奥斯曼教育的苏丹,塞利姆相信他作为最高领导人的职责就是革除社会积弊,让社会回归 16 世纪中期的完美运转水平。他试图清理门户,以消除大量存在的腐败行为,包括那些按照严格的穆斯林-奥斯曼法理概念根本不应获得的"权利"。他还意识到,即使他成功了,奥斯曼帝国也无力抵御俄国和奥地利的入侵,因为奥斯曼帝国在技术领域,特别是军事上相对落后。这种认识使得苏丹成为一个有限的技术"现代化改造者"。[9]

塞利姆并无"民主主义"兴趣,不想给予雷亚"平等的权利"。但其改革的两大主攻方向危及了一些人的地位。他们所声称的显赫头衔、财富、社会地位和特权缺乏充分的依据;或是主要供职于军事机构之中,但因统治者的技术变革设想,将失去自己的职位。塞利姆的目标威胁到了在巴尔干半岛横冲直撞的亚马克-禁卫军部队。他们成为他的主要对手和敌人的天然盟友,其中帕斯瓦诺格鲁就是该地区最强大的敌人。

当塞利姆三世成为苏丹时,奥斯曼帝国正与俄国和奥地利交战。在他掌权的那一年,沙皇的军队入侵了摩尔达维亚和瓦拉几亚,神圣罗马帝国皇帝①的军队入侵了塞尔维亚和波斯尼亚。在波斯尼亚,亚马克军队是最先逃离的部队之一,这使民众从他们的溃散中获得可喜的解脱。由于受到法国大革命以及约瑟夫二世皇帝去世的驱使,奥地利与奥斯曼帝国签订了和平协议(即 1791 年的《斯维什托夫和约》),同意撤离所有被征服的奥斯曼领土。尽管原因不同,但在阻止亚马克返回这一点上,苏丹与其民众有着共同利益。在接下来的七年里,塞利姆的军队在巴尔干与各位地方领主以及亚马克展开战斗。尽管苏丹的军队没能消灭他们,但至少在某些方面取得了胜利,在民众中唤起了一些希望。1798 年,奥斯曼帝国参加了反对拿破仑的欧洲战争,大批士兵不得不从巴尔干半岛撤出。这给了帕斯瓦诺格鲁一个在塞尔维亚称霸的机会。

---

① 即哈布斯堡王朝的皇帝。——译者注

246 当帕斯瓦诺格鲁开始通过派遣进入塞尔维亚寻求庇护的亚马克军队采取行动,一连串的事件引发了 1804 年的塞尔维亚起义。1799 年,贝尔格莱德帕夏哈吉·穆斯塔法(Hajji Mustafa)的军队在萨巴赫(Sahácz, Bögürdelen)打败了亚马克。他意识到这些逃往波斯尼亚的亚马克会试图返回,而他的军队不足以再次打败他们,于是他与塞尔维亚的大公达成协议,将塞尔维亚人武装成在总督指挥下的辅助部队。这是奥斯曼历史上第一次合法武装雷亚。在寻找"训练有素"的战士时,大公们自然首先求助于哈伊杜克,但这样做的结果就是给了这些人一个"合法"的地位。1800 年,这支基督教-塞尔维亚-哈伊杜克部队在贝尔格莱德前击败了帕斯瓦诺格鲁和亚马克派来的军队,拯救了这座城市和它的总督。

这场战斗为塞利姆的敌人提供了弹药,他们反对穆斯林当局使用非穆斯林军队以对抗穆斯林。塞利姆在一场对外战争中试图妥协并允许亚马克返回贝尔格莱德,条件是他们要服从总督。这些亚马克并没有信守诺言。1801 年 8 月,他们谋杀了哈吉·穆斯塔法。在四个亚马克达希斯的支持下,他们的领袖阿加哈利勒(Halil)成为塞尔维亚的主人,并建立了恐怖统治,最终导致了 1804 年的起义。

尽管《巴尔干民族国家的成立,1804—1920》(*The Establishment of the Balkan National States, 1804—1920*)一书详细描述了随后发生的事件,但必须指出的是,在 1801 年至 1804 年间,哈伊杜克的部队转变为主要的民族抵抗军队,表明他们从"土匪"转变为民族解放力量。这种转变至少也部分地解释了 1804 年塞尔维亚人起义的原因,最初只是为了驱逐亚马克和重建哈吉·穆斯塔法的制度,但随后迅速转变为塞尔维亚人的独立战争。老式的哈伊杜克很高兴苏丹发布命令,重申他们有权携带武器和对抗亚马克,但是一支与强大的领导民众的大公紧密结盟的国家军队已不满足于苏丹的决定,革命是传统奥斯曼帝国的应有之义。当塞尔维亚人要求在决定地方事务上拥有更大的发言权,而这一要求超出了奥斯曼合法统治的需求时,塞利姆不得不捍卫自己王国的完整性。塞尔维亚独立战争的成功鼓舞了其他地方的巴尔干人民,并引发了其他成功的起义和解放战争,终结了奥斯曼帝国在东南欧的统治。

19 世纪发生在塞尔维亚以及巴尔干半岛其他地区的事件是奥斯曼帝国执行法律和控制亚马克式的职业奥斯曼阶层的能力不断下降的结果。这种权威的缺失不限于帝国的欧洲行省,但欧洲行省里的统治者和被统治者之间的宗教差异比其他地方更为明显,执法不力造成的变化导致日常生活模式发生了更剧烈的变化。在247 欧洲行省,奥斯曼帝国面对的是整个西方,它不仅能够越来越成功地与奥斯曼帝国作战,而且能够将新的思想传播给居住在其对面的边境地区的民众。这些想法有助于他们的自我觉醒,并促使哈伊杜克向自由战士转变。

本章和前几章总结了使起义不可避免的人口生活模式的转变和变化,并确定大约长达一个世纪的奥斯曼帝国解体的最后一个阶段始于其欧洲行省。帝国的迅速崛起始于对东南欧的征服。几个世纪以来,国家的权力中心都在这里,帝国的衰落也是在这一地区开始的,其原因既有领土的丧失,也有法律和秩序崩溃导致的大规模民众的反抗。

【注释】

[1] 到这一时期结束,斯坦福·J.肖列出的各种地方领袖的名单很好地说明了他们的存在以及权力的普遍程度。除了布萨特里斯、约阿尼纳的阿里、奥斯曼·帕斯瓦诺格鲁,他还列出了如下名单:迪莫蒂卡(Dimotica)地区的维杰索格鲁·哈利尔·乌斯塔(Vejsoğlu Halil Usta),埃迪尔内附近的达格德维雷诺格鲁(Dağdevirenoglu);位于吉米尔辛(Gümülcine)的阿加托卡吉克利·苏莱曼(Tokatjikli Süleyman);统治着布拉拉(Brāla)和伊斯梅尔(Ismail)之间的西斯特拉和德利奥曼(Deliorman)的阿加伊利克扎德·西莱曼(Yillikzade Süleyman)和纳齐尔·艾哈迈德(Nazir Ahmed),在尼科波利斯(Nicopolis)、西斯托瓦(Sistova)和罗斯图克(Rusçtuk)周围地区的伊斯梅尔阿加提尔辛基利奥卢(Tirsiniklioğlu),以及阿尔巴尼亚中部的帕夏易卜拉欣。参见 Stanford J. Shaw, *Between Old and New：The Ottoman Empire under Sultan Selim III*, *1789—1807*, Cambridge, Mass.：Harvard University Press, 1971, pp.227—228。

[2] 关于阿里有两本出版时间相隔一百多年的传记,参见 Richard A. Davenport, *The Life of Ali Pasha of Janina*, London：Lupton Relfe, 1822; William C. F. Plomer, *The Diamond of Janina：Ali Pasha*, *1741—1822*, London：Cope, 1970。

[3] 关于哈伊杜克和克列夫特综合历史的第一部著作参见 Bistra Cvetkova, *Hajdutstvoto v Bulgarskite zemi prez 15/18 vek* [*Hujdutism in the Bulgari'ln lands from the fifteenth through eighteenth centuries*], Sofia：Nauka i izkustvo, 1971。在使用西方语言的著作中还可参见同一作者的另一部作品 "Mouvements anti-féodaux dans les terres bulgares sous domination ottomane du XVIᵉ au XVIIIᵉ sièciès," *Etudes Historiques*, no. 2. Sofia：Historical Institute of the Bulgarian Academy of Sciences, 1965, pp.149—168。埃瑞克·霍布斯鲍姆在《土匪》中的一章也讨论了这两种人。参见 Eric Hobsbawm, *Bandits*, London, G. Weidenfeld and Nicolson, 1969。

[4] 相关材料参见 Bistra Cvetkova, "Mouvements anti-féodaux dans les terres bulgares sous domination ottomane du XVIᵉ au XVIIIᵉ sièciès," pp.158, 160。

[5] Bistra Cvetkova, *Hajdutstvoto v Bulgarskite zemi prez 15/18 vek*, p.391。

[6] Eric Hobsbawm, *Bandits*, pp.18, 19。

[7] Ibid., p.62。

[8] Ibid., p.71。

[9] 迄今为止,关于塞利姆三世及其时代的最好的作品参见 Stanford J. Shaw, *Between Old and New：The Ottoman Empire under Sultan Selim III*, *1789—1807*。

第五部分　总体思考

第十二章 文化生活

导论

到目前为止,唯一关于文化活动的长篇大论是关于杜布罗夫尼克的。杜布罗 251
夫尼克是奥斯曼帝国统治下最独立的地方,也是与西方文明接触最多的省份。此
外,还有关于罗马尼亚公国文化活动的几点看法。生活在罗马尼亚公国的人们也
能够将公共生活的某些方面掌握在自己手中,尽管他们没有像杜布罗夫尼克人那
样直接进入西欧,但他们间接地受到西方思想的刺激,主要是通过波兰,其次是通
过匈牙利和俄国。

其他奥斯曼欧洲行省的居民,其天赋绝不亚于杜布罗夫尼克、摩尔达维亚和瓦
拉几亚的民众,但他们并没有发展出繁荣的智识生活。造成这种失败的原因有很
多,首先是地理隔绝。与生活在三个附庸国的人相比,希腊人拥有更为悠久、更高
程度和更完整的文化遗产,并对其进行保护和进一步发展。虽然一些希腊人在热
那亚人或威尼斯人统治下生活过或短或长的一段时期,通过他们的贸易活动与非
奥斯曼帝国统治的欧洲保持着联系,但大多数希腊人与西方隔绝,就像所有其他人
一样,因为他们的土地没有直接与基督教统治的国家接壤,也没有保留一些自治
权。在奥斯曼帝国到来之后,绝大多数人生活在一个与他们格格不入的伊斯兰近
东环境中,与他们曾经属于的文化和知识世界相互隔绝。这种隔绝对思想史学家
感兴趣的活动毫无帮助。

奥斯曼当局严格的、形式主义的正统观念,强化了奥斯曼帝国欧洲行省与非奥

252 斯曼世界的隔绝,成为扼杀东南欧智识活动的第二个主要原因。奥斯曼人 200 年来一直是宽容的统治者,但有些情形使他们对那些展现出真正文化生活所必需的独立性和独创性的人怀有敌意。当他们作为一种创造和维持国家的力量出现在历史舞台上时,近东的伊斯兰文明已经走过了辉煌的阶段,并且由于政治(主要是神学)原因开始限制探究范围和知识自由。诗人、艺术家,甚至建筑师(包括许多土耳其人在内)都严格遵循公认的风格和规范,他们的作品虽然伟大而持久,但缺乏新意,且在风格上主要是模仿。在奥尔汗统治时期,尤其是穆拉德一世统治时期,奥斯曼人高度接受伊斯兰教逊尼派的所有信仰和制度,他们也继承了知识正统的所有特征。穆罕穆德二世统治时期存在的较为自由甚至是实验性的知识氛围在巴耶济德二世时期引起了强烈的反响。从塞利姆一世征服阿拉伯土地开始,阿拉伯地区的影响日益扩大,在其继承者的统治下,宗教不容忍现象日益严重,任何原创艺术或智识活动的机会都消失了。

其他因素也解释了帝国欧洲行省文化表现相对匮乏的原因。与苏丹拥有的某些遥远和不太重要的领土相比,国家最重要的权力中心和相对靠近首都的地方更容易受到伊斯坦布尔当局的监督。但值得注意的是,在这些至关重要的东南欧[1]土地上生活着的绝大多数人是东正教徒,与该地区的其他任何宗教团体相比,他们是奥斯曼帝国最不信任的群体。此外,自奥斯曼一世以来,奥斯曼帝国打过的最重要的战役都是针对这些人的。东正教米勒特总是比其他米勒特受到更细致的审查。这就解释了为什么在被审查的地方,犹太人比基督徒拥有更多自由。犹太人更受信任,因此他们并不令人担忧。结果,恰是占多数的、有可能推动各行省知识和艺术生活发展的东正教徒的活动受到最密切的监视和打击。

东正教的内部分歧也是限制文化发展的重要原因。在过去的两个世纪里,塞尔维亚人、保加利亚人,甚至部分罗马尼亚历史学家谈到这一观点,并一再戏称这
253 个时期为土耳其人-希腊人的双重枷锁时期(the Turkish-Greek yoke)。但希腊历史学家拒绝这种阐释,他们认为与希腊人一样,他们的基督徒同胞受到了奥斯曼帝国的压迫。

辩论的中心是教会的作用,更具体地说,即在整个奥斯曼统治时期,尤其是法纳尔人统治的 18 世纪时期的牧首的作用。教会政策的捍卫者认为,牧首与主教有责任管理东正教的事务,尤其是在米勒特体系的建制方面,在苏丹和其他奥斯曼当局面前代表他们,并保护他们免受不公正待遇。为了履行这些职责,教会必须建立一个由非专业人员组成的高度集中的管理架构,它与奥斯曼帝国当局并行不悖,超

越了旧式纯粹的精神组织。更重要的是,教会的等级制度负有在极端不利的情况下保护信仰及其纯洁性的最高责任。因此,为了拯救教会使其不至于消亡,它必须坚持教义的一致性,即使是单纯宗教仪式方面的服务也必须如此。虽然某些成员偶尔受到不良目的的影响,但丝毫不能动摇高级神职人员牢记使命,并严格履行职责。

问题来自这样一个事实,如前文所述,东正教米勒特并不对应于一个民族或语言单位,相反,它代表了各种各样的人,他们在长期独立的岁月里,坚持建立民族国家式的教会,并尽可能地遵循拜占庭的模式。他们不理解牧首仅仅是在执行苏丹建立"统一教会"的命令。在他们看来,新的秩序只是意味着恢复"希腊"至高无上的地位,并取消自己的基督教机构。很少有人有足够的经验去考虑这些基本问题,但每个人都注意到,在宗教服务中斯拉夫人的教会逐渐被希腊人的教会所取代,塞尔维亚和保加利亚的主教逐渐被希腊人所取代,而且教会税不断增加。最后提到的问题不可避免,这是 16 世纪后期持续通货膨胀造成的。其他滥用权力的行为主要发生在 17 世纪末和 18 世纪,但后来也被认为是整个奥斯曼帝国时期的特征。

人们很容易谴责教会坚持使用一种礼拜语言,这种坚持最终使得众多信徒无法理解礼拜仪式,因为这淘汰了斯拉夫语教会的出版物,并从学校教育中排挤了本民族的语言。这就是为什么希腊人和他们的斯拉夫宗教主义者之间的争论没有答案。这些措施确实严重地伤害了斯拉夫人,而一旦统治阶层强制执行统一的法律,这些措施就不可避免地受到维护,并在最困难的时候被视为挽救信仰的最高职责。 254

不可否认,教会及其教育机构的希腊化切断了斯拉夫人与其文明来源的联系,在突厥人进攻东南欧时,斯拉夫人的文明正在沿着早期文明的路线发展壮大。而上述事实将非希腊东正教与欧洲的文化生活割裂开来,这种割裂甚至比普遍隔绝已经造成的程度还要深。斯拉夫人只能在允许的范围内有所发展。他们的民间文化丰富多彩,但知识和艺术几乎完全由希腊人主导。杜布罗夫尼克和罗马尼亚公国确实是唯一能让非希腊基督徒从事知识和艺术事业的地方。

最后,必须为突厥人作出简短的评论。他们也生活在东南欧,并在乡野留下了自己的印记。位于埃迪尔内的宏伟的塞利米耶清真寺(Selimiye Mosque)就是伟大的土耳其建筑师希南(Sinan,1491—1588 年)的杰作。它是土耳其统治时期,包括其他清真寺、陵墓、墓碑、富人之家、穹顶市场、公共浴室以及一些防御工事在内的众多建筑遗迹中最著名的一个。但这些建筑中鲜有能被认为是真正原创的或带有"欧洲-奥斯曼"地区风格的印记。

穆斯林对该地区文化的贡献微乎其微,这也不足为奇。土耳其人甚至比基督教徒和犹太人更受伊斯兰近东文明僵化的文化规范的限制。除了那些居住在巴尔干半岛最东部地区(今天土耳其的欧洲地区)的人之外,东南欧的大多数土耳其人都是行政人员、士兵、地主或手艺人,他们的生活相对隔绝。那些有天赋的人都被吸引到奥斯曼帝国的主要文化中心——伊斯坦布尔、埃迪尔内和布尔萨,在那里,他们的才能有着更广阔的发展空间。其结果就是,重要的奥斯曼艺术和文学作品都是在本书涉及的地区之外创作完成的。东南欧在经济和军事上对奥斯曼帝国很重要,但在族群意义上它是"异国之土",不利于为奥斯曼-土耳其文明作出持久贡献。

上述情况和观点解释了为什么奥斯曼帝国统治下的东南欧人民缺乏智力和艺术成就,以及为什么本章只涉及文化生活最重要的方面且篇幅相对较短。但是,值得注意的是,在这个地区,那些富有创造性的头脑所取得的成就是在极其不利的环境下完成的。如果牢记这一事实,结果将比初始一瞥更加令人印象深刻。

希腊人

255　　　与奥斯曼帝国的其他欧洲基督教臣民相比,希腊人享有诸多优势。当谈到他们的文化活动时,其中最重要的是他们悠久的文化传统和最具价值的地区在意大利城邦统治下保留了几个世纪。18 世纪以前,几乎所有重要的希腊文化成就都来自帝国以外的土地。虽然严格来说,这些成就不属于本书的范围,但必须提及这些成就是因为它们对希腊人的历史具有重要意义。

这些超出帝国范围的文化活动可分为两个截然不同的部分:一部分是希腊学者、作家、画家和科学家的成就,众所周知,他们数以百计地移民意大利,甚至在君士坦丁堡陷落后移居到更远的西方。另一部分是那些继续生活在传统希腊土地(主要是塞浦路斯、克里特和其他岛屿)上的人的文化贡献。在此,我们不讨论第一部分的人,因为它实际上属于西欧历史,并且相当有名。只要强调希腊人作为各高等学府和法院的老师,以及作为西方伟大的古典希腊作品的传播者、翻译家和评论者,对文艺复兴作出的巨大贡献就足够了。作为科学家、编辑和出版商,他们同样发挥了重要作用,并且在现代欧洲的发展中留下了持久印记。

尽管生活在西方的希腊人对世界文化历史的贡献是巨大的,但是那些留在祖国的人对希腊文化的发展贡献更加显著。[2] 这些希腊人与意大利，主要是威尼斯——希腊文化中心最重要的领军者，以及威尼斯控制下的帕多瓦大学（University of Padua）的接触，对于获取知识和产生新的文学创作形式具有重要意义。[3] 希腊人在不受奥斯曼帝国控制的希腊土地上完成的文字工作意义重大，因为正是这些使得希腊的民族文化保持活力并不断发展。而在奥斯曼帝国统治下生活的希腊人，不仅丧失了悠久历史中的文学传统，而且识字率灾难性地下降，以至于大多数教区的牧师实际上都是文盲。在奥斯曼帝国统治的地区，希腊人的文学活动差不多消失了两个世纪。剩下的只有民间文学，它先是表现在通俗歌曲中，后来出现在克列夫提卡（Klephtika）中，这是一种为歌颂克列夫特的事迹而传唱的民谣。

256

君士坦丁堡沦陷后，克里特岛成为希腊文学的第一个中心。在 16 世纪上半叶，几个尊崇文艺复兴时期意大利文学模式的诗人活跃在这个岛上。斯特凡诺斯·萨切利基斯（Stefanos Sachlikis）是一名训练有素的律师，他写的诗主要描述自己的遭遇。与他同时代的马林诺斯·法里罗斯（Marinos Falieros）的创作则更广泛，包含宗教和色情主题。同一时期，另一位知名诗人别尔加迪斯（Bergadis）创作了一首名为《启示录》（*Apokopos*）的诗歌，描述了一次地下世界之旅，它是第一部被印刷出来的现代希腊文学作品（Venice，1519）。根据利诺斯·波利蒂斯（Linos Politis）的说法，这是"16 世纪最有诗意的作品"[4]。与此同时，在塞浦路斯，一位不知名的诗人也以意大利模式创作了出色的爱情诗。

虽然这一时期的大多数重要散文作家都在西方写作，但塞浦路斯的一些法律文本却以通俗读物的形式出版。此前在 15 世纪，莱昂蒂奥斯·马查伊尔（Leontios Machariás）用通俗散文撰写了该岛的历史。在现代希腊语中，自奥斯曼帝国占领以来，唯一值得一提的散文是耶利米亚二世（Jeremias II，1572—1595 年在位）任牧首时与德国新教知识分子之间的通信。

在接下来的一个世纪，散文作品变得越来越多。梅勒提奥斯·佩加斯（Meletios Pigás，1535—1602 年）是一位在帕多瓦大学受过教育的克里特人，1590 年成为亚历山大时期的牧首。他用通俗的语言撰写布道词。他的门徒西里洛斯·卢卡里斯（Kyrilos Loukaris，1572—1639 年）是第一位被君士坦丁堡奉苏丹之命处决的牧首，他创办了第一家牧首出版社，曾将福音书翻译成通俗的语言，并且高度重视改善教育。卢卡里斯邀请了西奥菲罗斯·卡里达罗斯（Theophilos Karydaleos，1560—1645 年）在他的学校教书，很快，整个帝国范围内正在复兴的希腊学校体系就感受到了这位学者的影响。

　　但上述文化表现都必须退居克里特人的活动之后,自 16 世纪 70 年代开始,克里特人统治了希腊知识界大约 100 年。在这段时间,克里特岛上不仅有文学的"黄金时代",还出现了绘画的"黄金时代"。迈克尔·达马斯基诺斯(Michael Damaskinos, 1535？—1591 年)和多梅尼科·西奥托科波洛斯(Domenico Theotocopoulos, 1540？—1614 年)是克里特学派的两位巨匠,后者更为人所知的名字是埃尔·格列柯(EI Greco)。克里特岛圣像画作品在整个东正教世界产生了深远而持久的影响。然而,克里特岛对希腊文化最大的贡献还是文学。

257　　第一个重要人物是剧作家乔治奥斯·克罗塔提斯(Georgios Chortatsis),他出生于 16 世纪中叶。在他手中,通俗语言成为一种成熟的文学语言。他的三部戏剧,悲剧《厄洛菲利》(*Erofili*)、喜剧《卡佐尔波斯》(*Katzourbos*)和田园诗《吉普艾瑞斯》(*Gyparis*)都是以意大利模式为基础的,但在主题、语言和结构上都具有高度的独创性,这标志着他是一流的创作天才。也许所有克里特作家中最重要的是剧作家维森佐斯·科纳罗斯(Vitsentzos Kornaros),他生活在克里特岛伟大文学世纪的末期。人们对他一无所知,除了他的名字和他年轻时写的《亚伯拉罕的牺牲》(*The Sacrifice of Abraham*)以及作为一个成熟诗人创作的《埃罗托克里托斯》(*Erotokritos*)。《亚伯拉罕的牺牲》取材于家喻户晓的圣经故事,几个世纪以来一直广受欢迎。这部剧文字优美,是一部高度原创性的作品。它无视所有公认的舞台写作规则,却成功地创造了戏剧性的统一,使其成为一部优秀的作品。《埃罗托克里托斯》是模型化的骑士题材。一位单纯的骑士爱上了国王的女儿,在被允许与她结婚之前,他必须完成一些不为人知的伟大壮举。场景是完全巴尔干化的,英雄是雅典人,敌人是弗拉赫人和东方人。这出戏受到专家们的高度赞扬,流传至今。还有一些创作天赋稍逊一筹的剧作家。尽管克里特岛伟大的文学世纪随着 1669 年奥斯曼帝国的征服而结束,但它的文学传统保留了下来。

　　17 世纪后期,希腊文学继续活跃于威尼斯人统治的地区,主要是伊奥尼亚群岛,后来甚至扩散到维也纳,但最重要的发展还是在奥斯曼帝国领地内,并且与法纳尔人的兴起有密切关系。基于法纳尔人在权贵中的影响,一部分希腊人获得了一些特权,这种新的发展态势产生了相应的文化结果。前文已经提到的亚历山大·马夫罗科达托斯是第二位担任皇家译员(高级翻译)的法纳尔人。他知识渊博,曾在主教区的学校任教,并写过几篇研究报告。他的儿子尼古拉斯(1670—1730 年)是罗马尼亚公国的第一位法纳尔人君主,也是一位著名的作家。他的小说《菲洛瑟斯的帕尔加》(*Parerga of Philotheos*)被认为是希腊复兴的第一次显现。[5]这些作品的重要性不在于其语言和风格,而在于其内容反映了出现在西欧的新思想,但其后期作品不如早期。伏尔泰的思想曾出现在尤金尼奥斯·伏尔加里斯(Eugenios Voulgaris,1716—1806 年)的早期作品中,但这位作家在 1770 年移居俄国后变得保守。

　　18 世纪 70 年代之前,受到启蒙运动的强烈影响,还有两位作家值得一提:康斯坦蒂诺斯·达庞特斯(Konstantinos Dapontes)和科斯马斯(Kosmas)。达庞特斯生于何时不得而知。1757 年,他在阿索斯山修道院出家,于 1784 年去世。就语言风格而言,他并不出众,但他基于自己获取的各种知识,写了大量题材各异的文章。因为他写的很多东西都是在他有生之年发表的,所以他成了一位重要的大众作家。科斯马斯(1714—1779 年)被认为是伏尔加里斯的门徒,是一位巡回传教士(itinerant preacher),他的布道被听众记录下来。他的布道结合了"教育和启蒙精神、宗教信仰和民族意识的最高形式",并且"可以被认为是民族觉醒的先驱之一。"[6]

　　这种不断增长的启蒙精神和民族复兴意识在 18 世纪末的作家中产生了第一批受法国影响的大人物。其中包括约瑟夫·莫西奥达斯(Josephus Moisiodax,于 1790年去世),他在法纳尔人统治下的雅西和布加勒斯特教书。他主要从事科学研究,同时还对教育和流行文学的创作感兴趣。更重要的一个大人物是迪米特里奥斯·卡塔茨(Dimitrios Katartzís,1725? —1807 年),他用通俗语言写作,因为他想让尽可能多的人了解现代世界的观点。这一时期的巨匠无疑是阿扎曼蒂奥斯·科拉伊斯(Adamantios Koraïs,1748—1833 年)。科拉伊斯是希腊政治启蒙运动的主要人物,1788 年后在巴黎居住、行医。他接受了法国大革命的思想,并在现代希腊的诞生中发挥了重要作用。不过,就此而言,有一项成就必须提及。他是第一个接受语言学家训练的希腊人,并且影响了至少一代希腊作家和语言学家。毫无疑问,他是现代希腊文学语言之父。

　　在结束对奥斯曼统治下的希腊知识分子活动的简短介绍之前,还必须提到里加斯·维列斯迪利斯(Rigas Velestinlís,1757? —1798 年)。1790 年左右,在移居维也纳之前,里加斯曾为法纳尔人和奥斯曼帝国服务。在维也纳,他的出版活动,包括翻译、出版地图,撰写爱国主义小册子、歌曲、短篇小说以及一本物理手册,均遭到奥地利警方逮捕而中断。哈布斯堡当局把他交给奥斯曼帝国,奥斯曼帝国处决了他。他首先是一位伟大的希腊爱国者、一位英雄的殉道士,其次才是一位文学家。

斯拉夫人

斯拉夫人也生活在奥斯曼帝国和基督教的统治之下。就像希腊人一样,在斯拉夫人中,大多数文化活动也发生在那些不受奥斯曼帝国统治的地区。杜布罗夫尼克是唯一由其居民统治的斯拉夫地区。达尔马提亚在本书所涉及的大部分世纪都处于威尼斯人的统治之下,而斯洛文尼亚则受制于哈布斯堡王朝,克罗地亚-斯洛文尼亚的富有且受过教育的克罗地亚人在奥斯曼帝国占领其部分家园时撤退到了哈布斯堡王朝控制的领地。

保加利亚人全部生活在奥斯曼帝国统治之下,距离主要行政中心的伊斯坦布尔和埃迪尔内很近,但他们几乎没有什么机会用文字、绘画或建筑来表达自己的思想。几个世纪以来,塞尔维亚人的处境与保加利亚人相似,但在 1804 年起义前的最后 100 年中,他们迅速发展出一个规模相当大的教育机构,并围绕它建立了自己的文化生活。这场运动的中心是哈布斯堡控制下的斯拉沃尼亚的大都会卡尔洛维茨。这个机构是基于皇帝利奥波德一世(1657—1705 年在位)于 1690 年和 1691 年两封有关特权授予的信函建立起来并得到保护的。当时,塞尔维亚人在佩奇的主教阿森尼耶三世克诺耶维奇(Arsenije III Crnojević)领导下于 1690 年迁至哈布斯堡家族领地。这个机构成为塞尔维亚人的宗教、文化甚至民族中心。由于这种对整个民族复兴至关重要的文化复兴发生在苏丹的领地之外,因此与本书有关奥斯曼帝国的介绍并不直接相关。

如果奥斯曼帝国统治的土地是唯一被考虑的地方,那么除了民歌、歌颂哈伊杜克事迹的流行诗歌,以及最重要的科索沃史诗之外,本章几乎没有任何理由谈及斯拉夫人。科索沃史诗在几个世纪里发展缓慢,每一代人都在为创作世界文坛最伟大的史诗——著名的 1389 年科索沃战役——作出贡献。斯洛文尼亚人从未与东南欧地区有过任何接触,有必要忽略他们,但是杜布罗夫尼克以外的达尔马提亚人和克罗地亚人与这一地区有充分接触,因此,有理由对他们与塞尔维亚人和保加利亚人的文化活动做一简短审视。[7]

在我们所考察的几个世纪里,达尔马提亚和克罗地亚的大部分文献都是用克罗地亚语写成的。但应该记住的是,在这个时期,并非仅有克罗地亚语文学,每个作家都用自己最熟悉的方言进行写作。榜上有名的作者和作品主要的方言有三种,即喀卡维斯基(čakavski)、卡耶卡维斯基(kajkavski)和斯多卡维斯基(štokavski),另外,还有第四种本身可以被视为"语言"的方言,即波斯尼亚的斯多卡维斯基语(Bosnian štokavski)。直到 19 世纪,统一的克罗地亚文学语言才得以发展,更不要说现代塞尔维亚-克罗地亚语了。

在达尔马提亚,第一位真正重要的作家是在杜布罗夫尼克之外的斯普利特的马尔科·马鲁利奇(Marko Marulić,1450—1524 年)。尽管这位作家用拉丁语和克罗地亚语写作,但正是他的拉丁语作品使他在欧洲赢得了广泛声誉。马鲁利奇是一位高产且具有深厚宗教信仰的作家。他还是一位人道主义者,深知奥斯曼帝国　260的占领给其同胞带来的问题,他最好的作品就是关注同胞的生活。在他的短诗中,最著名的是《反抗土耳其人的祈祷者》(Prayer against the Turks)。他的主要作品是史诗《朱迪塔》(Judita),写于 1501 年,20 年后才在威尼斯印刷。虽然这个故事是关于朱迪思和霍洛芬斯(Judith and Holofernes)的圣经故事,但故事中的敌人很容易被认为是土耳其人。马鲁利奇在诗歌形式方面的地位并不高,但他对人民问题的理解使他能够以深刻的洞察力和感情进行写作。

居住在赫瓦尔(Hvar)岛上的两位作家也值得一提。哈尼拔·卢西奇(Hanibal Lucić,1485—1553 年)因其戏剧《女奴》(Slave Girl)而闻名。故事和诗歌形式效仿了意大利模式,尤其是模仿了彼特拉克(Petrarch),但他的戏剧中也有源自民间的诗歌形式。故事的情节是,一个高贵的女孩被海盗俘虏,被卖为奴隶,后被她的情人救了出来。但细节清楚地折射了诗人一生中所经历的达尔马提亚沿海的动荡时期及其生活状况。彼得·赫克托洛维奇(Petar Hektorović,1487—1572 年)是第一位广泛使用民间诗歌作为范本的作家。他主要写的是爱情诗,但也有描写周围人生活的诗篇。他最著名的诗作《捕鱼以及与渔民的对话》(Fishing and Fishermen's Talks,1568)属于后一类。

城市扎达尔孕育了彼得·佐拉尼奇(Petar Zoranić,1508—1550? 年),他是第一部克罗地亚小说《山脉》(Mountains)的作者,该书在他去世后于 1569 年出版。这部作品真实描述了作者生前达尔马提亚不同社会阶层的生活。布尔诺·克纳鲁蒂奇(Brno Krnarutić,16 世纪中叶,具体生卒年月不详)写了一首诗《占领锡盖特堡》(The Capture of Szigetvár,1584),这是一个被克罗地亚和匈牙利诗人反复使用的主题。它讲述的是 1566 年奥斯曼帝国占领锡盖特堡,在此期间,苏莱曼一世和他的抵抗者尼古拉·兹林斯基伯爵(Count Nikola Zrinski,Miklós Zrinyi)双双丧命。[8]

接下来是杜布罗夫尼克文化史上最伟大的一个世纪,达尔马提亚的其他地方未产生任何一流作家。但是,有两个较小的亮点值得一提。帕格(Pag)的巴托尔·卡希奇(Bartol Kašić, 1575—1650 年)是反宗教改革时期的一名牧师,他的兴趣是利用书籍推进自己的工作。为了拥有尽可能广泛的受众,他发现斯多卡维斯基是最常用的方言,并用它写作。他于 1604 年出版了第一部南斯拉夫语法著作《伊利里亚语言研究》(*The Institutiones linguae Illyricae*)。针对卡希奇传播天主教的目标,波斯尼亚本地牧师马蒂亚·迪夫科维奇(Matija Divković, 1563—1631 年)是最为成功的例子。迪夫科维奇的作品并非原创,而是从大量各式资源中提取主题,但他之所以重要,是因为他为其他牧师-作家树立了榜样,而且他具有将宗教信息与通俗故事融合的才能。他是第一个在写作中使用波斯尼亚的斯多卡维斯基方言的人。

18 世纪,当最伟大的杜布罗夫尼克之子鲁杰尔·博斯科维奇(Rudjer Bošković, 1711—1717 年)还不是作家,而是科学家时,两位重要的作家正在杜布罗夫尼克的海边工作。他们都是在奥斯曼帝国传教的方济会会士。菲利普·格拉博瓦克(Filip Grabovac, 1695—1750 年)虽不是伟大的作家,但他是一位忠诚的爱国者和优秀的社会观察家。他对人民生活的描述很有价值,但他的改革热情令威尼斯人不快,并因此遭到逮捕,死在狱中。安德烈亚·卡西克·米奥西奇(Andrija Kašić Miošić, 1704—1706 年)的工作更为突出。他在达尔马提亚和波斯尼亚的许多教区工作过。他是天生的民主主义者,热爱每一个人,他觉得自己和普通人很亲近,专门发掘普通人的艺术和诗歌,但他也逐渐认识到,人们讲的那些故事都是假的。考虑到所有南斯拉夫人都是一个民族,他开始以大家都能理解的方式告诉他们"真相"。他写了两部"历史",一部是《斯拉夫民族的友好故事》(*The Pleasant Story of the Slav Nation*, 1756),另一部是《小方舟》(*The Little Ark*, 1760)。《斯拉夫民族的友好故事》这部书更为重要,因为它试图讲述的是包括所有南斯拉夫人在内的整体历史,尤其是奥斯曼时期的历史。从某种文学意义上说,他的作品语言简洁,因为他想让尽可能多的读者了解作品,他的诗以民歌为基础,创造了一种真正的克罗地亚诗歌形式。他因此变得非常受欢迎和有影响力。

在克罗地亚-斯拉沃尼亚,第一位重要作家是萨格勒布耶稣会中学的一名教师尤拉伊·哈德利奇(Juraj Habdelić, 1609—1678 年)。他不认为自己是作家,但他的布道集《玛丽的镜子》(*The Mirror of Mary*)和《我们的父亲亚当的原罪》(*The Original Sin of our Father Adam*)是用出色的克罗地亚语完成的,包含了他对周围生活诸多宝贵且准确的观察。

与他同时代的另外两位地位显赫的贵族子弟的贡献则完全不同:佩塔·兹林

斯基(Petar Zrinski，Péter Zrinyi，1621—1671年)和他的姐夫弗兰·克里斯托·弗兰科潘(Fran Krsto Frankopan，1643—1671年)。他们都是受西方传统高等教育的人,但都熟悉达尔马提亚文学和民间诗歌,并在自己的作品中融入了这些元素。

佩塔尔·兹林斯基是克罗地亚的一名士兵和克罗地亚的匈牙利总督(Ban of Croatia)。他加入了由他的哥哥尼古拉·兹林斯基(Nicola Zrinski，Miklós Zrinyi)组织的匈牙利秘密组织。尼古拉·兹林斯基是英雄西格特瓦尔英雄的曾孙,他认为奥斯曼人被驱逐出匈牙利-克罗地亚-斯拉沃尼亚的日子已经到来,但他(和他的共谋者们一起)预测,与奥斯曼帝国相比,哈布斯堡王朝的统治并不会有多少改善。他唯一的一部作品《亚得里亚海的女妖》(*The Siren of the Adriatic*)是关于锡盖特堡战役(the Battle of Szigetvár)的,是他兄弟所著史诗的克罗地亚语版本,这部史诗用匈牙利语写成,名为《锡盖特危机》(*Szigeti Veszedelem*)。它唯一的亮点就是它的语言。 262

弗兰科潘作为佩塔尔的同谋者被处死,尽管他充其量是参与了这一阴谋。他是一位翻译莫里哀的天才作家,但读者对他一无所知。他的著作被当局没收,直到19世纪才首次出版。在他的作品中,抒情诗集《休憩花园》(*The Garden of Rest*)最引人注目,它涉及各种各样的主题,如爱情、战争、对他所处时代的描述,以及一个深谙其人生悲剧的年轻人的忧伤。他所著的许多诗是在监狱里写的。他的表达方式和语言的运用表明,弗兰科潘是17世纪最杰出的诗人之一。

在同一世纪,克罗地亚还产生了两位重要人物:朱拉吉·克里扎尼奇(Juraj Križanić，1618—1683)和帕沃·里特尔·维特佐维奇(Pavao Ritter Vitezović，1652—1712年)。克里扎尼奇出生在萨格勒布附近,加入了耶稣会,并在罗马接受教育。出于弥合宗教大分裂(the Great Schism)的兴趣,他两次前往俄国。克里扎尼奇来到有很多斯拉夫人居住的地方,将他们与教会的结合作为他的目标,并成为第一个"泛斯拉夫"(Pan-Slav)主义者。在他第二次访问俄国期间,他被捕并被送往西伯利亚。他被释放的时间不得而知,但在1683年,人们发现他与波兰人一起战死在维也纳的城墙上。在他的众多作品中,他向所有斯拉夫人(特别是俄国人)宣扬他的理想,批评、告诫,并号召斯拉夫人走向伟大。他主要是一位重要的"政治理论家",但他作为一名作家的才华同样不容小觑。

维特佐维奇出生于塞尼(Senj),但主要在萨格勒布工作。他既不是贵族,也不是神职人员,他是第一个试图通过写作和出版活动谋生的克罗地亚人。他是一位多产且多才多艺的知识分子,但因极度贫困死在维也纳。作为一个"南斯拉夫"人,他梦想着在哈布斯堡统治下统一所有南部斯拉夫人(Southern Slavs)。他的关注点扩展到语言学和拼写体系,试图为所有南斯拉夫人创造一种统一的文学语言。他最长的一首诗重拾旧题,描述了《锡盖特堡的反抗》(*Resistance of Szigetvár*),而他的《塞尔维亚素描》(*Serbia Illustrated*)是第一部使用文献和现代历史学家所用的其他工具书写而成的塞尔维亚历史。

在 18 世纪用克罗地亚语写作的人中,萨格勒布的蒂托·布雷佐瓦奇(Tito Brezovački,1757—1805 年)是最有才华的。作为波莱恩(Pauline)的一名僧侣,他在被解除职务后开始写作。他是一位反对腐败、迷信和克罗地亚政局的社会批评家。他写作是为了教育他人,他笔下的人物代表了各个社会阶层,并非常清晰地反映了他们的缺点。他成为萨格勒布一家业余剧团最重要的剧作家。他的两部作品《魔

263 法师的门徒》(*The Sorcerer's Apprentice*)和《第欧根尼斯》(*Diogenese*,故事讲述的是一个仆人同时服侍两位主人,而他们不知道自己是兄弟)超越了时间,直到今天还在表演。

18 世纪另一位意义重大的作家是斯拉沃尼亚之子马蒂亚·安图恩·雷伊科维奇(Matija Antun Reljković,1732—1798 年)。作为一名在七年战争中服役的军官,他曾被俘虏并在多个德意志城市驻足。这使得他有机会将那里的生活与家乡的生活进行比较。当时从土耳其人手中解放出来的斯拉沃尼亚人,在教会和世俗领主的管辖下生活在极度痛苦之中,这些人显然不了解为其提供服务的人的痛苦。通过对两类人的生活状况的比较,雷伊科维奇创作了《萨蒂尔》(*The Satyr*,希腊神话中半人半兽的森林之神),这首诗以民歌的形式写成,1762 年在德累斯顿出版。他批判性地,但也建设性地表达了自己对斯拉沃尼亚问题的看法。这部作品很快得到受过教育和未受过教育的人的广泛欢迎,但这令当局不快。这部作品的形式和内容都值得铭记。雷伊科维奇的其他文学作品都未能达到这部作品的水平。

长达几个世纪的奥斯曼帝国统治使塞尔维亚人无法创作出与克罗地亚人相媲美的文学作品。除了民间诗歌之外,这个民族的文学活动仅限于几个寺院僧侣所做的工作,没有产生任何重要的成果。在迁往哈布斯堡领地之前,塞尔维亚唯一重要的文化人物是帕伊西耶(Pajsije,1550?—1647 年),而他所在的地方正是 1557 年奥斯曼帝国重建佩奇教区后的第一批大都会中的一个。他的著作是塞尔比亚最后一位统治者斯特凡四世乌罗什(Stefan IV Uroš,1355—1371 年)的传记,毫无价值。但他作为手稿收藏家,以及他鼓动僧侣收藏手稿并制作副本,产生了重大而持久的影响。迁至哈布斯堡家族控制的领地后,情况发生了变化,出现了大量塞尔维

亚作家。不过,他们中的大多数人仍然是牧师,只是开始使用人工语言①(artifical language),并混杂了教会斯拉夫语、流行的习语和大量借用的俄语。这种新的"文学语言"成为现代塞尔维亚文学最早的范例载体,但只有神职人员、少数城市中受过良好教育的非专业人士以及少数居住在乡下的人才能理解。

这种新的塞尔维亚文学的第一个中心是多瑙河布达以北的森坦德勒(Szenten-dre)修道院,该修道院由1790年来自拉卡(Rača,位于贝尔格莱德以西的萨瓦河上的一个地点)的追随阿森尼耶三世(Arsenije III)的僧侣建立。其中一位僧侣基普里扬(Kiprijan)撰写了第一篇有关塞尔维亚诗歌形式的研究报告。塞尔维亚文化(包括文学)活动的真正中心在今天伏伊伏丁那地区以南。在这些地区,有三位作家值得一提:扎哈里耶·奥费林(Zaharije Orfelin,1726—1785年)、约万·拉吉奇(Jovan Rajić,1726—1801年)和多西特吉·奥布拉多维奇。

奥费林是个(写作上的)门外汉。他受过良好的教育,这主要是由于他自身的努力,究其一生,他曾在伏伊伏丁那的主要城市及维也纳和威尼斯从事过各种各样的工作。他的文学领域从初级课本到葡萄酒栽培研究,和他从事的职业一样丰富多彩。他大部分的作品都以匿名或笔名出版,所有作品都试图以这样或那样的形式传授知识。毋庸置疑,他是当时最好的塞尔维亚诗人,他还出版了彼得大帝的传记,并于1768年在威尼斯编辑了《斯拉夫-塞尔维亚杂志》(The Slavo-Serb Maga-zine),该杂志刊登了大量主题多样的文章,是第一本这种类型的杂志。

拉吉奇是一位受过基辅教育的牧师。他四处旅行,收集资料进行历史研究,最终于1794—1795年间在维也纳出版了四卷本《不同斯拉夫民族的历史:尤以保加利亚人、克罗地亚人和塞尔维亚人为例》(Different Slavonic Nations,Especially the Bulgarians,Croats and Serbs)。与在阿索斯山结识的保加利亚神父帕西(Father Paisii)不同,拉吉奇与其说对自己的人民感兴趣,不如说是"试图将各种南斯拉夫人的历史视为一个整体"[9]。他用的是新的、人为创造的文学语言,几乎没有读者,影响力极其有限。但他基于多年文献研究的工作仍然是对科学的南斯拉夫史的首次尝试。

奥布拉多维奇是迄今为止最杰出的塞尔维亚作家。他在幼年时就学会了阅读,为了学习更多知识和成为圣者,年轻时他就成为一名僧侣。修道院生活令他失望。他尤其厌恶僧侣们的无知,并因此开始学习知识。他花了30多年的时间周游

①　与日常生活用语相对的、为实现话语交流而人为创造的语言。——译者注

欧洲,从英格兰到伊斯坦布尔,再到小亚细亚。他不仅精通多种语言,而且精通哲学、数学、科学和文学,是第一位传播启蒙思想并在南斯拉夫人中呼吁团结、友谊和宗教宽容的作家。与奥费林一样,奥布拉多维奇希望通过传授现代方法,促进其民族的发展,对抗修道院的影响。他有很多话要说,因为他用流行语言而不是新式"人工语言",所以他的影响力很大。他创作的主题不是原创的,是他从世界文学——从伊索寓言(Aesop's Fables)到现代作品——中随意借用的,但他的风格是原创的和巧妙的。它是将现代流行塞尔维亚语提升到文学水平的典范,被许多人模仿。他的两部最受欢迎的作品《生活与冒险》(*Life and Adventures*,自传)和《寓言》(*Fables*,改编自伊索寓言,包含了很多实用和切时的忠告),分别于 1783 年和 1788 年出版,同时出版的还有其他几本没那么受欢迎的书。因为奥布拉多维奇,塞尔维亚人拥有了一位非常有影响力的文学巨匠,他的活动一直延续到生命尽头,超越了写作范畴而进入政治领域,这使他成为现代塞尔维亚历史上的一位伟人。

265

如果说关于塞尔维亚作家,可谈的比克罗地亚少得多,那么有关保加利亚作家可谈的就更少了。奥斯曼帝国的征服压缩了一个高质量文学流派的兴起,其影响不仅曾波及其他斯拉夫地区,而且影响了被征服前的罗马尼亚各公国。[10] 保加利亚人和塞尔维亚人一样,遭受了几个世纪奥斯曼帝国的直接统治,但他们所处的位置比西边的斯拉夫人更靠近埃迪尔内和伊斯坦布尔。靠近奥斯曼帝国首都有两个结果:在所有居住在奥斯曼帝国领土内的人口中,大多数保加利亚人都受到最严密监督;同时他们也有更多机会与征服者合作。"核心行省"中,其他民族都没有发展出类似保加利亚仇巴奇(the Bulgarian çorbacis)的准中产阶级,他们享有某些经济特权,到 18 世纪甚至担任了级别较低的行政职务。因此,尽管绝大多数保加利亚人都无法表达自己的意见,但少数保加利亚仇巴奇却可以。不幸的是,他们为了自己的利益与奥斯曼帝国合作,仅仅通过他们所说的语言与大众联系在一起。

在这种情况下,非常容易理解在保加利亚本土、马其顿和阿索斯山,任何能够幸存下来的文化都受到修道院的保护。在修道院,文献被保存和复制;为指导年轻僧侣,还建立了"小型学校"(cell-schools)。不过,偶尔也有其他人在这里接受教育,这些学校是小型学习中心的榜样,其课程很少超出在非专业机构中既当学生又当老师的手艺人对识字的基本需要。所有小型学校加在一起并没有产生足够的知识,并使它们成为真正文化生活的基础,因为修道院里鲜有学术性的和中世纪的知识,它之所以重要,只是因为它保存了一种语言,而这种语言在后来的几个世纪中成为现代保加利亚文学的基础。

保加利亚领土以外出现了一些孤立的发展成果,但其历史意义大于文化意义。在 1508 年,第一部保加利亚印刷作品——一本祈祷书(a liturgy)出现在罗马尼亚。1651 年,一本以祷告为主的书《阿巴加》(Abagar)在罗马印刷。后者被认为是第一本包含某些现代保加利亚文化迹象的出版物。[11]

真正的保加利亚文艺复兴直到 19 世纪才出现,但 18 世纪确实产生了帕西神父 266
(1722—1798 年)和斯托伊科·弗拉迪斯拉沃夫(Stoiko Vladislavov, 1739—1815?年)这样的人物,他们代表着新精神的诞生,值得在本章作一介绍。帕西出生于马其顿北部的班科斯①(Bansko, Blagoevgard)。他 23 岁时,在阿索斯山的希伦达尔修道院(the Hilendar Monastery)成为一名僧侣。在阿索斯山的图书馆工作的帕西收集了与其民族有关的资料,并在将近 20 年后的 1762 年出版了他的《斯拉夫-保加利亚史》(Slavo-Bulgarian History)一书。[12]这本小书用冗繁、古旧的教会斯拉夫语写成,写作手法和精神气质与其过时的语言一样新颖。这是一位觉醒的保加利亚爱国者的作品,他对奥斯曼帝国的政治压迫、希腊人的宗教至上以及本民族人民缺乏民族意识感到悲哀。保加利亚历史上伟大的沙皇、巨人西里尔和美索迪乌斯,以及保加利亚人民的文化和政治成就都以光辉的语言呈现出来。他的主要目标是让保加利亚人认识到他们是一个拥有伟大历史的民族,应该为同样辉煌的未来而奋斗。这本书讲述了保加利亚、对祖国的热爱和自然语言。尽管这部作品已经有 80 余年没有印刷了,但它曾对保加利亚人产生了影响,人们遵从了作者的建议:"重印这部史书,付钱给每一个知道如何书写、复制和保存它的人。"[13]

18 世纪末和 19 世纪初,在那些敬仰帕西的工作并宣扬其观点的人中,斯托伊科·弗拉迪斯拉沃夫所做的比其他人都多。他是为数不多的升任主教的保加利亚人。他生于科泰尔(Kotel),1765 年与帕西相遇。随后,他以"索夫罗尼"(Sophronii)之名成为弗拉察(Vratsa)的主教。他生活不幸,于流亡中在瓦拉几亚终其一生。他的布道集《星期日书》(Sunday Book,1800)和自传《罪孽深重的索夫罗尼乌斯的生活和苦难》(The Life and Sufferings of Sinful Sophronius)在很大程度上宣扬了帕西的思想和目标,但它们也是用优秀的现代保加利亚语写成的最早著作之一,因此意义重大。帕西和索夫罗尼标志着保加利亚文艺复兴的开始,他们本身就是重要的历史和文化人物。

---

①　班科斯如今位于保加利亚"皮林马其顿"地区。——译者注

犹太人[14]

267   在奥斯曼征服开始时,讲希腊语的犹太人被称为罗马尼奥人(Romaniots)或希腊人,他们居住在被征服的几个城市中。他们人数不多,世居西班牙或北非,塞法迪犹太人到来后,他们被这些更先进、更有技能的群体所吸收。这些新来的犹太人不仅发现了讲希腊语的宗教学家,还发现了一些来自中欧德意志的阿什凯纳兹犹太人的社区,他们迁徙到这里的时间是 15 世纪,比塞法迪犹太人早一点,并且一直持续到 16 世纪。到 16 世纪下半叶,在多个城市都有活跃的阿什凯纳兹犹太人社区,包括伊斯坦布尔、埃迪尔内、索非亚、普列文(Pleven)、维丁、特里卡拉、阿尔塔(Arta),甚至还有塞法迪犹太人的大本营萨洛尼卡。这些社区起源于穆罕穆德二世(1451—1481 年在位)统治时期,因为发现在奥斯曼统治下的生活比在家乡的生活要好得多,因此他们写信给家乡,积极鼓动自己的朋友加入他们的行列。[15]尽管阿什凯纳兹犹太人的社区仍然是独立的,但在奥斯曼帝国中,塞法迪犹太人才是主导势力。

      居住在奥斯曼帝国内最著名的塞法迪犹太人是约瑟夫·纳西(Joseph Nazi,1515? —1579 年)。他出生在葡萄牙的若昂·米格斯(João Miguez),1554 年第一次移民来到安特卫普,从那里他带着相当可观的财产移居伊斯坦布尔。他成了穆罕穆德·索库鲁和苏丹塞利姆二世的朋友,被封为纳克索斯公爵(Duke of Naxos)。除此之外,他在首都拥有众多商业利益,在外交事务中也有很大影响。1570 年,正是由于他比其他任何人都更强烈的呼吁,奥斯曼帝国才对威尼斯开战,并因此获得了对塞浦路斯的统治权。出生于阿尔瓦罗·门德斯(Alvaro Mendes)的所罗门·阿贝纳伊什(Solomon Abenayish, 1520? —1603 年)不太出名,但他也影响了奥斯曼帝国外交政策的形成。他得到了莱斯博斯公爵领地[the Dukedom of Lesbos,现名米蒂利尼(Mytilene)],主张帝国采取反对西班牙的海军政策。

      最有影响力的阿什凯纳兹是所罗门·阿斯肯纳齐(Solomon Askenazi, 1520—1603 年),他是穆罕穆德·索库鲁的私人医生和朋友。他在意大利出生并接受培训,在前往伊斯坦布尔之前,曾在波兰行医。他对这两个国家的了解与他的医学知识一样,都受到了奥斯曼宫廷(the Sublime Porte)的赞赏。他极大地影响了奥斯曼帝国对波兰的政策,并曾担任其驻威尼斯的大使。[16]

268

　　尽管还有许多其他非常重要的医生、政治家、商人和工匠,但对生活在苏丹权杖下的犹太人来说,奥斯曼帝国欧洲行省的智识并不重要。就像近东犹太人一样,他们获得的物质安全与其所取得的智力成就并不相称。对犹太人来说,耶路撒冷、萨法德(Safad)、加沙,甚至开罗都是比萨洛尼卡更重要的文化中心。尽管在犹太人社区中,古老的传说和歌谣像他们的语言一样得以保存,但他们的活动仍然集中在传统学术上。

　　在近东各行省的学者中,17 世纪开始流行的喀巴拉(Kabbalah,犹太教神秘主义)研究产生了争议性人物沙巴蒂·泽维(Sabbatai Zevi, 1625—1676 年)。泽维出生在伊兹密尔,体弱多病,尽管经常有人说他是一个狂躁抑郁症患者(maniac-depressive),但这一说法无法得到证实。1648 年,他首次提到收到了一条“信息”,但他没有公开信息的内容。事实上,他从来没有写过任何东西,他的名声要归功于加沙的内森(Nathan of Gaza,1644—1689 年)。1662 年,他在耶路撒冷遇到了内森,自 1651 年被伊兹密尔驱逐后,他一直在各城镇间流浪。正是内森发现了沙巴蒂“律法”(Sabbatai's “law”),并宣布他为弥赛亚。沙巴蒂和内森所宣扬的信息基本上是一种神秘的唯信仰论,常出现在庄重的仪式中。1663 年,耶路撒冷的犹太人社区急需资金,派沙巴蒂到开罗寻求帮助。在那里,他遇到了他的第三任妻子莎拉(Sarah)。她出生于波兰,在沙巴蒂死后,莎拉成为他的学说在西方最狂热(尽管并不总是诚实的)的传播者。

　　尽管泽维的学说从未被明确阐述过,但他的弥赛亚神秘主义吸引了许多追随者,释放了深刻的情感,并对正统犹太教教士造成了极大的困扰。用格舒姆·G.肖勒姆(Gershom G. Schalom)的话说:“沙巴蒂主义是自中世纪以来犹太教的第一次重要的反抗,这是一个直接导致‘信徒’的正统犹太教解体的神秘想法。它的异端神秘主义在一些追随者中制造了更多不加掩饰的虚无主义倾向。最后,它鼓励了一种神秘的宗教无政府主义情绪……”[17]难怪犹太教的拉比们向苏丹求助。1666 年,苏丹命令泽维前往伊斯坦布尔。

　　在离开耶路撒冷之前,这位自称世界主宰的人将世界分给他的 26 个追随者。他在伊斯坦布尔被捕,被送进阿比多斯监狱(Abydos,位于达达尼尔海峡的亚洲海岸)。在那里,他像一个小君主一样生活,拥有上千名追随者。最后,他被带到苏丹的面前,苏丹提出他要么选择叛教,要么选择死亡。泽维选择了前者,做一名穆罕默德的埃芬迪(effendi),成为苏丹的王室守门人。尽管他在乌尔齐尼(Ulcinj,Dulcingo)耻辱地死去,但他的影响力惊人地持久。这严重影响了帝国“核心行省”

269

的犹太人社区,他的教义在这些地方广受欢迎。他的变节行为造成了恐慌和分裂,加重了犹太居民面临的其他问题。

其中一些问题与塞法迪犹太人和阿什凯纳兹犹太人的历史一样久远。不仅这两个主要社群之间存在界限,每个群体内不同出身的人之间也是界线分明。比如,在来自阿拉贡的人中,由于惯例或仅仅是因为职业不同而存在着很深的裂痕。从某种意义上说,犹太人群体从未形成真正的社群,而是靠出身、职业和传统联合起来的一小撮人组成的马赛克。这种分裂的趋向被奥斯曼帝国的统治体系所强化,它将所有犹太人聚集在一起,甚至没有考虑塞法迪犹太人和阿什凯纳兹犹太人之间存在的基本分歧。

16 世纪末和 17 世纪,奥斯曼帝国对非穆斯林越来越不宽容,而这只会加剧犹太社群内部潜在的不满和竞争,尽管不如基督徒那样严重。在 17 世纪,如果犹太人愿意,他们本可以移民到荷兰或英格兰,并因此改变自己的命运。

对于犹太人的分裂,沙巴蒂·泽维学说为所有问题提供了最好的解决方案——救世主或个人救赎。沙巴蒂的教海在奥斯曼帝国的欧洲"核心行省"受到热烈欢迎,并进一步加剧了犹太社区的分裂。泽维的叛教行为被一些巴尔干追随者视为"最高的神秘行为",与犹太教完全一致。在萨洛尼卡,有 400 个家庭追随他、效仿他,他们及其后代直到今天还被称为"杜尼姆"(dönm),是居住在土耳其来自萨洛尼卡的犹太裔穆斯林。泽维死后,东南欧地区犹太人的数量开始急剧下降。

尽管如此,犹太人(尤其是塞法迪犹太人)在这些行省的长期居留还是让他们获得了比在欧洲其他地方更好的环境,让他们保持了自己的传统、习俗、语言及公共生活。当犹太人再次开始西迁时,他们一起带上的,除了财产还有这些传统。据肖勒姆称,他们还带上了一些源自沙巴蒂的思想,在 18—19 世纪,这些思想变得非常重要,正是这些思想帮助犹太人创立了改良后的犹太教。[18]

尽管犹太人能为未来保留他们最珍爱的东西,但他们与东南欧其他民族的区别只是程度不同。他们的人数比其他民族少,而且不是土著,历史和传统与该地区无关,他们对后代的贡献比斯拉夫人或希腊人要小得多。

即使在希腊人中,大多数政治和行政机构还有传统都消失了,就像他们绝大多数的视觉艺术和建筑也都消失了一样,因为这些都"冒犯"了奥斯曼-穆斯林的品位和价值观。他们仅保留了自己的传统和语言,增加的只是些描绘奥斯曼统治下他们生活的民间诗歌。

斯拉夫人取得的进步发生在土耳其人无法控制,至少是无法直接控制的地区。

在"核心行省"生活的人们,只有希腊人能够发展自己的文化,尽管只是非常微小的进步。不过,应该说明的是,他们所居住的大片土地常常处于威尼斯人的统治之下,或者出于各种务实的目的,由当地的希腊权贵管理,而奥斯曼帝国不得不容忍他们的统治。这些情况加上奥斯曼征服时期希腊文化的高度发展以及希腊对东正教的控制,为他们创造了更有利的可资利用的环境。尽管奥斯曼帝国政府的性质在很大程度上解释了他们统治下的东南欧所有民族长达几个世纪的生存状态,但就像本章中提到的那些人所表达的,正是这些民族对自身传统和文化的热爱,为其生存提供了强大的动力和鲜明的身份标识。

【注释】

[1] 17 世纪初,在奥斯曼帝国直接统治下的欧洲土地(232 400 平方英里)和附庸国的土地(112 600 平方英里)分别占帝国总领土(1 071 000 平方英里)的 21.6％和 10.5％。附庸国的土地面积是作者计算出来的。其他两个土地面积参见 Donald E. *Pitcher*, *An Historical Georgraphy of the Ottoman Empire*, Leiden: E. J. Brill, 1972, pp.134—135。

[2] 以西方语言书写的有关希腊文化发展的比较令人满意的考察包括:Börje Knös, *L'histoire de la littérature néo-grecque. La période jusqu'en 1821*, Uppsala: Almquist and Wihsell, 1962; A. Mirambel, *La littérature grecque moderne*, Paris: Presses Universitaires de France, 1953; Linos Politis, *A History of Modern Greek Literature*, Oxford: The Clarendon Press, 1973。后面的论述主要参考的是利诺斯·波利蒂斯的著作。

[3] 关于奥斯曼帝国时期威尼斯对希腊文化的意义,威廉·H.麦克尼尔有一个比较好的简短考察,参见 William H. McNeill, *Venice*; *The Hinge of Europe*, 1081—1797, Chicago and London: University of Chicago Press, 1974。另一部可参考 Oliver Logan, *Culture and Society in Venice*, 1470—1790; *The Renaissance and Its Heritage*, New York: Scribner, 1972。

[4] Linos Politis, *A History of Modern Greek Literature*, p.42.

[5] Ibid., pp.74—75.该作品写于 1718 年,直到 1800 年才出版。

[6] Ibid., p.77.

[7] 以下几页内容的主要参考文献为 Antun Barać, *A History of Yugoslav Literature*.完整文献见第八章注释[9]。

[8] 兹林斯基-兹里尼家族是哈布斯堡领地上的克罗地亚贵族的典范。他们不仅用三种不同的方式(克罗地亚语、匈牙利语和拉丁语)拼写自己的名字,而且他们通常能像德语一样流利地使用这些语言。他们不太确定自己的民族身份。尽管他们肯定不认为自己是德国人,但他们对克罗地亚和匈牙利的感情是模棱两可的,克罗地亚人和匈牙利人都有理由认为他们是民族对英雄和领袖。

[9] Hans Kohn, *The Idea of Nationalism*, New York: Macmillan, 1961, p.550.

[10] 参见 Petar Dinekov, "L'école litteraire de Tărnavo," *Etudes Balkaniques*, no.8, 1972, pp.5—111。

[11] 有两部英文著作涉及了一些关于保加利亚文化生活的信息,详见 Nikolai Todorov, Lyubomir Dinev, and Lyuben Malnishki, *Bulgaria*; *Historical and Geographical Outline*, Sofia: Sofia Press, 1968; D. Kossev, H. Hristov, and D. Angelov, *A Short History of Bulgaria*, Sofia: Foreign Languages Press, 1963。

[12] 最好的有关帕西及其著作的研究参见 D. Kosev，AI. Burmov，Hr. Hristov，V. Paskaleva，and V. Mutafchieva，*Paisii Hildendarski i negovata epoha*［*Paisii of Hilendar and his time*］，Sofia：BAN，1962。该书每一章后面的英文摘要对普通读者大有裨益。

[13] Hans Kohn，*The Idea of Nationalism*，p.544.

[14] 本节内容主要参考了以下文献：Hans Kohn，*The Idea of Nationalism*，Abram Leon Sacher，*A History of the Jews*，New York：Alfred A. Knopf，1937；Gershom G. Scholem，*Major Trends in Jewish Mysticism*，New York：Schocken Books，1941；Gershom G. Scholem，*Sabbatai Sevi*；*The Mystical Messiah*，Princeton：Princeton University Press，1973；Israel Halpern，"The Jews in Eastern Europe," in Louis Finkelstein, ed.，*The Jews*；*Their History*，New York：Schocken Books，1972；Itzhak Ben-Zvi，"Eretz Yisreal under Ottoman Rule, 1517—1917," in Louis Finkel-stein, ed.，*The Jews*；*Their History*，New York：Schocken Books，1972；H. Z. Hirschberg，"The Oriental Jewish Communities," in A. J. Arberry, ed.，*Religion in the Middle East*，2 vols.，vol.I-*Judaism and Christianity*，Cambridge：The University Press，1969。

[15] 参见 H. Z. Hirschberg，"The Oriental Jewish Communities," p.146。

[16] Cecil Roth，"The European Age in Jewish History," in Louis Finkelstein, ed.，*The Jews*；*Their History*，New York：Schocken Books，1972，pp.255—256.

[17] Gershom G. Scholem，*Major Trends in Jewish Mysticism*，p.299.

[18] Ibid.，p.301.

第十三章 结 论

奥斯曼时期

本书的前两章,尤其是第二章,讨论了奥斯曼帝国行政机构和社会的特点及组 织状况。为了评估帝国对东南欧国家统治的结果,有必要简短回顾相关主题并强调其中的某些特点和意义。

奥斯曼是一个帝国,但是它与罗马帝国及后来在西欧出现的帝国并不相同。当一个古代罗马人骄傲地宣布"我是罗马公民"(civis Romanus sum)的时候,他们并没有像一个现代民族主义者那样充满自豪。令罗马人骄傲的是,他们拥有有别于其他任何一个民族的法定权利和特权。这些法律是罗马的法律,而帝国是罗马的缔造者,它声称罗马市民为"罗马公民",即使这个人从未见过罗马,而这清晰界定了本地人,并且有准民族的意思。不仅只有罗马是罗马人的城市,之后出现的第二个、第三个以及更多的城市,也都是罗马人的城市。

奥斯曼帝国不是一个民族意义上的帝国,也不靠地域和市民界定其身份。首都从瑟于特到布尔萨,再到埃迪内尔,最后到伊斯坦布尔,帝国既没有公民,也没有像拉丁语、希腊语、英语、法语或荷兰语这样的语言。奥斯曼语(Osmanlica)是大多数土耳其人都无法理解的行政用语。奥斯曼帝国是一个建立在某种宗教想象基础上的王朝。从这个方面来讲,它可以与几个阿拉伯帝国,甚至中国和日本相提并论。

各阿拉伯帝国也是建立在某种宗教假设之上的,但是,尽管倭马亚和阿拔斯王朝进行了长期统治,但确切地说,他们并不是一个界定明确的朝代。事实上,严格

272 地讲,所有这些哈里发都是缺乏合法性的。穆罕默德之后的阿拉伯国家都是信仰伊斯兰教的,但与一个特定的王朝并没有什么关系。中国皇帝的统治也是基于"天命"的(mandate of heaven),但不同之处在于,上天并不是某一个确定的神,其任命会从一个家族传到另一个家族。阿拉伯国家和中国都不像奥斯曼帝国那样,基于宗教原因赋予一个家族管理国家的权利。奥斯曼也不像日本的统治者那样具有双重合法基础。苏丹不像日本的天皇,他们不是"天神的后裔"(son of heaven);在日本,民族、国家、宗教和皇室都可以追溯到同一个神道信仰。奥斯曼帝国是一个多民族、多语言甚至多宗教的国家,由一个特定的家族统治,其统治权基于突厥传统,但其职责和义务由宗教因素决定。这两个不同起源的因素决定了国家的结构和每个人在其中的地位。

这种结构将至高无上的地位赋予了国家中存在的两个不可或缺的元素——法律和宗教。除了这些基本考量之外,还必须拥有能够确保这两个元素在国家和社会中占有适当地位的行政和社会机构。认识到这一点很重要,即社会和行政两种机构并不相同,而且彼此独立运作。

在政治上,苏丹是理论上的绝对统治者。他将某些权力授予职业奥斯曼人——说奥斯曼语的人,相当于基督教-封建欧洲的"政治民族"——贵族——管理着前两章所述的各种行政机构。与欧洲贵族不同,职业奥斯曼阶层没有法律权利,尽管传统赋予他们广泛的权力。几乎可以从任何社会阶层招募职业奥斯曼人,他们可以根据统治者的意愿被解雇甚至被杀死。当这个团体的成员变得过于强大时,苏丹只是从新的渠道招募成员来重建自己的政治霸权。当苏丹的做法证明这种方法已经行不通时,帝国的政治结构就开始衰落了。在苏丹容忍的范围内,职业奥斯曼人是奥斯曼帝国"政治民族"的一员,他们的权利和职能均来自统治者的任命,而不是源于他们自身。然而,如前文所述,职业奥斯曼人又分为高低两种并行不悖的阶层,所有政府和行政职能都集中在他们手中。从某种意义上说,奥斯曼帝国拥有一个非常有效的行政管理架构,官员受到不同级别机构的专门培训,但他们只是政治决策的临时执行者,政治决策依然是统治者的专属权利。

273 职业奥斯曼阶层的出现基于一个特定的原因:国家的行政和政府管理。正是这个功能的重要性,而非族群起源、语言或者宗教等其他原因,职业奥斯曼人占据了社会金字塔的顶端。位居职业奥斯曼人之下的阶层也是按照同样的功能主义标准确立起来的。简而言之,包括农民、零售商、行会批发商、手艺人、神职人员、散工在内,每一个生活在奥斯曼帝国的人都必须承担一个对国家直接有用的职责。从中央政府的角度来看,专业的相对重要性和实用性决定了从业人员的社会和阶层地位。每一个社会职业群体都受到严格管理,其成员享有一定权利、负有一定义务。社会的正常运转只有一个目标——维护国家,因此,必须保证人口各阶层按照社会职业进行划分的稳定性。为此,奥斯曼帝国通过大量的法律法规控制着帝国的经济活动和人口的职业划分,形成了高度集权和规范的帝国秩序,而这正是罗马皇帝戴克里先(the Emperor Diocletian,284—305 年在位)曾试图引入罗马帝国的改革内容。这项改革使得那些处于社会边缘的人也能成为非常有用的人,就像游牧民族所经历的那样。但是,一旦某个特定的个体被吸纳进社会职业阶层,那么他和他的子孙将永远属于这个阶层。

我们还应该记住的是,服兵役也是行政-政治管理阶层必须履行的义务之一。因此,属于这一阶层的总督和级别更低的行省官员既无权利也无权力改变管理其他职业人员生活的规章制度。这种社会划分确保了在法律框架内的某种内部自由和灵活性,并允许各阶层适应特定区域内的本地要求。但在之后的几个世纪里,这又成为帝国衰落的另一个明显迹象,因为严格的职业划分被打破。富人可以凭借其专业技能在职业体系之外获得更多利益,而一般的职业奥斯曼人则沦为更低阶层的一员,因而玩忽职守,将财政收入放进自己的腰包。

从行政-政治的角度考虑,奥斯曼帝国按照不同的职业行为,将社会划分为多个横向阶层。每一个阶层的权利和义务反映了他们依附于政府对经济活动的重视程度。

奥斯曼帝国还按照法律-宗教对人口进行垂直划分,除了穆斯林之外,还包括东正教"米勒特"、亚美尼亚人和犹太人。这些都是平行组织,每个组织在各自的权限范围内都是独立的。奥斯曼帝国没有民族划分的概念,尽管在他们眼中,伊斯兰教肯定优先于其他任何信仰,但他们并未将其他信仰置于伊斯兰教之下。在米勒特 274 体系中没有建立统治者与被统治者的界限。职业奥斯曼人与雷亚之间的确有这样的界限,但这一界限并不是建立在宗教基础之上的,尽管实际上所有的职业奥斯曼人都是信仰伊斯兰教的。米勒特体系的目的仅仅是给济米创造一个附属的帝国行政和初级法律结构。通过这个体系,一个伟大的、万能的帝国就能够在不改变行政-政治阶层的权利和义务的前提下,得到很好的统治。与此同时,这个体系还为非穆斯林创造了可以接受的生存环境和法律结构。在早期苏丹的权力方面,我非常赞同凯末尔·卡帕特(Kemal Karpat)教授的论述:"如果奥斯曼政府接受了少数派-多数派思想,或者形成了政治上的民族意识,那么它就很容易消除其统治下的多族群和多宗教混杂的状况,将帝国转变为一个同质的穆斯林或土耳其群体。"[1] 米勒特是由一个不了解民族意味着什么的政府设计的解决方案,而且这个政府也不熟悉少数派-多数派的概念。如卡帕特教授所言,"就基层行政管理而言,米勒特将个人与执政当局联系起来,并补充宗教-文化领域的社会等级。"[2]

垂直和水平的社会分层平等共存,相互叠加,构成一个网格。在这个网格中,每个个体必定属于某一方格,并能够在这一方格中进行相对自由的活动。除了穆斯林以外,所有人都可以从一个米勒特转到另一个米勒特,但在同一个米勒特内的垂直变动却更困难和罕见,因为这样的变动会打破国家赖以生存的社会经济平衡。这一网格概念是研究奥斯曼帝国在东南欧统治影响的便捷工具。

奥斯曼帝国征服的最初结果之一是消灭了君主和贵族。为了消除叛乱和抵抗的最可能来源,奥斯曼帝国很快就对大多数旧统治阶级进行了清算。此外,这些王公贵族也无法融入奥斯曼的社会网格,因为他们对这个国家来说,毫无用处。但从275 理论上说,只要没有被清理掉,他们就要被纳入职业奥斯曼人的体系,被赋予某种职能,作为该阶层的一员存活下来。地方贵族大多愿意接受这种安排,因为虽然在不同的法律体系内并冠以新的头衔,但仍能确保他们继续享受在奥斯曼人到来之前所享有的权利,而且他们还有可能变成一个奥斯曼的良臣。当然,这种情况并不太多。

旧体制的覆灭并未引起民众的不满,他们与旧体制格格不入,且经常受专制统治的严重伤害。前奥斯曼帝国的社会政治秩序随着创建和维持秩序的人的消失而崩溃,使奥斯曼帝国制度的引入成为可能。这个体系不仅运转顺畅,而且在大约两个世纪的时间里,都因本土领导者的缺失而未受到任何挑战。

还有两个因素大大促进了奥斯曼帝国最初的秩序稳定。与前几个世纪相比,所谓奥斯曼帝国治下的和平,不仅经济相对稳定,甚至还有所提高,消除了通常会导致民众不满和反抗的疾病、不安全感和极端困苦。此外,前两个世纪中持续不断的人口流动使人口结构保持了足够的流动性,使得地方无法形成稳固的利益集团。多个因素构成了以下的人口变化:突厥人涌入东南欧;前文讨论过的东南欧当地人口的内部迁徙;犹太人的移民;还有基于政府命令,人口从一个地方到另一个地方的大规模迁徙,究其原因,有的是为了建立移民城市,有的是为了补充农业劳动力,有的则是为避免顽固分子制造麻烦,将他们从原居地流放到一个陌生的环境中。即使存在这些大规模的人口移动,但是无论是自愿还是非自愿,所有参与迁徙的人在社会网格中所处的位置仍是不变的。就连从其他国家迁徙而来的人也能够在帝国的社会网格中找到自己的位置。

这种结构被认为是不可变的,特别是当人们发现它确实实现了其目标的时候。但是,它有一个主要的弱点,那就是漠视了人性和社会生活的最基本特征。即使是最敬业的职业奥斯曼人,也始终将自私自利当作一种驱动力,大量非法瓦克夫的出现就是例证。还有占人口大多数的雷亚,他们的命运与国家没有直接关系,因而很难消除他们为自己和家庭谋求利益的心态。为了保证社会经济单位的正常运行,奥斯曼帝国不得不确立新的地方领导,例如,在第四章谈到的行会中的官员,以及肯兹、克米特和仇巴奇,他们在乡村中扮演着相同的角色。

所有这些人都是地方的实际领导者,他们的社会地位和声望将他们变成新的 276 地方领导势力。他们不是新贵族的成员,但在同等地位的人中,他们排在前面,不仅为自己人说话,而且在接下来的几个世纪中,当奥斯曼帝国的秩序开始崩溃的时候,他们成为首领。特别是在 18 世纪,当这些地方首领联合起来的时候,东南欧人民终于重新获得了他们因贵族消失而失去的领导地位。对于那些在漫长的奥斯曼统治中活下来的旧贵族来说,无论他们被拥戴为地方首领,还是得到奥斯曼帝国官方认可的头衔,都必须与这些新的领导者保持一致,除非他们想把即将到来的群众运动看作跟奥斯曼帝国一样。

这些新领导人以其追随者的名义表达的不满显示,如果奥斯曼帝国的社会结构不仅仅是建立在理论基础上的,那么他们所代表的群体既不会形成规模宏大的联合,也不会表现出对其本应接受的命运的不满。理论和现实之间的这种差异有两个主要原因。首先是经济方面。

众所周知,奥斯曼社会根据承担不同的经济功能分为不同的阶层(除了职业奥斯曼人),每个行业的规模、活动、生产率、利润及其活动的各个方面都受到严格管制。在之前的几个世纪,这种限制使得商品、服务及税收收入能够满足国家需要,并保证生产者获得公平的回报,但这种限制也使国家经济陷入一种僵化的模式。

只要奥斯曼帝国的经济体系与其他欧洲国家的经济体系没有太大的差异,特别是在非农业活动方面,它就能正常运转。然而,即使在这样的时期,奥斯曼帝国和西方体系之间也存在着显著差异。所有欧洲国家的财政政策在很大程度上取决于统治者是否有能力从民众手中攫取各种形式的税收、通行费、关税和人头税,此外还有王室领地的收入。这场争取额外收入的斗争是争夺整体权斗争的一部分,在众所周知的从中世纪向现代国家转型的过程中起着至关重要的作用。奥斯曼帝国的情况却大不相同,至少在理论上,王室领地与国家领土完全相同。中央政府只是简单地假设,除了分配给不同人群的利润或工资之外,所有收入都属于中央政府,因此中央政府从未制定过真正的财政政策。

发现美洲之后,当整个欧洲都开始遭受通货膨胀和持续了几个世纪的价格革命之苦时,各国都能或多或少地调整其财政政策和生产模式,以适应新的环境。尽管战争不断,这种调整还是贯穿了 16—18 世纪。奥斯曼帝国却未能做出类似的调整。由于没有财政政策,它只能在财政困难时不断将货币贬值。直到 19 世纪,现代意义的经济措施和财政政策才被引入奥斯曼帝国。

奥斯曼当局也没有改变管理生产和贸易的规则,结果阻碍了它们适应变化的市场条件。当帝国日益衰弱,政府被迫接受西欧国家的各种经济要求时,外国商品的竞争摧毁了行会。农业部门为适应变化,试图转向齐夫特利克体系和新作物种植,但此时国家不仅缺乏对这一新制度的理解,而且也缺乏保护它的权力。因此,每个社会网格的横向边界对于那些本应生活在其中的人来说都变得不可容忍,他们越来越倾向于从当局和官员转向自己群体中的显要人物。

随着时间的推移,帝国的社会职业组织因为越来越不能适应现实生活的需要,而成为社会发展的障碍,就如同米勒特体系一样。现实与理想的差距从一开始就存在,这种差距并不是奥斯曼人缺乏适应能力的结果。从米勒特产生之时起,他们就应该代表着对各种济米群体有同样意义的整体,就像逊尼派穆斯林是一个整体一样。尽管逊尼派穆斯林代表的群体事实上并没有理论上那么整齐划一,但却比米勒特组成的群体联系得更紧密。在一个相当大的范围内,穆斯林成了最忠于伊斯兰教教义的人,以至于阿拉伯人在很大程度上认为可以将奥斯曼-伊斯兰国家视为他们自己的国家。但是考虑到米勒特体系,情况就完全不同了,社会职业组织只属于那些忠于它的成员。

亚美尼亚的米勒特对想象中的整体与现实的差别给予了最清晰的展现。尽管所有属于某个米勒特的人都是一性论者(monophysites),但在这个整体中的那些科普特人(Copt)、亚美尼亚人、迦勒底人(Chaldaeans)和格鲁吉亚人(Georgians)等不同族群间的差异是惊人的。幸运的是,这些群体的人口大多非常少,不占据帝国的多数,既不生活在经济要地,也不生活在军事重地。唯一的例外是埃及。另外,亚美尼亚的主教已经认识到他的教民是一群教派各异的人,因此他从来都不直接控制他们,而是通过亚美尼亚人认可的首领来协助其实现统治。因此,奥斯曼帝国能够在本书考察的几个世纪中与亚美尼亚的这些米勒特保持相安无事。

从神学上讲,犹太人的米勒特比亚美尼亚人的米勒特组织得更为紧密,但是正 278
如我们在第十二章中所看到的,即使在这样的米勒特体系中也存在着众多差异,不
仅其成员遵循不同的宗教仪式,而且即使遵循相同宗教仪式的成员,也会因为他们
来自不同的地域而有所差别。尽管大部分犹太米勒特的成员都生活在东南欧并且
对当地的经济有着举足轻重的作用,但是奥斯曼帝国依然不能容忍。几个世纪以
来,犹太人走到哪里都受到排挤,与其他生活在一起的济米产生了隔阂。除了为数
不多的几个城市,犹太人在其居住地都是少数派,因此,在局势对奥斯曼帝国居民
变得危急时,他们中有相当多的人离开了奥斯曼帝国。

最重要的问题还是东正教米勒特。因为生活在帝国东南欧部分的大多数人还
是信仰东正教。在他们看来,神学上的统一是真实的,但是现实中的主要问题是忠
诚。尽管神学对大多数东正教信徒而言并没有什么意义,因为他们的信仰主要源
自民间宗教,但是,教会不仅是他们身份的象征,而且还涉及其他方面的考量。

在奥斯曼帝国到来之前,拜占庭帝国已经与崛起的斯拉夫国家打了大约八个
世纪。尽管出于政治和军事考虑,拜占庭的皇帝一再被迫给予这些国家不同程度
的独立,并授予其统治者冠冕堂皇的头衔,但在君士坦丁堡主教领导下的教会当局
始终对维护宗教机构的统一兴致盎然。对他们来说,正确的信仰并不是政治或国
家问题。然而,从斯拉夫人的角度来看,东正教是拜占庭-希腊式的教会,而他们的
国家是东罗马式的,真正强大的斯拉夫统治者总是努力创建由自己的主教领导的
国家教会。通过这种方式,教会即使不是国家的象征,也是独立的象征。[3]

拜占庭越弱,当地的教会和世俗显要就越容易维护自己的独立。在宗教层面
上,这些主张显然大多是非法的。具有讽刺意味的是,正是奥斯曼的穆斯林国家在
创建东正教米勒特时重新确立了东正教的统一,但这一举动并没有抹去希腊人和
斯拉夫人之间数百年的冲突记忆,也没有抹去教会机构在这场斗争中所扮演的角
色。随着东南欧斯拉夫国家的消失,保留下来的只有教会,它代表着过往忠诚的延
续,也代表着尖锐的分歧。奥斯曼人永远不会明白,对东正教来说,教会代表的不 279
仅仅是他们的精神信仰机构。因此,他们不能通过米勒特来解决各种问题。

奥斯曼帝国的征服摧毁了东南欧国家所代表的一个庞大整体。取而代之的是
众多理论上自给自足的单位,它们小到没有什么权力,但又大到足以对社会产生重
要的影响,它们就是由社会职业结构所构建的体系,在城市中以马哈勒作为代表,
在乡村则与附属于蒂玛尔利地产的村庄相联系。这些新的群体几乎没有保留过去
的东西,但他们保留了东正教,他们将幸存下来的传统、信仰及其他自我认同的价

值观都变成了东正教。

一旦这种意义深远的公共价值被赋予宗教的意义，持有这种价值观的人就成为东正教中的多数。教会当局当然反对这种趋势，因为对他们来说，教会的基本神学价值观和精神功能仍然是至高无上的。当法纳尔人开始掌管主教的职位，教会对斯拉夫人的行为变得越来越像希腊人对斯拉夫人的行为。局势显然与奥斯曼人到来之前希腊和斯拉夫人的宗教斗争很相似。就像经济危机迫使人们放弃指定的世俗首领，转而听命于他们自己的地方领袖，对于教会的理解和重要性的不同界定也使得高级神职人员从广大信徒中分离出来。当地政要的主要盟友成为教区牧师，他们是从社群中选出来的，理解并能够分享这一群体的价值观。正是这些受到大众欢迎的教会，帮助各不同社区的宗教领袖联合在一起，并于 18 世纪重新形成一个整体，从规模上大大超过了奥斯曼人到来之前的宗教团体。另外，这个团体已经具有了民族意义。

奥斯曼帝国的组织结构与其自负的性格完美地联系在一起，从其官方名称中就可以看出来——神圣的、受到保护的、繁荣的奥斯曼家族的绝对领地。受神保护是不言而喻的伊斯兰国家特性。没有人质疑统治家族拥有管理国家的绝对权力，整个社会结构完全围绕着如何使国家"繁荣"来设计。为了确保这一目标，人们受到严格的组织，只要需要，他们就必须从一个地方转移到另外一个地方。只要人们遵守命令、不造反、履行指定的职责，国家对其民众就没有什么兴趣。其结果是，一个组织过于严格的社会经济结构使得这个国家陷于僵化和停滞。这种停滞阻碍了东南欧农奴向农民的转化，使得城市和农村的人口在他们自己选出来的首领领导

280 下，在一个小社区的基础上重新组织起来。尽管从政治上或从一个相当广泛的文化范围看，自从奥斯曼帝国统治东南欧，当地的政治和文化生活在几个世纪中都处于停滞状态，由于政府严格的赋税政策，经济发展非常困难，但是，当自治的社群组织确保了他们的生存，促进了他们以现代"民族国家"形式复兴的时候，他们至少能保留部分自由和组织。

显然，这种评价适用于"核心行省"的斯拉夫人、希腊人和阿尔巴尼亚人居住的地区。如第五章所述，奥斯曼帝国未能将自己的社会网格引入匈牙利-克罗地亚地区。在这些地区，草原城镇和边疆社会发展出一套非奥斯曼的社会秩序，这套秩序是依环境而生的，超出了奥斯曼政府的控制。有关这一地区的问题将在本章后文当中进行讨论。

在从"核心行省"到附庸国的转变过程中，杜布罗夫尼克的地位独一无二。其

地方发展的模式是西方化的,特别是意大利式的,基本没有受到奥斯曼的影响。当然,我们不能忘记,杜布罗夫尼克的繁荣和安全在很大程度上都仰仗奥斯曼帝国。杜布罗夫尼克的潜在敌人已经意识到,攻击杜布罗夫尼克很容易令他们卷入与奥斯曼帝国的战争。这种认识抑制了他们想要征服这块富饶土地的强烈欲望。结果,杜布罗夫尼克成了奥斯曼封建君主统治下唯一没有受苦,相反还出现了繁荣的地方。

如果杜布罗夫尼克捍卫独立是因为与奥斯曼帝国的联系,那么特兰西瓦尼亚公国的独立要归功于奥斯曼帝国与哈布斯堡家族的对抗。奥斯曼帝国"保护"下的附庸国并不都像杜布罗夫尼克那么幸运,特兰西瓦尼亚就不断受到哈布斯堡军队的入侵。奥斯曼军队的入侵是某些特兰西瓦尼亚君主所采取的政策造成的,因为他们的决策往往不计后果,其明智程度远不能与杜布罗夫尼克元老院相比。尽管特兰西瓦尼亚仍以西方为导向,但其社会问题还是源于自身的"七宗罪",而不是引入的奥斯曼体制。当然,奥斯曼人的到来也给这片土地带来了巨大的变化。但最重要的还是它与东方贸易的重新定位,特别是与多瑙河公国的贸易,这使得三个地区之间建立了持久的联系。奥斯曼帝国开创的独立年代也加剧了特兰西瓦尼亚与匈牙利其他地区在社会和政治事务上的差异,而在其他情况下这或许不会发展至如此显著的程度。在特兰西瓦尼亚,奥斯曼帝国的影响是间接的,但具有重大和持久的意义。

在法纳尔人统治之前的几个世纪,多瑙河公国和奥斯曼之间的关系是最难评定的。附庸国的地位阻碍了奥斯曼帝国的社会经济体系在摩尔达维亚和瓦拉几亚的引入。但是,我们不能忽视它们对奥斯曼帝国所作的贡献。来自罗马尼亚的税负、贿赂及物品的数量非常庞大。奥斯曼帝国的统治不可能给多瑙河公国附加一个比附庸国自身更重的经济负担。尽管摩尔达维亚和瓦拉几亚保留了它们的主要社会阶层和推选君主的自由,但是它们不得不在没有奥斯曼帝国帮助的情况下对抗匈牙利人和波兰人。以承担军事仟务为交换,它们能够与基督教世界保持经济、文化联系,尤其是在 17 世纪产生了类似于罗马尼亚文艺复兴的现象。然而,在同一个世纪,政治生活已经变得混乱无序,农民已经成为农奴,他们的生活环境比奥斯曼帝国"核心省份"的情况糟糕得多,各城市比欧洲的其他任何地方都更依赖贵族的统治。

可以说,摩尔达维亚和瓦拉几亚为了政治的半独立状态和文化自治付出了经济和社会的巨大代价。但此后无解的问题就产生了。从社会金字塔尖上自由放任

281

的君主到全部沦为社会底层的农奴——这一灾难甚至在罗马尼亚恢复独立和统一后依然为之所困,对于这样的不健康发展,奥斯曼帝国在多大程度上负有责任? 如果没有奥斯曼帝国的影响,这些地区是否会取得发展,又会取得多大程度的发展? 实际上,过多地指责奥斯曼帝国的贪婪和腐败导致跑官买官,并使贵族更加严酷地剥削农民,将误入歧途,因为多瑙河公国的这种不良现象早在奥斯曼帝国统治的腐败时期之前就已出现。毋庸置疑,腐败一旦在伊斯坦布尔出现,就会在摩尔达维亚和瓦拉几亚发展到穷凶极恶的地步。

无论对上述问题给出何种答案,当第一位法纳尔人霍斯波达尔继承摩尔达维亚和瓦拉几亚的王位时,罗马尼亚的土地尽管贫瘠,但依然是罗马尼亚人的土地。但即使不是奥斯曼帝国,也是在法纳尔人统治时期,伊斯坦布尔的实践被引入罗马尼亚人的生活(参见第六章"法纳尔人时期"一节)。其结果就是一方面使多瑙河公国和罗马尼亚上流社会的政治生活陷入一种不健康的状态,另一方面又使这些地区的经济和下层人民的生活恶化。毋庸置疑,由法纳尔人霍斯波达尔接手摩尔达维亚和瓦拉几亚是奥斯曼政府作出的决定,因此,奥斯曼帝国对这一结果负有责任。但是,我们应该认识到,引入多瑙河地区的体制并不是我们在前文中提到的奥斯曼体制,如果这种不适合当地的体制被引入仅仅是因为一个完全低效的政府,在缺乏强有力的政治因素帮助的情况下无力管理其领地的话,那么这个强有力的政治因素存在本身就证明,奥斯曼帝国的社会和国家体系已经停止履行其职责。将法纳尔人引入多瑙河公国纯粹是一个保护措施,而这恰好表明曾经强大的欧洲军事帝国的能力已经降到了何等低的地步。奥斯曼帝国希望通过将法纳尔人霍斯波达尔引入摩尔达维亚和瓦拉几亚,以抵消俄国人在这一地区正在上升的影响力。具有讽刺意味的是,将奥斯曼帝国强盛时期在多瑙河公国出现的从长远来看实际有害的发展,与奥斯曼帝国权力衰微时在这一地区发生的令人不快的变化进行比较。18 世纪之前摩尔达维亚和瓦拉几亚的不良发展趋势不能明确归咎于奥斯曼帝国。但是,奥斯曼帝国还是应该对出现于 18 世纪第一个 20 年之后的那些不良倾向承担全部责任,尽管那是基督徒和非奥斯曼政府官员行为的结果。

奥斯曼帝国的遗产

"落后"(backwardness)常常用于描述奥斯曼帝国在东南欧的统治产生的结果。

奥斯曼帝国被指责为从文艺复兴开始到启蒙运动结束，将欧洲行省与欧洲大陆其他地区的伟大思潮割裂开来。它被指控阻碍了教育和经济的变革和进步，并被指责剥夺了在其统治下的人民的自我表达和自治。尽管这些指责包含了一些事实，但却有些言过其实，特别是当我们面对下面这些问题的时候：宗教改革在非奥斯曼帝国统治的东正教地区到底产生了多大的影响？在 19 世纪前夜，欧洲农民的文化水平和文盲率到底如何？欧洲大陆其他地区的农奴对自我表达的兴趣有多大？在法国革命之前，人民对政府有多大意义？这些问题的答案表明，大多数非奥斯曼帝国统治的地区只比伊斯坦布尔统治的土地稍微好一点，而通常有关奥斯曼帝国"落后"的评价在 18 世纪末被夸大了。但是，考虑到之后的发展，奥斯曼帝国统治区和非奥斯曼帝国统治区的差别就变得明显了。当考虑到此后的发展时，这些差异会更加令人印象深刻。在智识、经济甚至政治上，"巴尔干"远远落后于"文明欧洲"，283 1880 年比 1780 年显得更加"落后"。因此，19 世纪成为"关键世纪"，无论是民族国家的政府还是奥斯曼帝国，都掌控着东南欧人民的命运。那些阻碍当地更好发展的因素中确实包含了前奥斯曼帝国的封建统治。

以笔者的观点，奥斯曼帝国带给东南欧的最重要的变化是大规模的人口迁徙，其后果至今仍决定着该地区人民之间的关系。正是在奥斯曼帝国统治的几个世纪里，塞尔维亚人大量定居在他们传统家园的北部，即今天所谓的巴纳特、伏伊伏丁那，甚至塞尔维亚北部以及斯洛文尼亚和巴斯卡的某些地区。但是，罗马尼亚人也以相同的数量迁入巴纳特和克里什纳的部分地区。与此同时，阿尔巴尼亚人进入原南斯拉夫境内的科索沃-梅托西亚地区，并扩展到伊庇鲁斯甚至是马其顿。即便是定居模式基本没有发生重大变化的希腊人也出现在一些先前未曾居住或者少有人住的城市。这些移民活动交织在一起就带来了很多所谓的现代问题，例如著名的马其顿问题。那些受到奥斯曼政府和 1699 年签订《卡尔洛维茨和约》之后哈布斯堡王朝驱使而被迫移民的人，加重了这股"移民潮"带来的人口变化。如前文所述，这些移民是奥斯曼帝国行动的结果，因此必须被视为奥斯曼遗产的一部分。

尽管每个民族的中心地带保持不变，但其个体成员居住的地区比奥斯曼帝国到来之前大得多。自然而然，不同民族的涌入，使得那些拥有传统居民的地区一旦获得独立就会宣称对这一领土的所有权。在民族主义主导的时期提出的历史争论实际非常简单：每个民族都宣称他们对自己居住过或者在奥斯曼人到来之前统治过的土地拥有所有权。但是，这种争论经常被另外一些人贴上不现实、空想或者过时的标签。这些人往往基于民族自决的"现代"理论，提出与那些生活在一个既定地区的人们的"意愿"相反的诉求。的确,那些对某些地方的被假定为不现实的历史诉求确实没有把人口构成的现实考虑进去。在奥斯曼帝国时代的移民没有产生同质单一的民族地区,相反,通过奥斯曼的社会网格体系产生了很多小的公共组织,它们像马赛克一样拼接在一起,使各种民族的人交织在一起,无法分解。即使是前面提到的这种普遍模式带来的主要变化,在任何时期也是发生在小范围之内,而不是大规模的。结果,奥斯曼的社会组织和基于强力产生的移民模式是导致东南欧现代主要国际问题出现的原因:不同民族的人在广大区域内混居。

284

奥斯曼帝国统治下的经济后果则没有那么清晰。关于农业,在前面第四章和第五章讨论的匈牙利大平原的问题最重要,因为它涉及范围广大。毋庸置疑,这片广袤的土地在 16 世纪几乎变成了荒漠,土地肥力严重下降,至今仍未恢复到以前的状况。毫无疑问,由此造成的人口流失为移民和定居打开了大门,彻底改变了该地区的人口构成。责任通常被归咎为奥斯曼帝国于 1526 年发起的一系列战役以及将这片土地变成埃亚雷后,奥斯曼帝国对其管理的无能。1526 年莫哈奇战役至 1606 年《兹西瓦托洛克和约》之间的长期战争对匈牙利平原造成了毁灭性影响,这一点无可争议。但奥斯曼帝国的政策并不是强迫人们随军队迁徙到被征服的土地上。在匈牙利中部,大规模移民与战争行动同时发生,其同频共振的程度前所未有。但这不能归咎于奥斯曼帝国,因为对它来说,宁愿统治一个人口稠密、适合建立蒂玛尔的地方。平原人口的减少还必须归咎于匈牙利贵族,他们不仅自己逃走,还诱使农民逃离了这个地方。或者说,到 1526 年,这块土地的农业潜力变得如此之小,以至于在其他地方不会永久摧毁土地的战争却在匈牙利中部产生了这种影响,战争迫使人们迁移到土地更肥沃的地区。由于在 1526 年之前的几十年中,贵族与农民矛盾尖锐,因此,这第二种说法或许能正确解释接下来几年在匈牙利中部发生的惊人变化。

如果我们接受这种解释,灾难性的情形就变得非常明显了,在多瑙河与蒂萨河之间的这一地区发生的巨变即使没有奥斯曼帝国的入侵也会发生。贵族和农民都没有必要的知识或手段来阻止土壤的持续恶化,到 16 世纪初,土壤恶化已经达到了临界点。人们可能猜测,在土地恶化出现在非奥斯曼帝国统治的情况下,会发生什么? 但是,在奥斯曼帝国的统治下,草原城镇出现了增长并成为该地区更大的城市,而牧场式畜牧业作为主要经济活动被引入该地区。一直到 19 世纪,牧场式畜牧

285

业一直是匈牙利平原经济的基础。

一旦战争停止,有序生产恢复,奥斯曼帝国其他"核心行省"的农业并没有特别

大的变化。旧领主消失了,税制也发生改变,但农民仍然像以前一样工作。他必须好好工作,而评判的标准不仅包括他能够缴纳的税收的数量,还包括他能够向领主、市场和中间商缴纳的农作物的数量。当以市场为导向的齐夫特利克体系出现后,他们才学会了种植新作物的技术。

我们也不能下结论说,在奥斯曼帝国统治下,农业经济出现了农业技术的倒退。虽然农民使用的工具很原始,但当时欧洲其他地方使用的也是这样的劳动工具。在法国大革命前夕,大约就是本书最后一章所讨论的时期,欧洲大陆普遍使用的依然是木犁,尚未受到已经在英格兰出现的农业革命的影响。对此说法,现存的统计确实没有明显的证据证明,但是一些旅行者的见闻和关于18世纪的总体性描述资料却表明,与西欧的农业用地相比,奥斯曼帝国的农地中仅是那些使用畜力耕作的土地情况更糟。19世纪,东南欧的农业再次落后于欧洲大陆的其他地区。

奥斯曼帝国的继任者在交通运输领域,特别是航海和制造业方面,受到了极大的阻碍。直到17世纪,由希腊人控制的奥斯曼商船仍然非常重要,但基于与制造和贸易有关事项的相同原因,即一切取决于当权者在奥斯曼帝国的经济事务中执行其意志的能力,商船势力随后也迅速衰落了。贸易的衰落也导致了航运业的衰落。然而,制造业不仅受到国外竞争的影响,也受到奥斯曼帝国无力或不愿改变其制度的影响。到17世纪,行会制度严重不适应现状,根本无法令其向使用机械的现代工业生产制度转变。尽管偶尔会出现一家工厂[4],但是,奥斯曼帝国的统治必须对遗留给帝国的继承国完全不适合的中世纪生产部门负责。从这个方面来讲,奥斯曼帝国统治的遗产为东南欧的人们制造了巨大的困难。

最后,来谈谈政治问题,学者们经常提到的是,人们在被排除在决策过程和行 286 政活动之外几个世纪之后,所面临的是自我保护的困难。而本书的研究得出的结论与以往有所不同。除了拉古萨的政治寡头和罗马尼亚的波雅尔家族,下面的这个结论还是非常正确的:在奥斯曼帝国统治下的民众的"政治民族"已经消失了。人量的地方显贵,尽管能在希腊、阿尔巴尼亚、波斯尼亚和其他地方保住自己的地位,但已经没有明显的优势来替代先前的"本地领袖"。尽管在某些地区,特别是阿尔巴尼亚和波斯尼亚,这些地方显贵扮演了非常重要的角色。当然,在19世纪,若缺乏训练有素的专业人士为新建立的政府服务,没有人能够建立一个独立的国家。具有讽刺意味的是,作为大国的俄国认为,作为最后一批建立自己国家的保加利亚人,只有人口中缺少合格的政治人才时,新的国家机构才有理由配备本国国民。但即使在这种情况下,俄国也很快就意识到,其想法是错的。

这并不奇怪，那些在奥斯曼帝国统治下生活了几个世纪的人，如果有机会，他们将会自我保护。社会网格系统不仅对人口进行了划分，还让每个小的专业宗教团体自由管理自己的内部事务。那些担此重任的人就充当了这些团体的发言人和与外部世界（包括当局）谈判的代表。通过这种方式，人们获得了相当数量具有行政管理经验，且对涉及社区生活的政府法规、职能和机构有一些基础性知识的个人。这些地方官员，在许多情况下包括当地神职人员，并不进行政治决策，但就政府各部门的运作而言，他们确实对现实政治有很好的了解。他们很了解地方行政管理、基本财政和社会团体问题，他们已经变得习惯于领导、决策和承担责任。

在东南欧各独立国家建立前后，这些人相对轻松地接管了政治领导权。与已经消失的老"政治民族"和罗马尼亚贵族相比，虽然这些新的领导阶层没受过很好的教育，也算不上老谋深算，但他们不仅数量更庞大，在背景和兴趣方面也更多样化。在他们中间产生了真正受人欢迎的领导者。这种情况的确带来了一些好处，对那些必须与之打交道的人来说，尤其是大国的外交官，他们比罗马尼亚的波雅尔人和希腊的商人更容易被欺蒙。因此，可以说，奥斯曼帝国的遗产既有有益的一

287 面，又有有害的一面，如果不考虑领导因素的表现，就无法对其在政治行政领域的重要性进行最终评估。

在过去的和目前正在经历的几个世纪中，各行各业的人们都在尖锐地谈论"巴尔干状况"和"巴尔干化"，他们所指的与其说是东南欧的经济状况，不如说是那里的领导人履行职责的方式。在这方面，由传统的上层阶级领导人统治的罗马尼亚与其他国家之间没有区别，这些国家的政治家和官僚来自奥斯曼帝国创建的领导集团。巴尔干地区的领导者之所以常常受到其他欧洲国家的嘲弄，并非像人们想象的那样是因为他们缺乏政治和职业训练，而是由于他们的行为折射出奥斯曼帝国的遗存及对他们的训练。而奥斯曼帝国的这一遗产是作为东南欧的前主人留给该地区破坏性最大的遗产。

具有讽刺意味的是，很难想象，奥斯曼帝国这个组织最为严密的国家，竟然在其他地方制造了混乱。令人悲哀的是，职业奥斯曼人的继任者是一群敬业、勤劳且无私奉献的人，而他们本应是以懒惰、自私和贪婪著称的政治家和管理者。人们痛苦地认识到，在一个法律如此重要的国家里，米勒特制度的发展是为了确保每个人的生活都受到一套特定法律的严格管制，而这套法律却被其他法律所取代，违法比执法更受尊重。一旦提到"巴尔干状况"，人们就能够理解公共生活的这些特点。

毋庸置疑，东南欧是在奥斯曼帝国的统治下变得"巴尔干化"的。在奥斯曼帝国

政府堪称典范的几个世纪里,这个过程很早就开始了。尽管米勒特体系内的人们相安无事地生活在一起,没有臣服于穆斯林,尽管不同群体受到相对宽容的对待,但穆斯林与济米以及职业奥斯曼和雷亚之间存在着明显的差异。东南欧的人们既是济米又是雷亚,因此他们受到许多不利因素的影响。这些不利因素可能并不大,但数量足以激励人们设法回避。装糊涂、逃避策略和善意的谎言成了日常生活的组成部分。

当组织有序、治理良好的奥斯曼帝国陷入本书第四部分所述的混乱和腐败时,坦诚地说,采取回避行动就成为一种必要。这有些像 200 多年前,经济甚至物质生存取决于人们的能力,特别是领导者智胜当局的能力。官僚中那些最腐败、最粗鲁和最自私的违法者却过得最富有,就是这种类型的所谓政客为那些取代奥斯曼帝国官员的人树立了榜样。不幸的是,正是掌管奥斯曼帝国后期的这些肆无忌惮的官员们引入的"制度",而不是早期运转良好的制度,成为外国统治的漫长岁月的政治遗产。这种邪恶的遗产在"巴尔干状况"的标签下变得臭名昭著。

这些状况不仅意味着暴政的继续,他们如今被称作"基督教帕夏",而且使得东南欧在 19 世纪与欧洲大陆其他地区相比真的变得落后。西方世界,即使是在哈布斯堡家族统治下的匈牙利和俄国,在工业化、城市化、农业改革和教育领域也相继发生巨大变化和发展。在非奥斯曼帝国统治的地方,只有巴尔干依然生活在过去,因为它适合于将自私自利置于一切考虑之上的精英。由于这一精英阶层,其价值观和统治方法是奥斯曼帝国在东南欧统治即将结束时必须容忍的事物的延续,奥斯曼帝国的政治遗产必须被视为再次成为自己命运主人的人民所面临的最大问题。

【注释】

[1] Kemal Karpat, *An Inquiry into the Social Foundations of Nationalism in the Ottoman State*; *From Social Estates to Classes*, *from Millets to Nations*, Research Monograph No. 39 (Xeroxed) of the Center of International Studies of the Woodrow Wilson School of Public and International Affairs of Princeton University, Princeton, 1973.

[2] Ibid.

[3] 关于拜占庭与斯拉夫国家之间政治与宗教关系的最好阐释参见 Dimitri Obolensky, *The Byzantine Commonwealth*; *Eastern Europe*, *500—1453*, New York and Washington: Praeger, 1971。

[4] 参见 Nikolai Todorov, *Balkanskiat Grad*, *XV—XIX Vek. Socialno-Ikonomiche.sko i Demografsko Razvitie*,特别是第四章。

文献综述

引言

　　直到晚近,那些生活在曾受到奥斯曼帝国或长或短统治的东南欧地区的历史学家们,对这几个世纪的异族统治仍抱有一致否定甚至敌意的态度。他们认为,他们的人民与欧洲其他地区及在那里发生的重要发展相隔绝,无法表达自己的观点,也无法发展自己的文明和制度。谈到奥斯曼体制运转良好的几个世纪,这些学者都强调严格执法对征服者有利且是对本地人的剥夺;谈到此后几个世纪时,他们则强调地方主管人员的无法无天和武断专行。对于 19 世纪和 20 世纪初新解放的民族和新国家的历史学家来说,这种认识可以理解。它们刚刚获得自由并受到不共戴天的民族主义的影响,在心理上需要为几个世纪以来本民族的无所作为和新独立的民族国家不尽如人意的发展进行辩护,而原因多归咎于可恶的奥斯曼遗产。

　　两次世界大战期间,这些国家的史学仍是民族主义的,关注范围相当狭窄,强调政治历史,但忽视社会、经济和人口分析。在奥斯曼帝国时期,本地居民的政治活动实际上并不存在,结果要么因为"什么都没发生"而被政治史学家忽略,要么因为奥斯曼帝国统治下的人民缺乏治理经验未能为独立做好准备而受到诟病。

　　自第二次世界大战结束以来,特别是自 20 世纪 50 年代以来,情况发生了变化。
与之前相比,东南欧的历史学家开始更广泛地利用他们的档案,并不再只是强调政治史。结果是更具学术性和客观性的著作为奥斯曼帝国时期的历史研究带来了新的曙光。相关研究仍然认为奥斯曼帝国带给东南欧人民的主要是灾难,但现如今,这一评价主要基于对历史记录和事件的研究,而不是归结为野蛮的亚洲部落有计划、不人道且肆意破坏的行为。

当奥斯曼帝国的历史从编年史家的书写过渡到历史学家的书写阶段时,与撰写所有其他帝国历史的史家一样,他们也着眼于中央集权,在首都和其他地方的事件都是从中央当局的角度进行审视的。在共和国建立后,第一批土耳其历史学家的做法甚至比东南欧地区的历史学家更具民族主义和政治色彩。奥斯曼帝国的转型——从一个从来都不是民族国家的国家转变为民族主义者的土耳其,帝国的消逝以及伊斯兰国家向世俗国家的蜕变带来了一种创伤,而要克服这种创伤,则不得不通过对早期土耳其历史编纂中的某些过分之处进行解释来自我辩护。在两次世界大战的后期,这种变化变得显而易见,而且自 1945 年以来,土耳其学者在这方面做了诸多有益的工作。

一些早期的西方研究非常出色,至今仍然有用。但在此之后,研究者们要么无法获得有关奥斯曼的原始资料,要么囿于语言无法使用这些原始资料。根据之前的研究、东南欧历史学家们的著作、从西欧档案中获得的能够掌握的语言的资料,研究者们创作了一批扎实但非常有限的作品。在西方,完全具备相关知识的学者开始在两次世界大战后期进行写作,从那时起,他们的数量稳步增加。

所有这些学者的作品是专题性的,或是传记性的,如果范围扩大一下的话,还有从中央和帝国角度书写的政治性和行政性的内容。但没有一部有关奥斯曼帝国通史是从地区视角来写作的。尽管本书不是奥斯曼帝国统治下的东南欧的详尽历史,而只是对帝国中的这一部分地区生活的一次总体考察,或者说是对奥斯曼帝国封建君主政权的主要特征及其历史结果的一个评估,但本书所呈现的内容仍以奥斯曼帝国的各种材料为基础。

主要资料来源

含有奥斯曼帝国在东南欧统治信息的文件主要收藏在该地区的各国及市政档案馆中。尽管在开始编写本书之前,我已经访问了土耳其的档案馆,不过除了阿尔巴尼亚和希腊之外,我还到访了其他每个相关国家的主要档案馆。虽然注释中没有提及档案材料,但正是对这些档案文件的研究才形成了我的观点,并成为本书对奥斯曼帝国的统治及其对本书所述主要群体影响的总体评价的基础。 291

最重要的档案来自布加勒斯特档案馆(the Boş Vekâlet Arşiv)和位于伊斯坦布尔的卡佩·萨拉伊博物院档案馆(Kapı Sarayı Müzesi ve Arşivi)。不幸的是，数以百万计的文档中有很大一部分仍然没有得到充分的编目，这使得检索变得困难。关于这些档案的内容，有两部著作提供了很好的信息：米德哈特·塞托格鲁(Midhat Sertoğlu)在《布加勒斯特档案馆的优秀部门（保管处）》(*Muhteva Bakımmdan Başvekâlet Arşivi*, Ankara, 1955)一书中描述了首次披露的保管处；另一部著作是由塔辛·奥斯(Tahsin Öz)编撰的两卷本《档案手册》目录(*Arşiv Kilavuzu*, Istanbul, 1938—1940)。

其次是保加利亚的土耳其语史料馆藏。罗马尼亚学者米哈伊尔·古博格鲁(Mihail Guboglu)估计，保加利亚有"大约 100 万份奥斯曼土耳其语文献，以及几百万份印刷文本和东方手稿"[1]。这些文件收藏在不同地方，其中最重要的是西里尔和美索迪乌斯国家图书馆东方馆(Orientalski Otdel kim Narodnata Biblioteka "Kiril i Metodii")。截至 1966 年，能够获得的最新的确切资料数据是，得到正确识别和描述的有 138 399 份文献。[2]我确信，鉴于保加利亚土耳其学家的卓越且富于活力的工作，到目前为止，这一数字至少翻了一番。

在南斯拉夫，收藏土耳其语文献最多的是位于萨拉热窝的国家博物馆的东方馆，其次是杜布罗夫尼克、斯科普里以及其他城市。萨拉热窝国际博物馆的收藏组织有序，分类齐全，包含了大量非常重要的材料。同在萨拉热窝的加齐家族贝伊档案(Gazi Husrej Bey Arhiv)主要收藏的是波斯尼亚穆斯林的文献，而东方研究所(the Oriental Institute)的收藏则使萨拉热窝成为南斯拉夫最重要的奥斯曼研究中心。剩余的奥斯曼帝国文献被南斯拉夫各加盟共和国的国家档案馆收藏，但没有什么真正有价值的文献。

多瑙河-萨瓦河以北地区最重要的文献都收藏在罗马尼亚。其中不仅包括土耳其语文献，还包括本书所涵盖的数百年来大量罗马尼亚语文献。它们被保存在各个国家的档案馆以及各大主要城市的档案馆中。罗马尼亚现有的土耳其文献约有 22.5 万份文本和 600 份遗存。对于位于首都的国家档案馆(Arhivelor Statului din Republica Socialista Românîa)、科学院图书馆(Bibliotecii Academici R P. R)、科学院档案馆(Arhivelor Academici R P. R)以及布加勒斯特考古和历史博物馆(Muzeului de Arheologie şi istorie din Bicureşti)的馆藏，米哈伊尔·戈博格鲁在 1960—1965 年于布加勒斯特出版的两卷本的《土耳其文献目录》(*Catalogul Documentelor Turcesti*)中描述了其中的 5 048 份文件。[3]这套书有很棒的索引，对学者很有帮助。

292

在匈牙利，大多数相关文献都保存在布达佩斯的匈牙利国家档案馆（Magyar Országos Levéltár）中。除了一小部分土耳其语文献之外，其余都是匈牙利语、拉丁语和德语文献。布达佩斯还有大量关于特兰西瓦尼亚的文献。这些文献被不同地方收藏，但都被很好地编入目录，很容易获取。有关这些文献的精彩描述可以参见莫科斯·科萨里（Domokos Kosáry）三卷本的《匈牙利历史资料和文献简介》（*Bevezetés Magyarország történetének forrásaiba és irodalmába*，Budapest，1951—1958），以及该作者于 1970 年将布达佩斯出版计划扩充至五卷本的第一卷（迄今为止只出版了一卷）。

最后，还有包括土耳其语在内的许多其他语言的相关文献，收藏在维也纳的家族、宫廷和政府档案馆（Haus，-Hof und Staatsarchiv）。在路德维希·比特纳（Lud-Wig Bittner）等人编辑的五卷本《维也纳家族、宫廷和政府档案目录》（*Gesamtinventar des Wiener Haus，-Hof und Staats-archives*，Vienna，1936—1940）中，很容易分辨出这些收藏中哪些是有关东南欧国家的文献。时间再往前一点，还有古斯塔夫·L.弗吕格尔（Gustav L. Flügel）的三卷本著作《维也纳皇家图书馆的阿拉伯语、波斯语和土耳其手稿》（*Die arabischen，persischen und türkischen Hand-schriften der Kaiserlich-Königlichen Bibliothek zu Wien*，Vienna，1866—1867），该书制作精良，着重处理了维也纳国家图书馆中的资料，它是有关土耳其时期的非常重要的著作。

大量东南欧档案中的文献出版始于 19 世纪。虽然系统性和持久性不够理想，但大量的材料已经印刷出来。对此有兴趣的人面临的主要问题是，这些文献都是刊登在诸多晦涩难懂的期刊上的。大多数文献要么作为专著的附录，要么作为文章或特刊出现在各科学院、大学、档案馆和博物馆出版的数量惊人的期刊上。我确信，尽管我很感兴趣，但我依然不了解有多少重要的文献已经在哪些期刊上印刷出版。只给出一个可能需要记住的期刊标题的简单列表，就有可能花费好几页篇幅，而这并不符合文献梳理的目的。因此，我必须克制自己，以免让读者过于关注这样一个事实：为了寻找出版文献，必须查阅大量期刊，而它们大多没有索引。即使是主要文献的专门出版物的数量也因为太大，而无法完整列出。因此，我只列出那些我认为最重要的，并且是当前可以获取的材料。

在保加利亚，有人已经开始编辑《保加利亚历史文献》（*Dokumenti za Bulgarskata Istroriia*），其中，第三卷和第四卷中含有土耳其语文献。自 1958 年以来，索非亚还出版了另外一个系列《保加利亚历史资料》（*Fontes Historiae Bulgaricae*）。该系列的第四卷和第五卷是由克里斯托·甘德夫（Christo Gandev）和加拉布·加拉波夫

293

(Gălăb Gălăbov)编辑的《保加利亚历史中的土耳其资料》(*Fontes Turcici Historiae Bulgaricae*)的第一卷和第二卷(Sofia，1959—1960)。加拉波夫还编辑出版了《保加利亚土地法律史的土耳其来源》(*Turski izvori za istoriiata na pravoto v bulgarskite zemi*，Sofia，1962)。不太专业但非常重要的一组出版物是由一个编辑团队编写的《保加利亚历史中的土耳其渊源》(*Turski izvori za bălgarskata istoriia*)。此外，还有两个非常有趣的系列：皮特·K.彼得罗夫(Petǔr K. Petrov)编辑的《土耳其征服中的同化政策：关于皈依伊斯兰以及土耳其话的文献辑要——19—20 世纪》(*Asimilatorskata politika za turskite zavoevateli：Sbornik ot dokumenti za pomokhamendanchvaniia i poturchvaniia*，*XV—XIX v.*，Sofia，1962)；尼古拉·托多罗夫(Nikolai Todorov)编辑的《土耳其统治下的保加利亚：文献与资料》(*Polozhenieto na bulgarskiia narod pod tursko robstvo. Dokumenti i materiali*，Sofia，1953)。

在南斯拉夫，出版土耳其语材料方面处于领先地位的是位于萨拉热窝的东方研究所，它自 1957 年开始，出版了一个非常重要的系列《土耳其历史丰碑中的南斯拉夫释义》(*Monumenta turcica historiam Slavorum meridionalium illustrantia*)。该系列丛书经过精心编辑，涵盖了大量精心组织的文献，是真正有价值的出版物。位于其他城市的学术机构也出版了一些土耳其语文献。以下几个例子展示出南斯拉夫学者曾经讨论过的不同主题：哈齐姆·沙巴诺维奇(Hazim Šabanović)编辑的《贝尔格莱德历史的土耳其起源》(*Turski izvori za istorije Beograda*，Belgrade，1964)；杜桑卡·索波娃(Dušanka Šopova)编辑的《来自伊斯坦布尔档案中的 16—17 世纪的马其顿：1557—1645》(*Makedonija vo XVI i XVII vek-Dokumenti od Carigradskite arhivi*，1557—1645，Skopje，1955)；哈桑·卡莱西(Hasan Kalesi)编辑的《最古老的南斯拉夫阿拉伯语"瓦克夫"文献》(*Najstariji vakufski dokumenti u Jugoslaviji na arapskom jeziku*，Priština，1972)。

294 　　罗马尼亚有三批主要文献，且最早都是用罗马尼亚语出版的。其中，最早的文献还保留着其最初编辑的名字，即尤索丢·胡鲁姆扎基(Euxodiu Hurumzaki)编辑的二十四卷本的《罗马尼亚历史文献》(*Documente privitoare la istoria Românilor*，Bucharest，1876—1962)，这是一座信息宝库。同样有价值的是 1929 年开始出版的一个系列——安德烈·维利斯(Andrei Veress)主编的十一卷本的《关于特兰西瓦尼亚、摩尔达维亚和瓦拉几亚的历史文献》(*Documente privitoare la istoria Ardealului*，*Moldovei și Țarii Rominesti*，Bucharest，1929—1939)。最具雄心的则是 1951 年由安德烈·奥泰提(Andrei Oțetea)与大卫·普罗丹(David Prodan)担任全权编辑的系列。到目前为止,《罗马尼亚历史文献》(*Documenta Romaniae Historica*)已经在布加勒斯特出版了 60 卷。该系列不仅划分了子系列(A 代表摩尔达维亚,B 代表瓦拉几亚,C 代表特兰西瓦尼亚),而且每一卷都仔细地按照确定的主题进行分类,如一个特定时间段内的经济和农业史。在所有资料中,这个系列用处最大,而且还在持续补充。规模小一些的文献也有出版。在此,仅举几个例子来说明它们所涵盖主题的多样性:I.C.菲利蒂(I. C. Filitti)主编的《1728—1810 年罗马尼亚公国与法国关系中的信件及其摘录》(*Lettres et extraits concernant les rélations des Principautés Roumaines avec la France*,1728—1810,Bucharest,1915);D. Z. 弗尼卡(D. Z. Furnică)主编的《关于罗马尼亚贸易的文献:1473—1868》(*Documente privitoare la comerțul romînesc*,1473—1868,Bucharest,1931)。还有两个与布加勒斯特有关的出版物,一个是弗洛里安·乔治斯库(Florian Georgescu)、保罗 I.切诺沃迪奴(Paul I. Cernovodeanu)、拉娜·C.帕奈特(lana C. Panait)编辑的《关于布加勒斯特历史的文件》(*Documente privind istoria orașului București*,Bucharest,1960);另一个是乔治·波特拉斯(Gheorghe Potras)主编的《布加勒斯特历史文献》(*Documente privitoare la istoria orașului București*,Bucharest,1961)。

匈牙利出版的文献比其他任何正在从事相关研究的国家都多。到 1930 年,艾玛·巴托尼克(Emma Bartoniek)在她编辑的《匈牙利历史资料出版物》(*Magyar Történeti Forráskiadványok*,Budapest,1930)中列出的有资料来源或已经出版的条目就已经达 3 109 条,此后,有更多文献资料得到出版。由多位编辑负责的最大的文集是以五个系列出版的《匈牙利历史丰碑》(*Monumenta Hungariae Historica*)。其中有一个关于 1540—1699 年间特兰西瓦尼亚的系列出版物,即桑德·斯拉奇(Sándor Szilágyi)主编的二十一卷本的《特兰西瓦尼亚公国史:1540—1699》(*Monumenta comitiala regni Transylvaniae*,1540—1699,Budapest,1875—1892)。这个系列早在 1857 年就开始出版,至今已有几百卷。土耳其语文献的出版也很早就开始了。阿隆·斯拉奇(Áron Szilágyi)和桑德·斯拉奇(Sándor Szilágyi)主编的《土耳其统治匈牙利时期的历史遗产》(*Török-Magyarkorú Történelmi Emlékek*)于 1863—1916 年间在布达佩斯出版。第一系列包含文献共有九卷;第二系列共有五卷,包括土耳其编年史的相关著作。路易斯·塔洛齐(Lajos Thallóczy)、约翰·克雷斯马里克(János Krecsmárik)、吉拉·谢克夫(Gyula Szekfú) 295 编辑的《土耳其—匈牙利档案:1533—1789》(*Török-Magyar Oklevéltár*,1533—1789)中收录了 1914 年在布达佩斯出版的诸多土耳其语的匈牙利语翻译文献,但这个计划出版多卷本的系列只出版了第一卷，即由桑德·塔茨（Sándor Tákáts）、费伦茨·埃克哈特（Ferenc Eckhart）、吉拉·谢克夫（Gyula Szekfű）编辑的《匈牙利的布达与佩斯之间关系，1553—1589》（*A budai basák magyarnyelvü levelezése，1553—1589*，Budapest，1915）。前文在谈到罗马尼亚出版物时提到的安德烈·维利斯（Andrei Veress）也出版了他编辑的五卷本的《特兰西瓦尼亚历史资料》（*Fontes Rerum Transylvanicarum*，Budapest，1911—1921）。最有价值的一卷就是路易斯·费克特（Lajos Fekete）、吉拉·卡林达·纳吉（Gyula Káldy-Nagy）主编的《土耳其金融机构在布达的会计账簿》（*Rechnungsbücher Türkischer Finanzstellen in Buda* [* Often*]*：1550—1580*，Budapest，1962），该书不仅提供了原始文本，而且给出了精彩的解释。如前文所述，出版的材料数量庞大，提到的书目仅为显示这一研究的规模到底有多庞大。其他的出版物还包括小型文集，郡县、城市及家庭的档案，以及回忆录和旅行笔记。

在本书提到的文献中，有几个收集整理了特定人群的资料。对那些有兴趣于本研究的主要主题的人来说，它们不是最重要的。因此，本书仅给出三个例子。查尔斯·萨博（Károly Szabó）主编的七卷本《塞凯伊人档案：1211—1750》（*Székely Oklevéltár，1211—1750*），于 1872—1898 年间在科洛兹瓦尔出版。该丛书包含了有关塞凯伊人的诸多重要事件的资料。弗兰兹·齐默尔曼（Franz Zimmermann）、卡尔·沃纳（Carl Werner）、弗里德里希·穆勒（Friedrich Müller）、古斯塔夫·昆德西（Gustav Gündisch）主编的四卷本《特兰西瓦尼亚的德国人档案》（*Urkundenbuch zur Geschichte der Deutschen in Siebenbürgen*）于 1891—1937 年在纳吉斯本/锡比乌（Nagyszeben/Sibiu）出版，其中第四卷着重讲述了特兰西瓦尼亚的德意志人。

在研究区域以外发表的文献包括：弗兰兹·巴宾格（Franz Babinger）的《波斯尼亚奥斯曼帕夏档案》（*Das Archiv des Bosniaken Osman Pascha*，Berlin，1931）；加拉布·加拉波夫（Gălăb Gălăbov）和赫伯特·W.杜达（Herbert W. Duda）编辑的《索非亚会议议定书》（*Die Protokollarbücher des Kadiamtes Sofia*，München，1960）。I.胡迪阿（I. Hudiţa）编辑的《17 世纪法国和特兰西瓦尼亚外交谈判文件汇编》（*Repertoire des documents concernants les négotiations diplomatiques entre la France et la Transylvanie au XVIIe siècle*，Paris，1926），以及古斯塔夫·拜尔勒（Gustav Bayerle）编辑的《奥斯曼帝国在匈牙利的外交：来自布达帕夏的通信，1590—1593》（*Ottoman Diplomacy in Hungary Letters from the Pashas of Buda，1590—1593*，Bloomington，1972）。非常重要的是弗兰兹·巴宾格主编的《关于征服者穆罕穆德

二世统治末期奥斯曼帝国经济和政府历史的苏丹文件》(*Sultanische Urkunden zur Geschichte der osmanischen Wirtschaft und Staatsverwaltung am Ausgang der Herrschaft Mehmeds II, des Eroberers*, München, 1956), 由尼科尔·贝尔迪切努 (Nicoară Beldiceanu)补充编辑的《保存在巴黎国家图书馆的土耳其手稿中的首批苏 丹档案》(*Les actes des premiers sultans conserves dans les manuscrits turcs de la Bibliothèque Nationale àt Paris*)和《I-来自 MS 古土耳其基金会的穆罕穆德二世和 巴耶济德二世档案 39》(*I- Actes de Mehmed II et de Bayezid II du MS fond turc ancien 39*, Paris, 1960); M. J.布拉斯科维奇(M. J. Blašković)编辑的《布拉迪斯拉 发大学图书馆的阿拉伯语、土耳其语和波斯语手稿》(*Arabische, türkische und persische Handschriften der Universitätsbibliothek in Bratislava*, Bratislava, 1961)。

这里提到的有限的几个题目应该被视为大量已经印刷出版的文献和其他主要 资料来源的标识。虽然有关档案本身的工作并不总是可能或容易的,但感兴趣的 学者可以根据这些出版物和大量期刊上已经印刷出版的材料进行更多研究。 296

一般著作及书目

土耳其统治时期涵盖了各民族的民族历史。在相关著作中,有关奥斯曼帝国 统治世纪的篇幅可能相当长,如巴林特·霍曼(Bálint Hóman)和吉拉·谢克夫 (Gyula Szekfü)的第一版《匈牙利历史》(*Magyar Történet*, Budapest, 1928)中的第 三卷和第四卷,以及由一个委员会编辑的文集、四卷本《罗马尼亚史》(*Istoria Romîniei*, Bucharest, 1960)中的第二卷和第三卷,还有由伊斯梅尔·哈克·乌祖察 斯利(Ismail Hakkı Uzunçarşılı)撰写的八卷本《奥斯曼历史》(*Osmanlı Tarihi*, Ankara, 1960)中的前四卷,该书包含了非常有价值的叙述、丰富的脚注和参考书目。 但是,在每一部作品中,故事都完全是从作者所在国家的角度讲述的。

直到乌祖察斯利和恩维尔·齐亚·卡拉尔(Enver Ziya Karal)开始《奥斯曼历 史》第五卷的写作,有关奥斯曼历史的最好著作仍然是一批老的作品:包括约瑟 夫·哈默-普斯泰尔(Joseph Hammer-Purgstall)撰写的十卷本《奥斯曼帝国历史》 (*Geschichte des osmanischen Reiches*, Pest, 1827—1835), J. W.金凯森(J. W. Zinkeisen)撰写的七卷本《奥斯曼帝国在欧洲的历史》(*Geschichte des osmanischen Reiches in Europa*, Gotha-Hamburg, 1840—1863),以及尼古拉·约尔加(Nicolae

Iorga)撰写的五卷本《奥斯曼帝国历史》(*Geschichte des osmanischen Reiches*，Gotha，1908—1913)。其中，约瑟夫·哈默·普斯泰尔的书最为详细、最有学术性；J. W.金凯森的书与本书所论主题最为相关；尼古拉·约尔加的书最漫不经心，但却最富见解；乌祖察斯利使用了土耳其语档案，但不幸的是，他对于细节有些粗心大意，常常有自相矛盾的论述。

对普通读者来说，尤其是那些不太熟悉奥斯曼帝国的读者，推荐作品是由诺曼·伊兹科维兹(Norman Itzkowitz)和科林·因伯(Colim Imber)翻译的哈利尔·伊纳契克(Halil Inalcık)的《奥斯曼帝国：古典时代，1300—1600》(*The Ottoman Empire；The Classical Age，1300—1600*，New York and Washington，1973)。其他有关奥斯曼帝国的历史还包括：E.克雷塞的(E. Creasy)两卷本《帝国建立至今的奥斯曼土耳其史》(*History of Ottoman Turksfrom the Beginning of the Empire to the Present Time*，London，1854—1856)；乔治·J.埃弗塞利(George J. Eversely)《土耳其帝国的成长与衰亡》(*The Turkish Empire，its Growth and Decay*，London，1917)；A.德·拉·琼奎尔(A. de la Jonquiere)的两卷本《奥斯曼帝国史》(*Histoire de fempire ottoman*，Paris，1914)的修订版；哈里·卢克(Harry Luke)的《老土耳其与新土耳其：从拜占庭到安卡拉》(*The Old Turkey and the New；From Byzantium to Ankara*，London，1955)的修订版。另外还有以下最有价值且不分仲伯的三部作品：威廉·米勒(William Miller)的《奥斯曼帝国及其继承者》(*The Ottoman Empire and its Successors*，Cambridge，1927)；查尔斯·艾略特(Charles Eliot)新版的《欧洲的土耳其》(*Turkey in Europe*，London，1908)；利昂·拉穆切(Léon Lamouche)的《土耳其历史》(*Histoire de la Turquie*，Paris，1934)。对研究者来说，非常需要以一种主要的西方语言编写的一到两卷本、综合性的奥斯曼历史。

近来，伊纳契克在上文提到的著作中详细介绍了奥斯曼帝国的中央政府机构，
297 但就这一主题还有其他一些优秀的研究成果。C. T.福斯特(C. T. Forster)和 F. H. B.丹尼尔(F. H. B. Daniell)编辑的《奥吉尔·吉塞林·德·布斯贝克的生平和书信》(*The Life and Letters of Ogier Ghiselin de Busbecq*，London，1881)中，奥吉尔·吉塞林·德·布斯贝克的书信涵盖了对 1555—1562 年奥斯曼帝国的观察。该书由克拉伦登出版社(the Clarendon Press)于 1968 年重新发行。另外，关于这一主题的最早著作也是由约瑟夫·哈默·普斯泰尔撰写的两卷本《奥斯曼帝国的国家宪法和行政管理》(*Staatsverfassung und Staatsverwaltung des Osmanischen Reiches*，Vienna，1815)，该书至今仍非常有价值。此外，还有两部非常杰出且不可或

缺的现代作品：A. D.奥尔德森(A. D. Alderson)的《奥斯曼王朝的结构》(*The Struc-ture of the Ottoman Dynasty*，London，1956)，以及 H. A. R.吉布(H. A. R. Gibb) 和哈罗德·鲍恩(Harold Bowen)所著一卷两册的《伊斯兰社会与西方》(*Islamic Society and the West*，London，New York，and Toronto，1957)。乌祖察斯利也在《奥斯曼国家行政简介》(*Osmanlı Devleti Teskilatına Medhal*，Istanbul，1941)中对其先前引用著作的优点和缺点进行了介绍。

从土耳其的行政机构转向济米的架构，我们发现情况相当令人不满。虽然关于东正教的文献非常多样，但大部分关于东正教的历史都集中论述牧首制度和俄国教会。鲜有著作讨论奥斯曼帝国统治下的巴尔干半岛的东正教。在关注巴尔干半岛的一般教会史的著作中，最令人满意的是 B. J.基德(B. J. Kidd)的《公元 451 年至今的东正教教会》(*The Churches of Eastern Christiandom from A. D. 451 to the Present Time*，London，1927)和 A. K.福蒂斯丘(A. K. Fortescue)的《东正教会》(*The Orthodox Eastern Church*，London，1927)。尽管翻译得很糟糕，但 N. J.潘塔佐普洛斯(N. J. Pantazopoulos)的《奥斯曼帝国统治时期巴尔干半岛的教会与法律》(*Church and Law in the Balkan Peninsula during the Ottoman Rule*，Salonika，1967)仍是一部很有趣的书。两本最重要的相关专著如下：T. H.帕帕佐普洛斯(T. H. Papadopoullos)的《关于土耳其统治下的希腊教会与人民的历史的研究与文献》(*Studies and Documents relating to the History of the Greek Church and People under Turkish Domination*，Brussels，1952)，该书对斯拉夫人有一定的偏见；更专业的著作是 H.舍尔(H. Scheel)的《古代土耳其基督教教会的法律地位：对土耳其复兴运动和行政管理的历史贡献》(*Die Staatsrechtliche Stellung der ökumenischen Kirchenfürsten in der alten Türkei. Ein Beitrag zur Geschichte der Türkischen Verjassung und Verwaltung*，Berlin，1942)。有关土耳其统治下的东正教问题的最优著作是拉兹洛·哈罗维奇(László Hadrovics)的《土耳其统治下的塞尔维亚人民及其教会》(*Le peuple serbe et son église sous la domination turque*，Paris，1947)；伊万·斯内加洛夫(Ivan Snegarov)的《奥赫里德大主教区的历史：从沦为土耳其人统治到被废除，1394—1787》，(*Istoriia na Ochridskata arkhiepiskopiia patriarshiia ot padaneto i pod turtsite do neinoto unishtozhenie*(1394—1787)，Sofia，1931)；史蒂芬·朗西曼(Steven Runciman)的《被禁锢的大教堂》(*The Great Church in Captivity*，Cambridge：Cambridge University Press，1968)；米尔科·米尔科维奇(Mirko Mirković)的《奥斯曼统治下塞尔维亚教会的法律地位和性质：1459—1766》

(*Pravni položej i karakter srpske crkve pod turskom vlašću*,1459—1766,Belgrade,
1965)。

有关奥斯曼帝国犹太人最早且依然有价值的研究是莫伊丝·弗兰科(Moise
Franco)的《奥斯曼帝国的以色列人史:从开始到结束》(*Essai sur l'histoire des
Israélites de l'Empire Ottoman depuis les origines jusqu'àt nos jours*,Paris,
1897);所罗门·A.罗萨内斯(Solomon A. Rosanes)的六卷本《土耳其的犹太人历
史》(*Divre yeme Yisrael bo-Togarma*,Sofia,1934—1944;Jerusalem,1945),此书
非常全面,但有些地方写得有些粗略。艾萨克·S.伊曼纽尔(Isaac S. Emmanuel)和
亚伯拉罕·加兰特(Abraham Galante)写了大量有关奥斯曼帝国统治下的犹太人的
著作,都值得推荐。除其他作品外,前者还出版了《萨洛尼卡的以色列人历史》
(*Histoire des Israélites de Salonique*,Paris,1935),后者则出版了《伊斯坦布尔的
犹太人历史》(*Histoire des Juifs d'Istanbul*,Istanbul,1941)。

除了金凯森、米勒和艾略特的作品外,还有其他几个可以被视为"区域史"的作
品。最早的一部是 F. W.艾柏林(F. W. Ebeling)的《奥斯曼帝国在欧洲的历史》(*Ge-
schichte des Osmanischen Reichels in Europa*,Leipzig,1854);其后是 K. 罗斯
(K. Roth)的《巴尔干东正教国家史:保加利亚、塞尔维亚、罗马尼亚、黑山、希腊》
(*Geschichte der christlichen Balkanstaaten*,Bulgarian,Serbien,Rumanien,Mon-
tenegro,Griechenland,Leipzig,1907);费迪南·舍维尔(Ferdinand Schevill)的《巴
尔干半岛史:从早期到现在》(*History of the Balkan Peninsula from Earliest Times
to the Present Day*,New York,1922);尼古拉·伊奥尔加(Nicolae Iorga)的《1924
年前的巴尔干国家史》(*Histoire des états balkaniques jusque'à 1924*,Paris,1924),
内容相关的是该书的前四章;雅克·安塞尔(Jacques Ancel)的《巴尔干文明的统一》
(*L'unité de la civilization balkanique*,Paris,1927);乔治·斯塔德穆勒(Georg
Stadtmüller)的《东南欧历史》(*Geschichte Südosteuropas*,München,1950)。这些研
究的年代都很久远,除了斯塔德穆勒,他的作品中包含了匈牙利,但遗憾的是他忽
略了奥斯曼帝国时期。幸运的是,还有两部可以称为经典的著作:费迪南·布罗代
尔(Ferdinand Braudel)的两卷本《地中海和菲利普二世时代的地中海世界》(*La
Méditeraneé et Ie monde méditerranean à la époque de Philippe II*,Paris,1949);
勒芬·S.斯塔夫里阿诺斯(Leften S. Stavrianos)的《1453 年以来的巴尔干各国》
(*The Balkans since 1453*,New York,1958)。布罗代尔的名著涵盖了整个地中海
地区。这是一部完全建立在学术研究基础上的极具想象力和独创性的作品。他的

298

整体思想和理论以及他关于奥斯曼世界的发现都很有价值。斯塔夫里阿诺斯的著作是巴尔干的地区史。该书经过充分地研究、精心地组织和认真地撰写,是迄今为止最好的研究类出版物。优秀的基础文献增加了该书的研究价值。

还可以列出很多其他类型的著作,包括旅行者的记述、传记和有关热门话题的历史等,但囿于篇幅,无法将它们全部包括在内。如果在此仅提及其中的少数而略去其他,又显得不合理。有鉴于此,选择列出一些鲜为人知但却很重要的参考书目,或将有助于感兴趣的学者了解相关资料。

格哈德·泰奇(Gerhard Teich)的《东南欧文献目录》,该文刊载于 1963 年的《东南经济科学研究》("Bibliographie der Bibliographien Süd—osteuropas", *Wirtschaftswissenschaftliche Südosteuropa Forschung*,1963),其中,第 177—213 页给出了最相关书目的完整列表。莱昂·萨瓦吉安(Léon Savadjian)的八卷本《巴尔干书目:1920—1938》(*Bibliographie balkanique,1920—1938*,Paris,1931—1939)内容全面,也很有价值。J. D.皮尔森(J. D. Pearson)和朱莉娅·F.阿什顿(Julia F. Ashton)主编的早期著作《伊斯兰索引:1906—1955》(*Index Islamicus,1906—1955*,剑桥,1958)以及 J. D.皮尔森主编的《伊斯兰索引补编:1956—1960》(*Index Islamicus Supplement,1956—1960*,Cambridge,1962)都很有帮助。大多数图书馆都很容易找到这类文献。更重要的细致工作则是由东南欧国家的学者编写的特别书目。 299

罗马尼亚人编撰了最具雄心也最全面的书目。劳恩·卢普(Ioan Lupu)、内斯特·卡马里亚诺(Nestor Camariano)、奥维迪乌·帕帕迪马(Ovidiu Papadima)自 1967 年开始出版《罗马尼亚时期的研究文献》(*Bibliografia Analitica a Period-icelor Româeşti*)。迄今为止,该书已经出版了六卷,时间涵盖 1790—1858 年。这部井然有序的著作没有留下任何令人不满的地方,它是罗马尼亚时期出版物的基本指南。1970 年,布加勒斯特也开始了一项同样令人印象深刻的事业,涵盖 1944—1969 年历史的《罗马尼亚历史文献》(*Bibliographia Historica Romaniae*)的第一卷由厄特芬·帕斯库(Ştephen Pascu)、伊奥希姆·克鲁(Ioachim Crăciun)和布乔·苏尔杜(Bujor Surdu)编辑完成。该书的第一卷只是一个精选文献,第二卷于 1972 年由科妮莉亚·博迪亚(Cornelia Bodea)编辑出版,它是第一部内容涵盖 19 世纪的出版物,十分全面。这是一本非常重要的书,法语索引条理清晰、信息完整。

当代保加利亚书目中最有价值的是《历史研究》(*Études Historiques*)第二卷和第五卷的附录《保加利亚历史科学 1960—1964 年:文献》(*La Science Historique*

Bulgare，*1960—1964*，*Bibliographie*，Sofia，1965)、《保加利亚历史科学，1965—1969 年：文献》(*La Science Historique Bulgare*，*1965—1969*，*Bibliographie*，Sofia，1965)。第二卷由丽莉亚·科科娃(Lilija Kirkova)与埃米莉亚·科斯托娃·扬科娃(Emilija Kostova-Jankova)编辑，第五卷由丽莉亚·科科娃单独编辑。在这两卷书中，所涉书目的原标题都用拉丁字母音译，每个条目都有法文翻译。

乔乔·塔迪奇(Jorjo Tadić)编辑的《南斯拉夫史学十年：1945—1955 年》(*Ten Years of Yugoslav Historiography*，*1945—1955*)于 1955 年在贝尔格莱德出版。这个长长的文献条目按主题-时间顺序组织编排，使用起来不太方便。所涉书目的标题既用英文，也用拉丁字母拼写。同一位编辑还负责了 1965 年在贝尔格莱德以法语出版的另一本书，即《南斯拉夫历史：1955—1965 年》(*Historiographie Yougoslave*，*1955—1965*)，该书采用了相同的形式，但文献名更容易找到，因为它们列在每页底部的脚注中，而不是放在正文中。

《匈牙利历史学精选书目，1945—1959 年》(*Bibliographie d'oeuvres choisies de la science historique hongroises*，*1945—1959*，未提供编辑)于 1960 年在布达佩斯出版。2 059 个条目按细分主题、原标题、法文翻译和每个条目的简短法文解释，以时间先后组织编排。M. Sz.吉维克桑(M. Sz. Gyivicsán)、L.马凯(L. Makkai)等人编辑的《匈牙利历史学精选书目：1964—1968 年》(*Bibliographie d'oeuvres choisies de la science historique hongroise*，*1964—1968*)作为《历史研究》的第二卷于 1970 年出版。2 309 个条目的编排方式与第一卷完全相同。

1966 年，在雅典出版了一本类似的书：由 C. Th.迪马拉斯(C. Th. Dimaras)编 300 辑出版的《希腊历史文献 15 年：1950—1964，1965 年附录》(*Quinze ans de bibliographie historique en Grèce*，*1950—1964 avec une annexe pour 1965*)。这本书的编排组织是按专题，对每个专题进行时间细分。文献名用希腊文给出，5 500 个条目都有法文翻译。希望不久将出现更多此类书目，以便在 1974 年举行的国际东南欧研究协会(the Association Internationale d'Études du Sud-Est Européen，A.I.E.S.E.E.)会议或 1975 年举行的国际历史科学委员会(the Comité International des Sciences Historique，C.I.S.H.)会议上呈现。

保加利亚科学院巴尔干研究所自 1966 年开始每年出版一本极具价值的书，由尼古拉·托多罗夫、K.乔治耶夫(K. Georgiev)和 V.特拉科夫(V. Traikov)主编的《巴尔干半岛文献》(*Bibliographie d'Études Balkaniques*)。该套丛书涵盖了在所有地方出版的所有学科中涉及巴尔干半岛的全部出版物。书中的索引也很有帮助：

第一个列出了作者的姓名,第二个列出了主题和地理名称,第三个列出了查阅到的所有期刊。这一部分的最后还列出了一个专辑书目和最新出版的书目。仅凭上述附录就足以使这份保加利亚出版物成为不可或缺的文献。上述参考书目与四卷本的《东南欧文献》(*Südosteuropa-Bibliographie*,München,1943—1973)一同参考使用,每卷分为两部分,涵盖了东南欧领域的所有重要文献。这部德国出版物的第一卷由弗里茨·瓦尔哈韦克(Fritz Valjavec)编辑,其后几卷由格特鲁德·克拉莱特-萨特勒(Gertrud Krallert-Sattler)编辑。最近,荷兰又出现了一部非常重要的专业书目:汉斯·约根(Hans Jürgen)、尤塔·科恩伦普夫(Jutta Kornrumpf)编辑的《奥斯曼参考书目:欧洲土耳其》(*Osmanische Bibliographie*,*mit besonderer Berücksichtigung der*,*Türkei in Europa*,Leiden,1973)。这本厚厚的书使用起来有点困难,因为它既按主题,又按作者进行编排,但没有索引。除非学者对某一特定主题感兴趣,而该主题与该书的某一部分或更细的分类相对应,否则很难找到相关条目。

在结束这一节之前,我将简要介绍一些专辑类著作,即国际东南欧研究协会和国际历史科学委员会公开出版的作品。这些著作的书名可能有些令人困惑,但这些书中总是包含重要的文章,而且经常含有与土耳其时期的东南欧有关的文献。匈牙利人为 1955 年、1960 年和 1970 年的国际历史科学大会出版了文集《历史研究》(*Études Historiques*),1965 年又出版了文集《新历史研究》(*Nouvelles Études Historiques*)。

尽管上述著作包含了重要的研究内容,但对正在学习奥斯曼帝国时期的学生 301来说,它们并不像《第一届巴尔干和东南欧研究国际会议文集》(*Actes du Premier Congrès International des Etudes Balkaniques et Sud-est Européennes*,Sofia,1967—1970)那么重要。在第三卷和第四卷中,大约有 500 页是关于 15 世纪到 18 世纪的历史研究,包括一些重要的研究成果。其他学科的学者也作出了贡献。任何在欧洲研究奥斯曼帝国统治的人都会参考这个辑刊。第二届巴尔干和东南欧研究国际会议的论文还在编辑出版中。

M. Z. 帕坎(M. Z. Pakahn)编辑了三卷本的《奥斯曼历史中的概念与辞语字典》(*Osmanlt Tarih Deyimleri ve Terimleri Sözlöğü*,Ankara,1946—1955);旧版八卷本的《伊斯兰百科全书》(*Encyclopaedia of Islam*,Leiden-London,1913—1929)中有四卷相关的内容;新版的《伊斯兰百科全书》(Leiden and London,1960 年至今)有66 个条目中,相关内容以"Ka"开头;还有 1947 年出版的《伊斯兰教百科全书》

(*Islam Ansiklopedisi*，Istanbul，1940 年至今)，在 125 个条目中，相关内容以"Tug"
开头。

期刊

　　文献综述通常不包括期刊部分。但我觉得在这里必须就期刊说几句，因为期
刊所包含的材料不仅非常重要，而且对本书所涉读者而言，大都对此不甚了解。

　　对那些致力于奥斯曼帝国时期的东南欧研究的学者来说，相对而言，大部分美
国和西欧的历史期刊用处都不大，尽管这些刊物偶尔也会刊登一篇重要的文章。
这完全可以理解，因为这些期刊主要致力于出版本国历史方面的研究成果。更为
重要的是专门期刊，如《斯拉夫评论》(*Slavic Review*)、《东欧季刊》(*East European
Quarterly*)、《加拿大斯拉夫研究》(*Canadian Slavic Studies*)、《斯拉夫和东欧研究》
(*Slavic and East-European Studies*)、《斯拉夫和东欧评论》(*Slavonic and East Eu-
ropean Review*)、《东欧历史年鉴》(*Jahrbücher für Geschichte Osteuropas*)、《斯拉夫
评论》(*Revue des Études Slaves*)以及其他一些专门致力于斯拉夫世界的期刊。这
些专业期刊涵盖了该地区的整个历史范围，包括俄罗斯/苏联。但很少有文章涉及
奥斯曼历史问题。就像那些致力于穆斯林和东方研究的期刊一样。不过，仔细翻
阅会发现，与主流历史期刊相比，穆斯林和东方研究期刊更常刊登相关文章。其
中，最重要的期刊是《国际中东研究杂志》(*International Journal of Middle East
Studies*)。

　　因此，不管怎样，熟悉曾受到奥斯曼统治的国家出版的重要期刊是非常必要
的。直到 1965 年，阿尔巴尼亚最重要的出版物是《国立大学公报》(*Universiteti
302 Shtetëror Buletin*)，但 1965 年之后，专业性更强的《历史研究》(*Studime historikë*)
变得更为重要。希腊没有真正专业的重要历史期刊。大部分相关材料出现在《雅
典学院学报》(*Praktika tis Akademias Athenon*)的史学专栏或《希腊历史和民族志
学会公报》(*Deltion tis Istorikis kai Ethnologikis Etairias tis Elladis*)的史学专栏
上。更重要的是希腊期刊中以西方语言出版的巴尔干研究。

　　土耳其的重要出版物也相对较少。最重要的是土耳其历史学会的《公报》(*Bel-
leten*)，它在 1937 年取代了《土耳其历史委员会杂志》(*Türk tarih encümeni mec-
muasi*)。这本旧杂志也值得密切关注。除此之外，还必须加上《伊斯坦布尔大学经

济学院学报》(*Istanbul Üniversitesi Iktisat fakültesi mecmuasi*)和《伊斯坦布尔大学文学学院历史学报》(*Istanbul Üniversitesi Edebiyat fakültesi tarih dergisi*),以及《安卡拉大学语言、历史和地理学院杂志》(*Ankara Üniversitesi Dil ve Tarih-Coğrafya fakültesi dergisi*),这些期刊发表了许多非常重要的文章。最后,相关文章也可以在《瓦克夫杂志》(*Vakılar Dergisi*)上找到,该杂志同时刊登文献和论文,而安卡拉的《文献》(*Belgeler*)则专注于文献。最近还有一本新的杂志《奥斯曼档案》(*Archivum Ottomanicum*)问世。这是西方语言中唯一一本完全致力于奥斯曼历史研究的期刊。不幸的是,土耳其没有一本真正的西语学术期刊。

随着将视线从这三个国家转移到该地区的其他四个国家,重要出版物的数量逐步增加。保加利亚有几本历史期刊,其中《历史评论》(*Istoricheski Pregled*)、《保加利亚科学院历史研究所期刊》(*Izvestiia na Instituta za Istoriia pri BAN*)最为重要。自 1964 年在索非亚出版的《巴尔干研究》(*Études Balkaniques*)、1973 年以英文和法文双语出版的《保加利亚历史评论》(*Bulgarian Historical Review*)也非常有价值。还有大量重要文章发表在其他保加利亚期刊上。

罗马尼亚最主要的历史期刊是《研究:历史评论》(*Studii：Revistă de istorie*)。值得关注的还有两本历史刊物:《克卢日历史学院年鉴》(*Anuarul Institutlui de Istorie din Cluj*)和《科学研究与调查:历史部分,雅西》(*Studii și cercetăi științifice. Sectia Istorie，Iaşi*)。《东方研究学报》(*Studie et acta orientalia*)是更专业的期刊,有涉及奥斯曼帝国的材料。在西文刊物中有《罗马尼亚历史杂志》(*Revue roumaine lfhistoire*),经常转载罗马尼亚语期刊上发表的文章。更专业的是《东南欧研究评论》(*Revue des études sud-est européennes*),就像它的名字所表明的那样,每期至少有一篇相关文章。自 1963 年以来,《国际东南欧研究协会公报》(*Bulletin de l'Association Internationale des Études du Sud-Est Européen*)也在布加勒斯特出版。除了刊登协会的新闻外,它还发表文章。

303

在南斯拉夫,每个共和国都有一本历史期刊。《历史》(*Istorija*)在斯科普里出版。《史料》(*Istorijski Zapisi*)在铁托格勒(Titograd)出版。《波斯尼亚-黑塞哥维那历史学会历史年鉴》(*Godišnjak drtišva istoričara Bosne i Hercegovine*)与《萨拉热窝国家博物馆信使》(*Glasnik Zemaljskog muzeja u Sarajevu*)在萨拉热窝出版。《哲学辑刊》(*Zbornik Filozojske jakultete*)在卢布尔雅那出版。两个最大的共和国出版的是最老的两本刊物:在贝尔格莱德出版的《历史杂志》(*Istorijski časopis*)和在萨格勒布出版的《历史评论》(*Historijski pregled*)。各大学和学院出版了大量的辑刊和期刊。在更专业的期刊中,相关性最高的是萨拉热窝出版的《东方文献与历史文稿》(*Prilozi za orijentalnu filologiju i istoriju*)。鉴于杜布罗夫尼克的重要性,还应该查阅《杜布罗夫尼克的南斯拉夫科学与艺术学院历史研究所年鉴》(*Anali Historijskog instituta JAZU i Dubrovniku*)。自 1970 年以来,贝尔格莱德还出版了一本优秀的西语期刊《巴尔干》(*Balcanica*)。

和南斯拉夫一样,匈牙利也有大量的历史期刊。其中《世纪》(*Századok*)和《历史评论》(*Történelmi Szemle*)最重要。尽管这些期刊关注的是最近几个世纪的历史,但也有关于匈牙利在奥斯曼帝国时期的文章。除上述主要期刊外,以下期刊也很重要:《布达佩斯科学大学年鉴:历史部分》(*Annales Universitatis Scientiarium Budapestinensis de Rolando Eötvös nominatae, Sectio Historica*)、《德布勒森斯大学学报》(*Acta Universitatis Debreceniensis*)、《塞格迪恩斯大学学报》(*Acta Universitatis Szegediensis*)。更专业且非常重要的是《匈牙利科学院东方学报》(*Acta Orientalia Academiae Scientiarum Hungaricae*)。还有两本西文期刊《历史学报》(*Acta Historica*)和《新匈牙利季刊》(*New Hungarian Quarterly*),后者严格来说并不是学术期刊,只是面向受过普通教育的公众的读物。这两本期刊偶尔也会有关于奥斯曼帝国时期的优秀文章。

这份有关期刊的清单还远未完成。我不想通过列出俄文、意大利文和其他语言的期刊来扩展它,但由于它们的特殊重要性,在此,我还要再介绍五本。它们是荷兰出版的《东方经济和社会史杂志》(*Journal of the Economic and Social History of the Orient*)、布拉格出版的《东方档案》(*Archiv Orientálni*),波兰克拉科夫出版的《东方资料》(*Folia Orientalia*)、华沙出版的《东方评论》(*Przegląd Orientalistyczny*),以及莫斯科出版的《亚非人民》(*Naroda Asii i Afriki*)。那些希望超越上述基本文献但有选择专断性的人,应该转向期刊中引用书目的索引。

少量选定作者和书目的参考文献

304 为专著和文章列出一份可以与上文粗略选择的学术刊物相媲美的清单是不可能的,因为它会把许多优秀的学者排除在外。下面列出的不是从几千本书中任意挑选出来的学者,而是那些其著作令我获益最大的学者。这种方法肯定也忽略了一些更知名的作者,在此我谨向他们表示诚挚的歉意。

　　首先必须提到土耳其作家奥马尔·卢特菲·巴尔坎,正是他开始系统地使用土耳其人口普查数据和类似数据来研究奥斯曼帝国的人口和经济发展。据我所知,他只出版了一本书——《15 世纪和 16 世纪奥斯曼帝国农业经济的司法和金融原则》(*XV. ve XVI. astrlarda osmanll imperatorluǧunda zirai ekonominin hukuki ve mali esaslan*, Istanbul,1943),但他发表的大量重要文章使他成为该领域最重要的学者,包括他的文章《15 世纪末一些主要城市规范确定和检验商品和食品价格详情的法律》(XV asır sonunda bazı büyiik şehirlerde ve yiyecek figutlarının tesbit ve teftişi hususlarının tanzim eden kanunlar)刊登在《历史文献》(*Tarih Vesikalan*,1941)上;此外,还有刊登在 1955—1956 年《伊斯坦布尔大学研究》(*Istanbul Üniversitesi Iktisat fakültesi mecmuasi*)上的《奥斯曼帝国 1669—1670 年(伊历 1079—1080 年)财政年度预算》[1079—1080(1669—1670) mal yılına ait bir osmanlı büçesi]和《奥斯曼帝国 1660—1661 年(伊历 1070—1071 年)财政年度预算及其比较》[1070—1071 (1660—1661) tarihlı osmanlı büçesi ve bir mukayese],1964 年发表的《1488—1489 年(伊历 894 年)人头税的账面余额》(894(1488/1489) yılı Cizyesinin Tahsilâtına âit Blânçoları Muhasebe)。在《社会政治会议》(*Sosyal siyaset Konferansları*,Istanbul,1963)第 14 卷中载有他所著的《16—18 世纪土耳其建筑工人的法律地位》(*XVI-XVIII asırlarda Türkiyede Inşaat Işçilerinin Hukukı-Durumu*)。这个书单可以继续扩大。之前引用的科恩伦普夫的文献书目列出了巴尔坎的 31 项研究,但仍不完整。因此,这里只列出他的三项最重要的非土耳其语研究成果:刊登在 1956 年《让·博丹社会研究》(*Receuils Société Jean Bodin*,Bruxellex)第七卷上的《关于 16 世纪和 17 世纪奥斯曼城市经济和社会组织的一些观察》(Quelques observations sur l'organisation économique et sociale des villes ottomanes des XVIe et XVIIe siècles);刊登在 1957 年《东方经济社会史杂志》(*Journal of Economic and Social History of the Orient*)上的《15—16 世纪奥斯曼帝国人口普查记录统计资料考论》(Essai sur les données statistiques des registres de recensement dans I'Empire Ottoman aux XVe et XVIe siècles);刊登在迈克尔·E.库克(Michael E. Cook)主编的 1970 年《近东经济史研究》(*Studies in the Economic History of the Near East*,伦敦)中的《奥斯曼财政调查研究》(Research on the Ottoman Fiscal Surveys)。 305

　　哈利尔·伊纳契克是巴尔干地区最重要的土耳其历史学家。他对书籍、文章和百科全书的贡献惊人,创作了将近 100 部作品。他写的所有著作都具有价值,他的兴趣范围很广。他的开创性研究《15 世纪鲁梅利亚的基督徒西帕希及其起源:从斯特凡·杜尚到奥斯曼帝国》(XV asrıda Rumelide hlristiyan sipahiler ve menşeleri;Stefan Duşandan Osmanlı Imparatorluǧunda)发表在《福阿德·科普鲁卢研究》(*Fuad Köprülü Armaǧanı*)上,该文涉及奥斯曼帝国统治开始的时期;而他在雅典举行的第二届国际东南欧研究协会大会上发表的主旨论文的 1970 年单行本《奥斯曼帝国的衰落及其对雷亚的影响》(*The Ottoman Decline and its Effects upon the Reaya*)则涉及奥斯曼帝国统治结束的时期。在这两项研究所涉的话题中,几乎没有哪个是伊纳契克没有写过的。

前文已经提到,伊斯梅尔·哈克·乌祖察斯利是另一位多产的土耳其历史学家,他的名字在所有参考文献中都可以看到。他所著的两卷本《来自奥斯曼帝国的组织:波特的斯拉夫军团》(*Osmanlı devleti teşkilâtından*:*Kapıkulu ocaklân*,Ankara,1943—1944),论述了非常重要的招募和组织斯拉夫人力的问题。除了土耳其的学者之外,巴西利克·D.帕普利亚(Baslike D. Papoulia)在他非常有趣的《奥斯曼帝国"儿童税"的起源与本质》(*Ursprung and Wesen der "Knabenlese" im Osmanischen Reich*,München,1963)中对这一主题也进行了讨论。关于这一点,还应提及两部从不同角度讨论德夫舍梅招募成员的作品:艾哈迈德·雷菲克(Ahmed Refik)的《索库鲁》(*Sokollu*,Istanbul,1924),书中对大维齐尔的看法与南斯拉夫传记作家截然不同;拉多万·萨马季奇(Radovan Samardžić)的《帕夏穆罕穆德·索库鲁》(*Mehmed Paša Sokolović*,Beograd,1967)。

在保加利亚人中,无论是从作品质量还是数量来看,尼古拉·托多罗夫和比斯特拉·切维特科娃(Bistra Cvetkova)与巴尔坎和伊纳契克在土耳其人中的地位相同。托多罗夫在 1951—1964 年间共有 107 个著作条目,而他的大部分作品都是在 1964 年之后才出版的。仅在 1964—1969 年间,他就出版了其他 34 本著作。虽然他的创作从有档案来源的出版物到通俗文章,从一个历史时期到另一个历史时期,但他的主要兴趣是奥斯曼帝国时期,主要专业方向是经济史和城市史。他有点像一个经济决定论者,但他的作品对于任何研究奥斯曼帝国在东南欧统治的人来说都是不可或缺的。考虑到他的文章和书籍的数量,几乎不可能从中选出最好或最具代表性的。显然,与其他出版物相比,在写作本书的过程中对这些著作的引用,无论在脚注中还是在正文中都更为广泛。

比斯特拉·切维特科娃的兴趣没有托多罗夫那么广,她是一位奥斯曼主义者,也是世界上最好的奥斯曼主义者之一。她的作品也非常多样,包括文献出版物、专著、分期出版的长篇论文以及许多短篇文章。她的研究涉及行政管理、城市和农村经济以及奥斯曼帝国统治的几乎所有其他方面,但她的主要兴趣是她自己的民族及其在奥斯曼帝国统治下的生活。再次申明,除了前面提到的以外,我没有引用她的其他作品,但我可以毫无保留地推荐她的研究。

保加利亚作家加拉布·加拉波夫和维拉·穆塔夫基耶娃(Vera Mutafchieva)虽然不能与尼古拉·托多罗夫和比斯特拉·切维特科娃相提并论,但也是非常可靠和有价值的作家。我还发现伊万·斯内雷洛夫(Ivan Snegarov)的作品大都非常有趣,因为他专注于文化和宗教历史问题。他的同胞也发现其贡献很有价值,D.安吉洛夫(D. Angelov)和 J.尼科洛夫(J. Nikolov)于 1964 年在《保加利亚科学院历史研究所期刊》上发表了《伊万·斯内加雷夫院士的学术研究著作》(Nauchnoto delo na akademik Ivan Snegarov)。当时他已是 80 岁高龄。他最重要作品的参考书目也发表在这本杂志的同一期上。有一本书可以视为其贡献的具体例子:《土耳其统治对保加利亚及其他巴尔干国家文化生活的阻碍》(Turskoto vladichestvo prechka za kulturnoto razvitie na bulgarskia narod i drogite balkanski narodi,Sofia,1958)。

不可能列出所有保加利亚历史学家有价值的著作。一个额外的例子或许能满足读者。赫里斯托·甘德夫(Khristo Gandev)的著作《1600—1830 年保加利亚文艺复兴的原因》(Faktori na bulgarskoto Vzrazhdene,1600—1830 g.,Sofia,1943)可以作为他著作的典范,因为这本书涉及文化史。对系统性的经济史感兴趣的人应该查阅扎克·纳坦(Zhak Natan)的《保加利亚经济发展史》(Istoriia Ekonomicheskogo Razvitiia Bolgarii,Moscow,1961)的第一部分。针对整个巴尔干地区独一无二的书目是阿舍·卡纳奈尔(Asher Khananel)和伊莱·埃什肯纳齐(Eli Eshkenazi)编辑的《16 世纪巴尔干地区社会经济发展的犹太人资料》(Evrejski izvori za obshtestveno-ikonomicheskoto razvite na balkanskite zemi prez XVI vek.,Sofia,1960 年至今)。

值得注意的是,人们试图书写奥斯曼帝国统治下的保加利亚历史,这与其说是对学术的关注,不如说是对这一主题的关注。首先是洛丹·乔治耶夫(Iordan Georgiev)的《14 世纪末到 18 世纪末土耳其统治下的保加利亚》[Bolgarite pod turskoto robstvo(Ot krai na XIV do krai XVIII vek.),Sofia,1901]。接下来是阿洛伊斯·哈耶克(Alois Hajek)的《土耳其统治下的保加利亚》(Bulgarien unter der Türkenherrschaft,Stuttgart,1925)。20 世纪 30 年代,艾哈迈德·雷菲克(Ahmed Refik)出版了《土耳其统治下的保加利亚(973—1255)》[Türkidaresinde Bulgaristan(973—1255),Istanbul,1933]。这些书名显示出在奥斯曼帝国统治下 307

主要由保加利亚学者完成的作品的多样性和丰富性。

在诸多优秀的南斯拉夫学者中进行挑选同样困难。应该说,本书读者感兴趣的大部分研究都是以无法计数的论文形式发表的,这些文章通常附有用主要西方语言的摘要,在对给定主题进行任何细致研究之前,有必要先查找参考文献。这些文章通常是辅助性的专题研究。有两个例子可以说明这些研究在主题和详尽处理方式方面的重要性:布拉尼斯拉夫·杜乔尔杰夫(Branislav Djurdjev)所著的《关于士兵:土耳其封建主义的发展和波斯尼亚的封建土地问题》(O vojnucina. S osvortom na razvoj turksog feudalizma i na pitanje bosankog agaluka),载于《格陵兰岛博物馆之声》(Glasnik Zemaljskog muzeja)1947 年第 2 期的第 75—137 页;还有内迪姆·菲利波维奇(Nedim Filipović)所著的《奥斯曼封建主义述评(重点关注土地关系)》[Pogled na osmanski feudalizam(sa naročitim obzirom na agrarne odnose)],载于《波斯尼亚和黑塞哥维那的历史资料》(Godfšnjak Istoriskog drtištva Bosne i Herecegovine)1953 年第 4 期的第 1—146 页。在内迪姆·菲利波维奇的众多作品中,有一部非常有趣且针对少有探索的 1402 年奥斯曼帝国在安卡拉内战中的战败史的作品,即《君主穆萨与谢赫巴德尔丁》(Princ Musa i šejh Badreddin,Sarajevo,1971)。

上述两位学者是研究奥斯曼统治南斯拉夫时期的重要学者。杜乔尔杰夫的著作十分多,他对马克思主义有着非常强烈的信仰,这为他的大部分作品增添了色彩。虽然你不必赞同他所有的解释和观点,但其著作的基本学术品质不仅非常优秀,而且值得关注。但要公正地对待杜乔尔杰夫的广泛兴趣依然是不可能的。他的上述文章涉及经济学,但他也发表了《教会在塞尔维亚人民古代历史中的作用》(Uloga crkve u starijoj istoriji srpskog naroda,Sarajevo,1964),这实际上是直到 1766 年的佩奇史。杜乔尔杰夫还编辑了一些文集。例如,他与一些同事一起出版了《波斯尼亚、黑塞哥维那、兹沃尔尼克、克利斯、黑山和斯库塔里的桑卡的法律和法典》(Kanuni i kanunname za Bosanki,Hercegovački,Zvornički,Kliški,Crno-gorski i Skadarski sandžak)作为《土耳其丰碑》(Monumenta turcica,Sarajevo,1953)的第一卷。作为其编辑成果,杜乔尔杰夫还构思了一种向公众展示奥斯曼帝国史料的原创方式,并与米洛耶·瓦西奇(Miloje Vasić)一同编辑了《18 世纪末土耳其统治下的南斯拉夫》(Jugoslovenske zemlje pod turskom vlaščuu,do kraja XVIII stoljeća,Zagreb,1962),其中的文献、解释及相关文章构成了一个完整论述的一部分。对于南斯拉夫另一个地区的研究成果,杜乔尔杰夫出版了《16 世纪和 18 世纪土耳其统治下的黑山》(*Turska vlast u Crnoj Gori u XVI i XVIII veku*，Sarajevo，1953)。同样谈到这个话题的还有格利戈·斯坦诺维茨(Gligor Stanojević)的《16—17 世纪的黑山历史》(*Iz istorije Crne Gore u XVI i XVII vijeku*，Titograd，1959)，以及托米卡·尼基切维奇(Tomica Nikičević)和布兰科·帕维切维奇(Branko Pavičević)的《黑山文献：14—19 世纪》(*Crnogorske isprave*，*XIV—XIX vijeka*，Cetinje，1964)。

正如巴尔坎是土耳其学者的主要楷模一样，杜乔尔杰夫也是南斯拉夫学者的楷模。包括内迪姆·菲利波维奇(Nedim Filipović)在内的其他几位有着重要研究成果的学者也是一样，限于篇幅，只能谈及有限的几个人。

伊万·博季奇(Ivan Božić)撰写了相关的《14—15 世纪的土耳其和杜布罗夫尼克》(*Turska i Dubrovnik i XIV u XV veku*，Beograd，1952)。除了杜布罗夫尼克一章的脚注中所引用的作者外，以下著作显示了与城市共和国相关的各种研究主题：德拉甘·儒勒(Dragan Roller)的《15—17 世纪的杜布罗夫尼克的手工业》(*Dubrovački zanati u XV i XVII stojeću*，Zagreb，1951)、约瑟普·卢蒂奇(Josip Luetić)的《杜布罗夫尼克共和国的海军》(*Mornarica Dubrovačke republike*，Dubrovnik，1962)以及福克·温纳(Vuk Vinar)关于杜布罗夫尼克经济源源不断的文章。关于杜布罗夫尼克文化活动的文献非常丰富，谈到这些活动，人们自然会想起乔乔·塔迪奇。在他的诸多著作中最有名的可能是两卷本的《13—14 世纪杜布罗夫尼克画派的贡献》(*Gradja o slikarskoj školi i Dubrovniku*，*XIII—XIV veka*，Beograd，1952)。同时，人们还可以参考库诺·普里贾泰尔(Kuno Prijatelj)的《17—18 世纪达尔马提亚的艺术》(*Umjetnost XVII i XVIII stoljeća Dalmaciji*，Zagreb，1956)，以及 D.巴甫洛维奇(D. Pavlović)提供简短的文学概论《杜布罗夫尼克的文学和文化贡献》(*Iz književne i kulturne istorije Dubrovnika*，Sarajevo，1955)。

令我获益匪浅的学者还有哈西姆·萨巴诺维奇(Hazim Šabanović)、哈姆迪亚·克里塞夫列亚科维奇(Hamdija Kreševljaković)、格利沙·埃列索维奇(Gliša Elesović)、哈米德·哈季贝吉(Hamid Hadžibegić)。萨巴诺维奇的著作《波斯尼亚共和国的形成及其行政组织》(Bosanski Pašaluk；Postanak i Upravna podjela，Sarajevo，1959)以及克里塞夫列亚科维奇的《波斯尼亚与黑塞哥维那的队长与上尉》(*Kapetanije i kapetani u Bosni i Hercegovini*，Sarajevo，1954)在本书中都曾提及。他的另一部有趣的著作是《波斯尼亚和黑塞哥维那的行会与手工业》(*Esnafi i obrti u Bosni i Hercegovini*，Sarajevo，1957)。这些学者与其他诸多学者发表了以长文为主的大量优秀作品。

309　　接下来必须提到其他一些经济史的作者和书名。最古老的且仍有价值的著作是 M.尼契奇(M. Ninčić)的《土地法律关系史：土耳其人统治下的塞尔维亚农民》(*Istorija agrarnopravnih odnosa；srpskih tezaka pod Turcima*，Belgrade，1902)。康斯坦丁·巴斯塔克(Konstantin Bastaić)有一部同类主题的作品《15—17 世纪奥斯曼土耳其封建制度中蒂玛尔利的私有财产》(*imarsko vlasništvo u feudalnom sistemu osmanlijska Turske，od XV do XVII stoljeća*，Zagreb，1958)。涉及土耳其时期几乎所有经济问题的著作,特别是篇幅较长文章的数量令人印象深刻,但最容易找到的著作是米乔·米尔科维奇(Mijo Mirković)的《南斯拉夫经济史》(*Ekonomska historija Jugoslavije*，Zagreb，1958),这基本算是一部教科书,与奥斯曼帝国统治的几个世纪有关的内容不多。

在关于扎德鲁加的大量论著中,埃米尔·西卡德(Emile Sicard)的《家庭群体演变中的南斯拉夫扎德鲁加》(*La Zadruga Sud-slave dans l'evolution des groups domestiques*，Paris，1943)最适合用来了解这一主题。米连科·S.菲利波维奇(Milenko S. Filipović)的《非亲属的扎德鲁加及扎德鲁加的分裂》(*Nesrodnička i prevojena zadruga*，Beograd，1945)则讨论了一些非常有趣的特殊案例。

有几部著作关注了 1690 年的大规模移民,这场移民影响了塞尔维亚人、南斯拉夫人、教会甚至匈牙利历史的各个方面。具体包括杜桑·波波维奇(Dusan J. Popović)的《1690 年塞尔维亚大迁徙》(*Velika seoba Srba 1690*，Beograd，1954)。还有一部分时间更早但内容更为综合的著作,如亚历克斯·伊维奇(Aleksa Ivić)的《16 世纪、17 世纪和 18 世纪塞尔维亚向克罗地亚的移民》(*Migracije Srba u Hrvatsku tokum 16，17，i 18 stoleća*，Subotica，1926)。

最后,应该指出的是,杜乔尔杰夫不是唯一一个研究教会的学者。最古老的相关著作是伊拉里奥·鲁瓦拉克(Ilarion Ruvarac)逝世后出版的《1557—1690 年间佩奇的族长制》(*O pećkim patriarsima od 1557 do 1690*，Sremski Karlovci，1931)。19 世纪,米尔延科·武克切维奇(Miljenko Vukčević)出版了《1459—1557 年奥斯曼帝国的塞尔维亚民族、教会和牧师》(*Srpski Narod，crkva i sveštenstvo u turskom carstvu od 1459—1557 god.*，Belgrade，1896)。更专业的著作是斯维斯特斯拉夫·大卫杜维奇(Svestislav Davidović)的《塞尔维亚、波斯尼亚和黑塞哥维那的东正教,960—1930)》[*Srpska pravoslavna crkva u Bosni i Hercegovini (od 960 do 1930 god.)*，Sarajevo，1931]。

剩下的两个国家罗马尼亚和匈牙利，其历史著述与迄今为止的研究有着显著的不同。这完全可以理解。尽管与奥斯曼帝国有联系，但多瑙河公国都有自己的统治者，从这个意义上说，它们有自己不间断的政治历史。虽然它们的大部分地区受到奥斯曼帝国长达一个半世纪的统治，但匈牙利人也有一个国王、一个国会和一段不间断的政治史。因此，有关这些国家的研究重点一直在民族史上，而关于奥斯曼统治及其各个方面的研究却很少。 310

罗马尼亚历史都是由优秀学者撰写的。由19世纪伟大历史学家开创的传统在第一次世界大战后，特别是在第二次世界大战后继续蓬勃发展，产生了不计其数的作品。最微不足道的问题也受到了至少几篇文章的关注，地方历史和国家问题受到同等重视，几乎每一个人在任何领域为人类作出的贡献都得到了铭记。当然，这一卓越的工作不仅产生了具有先导作用的文献和优秀的书目、档案目录和其他原始材料等出版物，还产生了大量论文和文集。其中一些已经在注释或前文中提到。接下来将主要关注与奥斯曼帝国影响有关的主题，并尽可能地将视角集中在专著上。基于此，一些非常重要的人名，包括安德烈·奥特泰（Andrei Oțetea）、斯特凡·斯特凡内斯库（Ştefan Ştefănescu）、康斯坦丁·C.朱雷斯库（Constantin C. Giurescu）、米哈伊尔·贝扎（Mihail Berza）以及奥斯曼帝国时期优秀的经济学家玛丽·亚历山大·德尔斯卡（Marie M. Alexandrescu-Dersca）将予以省略或基本不提及。但由于我从他们的著作和长谈中获益匪浅，而这篇综述又是以"对我本人有教育意义"为标准的，所以必须在此提及他们的名字以表感激之情。

讨论过奥斯曼帝国和摩尔达维亚之间关系的还有N.A.康斯坦丁内斯库（N. A. Constantinescu）的《土耳其在摩尔达维亚领主地位的起源与确立》（*Începuturile şi stabilirea suzeranităţii turcesti în Moldova*，Bucharest，1914），以及C.朱雷斯库的《摩尔达维亚与奥斯曼宫廷的投降协定》（*Capitulaţiile Moldovei cu Poarta Otomană*，Bucharest，1908）。与奥斯曼问题密切相关的还有H. Dj.西鲁尼（H. Dj. Siruni）的《奥斯曼宫廷的罗马尼亚领主》（*Domnii romîni la Poarta Ottomaoo*，Bucharest，1941）以及乔治·穆勒（Georg Müller）的《土耳其在特兰西瓦尼亚的统治及特兰西瓦尼亚与土耳其宫廷的宪法关系》（*Die Türkenherrschaft in Siebenbürgen. Verfassungsrechtliche Verhältnisse Siebenbürgens zur Pforte*，Bucharest，1938）。

关于奥斯曼帝国的研究，有两位罗马尼亚学者引人注目：米哈伊尔·古博格鲁（Mihail Guboglu）和卡尔·戈尔纳（Carl Göllner）。古博格鲁已经出版了前述著作及其他一些文献，还有一本奥斯曼古地图手册和几篇论文。他是一位杰出的突厥学家。他与他的年轻同事穆斯塔法·穆罕默德(Mustafa M. Mehmet)合作,翻译并出版了具有挑战性的《关于罗马尼亚土地的土耳其编年史,15 世纪—18 世纪中叶》[Cronici turceşti privind ţările romane(Extrase,sec. XV-mijlocul sec. XVIII),Bucharest,1966]。这是规划中的系列书目中的第一部。

卡尔·戈尔纳有一部两卷本著作《突厥学:16 世纪的欧洲土耳其参考文献》(Turcica,die europüischen Türkendrücke des XVI Jahrhunderts,Bucharest-Berlin,1961;Bucharest-Baden-Baden,1968)而广为人知,尽管他的兴趣和著作现已涵盖各种各样的主题,但他关于奥斯曼帝国时期的文章仍然值得关注。

当然,罗马尼亚历史上的主要人物,如勇敢的米哈依、斯特凡大帝或迪米特里·坎特米尔,与一些次要人物一样都是某些人物传记的主角,而有些研究关注的是那些在罗马尼亚之外的名人。例如,其中包括卡米尔·穆雷安(Camil Mureşan)的《匈雅提·亚诺什》(Iancu de Hunedoara,2nd ed.,Bucharest,1968)以及有关马夫罗科达托斯(Mavrocordatos)家族的重要著作——亚历山大·斯图尔扎(Alexandru A. C. Sturdza)的《马夫罗科达托斯家族在东欧的历史作用(1660—1830年)》(L'Europe Orientale et la Role Historique des Maurocordato,Paris,1913)。

下列三本书分别代表罗马尼亚三个主要地区经济史极其丰富的文献:瓦莱丽娅·科斯特切尔(Valeria Costăchel)、P. P.帕纳泰斯库(P. P. Panaitescu)和 A.卡扎库(A. Cazacu)的《14—17 世纪瓦拉几亚和摩尔达维亚的封建生活》[Viaţa feudată în Ţara Romanescî şi Moldova(sec. XIV—XVII),Bucharest,1957);V.米霍德(V. Mihordea)的《18 世纪摩尔达维亚的土地状况》(Relaţiile agrare din secolul al XVIII-lea în Moldova,Bucharest,1968);最后一本同样重要的是,特兰西瓦尼亚杰出的经济史学家萨缪尔·戈登伯格(Samuil Goldenberg)的著作之一《16 世纪的克卢日:商品生产与交换》(Clujul în sec. XVI. Producţia şi schimbul de mărjuri,Bucharest,1958)。

最后一个主题是几乎无所不在的城市史。与布加勒斯特有关的两部著作显示了该主题的多样性:米兰·波波维奇(Milan Popovici)的《布加勒斯特市的金融史面面观》(Apecte din istoria finanţelor oraşulului Bucureşti,Bucharest,1960)帕奈特·I.帕奈特(Panait I. Panait)的《布加勒斯特人民反对土耳其-法纳尔政权的斗争面面观,1716—1821 年》[Aspecte din lupta populaţiei bucureştene împotriva regimului turco-fanariot(1716—1821),Bucharest,1962]。在各类城市史中,我更喜欢丹·贝林迪(Dan Berindei)的《罗马尼亚首都布加勒斯特市(1459—1862 年)》

[*Oraşul Bucureşti, reşedinţă şi capitală Ţarii Româneşti*（1459—1862），布加勒斯特，1963]，因为它是最好的参考书目。

特兰西瓦尼亚的历史也已从各个可能的角度进行了研究。就经济史而言，除了已经被引用的戈登伯格的著作，最好的例子就是大卫·普罗丹（David Prodan）三卷本的不朽研究《16世纪特兰西瓦尼亚的农奴制》（*Iobăgia în Transilvania în secolul al XVI-lea*，Bucharest，1967—1968）。关于1526年莫哈奇战役后关键时期的外交史，最好的研究成果是罗迪卡·乔肯（Rodica Ciocan）撰写的《查理五世时期哈布斯堡对特兰西瓦尼亚的政策（1526—1556年）》[*Politica Habsburgilor faţă de Transilvania în tempullui Carol V*（1526—1556），Bucharest，1945]。斯特凡·帕斯库的《公国时期的特兰西瓦尼亚：土耳其宗主国时代，1541—1691年》（*Transilvania în epoca principatului. Timpul suzeranităţii turçest*，1541—1691，Cluj，1948）介绍了独立公国的历史。 312

宗教和文化史的最佳著作是"圣经研究和东正教传教士协会"（Bible Study and Orthodox Missionary Society）出版的两卷本文集《罗马尼亚教会史》（*Istoria bisericii române*，Bucharest，1957—1958），以及 P. P. 帕纳伊泰斯库（P. P. Panaitescu）的《罗马尼亚文化史导论》（*Introducere in istoria culturii românești*，Bucharest，1969）。

最后，已经提到的外语出版物系列《罗马历史百科全书》（*Bibliotheca Historica Romaniae*）迄今已出版了三卷与本研究所涉时期相关的书籍。前文引用的第七卷是由斯特凡·帕斯库（Ştefan Pascu）撰写的《特兰西瓦尼亚人民委员会，1437—1438年》（*Der Transsilvanische Volksaufstand*，1437—1438），Bucharest，1964）。接下来的第三十六卷是 V. 米霍德（V. Mihordea）的《17世纪罗马尼亚公国的土地和农民》（*Maîtres du sol et paysans dans les Principautés Roumaines au XVIIle siècle*，Bucharest，1971），以及第四十一卷保罗·切尔诺迪阿努（Paul Cernovodeanu）所著的《英国在黎凡特的贸易政策，1660—1714年》（*England's Trade Policy in the Levant*，1660—1714，Bucharest，1972），该书重点论述了罗马尼亚的土地贸易。

就诸多方面而言，匈牙利学者和他们的著作与罗马尼亚人的案例相似。还有文章和专著中提到的大量未能引用的著作，因为尽管它们很重要，但它们涉及的主题与本书内容不相关。限于篇幅，在此只能提及西格斯蒙德·保罗·帕奇（Zsigmond Pál Pach）、卡曼·本达（Kálmán Benda）、拉斯洛·马克凯（László Makkai）、克拉拉·赫吉（Klára Hegyi），实际上还有许多令我从其著作中受益的作者。

匈牙利人一直对土耳其事务感兴趣,从阿明·范伯利(Ármin Vámbery)开始,有几位具有国际声誉的学者,包括吉拉·内梅斯(Gyula Németh)、路易斯·布莱克(Lajos Fekete)、吉拉·卡林达·纳吉。不过,他们的大部分著作是纯粹突厥学或是方法论的,或是一个范围广大的文献出版计划,据此出版了大量与县、市有关的材料,包括作为一个整体的被占领区的材料。基于此,涌现了大量与上述主题有关的优秀论文,甚至家庭档案也因寻找土耳其语材料而得到梳理,并陆续出版。

这些著作都很有价值,但涉及纯历史题材的研究相对较少,这也可以理解。在发现草原城镇和其他一些问题的重要性之前,匈牙利历史学家将土耳其人控制的地区与哈布斯堡家族统治的匈牙利、斯洛伐克或特兰西瓦尼亚的生活和发展相比较时,发现他们对土耳其人控制的地方没什么兴趣。因此,很少有人关注土耳其统治时期。桑多·塔卡斯(Sándor Takáts)出版了三卷本的《土耳其时代概览》(*Rajzok a török világból*,Budapest,1915—1917)。他的著作被玛丽亚·施瓦布(Mária Schwab)的《土耳其占领时期草原城镇的司法发展》(*Az igazságszolgáltatás fejlödése a török hódoltság idején az alföldi városokban*,Budapest,1939)以及兹索尔特·帕凯(Zsolt Pákay)的《土耳其统治下的维斯普雷姆县史:基于 1531—1696 年的人头税》(*Veszprém vármegye története a török hódoltság korában a rovtásado összeirása alapján, 1531—1696*,Veszprém,1942)所超越。聚焦土耳其时期的同类研究还有保罗·Z.萨博(Pál Z. Szabó)的《土耳其的佩奇市》(*A török Pécs*,Pécs,1958)。期刊文献的重要性再怎么强调也不为过,因为它包含了大量的精品研究。吉拉·卡林达·纳吉刊登的《关于从土耳其统治的领土流向西方的货物统计》(Statisztikai adatok a török hódoltsági terület nyugat féle irányuló áruforgalmáról)就是这样的一个范例,此文刊登在《1965—1966 年历史统计年鉴》(*Történeti Statisztikai Évkönyv*,1965—1966)第 27—97 页。

专题文献集中在哈布斯堡王朝统治下的匈牙利和特兰西瓦尼亚。关于匈牙利将在本系列的另一本书中进行讨论。关于特兰西瓦尼亚,前文已经提到大量出版文献。其中,至少有一部著作描述了每一位主要历史人物,分析了不同君主的政策。总之,学者们对特兰西瓦尼亚公共生活的方方面面都进行了研究。几个例子足以说明受到关注的各种主题:路易斯·萨迪基·卡尔多斯(Lajos Szádecky-Kardoss)在《塞凯伊人的历史与宪法》(*A székely nemzet története és alkotmánya*,Budapest,1927)中论述了有关塞凯伊人的问题,而乔治·博尼斯(György Bónis)的《塞凯伊人的法律、匈牙利人的法律》(*Székely jog, magyar jog*,Kolozsvár,1942)

313

则讨论了这个国家奇异的双重立场。有关塞凯伊更详细的历史著作是伊斯特凡·鲁贡福尔维·凯斯（István Rugonfalvi Kiss）所著的三卷本《高贵的塞凯伊民族》（*Anemes székely nemzet képe*，Debrecen，1939—1940）。

关于特兰西瓦尼亚的民族和宗教承认问题的一项有趣的研究是米克洛斯·恩德斯（Miklós Endes）的《特兰西瓦尼亚的三个民族和四种宗教的自治史》（*Erdély Három nemzete és négy vallása autonomiájának története*，Budapest，1935）。对于本书中所涉及的特兰西瓦尼亚的历史时期，以下著作尤其令人感兴趣：查尔斯·拉姆（Károly Lám）的《特兰西瓦尼亚的议会组织，1541—1848》（*Az erdélyi országgyülés szervezete，1541—1848*，Kolozsvár，1918）；吉拉·瓦杰达（Gyula Vajda）的《特兰西瓦尼亚公国时期与奥斯曼宫廷的关系以及与兼任匈牙利国王的德意志皇帝的关系，1540—1690》（*Erdély viszonya a portához és a német esászárhoz mint magyar királyhoz a nemzeti fejedelemség korában，1540—1690*，Kolozsvár，1891）；约翰·利普塔克（Johann Lipták）的《土耳其在特兰西瓦尼亚公国的税收史》（*A portai ado története az erdélyi fejedelemségben*，Késmárk，1911）；文塞尔·比罗（Vencel Biró）的《在奥斯曼宫廷的特兰西瓦尼亚大使》（*Erdély követei a portán*，Kolozsvár，1921）；伊姆雷·卢基尼奇（Imre Lukinich）的《1540—1711 年土耳其征服期间特兰西瓦尼亚领土的变化》（*Erdély területi változásai a török hóditás korában，1541—1711*，Budapest，1918）；玛丽亚·圣捷尔吉（Mária Szentgyörgyi）的《16 世纪和 17 世纪特兰西瓦尼亚农奴的义务》（*Jobbágyterhek a XVI—XVII. századi Erdélyben*，Budapest，1962）。F.加布里埃拉·加斯帕尔（F. Gabriella Gaspar）的《特兰西瓦尼亚王子试图获得波兰王位》（*Az erdélyi fejedelmek törekvései a lengyel tronra*，Debrecen，1943）是一部非常好的研究成果，但其结论令人质疑。

以下这些书目大都已过时，但由于新的学术成果集中于其他主题，因此有必要记住它们。尽管最近的研究非常重要，但它们要么过于专业而无法引用，要么未涉及本书所谈的问题。期待匈牙利当代杰出的历史学家能够出版一部研究成果，对法国学者 A.勒法伊夫（A. Lefaivre）未能在其两卷本的《奥斯曼帝国统治下的匈牙利马扎尔人，1526—1722 年》（*Les Magyars pendant la domination ottomane en Hongrie，1526—1722*，Paris，1902）中成功解答的问题进行公正的讨论。

捷克人对于东南欧有着悠久的写作传统，从著名的约瑟夫·康斯坦丁·吉雷切克（Josef Konstantin Jireček）开始，他出版了《保加利亚民族史》（*Dějiny naroda bulharskeho*，Praha，1876）和更著名的两卷本《塞尔维亚人的历史》（*Geschichte der*

314

Serben，Gotha，1911—1918），这两本书都被翻译并重新发行。他的继任者约瑟夫·卡伯达（Josef Kabrda）写过许多关于土耳其和巴尔干的研究文章，还有用法语写的优秀著作《从土耳其文献看奥斯曼帝国东正教的税收制度》（*Le système fiscal de l'Église orthodox dans l'Empire ottoman d'après les documents turcs*，Brno，1969）。捷克斯洛伐克的年轻学者目前做的工作都非常出色。

波兰也有杰出的奥斯曼学家，其中包括著名的简·雷克曼（Jan Reychmann），他和亚拿尼亚（Ananiasz）出版了《奥斯曼土耳其外交概述》（*Zarys Dyplomatyki Osmánko-Tureckiej*，Warszawa，1955）。该书由安德鲁·埃伦克鲁兹（Andrew Ehrenkreutz）翻译成英文，即《奥斯曼-土耳其外交手册》（*Handbook for Ottoman-Turkish Diplomatics*，Hague，1968）。扎亚茨科夫斯基（ZaYaçzkowski）还与齐格蒙特·阿布拉罕莫维奇（Zygmunt Abrahamowicz）一起编辑了《土耳其语文献目录：与波兰及其邻国的相关文件，1455—1672 年》（*Katalog dokumentów tureckich. Dokumenty do Djzeijów Polski i krajów ościennych w latach 1455—1672*，Vol. 1，Warszawa，1959）。还需要补充一个例子：弗拉迪斯拉夫·科诺普钦斯基（Wladislaw Konopczyński）的《波兰与土耳其，1683—1792 年》（*Polska u Turcija*，*1683—1792*，Warszawa，1936），这本书表明，就土耳其问题，波兰有太多工作要做。

315　　总之，必须对西方世界的学术作一些一般性评论。以下提到的作者和相关作品都很有名，也很容易获得，因此只作一简要介绍，希望读者能够谅解。

了解和研究奥斯曼人生活的愿望很久以前就开始了，其中最优秀的旅行家德·布斯贝克在前文已经提到。随着哈默-普斯泰尔的著作，西方学者开始撰写奥斯曼历史。这一传统延续至今。书写奥斯曼人的历史学家大致可以分为两类：真正的专家和那些对奥斯曼主题感兴趣并写了一些有价值东西的人，尽管他们的大部分著作写的都是其他方面的历史。

在奥斯曼专家中，既有像克劳德·卡恩（Claude Cahen）或保罗·维特克（Paul Wittek）这样的人，他们的主要兴趣不是奥斯曼帝国之前的突厥人，就是奥斯曼帝国的建立。其他则有像弗兰兹·巴宾格、哈罗德·鲍恩、亚历山大·本尼格森（Alexandre Bennigsen）、贝尔托德·斯普勒（Bertold Spuler）、卡尔·布罗克尔曼（Carl Brockelmann）以及哥哈达·雅克（Gotthard Jäschke）这样的专家，他们探讨了各种各样的话题，涵盖了奥斯曼历史的各个时期。他们的作品对于涉足奥斯曼帝国历史任何方面的人来说都是不可或缺的，但是对于奥斯曼帝国统治下的东南欧问题，他们的著作却鲜有触及。俄罗斯专家同样如此。瓦西里·巴特霍尔德［Vasilii V. Barthold，也称威廉姆·巴特霍尔德（Wilhelm Barthold）］是研究早期突厥学者之一，安纳托利·F.米勒（Anatolii F. Miller）则是研究奥斯曼帝国晚期的学者之一。

巴内特·米勒（Barnette Miller）、悉尼·N.费舍尔（Sydney N. Fisher）、艾伯特·莱比尔（Albert Lybyer）、哈罗德·兰姆（Harold Lamb）、海丝特·D.詹金斯（Hester D. Jenkins）、罗杰·B.梅里曼（Roger B. Merriman）和其他人写了一本或多本主要或在多数情况下基于西方语言资源的很有价值的书。年轻学者中最好的例子是斯坦福·J.肖（Stanford J. Shaw）和小斯佩罗斯·维约尼斯（Speros Vryonis, Jr.），他们将全面的奥斯曼学者训练与区域语言知识和广泛的兴趣结合起来，对奥斯曼帝国及其在奥斯曼统治下的人民进行同等价值的研究。

从奥斯曼学者转向巴尔干学者，前文提到的大多数学者（如舍维尔①）主要依赖西方语言资源。像休·塞顿·沃森（Hugh Seton Watson）或匈牙利学者埃米尔·尼德豪泽（Emil Niederhauser）这样的学者掌握了撰写奥斯曼帝国统治下东南欧所需的所有语言和历史，但这样的学者人数不多，而且迄今为止，在研究这一领域时，他们的注意力都集中在19世纪和20世纪。尽管该地区有许多优秀的专家熟悉不止一种地区语言，这些专家包括查尔斯（Charles）和芭芭拉·耶拉维奇（Barbara Jelavich）、韦恩·武契尼奇（Wayne Vuchinic）、迈克尔·B.彼得罗维奇（Michael B. Petrovich）、盖尔·斯托克斯（Gale Stokes）、乔治·卡斯特兰（Georges Castellan）、乔治·豪普特（Georges Haupt），还有许多人属于这一类，但他们要么缺乏奥斯曼土耳其人的知识，要么把研究集中在过去的两个世纪。像勒芬·S.斯塔夫里阿诺斯和特拉扬·斯托亚诺维奇（Traian Stojanovich）这样的人在西方很少见。这就是熟悉东南欧学者的工作为什么如此重要的原因。在年轻学者中，人们再次发现，他们的训练、兴趣以及已经证明的能力表明，有关奥斯曼帝国统治下的东南欧的研究工作将继续进行。除了几个欧洲学者之外，这些年轻的学者中还包括美国的小约翰·V. A.费恩（John V. A. Fine, Jr.）。

对于上文提到的每个名字，至少同时忽略了十多位学者，而对于每个被引用的标题，至少同时忽略了另外的四分之一。就像整本书是一个广泛的调查一样，这篇文献综述也是一个广泛的调查，它试图表明已经有足够的资料来源和二手著作出版，而这有助于对本书所涉及的大多数问题进行深入研究。如果能够确保对东南

316

① 此处原文还提到了一位作者Gewehr。但前文并未出现这位作者。应该是原文有误。——译者注

欧档案和图书馆的使用,甚至可以完成更多工作,而已经出版的文献使得居住在该地区以外的学者能够对大多数主题进行详细研究。

【注释】

[1] Mihail Guboglu, "Les Documents Turcs de la Section Orientale de la Bibliotheque 'V. Kolarov' de Sofia et leur importance pour l'Histoire des Pays Roumains," *Studia et Acta Orientalia* (Bucharest), no.3,1960—1966,p.93.文章将纳罗德纳塔图书馆(Narodnata Biblioteka)重新命名为"西里尔与美索迪乌斯图书馆"("Kiril i Metodii"),不仅描述了藏品的组织情况,而且提供多位重要的保加利亚几位专家的书目。对那些关注这座图书馆的人来说,该文值得一读。

[2] Elena Savova, ed., *Les Etudes Balkaniques et Sud-est Européennes en Bulgarie*;*Guide de Documentation*, Sofia:BAN,1966,p.40.其中,第36—47页有保加利亚档案的所有信息,包括一些土耳其时期的相关材料。

[3] 1965 年,罗马尼亚将其官方名称从罗马尼亚人民共和国改为罗马尼亚社会主义共和国时,缩写 R.P.R.改为 R.S.R.

附　表

		出生时间	登基时间	结束统治时间
1	奥斯曼一世（Osman I）	大约 1258 年	1281/1300 年[a]	1324 年[1]
2	奥尔汗（Orhan）	1288 年	1324 年	1360 年
3	穆拉德一世（Murad I）	1326 年	1360 年	1389 年
4	巴耶济德一世（Bāyezid I）	大约 1360 年	1389 年	1402 年
	政权更迭空白（Interregnum）[3]			
5	穆罕穆德一世（Mehmed I）	1389 年	1413 年	1421 年
6	穆拉德二世（Murad II）	1404 年	1421 年	1444 年[1]
			1446 年[2]	1451 年
7	穆罕穆德二世（Mehmed II）	1432 年	1444 年	1446 年
			1451 年[2]	1481 年
8	巴耶济德二世（Bāyezid II）	1448 年	1481 年	1512 年
9	塞利姆一世（Selim I）	1470 年	1512 年	1520 年
10	苏莱曼一世（Süleyman I）	1494 年	1520 年	1566 年
11	塞利姆二世（Selim II）	1524 年	1566 年	1574 年
12	穆拉德三世（Murad III）	1546 年	1574 年	1595 年
13	穆罕穆德三世（Mehmed III）	1566 年	1595 年	1603 年
14	艾哈迈德一世（Ahmed I）	1590 年	1603 年	1617 年
15	穆斯塔法一世（Mustafa I）	1592 年	1617 年	1618 年[b]
			1622 年[2]	1623 年[b]

续表

		出生时间	登基时间	结束统治时间
16	奥斯曼二世(Osman II)	1604 年	1618 年	1622 年[b, c]
17	穆拉德四世(Murad IV)	1609 年	1623 年	1640 年
18	易卜拉欣(Ibrahim)	1615 年	1640 年	1648 年[b, c]
19	穆罕穆德四世(Mehmed IV)	1642 年	1648 年	1687 年[b]
20	苏莱曼二世(Süleyman II)	1642 年	1687 年	1691 年
21	艾哈迈德二世(Ahmed II)	1643 年	1691 年[c]	1695 年
22	穆斯塔法二世(Mustafa II)	1664 年	1695 年	1703 年[b]
23	艾哈迈德三世(Ahmed III)	1673 年	1703 年	1730 年[b]
24	马哈穆德一世(Mahmud I)	1696 年	1730 年	1754 年
25	奥斯曼三世(Osman III)	1699 年	1754 年	1757 年
26	穆斯塔法三世(Mustafa III)	1717 年	1757 年	1774 年
27	阿卜杜勒哈米德一世(Abdülhamid I)	1725 年	1774 年	1789 年
28	塞利姆三世(Selim III)	1761 年	1789 年	1807 年[b] / 1808 年[c]
29	穆斯塔法四世(Mustafa IV)	1779 年	1807 年	1808 年[b, e]
30	马哈穆德二世(Mahmud II)	1785 年	1808 年	1839 年
31	阿卜杜勒梅塞德一世(Abdülmecid I)	1823 年	1839 年	1861 年
32	阿卜杜勒阿齐兹(Abdülaziz)	1830 年	1861 年	1876 年[b, c]
33	穆拉德五世(Murad V)	1840 年	1876 年	1876 年[b]
34	阿卜杜勒哈米德二世(Abdülhamid II)	1842 年	1876 年	1909 年[b]
35	穆罕默德五世·雷沙德(Mehmed V Reşad)	1844 年	1909 年	1918 年
36	穆罕穆德六世(Mehmed VI)	1861 年	1918 年	1922 年[b]
	瓦赫丁(Vahdeddin)			
37	阿卜杜勒梅塞德二世(Abdülmecid II)[e]	1868 年	1922 年	1924 年

注:a. 1281 年成为封建领主,1300 年成为独立的统治者。

b. 被废黜。

c. 被谋杀。

d. 自杀身亡①。

e. 仅拥有哈里发头衔。

1. 退位年份。

2. 恢复统治。

3. 政权更迭大间歇(Devir Fetret):1402 年 7 月 28 日至 1413 年 7 月 5 日。

---

① 原书中未标出 d。——译者注

附表 2　掌权者

君主	权力中心	开始时间	结束时间
伊萨(Isa)	布勒克埃西尔/布尔萨 (Balıkesir/Bursa)	1402 年	1403 年
穆萨(Musa)	布尔萨	1403 年	1404 年(从伊萨手中取得布尔萨)
穆罕穆德	阿马西亚(Amasya)	1402 年	1404 年
	阿马西亚/布尔萨	1404 年	1413 年(联合安纳托利亚从穆萨手中取得布尔萨)
苏莱曼	埃迪尔内(Edirne)	1402 年	1411 年
穆萨	埃迪尔内	1411 年	1413 年(迁往欧洲,从苏莱曼手中取得埃迪尔内)

注:1413 年,穆罕穆德击败穆萨,占领埃迪尔内,统一了帝国。

附录　大维齐尔

　　根据尚未得到文献证实的传统习俗,苏丹奥尔汗先后任命他的兄弟和一个儿子担任奥斯曼帝国的前两任大维齐尔。从那时起,直到1861年11月苏丹阿卜杜勒阿齐兹(Sultan Abdülaziz)废除这个职位,共有178人担任过大维齐尔,其中有些人还担任了不止一次。

　　这个职位有威望、有权力,但也充满凶险。除了要不断受苏丹变动不居的情绪与好恶的影响之外,大维齐尔还面临诸多危险。在奥斯曼帝国存续期间,有6位大维齐尔在战斗中丧生,3位遭到暗杀,21位被统治者处决。只有22位大维齐尔在任职期间自然死亡。

　　大多数大维齐尔的任期都很短。任期不到一年的并不罕见,而且少数情况下还有任职仅几个小时的。在任职没有中断的大维齐尔中,任职时间最长的有如下几位:

　　　　卡拉·哈利尔·森德里(Kara-Halil Cenderli,穆拉德一世①统治时期)——25年

　　　　阿里·森德里(Ali Cenderli,穆拉德一世②和巴耶济德一世统治时期)——18年

　　　　穆罕穆德·索库鲁(Mehmed Sokollu,苏莱曼一世、塞利姆二世和穆拉德三世统治时期)——15年

　　　　艾哈迈德·科普鲁卢(Ahmed Köprülü,穆罕穆德四世统治时期)——15年

　　　　易卜拉欣(Ibrahim,苏莱曼一世统治时期)——13年

---

①② 原文"Murad II"有误,根据下文的统治时间,此处应为"Murad I",即穆拉德一世。——译者注

　　此外,森德里和科普鲁卢两大家族建立了维齐尔王朝。担任大维齐尔的森德里家族成员包括:

　　　　卡拉·哈利尔(Kara-Halil):1359—1385 年

　　　　阿里(Ali,卡拉·哈利尔的儿子):1386—1404 年

　　　　易卜拉欣(Ibrahim,阿里的儿子):1411 年

　　　　巴耶济德(Bāyezid):1418 年

　　　　哈利尔(Halil,易卜拉欣的儿子):1429—1453 年

　　　　易卜拉欣(Ibrahim,哈利尔的儿子):1497—1499 年

担任大维齐尔的科普鲁卢家族成员包括:

　　　　穆罕穆德(Mehmed):1656—1661 年

　　　　艾哈迈德(Ahmed,穆罕穆德的儿子):1661—1676 年

　　　　卡拉·穆斯塔法(Kara Mustafa,穆罕穆德的侄子):1676—1683 年

　　　　穆斯塔法(Mustafa,穆罕穆德的儿子):1689—1691 年

　　　　侯赛因(Hüssein,穆罕穆德的侄子):1697—1702 年

　　　　努曼(Numan):1710 年

大事年表

(1345—1801 年间,奥斯曼帝国在欧洲的重大军事战役、和平条约及领土损益)

1345 年	第一次欧洲征服。
1349 年	第二次欧洲征服。
1352 年	征服齐姆佩。
1354 年	征服加里波利。
1354—1356 年	沿马尔马拉海西岸征服色雷斯东部,包括泰基尔达(Tekirdağ,Daidestos,Rodosto)、乔尔卢(Çorlu,Tsorulon,Tsouroullos)和狄迪蒙特乔斯(Didymoteichos,Dimetoka,Dimotika)在内的多个城市。
1360—1366 年	征服马里察河下游以东的色雷斯,包括斯塔拉·扎戈拉(Stara Zagora,Eskizağra)。
1365 年	征服埃迪尔内和普洛夫迪夫;杜布罗夫尼克同意纳贡。
1366 年	在维丁战败;失去加里波利。
1366—1369 年	征服在罗多彼与巴尔干山脉之间的保加利亚中部。
1371 年	在基尔曼取得胜利,随后于 1375 年征服埃尔霍沃(Elkhovo,kızılağaç)、扬博尔(Jambol,Yanbolu)、埃托斯(Aitos,Aetos,Aydoz)、波尔贾诺夫格勒(Poljanovgrad,Karnobat,Karınabad)、索佐波尔(Sozopol,Sosopol,Sözebolu)、伊赫蒂曼(Ihtiman)、萨马科夫(Samakov)。

1371 年	黑山宣布独立。
1372 年	保加利亚统治者接受附庸地位。
1376 年	拜占庭将加里波利归还给奥斯曼帝国。
1380 年	跨过瓦尔达尔河,征服比托拉。
1383 年	征服塞雷。
1385 年	征服索菲亚。
1386 年	征服尼什。
1387 年	在托普尼察河(Topolnica, Toplica)战败;首次征服萨洛尼卡。
1388 年	在普洛科尼克战败;越过巴尔干山脉征服科拉罗夫格勒(Ko-larovgrad, Šumen, Şumnu)、普罗瓦迪亚(Provadija, Pravadi)、新帕扎尔。
1389 年	第一次科索沃战争;第一次入侵匈牙利。
1390—1391 年	海军首次入侵希奥斯、哈尔基斯(Halkis, Chalkis, Negroponte)、阿提卡。
1391 年	征服斯科普里。
1391—1398 年	第一次围攻君士坦丁堡。
1393 年	征服西利斯特拉。
1394 年	征服特尔诺沃和尼科波利斯;袭击伯罗奔尼撒半岛(摩里亚)。
1395 年	在阿尔奇河战役中,瓦拉几亚同意纳贡;入侵匈牙利。
1396 年	尼科波利斯战役。
1398 年	征服维丁。
1397—1399 年	入侵色萨利、多里斯(Doris)、洛克里斯(Locris)、摩里亚东北、阿尔巴尼亚南部和埃庇鲁斯。
1403 年	萨洛尼卡失守。
1416 年	与威尼斯发生一场没有结果的战争。
1419 年	与瓦拉几亚发生战争,攻占吉尔吉。
1420 年	第一次攻打特兰西瓦尼亚。
1421 年	攻打特兰西瓦尼亚,摧毁布拉索夫。
1422 年	第二次围攻君士坦丁堡。
1423—1430 年	与威尼斯发生战争。

1430 年	收复萨洛尼卡;征服大部分埃庇鲁斯和南阿尔巴尼亚;对摩里亚发动新的袭击。
1432 年	入侵特兰西瓦尼亚。
1437 年	与匈牙利发生战争。
1438 年	入侵特兰西瓦尼亚。
1439 年	征服斯梅德里沃(Smederevo,Semendriye,Szendrö);波斯尼亚同意纳贡;在第一次斯兰卡曼战役中获胜。
1441 年	在贝尔格莱德战败。
1441—1442 年	入侵特兰西瓦尼亚。
1442 年	攻打匈牙利,在雅洛米察(Ialomiţa,Jalomica)战败。
1443 年	匈牙利反攻维丁和索非亚;签订《塞格迪停战协定》,允许匈牙利人在瓦拉几亚和塞尔维亚自由行动。
1444 年	匈牙利撕毁停战协议,奥斯曼帝国取得瓦尔纳大捷。
1446 年	入侵摩里亚。
1448 年	第二次科索沃战争,匈牙利战败;奥斯曼帝国入侵塞尔维亚,袭击阿尔巴尼亚中部。
1450 年	攻打阿尔巴尼亚。
1453 年	征服君士坦丁堡。
1454 年	攻打塞尔维亚。
1455 年	征服新布罗德(Novi Brod)和克卢舍瓦兹;瓦拉几亚同意纳贡。
1456 年	攻打贝尔格莱德。
1459 年	最终打败塞尔维亚。
1460 年	征服雅典公国和大部分摩里亚。
1461 年	征服热那亚在爱琴海的土地。
1462 年	入侵瓦拉几亚。
1456—1463 年	在阿尔巴尼亚与斯坎德培的战争。
1463 年	征服波斯尼亚的南部和中部(北部属于匈牙利);将摩里亚输给威尼斯。
1464 年	再次占领摩里亚。
1465 年	征服黑塞哥维那。
1467 年	征服阿尔巴尼亚,不包括威尼斯人控制的要塞。

1463—1479 年	与威尼斯的长期战争。
1468 年	入侵达尔马提亚和克罗地亚。
1470 年	征服埃维亚。
1471 年	入侵克罗地亚。
1473 年	入侵克罗地亚。
1474 年	围攻施科德尔;入侵特兰西瓦尼亚。
1475 年	克里米亚鞑靼成为奥斯曼帝国反对匈牙利和瓦拉几亚战役的附庸。
1476 年	瓦拉几亚成为附庸国。
1477—1478 年	入侵意大利;征服威尼斯在阿尔巴尼亚的要塞:科鲁亚(Krujë,Kroja,Çroia)、莱什(Lezhë,Leş,Alessio)、德里什蒂(Drishti,Drivastum,Drivasto,Drivost)。
1479 年	与威尼斯签订和约;奥斯曼帝国继续征服并获得施科德尔和莱蒙斯岛;入侵匈牙利和特兰西瓦尼亚,在肯耶米佐(Kenyérmezö)战败。
1480 年	在奥特兰托登陆。
1480—1481 年	围攻罗德斯。
1483 年	征服黑塞哥维那。
1484 年	与摩尔达维亚发生战争,征服基利亚、阿克曼。
1494 年	攻打黑山。
1497 年	最终征服阿尔巴尼亚。
1499 年	征服黑山;威尼斯从其最后一位国王手中夺回塞浦路斯,并导致与奥斯曼帝国的战争。
1499—1503 年	与威尼斯的战争导致奥斯曼征服勒班陀、梅托尼(Methóni,Modom,Moton)、科罗尼(Koróni,Koron)、纳瓦里诺(Navarino,Pylos,Anavarin)。
1512 年	摩尔达维亚成为附庸国。
1520 年	征服波斯尼亚北部。
1521 年	征服贝尔格莱德,入侵匈牙利和奥地利。
1522 年	征服罗德斯和奥尔绍瓦。
1526 年	第一次莫哈奇战役,第一次占领布达。

1527 年	征服亚伊采(Jajce，Yaçhe)及所有阿尔巴尼亚北部地区。
1528 年	第二次征服布达。
1529 年	第一次围攻维也纳。
1532 年	占领科泽格(Köszeg，Güns)，但从匈牙利撤军。
1533 年	伊斯坦布尔停战，斐迪南和扎波里耶均同意纳贡。
1535 年	奥斯曼-法国联盟。
1537—1540 年	与威尼斯发生战争。
1538 年	第一神圣联盟(查理五世和教皇加入威尼斯)。
1540 年	威尼斯放弃纳夫普利翁(Navplion，Nauplion，Anabolu)及在摩里亚的所有土地。
1541 年	第三次征服布达并建立帕夏里克。
1543 年	征服佩奇、锡克洛斯(Siklós)、埃斯泽特戈姆(Esztergom，Gran)、斯图尔韦森堡(Székesfehérvár，Stuhlweissenburg)。
1544 年	征服维塞格拉德(Visegrád,)、诺格拉德(Nógrád，Novigrad，Neugrad)、哈特万(Hatvan)、希蒙托尔尼奥(Simontornya)。
1547 年	斐迪南承认帕夏里克,继续纳贡。
1551—1562 年	与奥地利发生战争。
1551 年	征服兹雷尼亚宁(Zrenjanin，Nagybecskerek)、纳吉瓦拉德、塞纳德(Csanád)、利波瓦(Lipova，Lippa)。
1552 年	征服特梅斯瓦尔、维斯普雷姆、德雷盖伊(Drégely)、索尔诺克(Szolnok)，但在埃格尔战败。
1554 年	征服卡波斯瓦尔(Kaposvár)、菲拉科沃(Filakovo，Fülek)。
1556 年	第一次攻打锡盖特堡。
1557 年	征服塔塔(Tata)。
1560 年	征服纳克索斯。
1562 年	议和;奥地利承认奥斯曼占领的所有土地,承认特兰西瓦尼亚在奥斯曼宗主权下独立,并继续向其纳贡。
1565 年	围攻马耳他。
1566 年	征服吉拉和锡盖特堡,但维斯普雷姆和塔塔失守;征服希奥斯。
1570 年	与威尼斯(得到西班牙支持)发生战争;占领塞浦路斯。
1571—1581 年	与第二神圣同盟发生战争。

1571 年	勒班陀海战。
1573 年	威尼斯结束了战争,承认失去塞浦路斯,支付战争赔偿;进攻纳吉坎尼萨(Nagykanizsa, Kanizsa, Grosskanischa)。
1593—1606 年	与奥地利发生战争。
1593 年	再次征服维斯普雷姆。
1594 年	征服吉亚(Gyär, Raab, Yanık),但失去了几个要塞。
1595 年	埃斯泽特戈姆失守。
1596 年	在梅兹奥克雷斯茨取得胜利;征服埃格尔。
1598 年	维斯普雷姆失守;布达遭到攻击。
1600 年	征服纳吉坎尼萨。
1601 年	斯图尔韦森堡失守。
1602 年	奥地利进攻布达,奥斯曼帝国再次征服斯图尔韦森堡。
1603 年	奥地利进攻布达。
1605 年	埃斯泽特戈姆再次被征服。
1606 年	签订《吉托瓦托洛克和约》,双方保有各自的土地,但奥地利停止纳贡。
1619 年	征服瓦茨。
1638 年	(德夫舍梅制度接近尾声。)
1645—1670 年	与威尼斯发生战争。
1645 年	攻打克里特。
1651 年	在帕罗斯(Páros, Para)海战中战败。
1656 年	在达达尼尔附近的海战中战败;威尼斯征服莱蒙斯和博茨卡·阿达(Bozca Ada, Tenedos)。
1658 年	在特兰西瓦尼亚袭击奥地利军队。
1660 年	征服纳吉瓦拉德。
1663 年	奥地利在战争中加入威尼斯。
1664 年	在圣哥达战败;与奥地利签订瓦斯瓦尔 20 年停战协定。
1669 年	征服克里特岛上的伊拉克里昂(Iraklion, Candia)。
1670 年	议和;威尼斯归还了征服的一切,奥斯曼帝国得到除三座要塞之外的克里特岛。
1672—1676 年	与波兰发生战争。

1673 年	在霍廷(Khotin，Hotin，Chocim)战败。
1676 年	在利沃夫(Lwów，L'viv，Lemberg)战败;在祖拉维诺取得胜利;《祖拉维诺停战协议》将乌克兰东部和波尔多给予奥斯曼帝国,据此,奥斯曼帝国的欧洲版图达到最大。
1677—1681 年	第一次与俄国发生战争。
1681 年	签订《拉丹和平协议》,放弃东乌克兰,首次永久失去领土。
1682—1699 年	与奥地利发生战争。
1683 年	第二次围攻维也纳。
1684 年	第三神圣联盟(威尼斯和波兰加入奥地利);维塞格拉德、瓦茨失守。
1686 年	奥斯曼帝国失去锡克洛斯、佩奇、布达、维斯普雷姆、塞格德;在与奥地利的森塔之战中失败;威尼斯征服大部分摩里亚。
1687 年	奥斯曼帝国在埃格尔战役和第二次莫哈奇战役中输给了奥地利,俄国第一次包围了亚速海。
1688 年	奥斯曼帝国放弃斯图尔韦森堡、利帕(Lippa)和贝尔格莱德。
1689 年	奥斯曼帝国放弃锡盖堡、维丁和尼什。
1690 年	奥斯曼帝国放弃纳吉坎尼萨,但重新征服了贝尔格莱德和维丁,并在特兰西瓦尼亚击败奥地利。
1691 年	奥斯曼帝国输掉第二次萨兰卡门(Szalánkamén)战役。
1694 年	吉拉失守。
1696 年	再次占领利帕;亚速海输给俄国。
1697 年	再次在森塔战败。
1699 年	签订《卡尔洛维茨和约》,波兰夺回波多利亚;威尼斯得到摩里亚和大部分达尔马提亚;奥地利获得了除特梅斯瓦尔的巴纳特之外的所有匈牙利土地。
1710—1711 年	与俄国发生战争。
1711 年	赢得普鲁特战役;签订《普鲁特和约》,夺回亚速海。
1714—1718 年	与威尼斯发生战争;重新征服摩里亚、莱蒙斯、特涅多斯(Tenedos)和科林斯(Corinth)。
1715 年	征服提诺斯(奥斯曼帝国的最后一次征服)。
1716 年	与奥地利发生战争,在彼德罗瓦拉丁战败。

1717 年	征服贝尔格莱德。
1718 年	与奥地利签订《波扎雷瓦茨和平协议》,奥斯曼帝国失去特梅斯瓦尔的巴纳特和小瓦拉几亚。
1736—1739 年	与奥地利、俄国发生战争。
1736 年	俄国征服亚速海。
1739 年	俄国入侵瓦拉几亚。
1739 年	与奥地利签订《贝尔格莱德和约》;奥斯曼帝国收复贝尔格莱德;俄国彻底摧毁亚速海防御工事,并承诺不在黑海保留舰队。
1768—1774 年	与俄国发生战争。
1769 年	俄国征服雅西和布加勒斯特。
1770 年	俄国人占领但又放弃了纳瓦里诺(Navarino),在希奥斯附近赢得一场重大海战,随后征服 18 个爱琴海岛屿,占领了基利亚、阿克曼、伊兹梅尔、本德尔、布勒伊拉。
1774 年	签订《库楚克·开纳吉条约》;俄国可自由出入亚速海、刻赤(Kerch)半岛、金本(Kinburn)要塞、克里米亚的叶尼卡尔(Yeni-kale)、第聂伯河(the Dnieper)和布格河(Bug river);鞑靼可汗的土地成为俄国的保护国;所有其他俄国人持有的土地都归还奥斯曼帝国;奥地利占领布科维纳。
1783 年	俄国吞并鞑靼可汗的土地。
1787—1792 年	与俄国发生战争。
1788 年	奥地利参战。
1788 年	俄国人征服奥恰科夫。
1789 年	奥地利军队入侵波斯尼亚和塞尔维亚;俄国军队入侵摩尔达维亚和瓦拉几亚。
1790 年	俄国人征服伊兹梅尔。
1791 年	签订《斯维什托夫和约》,与奥地利重建 1788 年边界。
1792 年	与俄国签订《雅西条约》;奥斯曼帝国放弃黑海沿岸的北方领土,将德涅斯特河作为俄国-奥斯曼边界。

术语表

阿赫德纳姆(Ahdname):穆斯林将附庸国与奥斯曼帝国联系起来的法律文件。

阿加(aǧa):各种行政机构的管理者。

阿金基(akıncı):志愿兵,专事侦察和突袭的非正规军。

阿克里托(akritoi):拜占庭的戍边骑士,为基督教而战的士兵。

阿克切(akçe):奥斯曼帝国的银币。

阿莱贝伊(alay beyi):军队中的司令官,大致相当于上校,同时还担任当地省级行政人员。

阿利姆(âlim):学者。

阿米法(âmme):普通法或公共法,用于规范国家与国家、国家与公民之间的关系。

阿萨(âşar):什一税。

阿什凯纳兹(Ashkenazi):德国犹太人。

阿瓦里兹(avariz):国家在需要额外收入时宣布征收的特别税。

阿扬(âyan):富有而杰出的人,可能是住在离城市最近的封地中的蒂玛尔利,也可能是退休的官员和他们的后代。

埃芬迪(effendi):学者、先生。

埃利海布雷(ehl-i hibre):叶伊特巴塞的副手。

埃米尔(emir):对穆斯林统治者的尊称。

埃斯纳夫(esnaf):小工商业者协会。

艾赫(akhi):首领;鼓吹神秘主义的兄弟会成员;贸易或手工业行会的成员。

奥伯-肯兹（ober-knez）：区长，18 世纪由奥地利人引入的基督教地区官员的头衔。

奥卡（oka）：奥斯曼帝国的重量单位，50 奥卡约相当于 45 磅。

奥皮达（oppida）：拉丁语的城镇，即匈牙利语中的草原城镇"mezővárosok"。

巴巴（baba）：导师，是神人、法师、医生的结合体，通常被视为活着的圣人。

巴拉特（berat）：奥斯曼帝国确认新的牧首身份的文件。

班（bán，banu）：统治克罗地亚的匈牙利总督。

贝德尔（bedel）：为免服兵役所缴纳的特别税，后来变成了常规税。

贝德斯坦（bedestan）：中心市场，即巴扎（bazaar）。

贝勒贝伊（beylerbeyi）：管理欧洲或亚洲行省的总行政长官。

贝纳克（benak）：已婚穆斯林的家庭税。

贝伊（beǧ）：总督，奥斯曼帝国各行省的行政长官。

波雅尔（boyar）：地主贵族。

伯如恩（birun）：外廷官员，负责奥斯曼帝国皇宫对外事务的内政官员。

采瑞苏鲁簇（çerisürücü）：军警，最低等的军官。

达希斯（dahis）：亚马克的首领。

大维齐尔（grand vezir）：政府中职位最高的官员。

戴夫特埃米尼（defter emini）：财产登记官下面的档案保管员。

戴夫特达（defterdar）：管理欧洲、亚洲及非洲行省的财政总长。

戴夫特达里（defterdari）：由中央政府任命的财政官员。

德里克（dirlik）：西帕希的基本收入。

德米舍梅（devrşirme）：通过强制儿童离开父母而改变其宗教信仰的制度。

迪玛（dhimmah）：顺民，受伊斯兰教保护的人。

迪尼耶（diniye）：宗教显要阶层。

迪万（divan）：罗马尼亚语中的议会。

蒂玛尔（timar）：奥斯曼人的封地。

蒂玛尔利（timarlı）：自由的、有封地的军人。

杜卡特（Ducat）：奥地利和威尼斯等地的金币。

杜尼姆（dönm）：居住在土耳其的萨洛尼卡-犹太裔穆斯林。

多根齐人（doǧanci）：饲养猎鹰的人。

多罗班特（dorobanţi）：贵族或教会拥有的土地上耕作的农民。

多姆/沃伊沃德(domn or voievod):摩尔达维亚和瓦拉几亚统治者的传统头衔。

多努姆(dönüm):土地面积单位,即 1 124.24 平方码。

恩得如恩(enderun):内廷官员,负责奥斯曼帝国皇宫内部的内政官员。

法度(hadd):边界。

法纳尔人(the Phanariots):伊斯坦布尔的希腊家族及其追随者。

费曼(ferman):圣谕。

费特瓦(fetva):谢赫伊斯兰或级别更低的穆夫提的书面裁决。

弗拉赫人(Vlach):东南欧的一个民族。

弗仁吉(frengi):伊斯兰教地区基督教居民的专有称呼。

伏努克人(voynuk):为皇室养马的人。

浮图瓦(futuwwa):神秘主义的兄弟会;融合了道德规范与骑士制度的法典。

盖迪克(gedik):有执业牌照的工匠。

冈努鲁(gönülÜ):从安纳托利亚农民中招募的志愿兵。

格雷夫人(gräves):特兰西瓦尼亚的撒克逊人,他们有自己的贵族身份并发展成一个规模可观的特权群体。

吉兹亚(cizye):人头税。

哈迪斯(Hadiths):穆斯林的宗教传统,即圣训。

哈吉度(hajdu):职业雇佣兵。

哈拉奇(haraç):土地使用税。

哈里发(caliph):阿拉伯及其他部分伊斯兰国家的统治者。

哈斯(has):收益超过 10 万阿克切的封地。

哈伊杜克(hajduk):土匪,自发、自卫的农民组织。

皇室庄园(havas-i hümayun):苏丹拥有的哈斯的一部分。

霍斯波达尔(hospodar):摩尔达维亚和瓦拉几亚两个公国对君主的称谓。

基尔(kile):奥斯曼帝国的重量单位,一个基尔相当于 88 磅。

基里克(kiliç):支持士兵的最小土地单位。

吉哈德(jihād):即圣战(gaza)。

济米(zimmi):受保护的人,即生活在伊斯兰国家并遵守其法律的非穆斯林。

加齐(gazi):为伊斯兰而战的圣战士。

卡迪(kadi):法官。

卡迪亚斯科(kadiasker):大法官,军事法官、奥斯曼的最高司法长官。

卡法(kalfa)：为大商店的雇主服务的人，也是行会的正式成员，但没有资格开办自己的机构。

卡菲斯(kafes)：自苏莱曼一世开始采取的政策，即王子从生到死都被隔离在后宫，只有当上苏丹才能"重见天日"的制度，在西方文学中称作"金笼体系"（golden cage system）。

卡莱米耶(kalemiye)：奥斯曼帝国负责抄写等文字工作的行政文员。

卡莱特派(the Karaites)：犹太教的一个派别。

卡穆斯(comes, ispán)：统治特兰西瓦尼亚的匈牙利总督。

卡努纳美(the kanunnaâmes)：将卡努法编纂集纳而成的习惯法法典。

卡努尼(kanuni)：立法者。

卡努法(Kanuns)：一种由地方统治者制定、经苏丹编纂、用于管辖各行省的地方法规。

卡佩卡亚(Kapı kâhya)：在伊斯坦布尔设置的常驻外交官。

卡佩库鲁(kapı kulu)：外廷官员的另一称谓，即奥斯曼帝国的领薪职员，担任士兵、管理者等多种职位。

卡普丹-依得亚(the Kapudan-i Derya)：海军总司令。

卡奇(çarşi)：市场。

卡亚(kâhya)：军士的主管，是行省议会的重要官员。

卡扎(kaza)：最小的省级行政区和司法区。

喀巴拉(Kabbalah)：犹太教神秘主义。

凯特胡达(kethüda)：行会从雇主中选出来的管理者。

科力齐(kılıç)：满足基本需求的私有财产。

科普特人(copt)：埃及基督徒。

克勒拉希(călăraşi)：自由民。

克列夫特(klepht)：山贼，奥斯曼帝国统治时，躲进深山进行抵抗的希腊人。

克列夫提卡(Klephtika)：一种为歌颂克列夫特事迹而传唱的民谣。

克米特(kmet)：由村民选出的警察和小法官。

肯兹(knez)：首领、村长或扎德鲁加的族长。

库尔(Kul)：奴隶。

库鲁斯(Kuruş)：奥地利等地的银币。

雷亚(the reaya)：信众。

雷耶特茹斯姆(raiyyet rüsmu):穆斯林缴纳的主要个人税。

马尔德杰特达里(mal dejterdari):财产登记官。

马哈勒(mahalle):城市中的基本行政区。

马利坎(malikane):确定包税人权益终生有效的租约。

马斯雷(maaslı):拿薪水的苏丹奴隶军。

梅德莱塞(medrese):为奥斯曼帝国培训内政官员的穆斯林高等学校。

梅夫库夫(mefkufcu):房地产及无合法所有人财产的登记管理员,听命于财产登记官。

梅塞雷德(mücerred):单身税。

米勒特(millet):被奥斯曼帝国视为合法行政单位的非穆斯林群体,即米拉(milla)。

米勒特巴塞(millet başi):米勒特的首领。

米芮(mırı):奥斯曼的国有土地。

缪克(mülk):奥斯曼帝国承认的三种基本土地所有形式之一,另外两种为瓦克夫、米芮。

缪塞莱姆(müsellem):为免税而服兵役的人。

缪特齐姆(mütezim):帝国税收官。

莫戈里斯(mogoriš):未获得养活自己的土地耕种权而缴纳的贡品。

穆德莱斯(müderris):穆斯林高等学校的教授。

穆夫提(müfti):法学家。

穆尔凯耶(mülkiye):内政官员,在奥斯曼帝国皇宫内任职的行政人员。

穆尔特齐姆(mültezim):包税人。

穆赫塔(muhtar):法警。

穆赫特西布(muhtesib):负责执行希巴斯法律,并充当市场检查员的市政官员。

穆卡塔(mukataa):原指出租的土地,1550 年后指出租给个人的政府税收形式。

穆特韦利(mütevelli):瓦克夫财产的执行官。

纳吉德(nagid):近东地区最高级别的犹太官员。

纳齐尔(nazir):负责监督瓦克夫的日常运营,并管理预留账户。

纳希耶(nahiye):卡扎内细分的司法管辖区。

奈布(naibu):副法官。

尼桑齐(nişanci):负责核实决策、确认苏丹批准并为所有文件加盖公章(tuǧra)

的议会文书。

帕兰卡(palánka):用栅栏围城的边境地区。

帕夏(paşa):地方行政长官的另一个称谓。

帕夏里克(paşalik):帕夏管辖的地区。

佩施苏瑞里(peşcheşurile):罗马尼亚语中的贡礼。

彭西克(pencik):突厥人对战俘的称呼。

皮克迈兹(pekmez):葡萄果冻税。

皮亚德(piyade):一种非正规步兵。

齐夫特(çift):土地的基本单位。

齐夫特利克(çiftlik):私人庄园或私人农场拥有的土地。

齐夫特芮斯米(çift resmi):构成雷耶特茹斯姆的三种税费之一,取代了旧的封建劳役。

齐加(qijās):穆斯林学者基于共识、公议的类推。

仇巴奇(çorbaci):由富有的非穆斯林担任的一种非重要职务。

茹萨姆(rüsum):现金税。

芮斯米都罕(resmi duhan):新娘的父亲在婚礼上缴纳的一种吸烟税或烟草使用税。

芮斯米寇凡(resmi kovan):蜂巢税。

萨克森人(Saxons):来自佛兰德斯的德意志定居者。

萨拉里耶(salariye):特别税。

萨利安型政权(salyane-type regimes):每年需要向中央政府缴纳税款的没有蒂玛尔的行省。

塞贝吕(cebelü):在西帕希手下服役的武装男子。

塞法迪(Sephardic):西班牙犹太人。

塞菲耶(seyfiye):奥斯曼帝国的军人、剑客。

塞凯伊人(Székelys,secui,szekler):从欧洲撤退时留下来的匈奴人后裔。

塞莱普(celep,dealers):受托购买并将强制购买的产品运送至指定地点的经销商。

塞莱普桑(celepkeşan):需要饲养其运送的牲畜的塞莱普。

塞里菲(şerifı):奥斯曼帝国的金币。

赛夫斯巴塞(çavus başi):中士。

赛夫斯(çavuşe):苏巴塞和赛夫斯巴塞的统称,主要职责是执行各种权力机构的决策及处罚决定。

桑卡(sancak):省级行政单位,后来相继改称贝勒贝利克(beylerbeylik)、埃亚雷(eyalet)和利瓦(liva)。

桑卡贝伊(sancak beyi):地方行政长官。

桑卡塞门德里亚(Semendria):主要由塞尔维亚人居住的地区。

沙里亚(shārī'a):伊斯兰教法,涵盖穆斯林的宗教信仰、政治、社会、家庭及个人生活等方方面面的法规的总称。

苏巴塞(subaşi):军队指挥官,阿莱贝伊的下属,最小的省级行政区和司法区的警察总长。

苏尔塞特泽赫雷西(sürsat zehiresi):战争期间为满足军队供给而实行的强迫销售。

塔里尔(tahrir):人口普查册。

塔木德派(Talmud):犹太教拉比派。

塔普(tapu):农民为获得塔萨鲁夫而必须支付的费用。

塔萨鲁夫(tasarruf):农民的财产权和租赁权。

特克(tekke):兄弟会为其成员提供的住房。

图卡(tüccar)/巴扎根(bazirgan):大商人。

托里(törü):传统的突厥法则。

瓦吉达(vajda):特兰西瓦尼亚郡县的管理者,匈牙利王室的特别官员。

瓦克夫(vakıf):宗教公产。

瓦克夫叶(vakfiye):捐赠文件。

维格瓦(végvár):帕兰卡的核心城堡。

维克尔(vekil):希腊本土自治地方的代表,可以代表地方到伊斯坦布尔与中央政府谈判。

乌尔法(urf, adat, örj):用于管理国家事务的习惯法。

乌里玛(ulema, âlim 的复数):学者。

西拉克(çirak):学徒。

西帕希(sipahi):骑兵。

希吉来(Hijra):迁徙,代指伊斯兰教的宗教历法

希斯巴(hisba):规定价格、重量、质量及对欺诈行为进行惩罚的法律。

谢赫(Şeyh)：特定部族的首领，苏丹的"宫廷牧师"；行会的宗教领袖。

谢赫伊斯兰(şeyhülislam)：乌里玛的首领。

亚马克(yamak)：与现役禁卫军保有密切联系的武装小商贩和工匠，被认为是禁卫军的辅助部队。

亚亚(yaya)：一种非正规步兵。

亚亚-巴塞(yaya-başi)：负责挑选年轻人的禁卫军官员。

耶利(yerli)：奥斯曼帝国欧洲行省的传统牧民和牲畜饲养人。

耶伊特巴塞(yeğitbaşi)：行会中负责执行行规的人，也是行会的原材料买家。

叶伊特巴塞(yeğitbaşı)：行会中为所有雇主采购原材料的买办。

伊尔米耶(ilmiye)：奥斯曼帝国的学者，法学家和教师。

伊尔希扎姆(iltizam)：收税人。

伊吉玛(ijma')：穆斯林学者的共识、公议。

伊吉特哈德(ījtihād)：解释权。

伊克塔(iqtā's)：即军事采邑(military fiefs)。

伊玛雷特(imaret)：奥斯曼帝国基于"五大信仰支柱"之一的施舍建立的古老机构。

伊丝潘西(ispenci)：非穆斯林缴纳的替代齐夫特芮斯米的税费。

伊斯兰之家(the dar al-Islam)：信仰伊斯兰教的地区，也是和平之地。

伊斯特拉(iştira, mubaya, mukayese)：强制购买食物所对应的不同征收名目。

尤鲁克人(yürük)：生活在奥斯曼帝国的游牧民族。

尤素他(usta)：行会正式成员，雇主。

扎德鲁加(zadruga)：塞尔维亚的血缘家族。

扎米特(zeamet)：中等大小的封地。

扎姆(zaim)：拥有扎米特的人。

扎维耶(zaviye)：兄弟会为其成员提供的客栈。

战争之境(the dar al-harb)：非信仰伊斯兰教的地区。

参考文献

A. D. Alderson, *The Structure of the Ottoman Dynasty*, Oxford: The Clarendon Press, 1956.

A. Mirambel, *La littérature grecque moderne*, Paris: Presses Universitaires de France, 1953.

Abram Leon Sacher, *A History of the Jews*, New York: Alfred A. Knopf, 1937.

Afet Inan, *Aperçu general sur l'histoire économique de l'Empire Turc-Ottoman*, Istanbul: Maarif Matbaasi, 1941.

Alexandru Dimitrie Xenopol, *Histoire des Roumaines de la Dacietrajane*, 2 vols., Paris: E. Leroux, 1896.

Antun Barać, *A History of Yugoslav Literature*, trans. Petar Mijušković, Beograd: Center for the Rehabilitation of Disabled War Veterans, 1955, reprintedby Ann Arbor: A.C.L.S., 1973.

Barisa Krekić, *Dubrovnik in the 14th and 15th Centuries: A City between East and West*, Norman: University of Oklahoma Press, 1972.

Bálint Hóman and Gyula Szekfű, *Magyar Történet*, 5 vols., Budapest: Királyi Magyar Egyetemi Nyomda, 1939.

Bistra Cvetkova, *Hajdutstvoto v Bulgarskite zemi prez 15/18 vek*, Sofia: Nauka i izkustvo, 1971.

Bistra Cvetkova, "Le Service des 'Celep' et le ravitaillement en bétail dans l'Empire Ottoman(XVᵉ—XVIIIᵉs.)," *Études Historiques*, Sofia: Bulgarian Academy of Sciences, no.3, 1966, pp.145—172.

Bistra Cvetkova, "Quelques problèmes du féodalisme ottoman à l'époque du XVIᵉ siécle au XVIIIᵉ siècle," *Actes du Premier Congrès International des Études Balkaniques et Sud-Est Européenes*, vol.3, pp.709—720.

Börje Knös, *L'histoire de la littérature néo-grecque. La période jusqu'en 1821*, Uppsala: Almquist and Wihsell, 1962.

Carl Brockelmann, *History of the Islamic People*, trans. Joel Carmichael and Moshe Perlmann, London: Routledge and Kegan Paul, Ltd., 1949, and paperback edition New York: Capricorn Books, 1960.

Cecil Roth, "The European Age in Jewish History," in Louis Finkelstein, ed., *The Jews: Their History*, New York: Schocken Books, 1972.

D. Kosev, Al. Burmov, Hr. Hristov, V. Paskaleva, and V. Mutafchieva, *Paisii Hildendarski i negovata epoha*, Sofia: BAN, 1962.

D. Kossev, H. Hristov, and D. Angelov, *A Short History of Bulgaria*, Sofia: Foreign Languages

Press, 1963.

David Mitrany, *The Land and the Peasant in Rumania*, 1930; reprinted., New York: Greenwood Press 1968.

Dimitri Obolensky, *The Byzantine Commonwealth*; *Eastern Europe*, *500—1453*, New York and Washington: Praeger, 1971.

Donald E. Pitcher, *An Historical Georgraphy of the Ottoman Empire*, Leiden: E. J. Brill, 1972.

Dragoljub Pavlović, *lz Knjizevne i kulturne istorije Dubrovnika*; *Studije i članci*, Sarajevo: Svjetlost, 1955.

Earl Morse Wilbur, *A History of Unitarianism in Transylvania*, *England and America*, 2 vols., Cambridge, Mass.: Harvard University Press, 1945—1952.

Elena Savova, ed., *Les Etudes Balkaniques et Sud-est Européennes en Bulgarie*; *Guide de Documentation*, Sofia: BAN, 1966.

Eric Hobsbawn, *Bandits*, London: G. Weidenfeld and Nicolson, 1969.

Francis W. Carter, *Dubrovnik (Ragusa)*; *A Classic City-state*, London and New York: Seminar Press, 1972.

Gălăb D. Gălăbov and Herbert W. Duda, "Die Protokollarbücher des Kadiamtes Sofia," *Südosteuropäische Arbeiten*, vol.55, München: Oldenbourg, 1960.

Gershom G. Scholem, *Major Trends in Jewish Mysticism*, New York: Schocken Books, 1941.

Gershom G. Scholem, *Sabbatai Sevi*; *The Mystical Messiah*, Princeton: Princeton University Press, 1973.

Gunther E. Rothenberg, *The Austrian Military Border in Croatia*, *1522—1747*, Urbana: University of Illinois Press, 1960.

Gunther E. Rothenberg, *The Military Border in Croatia*, *1740—1881*, Chicago-London: University of Chicago Press, 1966.

Gustav Bayerle, *Ottoman Diplomacy in Hungary*, Bloomington: Indiana University Press, 1972.

Halil Inalcik, *The Ottoman Empire*; *The Classical Age*, *1300—1600*, trans. Norman Itzkowitz and Colim Imber, New York and Washington: Praeger, 1973.

Halil Inalclk, "L'Empire Ottoman," *Actes du Premier Congrès International des Études Balkaniques et Sud-Est Européenes*, 6 vols., Sofia: Bulgarian Academy of Sciences, 1969.

Hans Kohn, *The Idea of Nationalism*, New York: Macmillan, 1961.

H. A. R. Gibb and Harold Bowen, *Islamic Society and the West*, Oxford, London, New York, and Toronto: Oxford University Press, 1957.

H. Z. Hirschberg, "The Oriental Jewish Communities," in A. J. Arberry, ed., *Religion in the Middle East*, 2 vols., *Judaism and Christianity-vol.* I, Cambridge: The University Press, 1969.

Hazim Šabanović, "Krajište lsa-bega Ishakovića. Zbirni katastarski popis iz 1455 godine," *Monumenta Turcica*, vol.2, Sarajevo: Institute for Oriental Studies, 1964.

Hazim Šabanović, "Bosansko krajište", *Godišnjak*, no.9, 1957, pp.177—220;

Hazim Šabanović, "Vojno uredjenje Bosne od 1463 do kraja XVI stoljeća", *Godišnjak*, no.11, 1960, pp.173—224.

Islam Ansiklopedisi, Istanbul: Milli Eğitim Basimevi, 1945.

Israel Halpern, "The Jews in Eastern Europe," in Louis Finkelstein, ed., *The Jews*: *Their History*, New York: Schocken Books, 1972.

Itzhak Ben-Zvi, "Eretz Yisreal under Ottoman Rule, 1517—1917," in Louis Finkelstein, ed., *The Jews*: *Their History*, New York: Schocken Books, 1972.

Ivan Božić, *Dubrovnik i Turska u XIV i XV veku*, Beograd: Srpska Akademia Nauka, 1952.

János György Bauhofer, *History of the Protestant Church in Hungary from the Beginning of the Reformation to 1850 with Special Reference to Transylvania*, trans. J. Craig, New York: J. C. Derby, 1854.

John Foisel, *Saxons through Seventeen Centuries; A History of the Transylvanian Saxons*, Cleveland: The Central Alliance of Transylvanian Saxons, 1936.

Joseph von Hammer, *Staatsverfassung und Staatsverwaltung des Osmanischen Reiches*, 2 vols., 1815; reprint ed., Hildesheim: Georg Olms, 1963.

Josip Torbarina, *Italian Influences on the Poets of the Ragusan Republic*, London: Williams & Norgate, 1931.

József Perényi, "Trois villes hongroises sous la domination Ottomane au XVIIᵉ siècies," *Actes du Premier Congrès International des Études Balkaniques et Sud-Est Européénes*, IV, Sofia: Bulgarian Academy of Sciences, 1969, pp.581—591.

József Perényi, "Villes hongroises sous la domination Ottomane aux XVIᵉ—XVIIᵉ siècies. Les Chefs-lieux de l'administration Ottomane," in *La Ville Balkanique*, *XVᵉ—XIXᵉ siècles*, *vol.3 of Studia Balcanica*, Sofia: Bulgarian Academy of Sciences, 1970, pp.25—31.

Kemal Karpat, *An Inquiry into the Social Foundations of Nationalism in the Ottoman State; From Social Estates to Classes, from Millets to Nations*, Research Monograph No.39(Xeroxed) of the Center of International Studies of the Woodrow Wilson School of Public and International Affairs of Princeton University, Princeton, 1973.

Ladislas Makkai, *Histoire de Transylvanie*, Paris: Les Presses Universitaires de France, 1946.

Linos Politis, *A History of Modern Greek Literature*, Oxford: The Clarendon Press, 1973.

Luigi Villari, *The Republic of Ragusa, An Episode of the Turkish Conquest*, London: J. M. Dent, 1904.

Maria Alexandrescu-Dersca, "Quelques données sur Ie ravitaillement de Constantinople aux XVIᵉ siècle," *Actes du Premier Congrès International des Études Balkaniques et Sud-Est Européénes*, vol.3, Sofia: Bulgarian Academy of Sciences, 1969.

Mihail Guboglu, "Les Documents Turcs de la Section Orientale de la Bibliotheque 'V..Kolarov' de Sofia et leur importance pour l'Histoire des Pays Roumains," *Studia et Acta Orientalia* (Bucharest): no.3, 1960—1966.

Mihail Kombol, *Povijest hrvatske književnosti do narodnog pre-poroda*, 2nd. ed., Zagreb: Matica Hrvatska, 1961.

Mohammed Marmaduke Pickthall, *The Meaning of the Glorious Koran; An Explanatory Translation*, New York: Mentor Books, 1953.

"Mouvements anti-féodaux dans les terres bulgares sous domination ottomane du XVIᵉ au XVIIIᵉ siècies," *Etudes Historiques*, Sofia: Historical Institute of the Bulgarian Academy of Sciences, 1965, no.2, pp.149—168.

N. J. Pantazopoulos, *Church and Law in the Balkan Peninsula during the Ottoman Rule*, Thessaloniki: Institute for Balkan Studies, 1967.

Nicolaas H. Biegman, *The Turco-Ragusan Relationship according to the Firmans of Murad III* (1575—95) *extant in the State Archives of Dubovnik*, The Hague-Paris: Mouton, 1967.

Nikolai Todorov, *Balkanskiat Grad, XV—XIX Vek. Socialno-Ikonomiche.sko i Demografsko Razvitie*, Sofia: Izdatelstvo Nauka i Izkustvo, 1972.

Nikolai Todorov, "La differenciation de la population urbaine aux XVIIIᵉ siècle d'après des registres des cadis de Vidin, Sofia et Ruse," in *La Ville Balkanique*, *XVᵉ—XIXᵉ siècles*, *vol.3 of Studia Balcanica*, Sofia: Bulgarian Academy of Sciences, 1970, pp.45—62.

参考文献

Nikolai Todorov, Lyubomir Dinev, and Lyuben Malnishki, *Bulgaria*; *Historical and Geographical Outline*, Sofia: Sofia Press, 1968.

Oliver Logan, *Culture and Society in Venice*, *1470—1790*; *The Renaissance and Its Heritage*, New York: Scribner, 1972.

Ömer Lütfi Barkan, "Essai sur les donnés statistiques des régistres de recensement dans l'empire ottoman aux XVe siècle," *Journal of the Economic and Social-History of the Orient*, no.1, 1958, pp.7—36.

Ömer Lütfi Barkan, "H. 933—934(M. 1527—28) Mali yilina âit bütçe örneği," *Istanbul Üniversitesi Iktisat Fakultesi Mecmuasi*, no.15, 1953—1954, pp.251—329.

Ömer Lütfi Barkan, "Çiftlik", *Islam Ansiklopedisi*, vol.3, pp.392—397.

P. Constantinescu-Iași, Em. Condurachi, C. Daicoviciu, et al., eds., *lstoria Romîniei*, 4 vols., București, Editura Academiei RepubJicii Populare Romîne, 1960—1962.

Paul Cernovodeanu, *England's Trade Policy in the Levant*, *1660—1714*, in *Bibliotheca Historica Romaniae*, vol.41, no.2, Bucharest: Academy of Sciences Publication House, 1972.

Paul Wittek, "Devshirme and Shāri'a," *Bulletin of the School of Oriental and African Studies*, no.7, 1955, pp.271—278.

Petar Dinekov, "L'école litteraire de Tărnavo," *Études Balkaniques*, no.8, 1972, pp.5—111.

Peter F. Sugar, "The Ottoman 'Professional Prisoner' on the Western Borders of the Empire in the Sixteenth and Seventeenth Centuries," *Études Balkaniques*, vol.7, no.2, 1971, pp.82—91.

R. W. Seton-Watson, *A History of the Roumanians*, 1934, reprinted, Hamden, Conn.: Archon Books, 1963.

Richard A. Davenport, *The Life of Ali Pasha of Janina*, London: Lupton Relfe, 1822.

Richard Busch-Zantner, *Agrarverfassung*, *Gesellschaft und Siedlung in Südosteuropa unter besondeser Berücksichtigung der Türkeinzeit*, vol.3 in *Beihefte zur Leipziger Vierteljahrsschrift für Südosteuropa* series, Leipzig: Harrassowitz, 1938.

Speros Vryonis, Jr., *The Decline of Medieval Hellenism in Asia Minor and the Process of Islamization from the Eleventh through the Fifteenth Century*, Berkeley, Los Angeles, and London: University of California Press, 1971.

Spreos Vryonis, Jr., "Religious Changes and Patterns in the Balkans, 14th—16th Centuries," in Henrik Birnbaum and Speros Vryonis, Jr., eds., *Aspects of the Balkans*: *Continuity and Change*, The Hague-Paris: Mouton, 1972.

Stanford J. Shaw, *Between Old and New*: *The Ottoman Empire under Sultan Selim III*, *1789—1807*, Cambridge, Mass.: Harvard University Press, 1971.

Stephen Fischer-Galati, *Ottoman Imperialism and German Protestantism*, *1521—1555*, Cambridge, Mass.: Harvard University Press, 1959.

Ştefen Pascu, *Der Transsilvanische Volkaufstand*, *1437—38*, *Bibliotheca Historica Romaniae*, vol.7, Bucharest: Romanian Academy of Sciences, 1964

Timothy Ware, *The Orthodox Church*, Baltimore: Penguin Books, 1963, quoting B. J. Kidd, *The Churches of Eastern Christendom*, London: The Faith Press, 1927.

Traian Stoianovich, "Factors in the Decline of Ottoman Society in the Balkans," *Slavic Review*, no.21, December, 1962.

Traian Stoinaovich, "Land Tenure and Related Sectors of the Balkan Economy," *The Journal of Economic History*, no.13, Fall 1953, pp.398—411.

Traian Stoianovich, "Model and Mirror of the Premodern Balkan City," in Nikolai Todorov, ed., *La Ville Balkanique*, *XVᵉ—XIXᵉ siècles*, *Studia Balcanica*, vol.3, Sofia: Bulgarian Academy of Sciences, 1970, pp.83—110.

Traian Stoianovich, "The Conquering Balkan Orthodox Merchants," *Journal of Economic History*, vol.20, no.2, June, 1960, pp.234—313.

V. L. Menage, "Devshirme," *The Encyclopaedia of Islam*, *New Edition*, Leiden: E. J. Brill; London: Luzac & Co., 1965.

V. Mihordea, *Maîtres du sol et paysans dans les Principautes Roumainés au XVllle siècle*, *Bibliotheca Historica Romaniae*, vol.36, Bucharest: Academy of the Romanian Socialist Republic, 1971.

Valentine AI. Georgescu, "Initiative et échec: deux structure phanariotes en matière de droit(1711—1721). Leur insertion dans Ie contexte des réalités roumaines," *Bulletin d'Association Intemationale d'Études du Sud-Est Européen*, vol.10, no.1, 1972, pp.15—37.

Valentin Georgescu, "Le régime de la propriété dans les Villes Roumaines et leur organisation administrative aux XVIIe—XVIIIe siècles—Valachie et Moldavie," *La Ville Balkanique*, *XVe—XIXe siècles*, *Studia Balcanica*, vol.3, Sofia: Bulgarian Academy of Sciences, 1970, pp.63—81.

Vera Mutafcieva and Štrasimir Dimitrov, "Die Agrarverhältnisse im Osmanischen Reiche im XV—XVI Jahrhundert," *Actes du Premier Congrès International des Études Balkaniques et Sud-Est Européenes*, vol.3, pp.689—702.

Vlad Georgescu, *Mémoires et Projets de réforme dans les PTincipautés Roumaines*, *1769—1830*, Bucharest: A.I.E.S.E.E., 1970.

Vlad Georgescu, "The Romanian Boyars in the Eighteenth Century: Their Political Ideology," *East European Quarterly*, vol.7, no.1, Spring, 1973, pp.31—40.

Vuk Vinaver, *Dubrovnik i Turska u XVIII veku*, Beograd: Srpska Akedemia Nauka, 1960.

W. Montgomery Watt, *Muhammad at Medina*, Oxford: The Clarendon Press,1956.

William C. F. Plomer, *The Diamond of Janina*: *Ali Pasha*, *1741—1822*, London: Cope, 1970.

William H. McNeill, *Venice*: *The Hinge of Europe*, *1081—1797*, Chicago and London: University of Chicago Press, 1974.

William Miller, *Essays on the Latin Orient*, Cambridge: Cambridge University Press, 1921.

索引①

A

阿拔斯,8,48,271
　国家,9
　奴隶军,55
阿比多斯,15,268
阿尔巴尼亚,20,28,29,66,92,182,286
　地方首领,237
　来自摩里亚的阿尔巴尼亚军队,197,205
　暂时独立,25
　最终被征服,67
阿尔巴尼亚人
　皈依问题,52,53,54
　迁徙问题,283
　在阿尔巴尼亚境外定居的情况,222
阿尔巴·尤利亚,144
　东正教的主郊区,154
阿尔伯特一世,68
阿尔帕德王朝,146
阿尔普·阿尔斯兰,图格鲁尔(Tughril)的侄
　子,9,10
阿尔奇
　战役,22,113
阿尔塔,267
阿尔泰山脉,9
阿方斯·卡里略,157,158
阿菲特·伊南,94
阿赫德纳姆,174
阿加,35
　禁卫军的官员,35—36
阿加哈利勒,246
阿金基,39
阿金日,9,11,64

阿科斯·巴尔赛,162
阿克曼,116,121,205,206
阿克切,37n,65,91,121
阿拉伯,65
阿拉伯人
　关于奥斯曼帝国中的阿拉伯人,277
阿莱贝伊,35
阿勒颇,41
阿里·森德里,25
阿玛托莱斯,244
阿米法,6
阿帕菲·迈克尔二世,162,163
阿帕菲·迈克尔一世,162
阿萨,101,104
阿塞拜疆,191
阿森尼耶三世克诺耶维奇,222,259,263
阿什肯纳兹,48—49
阿什拉菲,37n
阿斯塔雷亚,170
阿提卡,16
阿托斯山修道院,129,264,265
阿瓦尔人,144
阿瓦里兹,97,121
阿扬,238—241
　包税农,215
　行会中的阿扬,226,229
　在城市中的角色,83—84
阿扎曼蒂奥斯·科拉伊斯,258;
埃迪尔内,18,19,41,48,67,73,75,84,
　254,259,265,271
　埃迪尔内的犹太人,223,267
　《埃迪尔内条约》,29,132
　大火,29

---

① 译者注:索引中所标页数为该词汇在原书中的页数。

图书在版编目(CIP)数据

奥斯曼帝国统治下的东南欧 ：1354—1804 年 ／（匈）
彼得·F.休格著；张萍译. — 上海 ：格致出版社 ：上
海人民出版社，2024.6
（格致人文）
ISBN 978 - 7 - 5432 - 3544 - 1

Ⅰ.①奥… Ⅱ.①彼… ②张… Ⅲ.①奥斯曼帝国-
历史- 1354 - 1804 Ⅳ.①K374.3

中国国家版本馆 CIP 数据核字(2024)第 045955 号

责任编辑　唐彬源
装帧设计　路　静

本书地图系原书插附地图，审图号：GS(2024)1013 号。

格致人文
奥斯曼帝国统治下的东南欧(1354—1804 年)
［匈］彼得·F.休格 著
张　萍 译

出　　版　格致出版社
　　　　　　上海人民出版社
　　　　　　(201101　上海市闵行区号景路 159 弄 C 座)
发　　行　上海人民出版社发行中心
印　　刷　上海颛辉印刷厂有限公司
开　　本　720×1000　1/16
印　　张　23.75
插　　页　2
字　　数　406,000
版　　次　2024 年 6 月第 1 版
印　　次　2024 年 6 月第 1 次印刷
ISBN 978 - 7 - 5432 - 3544 - 1/K·233
定　　价　108.00 元

Southeastern Europe under Ottoman Rule，*1354—1804*
By Peter F. Sugar

Originally published by University of Washington Press

本书根据 University of Washington Press 1996 年英文版译出
2024 年中文版专有出版权属格致出版社
本书授权只限在中国大陆地区发行
版权所有　翻版必究

上海市版权局著作权合同登记号:图字 09-2023-0231 号

·格致人文·

《奥斯曼帝国统治下的东南欧(1354—1804 年)》
［匈］彼得·F.休格/著　张萍/译

《酒:一部文化史》
［加拿大］罗德·菲利普斯/著　马百亮/译

《史学导论:历史研究的目标、方法与新方向(第七版)》
［英］约翰·托什/著　吴英/译

《中世纪文明(400—1500 年)》
［法］雅克·勒高夫/著　徐家玲/译

《中世纪的儿童》
［英］尼古拉斯·奥姆/著　陶万勇/译

《史学理论手册》
［加拿大］南希·帕特纳　［英］萨拉·富特/主编　余伟　何立民/译

《人文科学宏大理论的回归》
［英］昆廷·斯金纳/主编　张小勇　李贯峰/译

《从记忆到书面记录:1066—1307 年的英格兰(第三版)》
［英］迈克尔·托马斯·克兰奇/著　吴莉苇/译

《历史主义》
［意］卡洛·安东尼/著　黄艳红/译

《苏格拉底前后》
［英］弗朗西斯·麦克唐纳·康福德/著　孙艳萍/译

《奢侈品史》
［澳］彼得·麦克尼尔　［意］乔治·列洛/著　李思齐/译

《历史学的使命（第二版）》
［英］约翰·托什/著　刘江/译

《历史上的身体：从旧石器时代到未来的欧洲》
［英］约翰·罗布　奥利弗·J.T.哈里斯/主编　吴莉苇/译